面向中文信息处理的组合范畴语法研究

姚从军 / 著

湘潭大学出版社

图书在版编目（CIP）数据

面向中文信息处理的组合范畴语法研究 / 姚从军著
. -- 湘潭 : 湘潭大学出版社, 2022.5
ISBN 978-7-5687-0733-6

Ⅰ. ①面… Ⅱ. ①姚… Ⅲ. ①汉字信息处理－语法－
研究 Ⅳ. ① H127

中国版本图书馆 CIP 数据核字（2022）第 052647 号

面向中文信息处理的组合范畴语法研究

MIANXIANG ZHONGWEN XINXI CHULI DE ZUHE FANCHOU YUFA YANJIU

姚从军 著

责任编辑：王正杰
封面设计：李　平
出版发行：湘潭大学出版社
社　　址：湖南省湘潭大学工程训练大楼
电　　话：0731-58298960 0731-58298966（传真）
邮　　编：411105
网　　址：http://press.xtu.edu.cn/
印　　刷：广东虎彩云印刷有限公司
经　　销：湖南省新华书店
开　　本：710 mm×1000 mm 1/16
印　　张：23.75
字　　数：402 千字
版　　次：2022 年 5 月第 1 版
印　　次：2022 年 5 月第 1 次印刷
书　　号：ISBN 978-7-5687-0733-6
定　　价：78.00 元

目　　录

绪论:问题与方法 ………………………………………………………… 1

第一章　范畴语法的发展阶段 …………………………………………… 16
　第一节　概述 …………………………………………………………… 16
　第二节　范畴语法的纵向研究 ………………………………………… 18
　第三节　范畴语法的横向发展 ………………………………………… 38

第二章　组合范畴语法和范畴类型逻辑 ………………………………… 43
　第一节　AB - 演算的缺陷 ……………………………………………… 46
　第二节　Steedman 基于 AB - 演算的扩展:原生态 CCG ……………… 50
　第三节　多模态 CCG …………………………………………………… 65
　第四节　范畴类型逻辑 ………………………………………………… 75

第三章　组合范畴语法与汉语非连续结构的处理 ……………………… 104
　第一节　非连续结构概述 ……………………………………………… 104
　第二节　汉语 NCC 构造 ………………………………………………… 117
　第三节　汉语话题句 …………………………………………………… 124
　第四节　汉语焦点句 …………………………………………………… 142
　第五节　TVP 结构概要 ………………………………………………… 150
　第六节　汉语非连续 TVP 结构:“把”字句 …………………………… 162

第七节　汉语非连续 TVP 结构:“得”字句 …………………… 193
第八节　汉语 TVP 结构:兼语短语 …………………………… 213
第九节　汉语连动句和复杂谓词并列结构 …………………… 231

第四章　组合范畴语法与汉语照应及省略现象 ……………… 235
第一节　概述 ……………………………………………………… 235
第二节　包含照应算子的组合范畴语法 CCG| ………………… 236
第三节　CCG|对汉语代词照应现象的处理 …………………… 238
第四节　CCG|对汉语空代词及照应现象的处理 ……………… 243
第五节　CCG|对汉语谓词缺失与照应现象的处理 …………… 246

第五章　组合范畴语法对汉语形容词谓语句和主谓谓语句的逻辑分析 … 250
第一节　组合范畴语法对汉语形容词谓语句的形式刻画 ……… 250
第二节　组合范畴语法对汉语主谓谓语句的逻辑分析 ………… 254

第六章　混合范畴类型逻辑与汉语的形式处理 ……………… 262
第一节　混合范畴类型逻辑的思想缘起 ………………………… 262
第二节　混合范畴类型逻辑系统的构造方法 …………………… 264
第三节　混合范畴类型逻辑系统的应用 ………………………… 267

第七章　CCG 树库 ……………………………………………… 275
第一节　英语 CCG 树库 ………………………………………… 275
第二节　汉语 CCG 树库 ………………………………………… 351

第八章　结论与展望 …………………………………………… 357
第一节　结论 ……………………………………………………… 357
第二节　展望 ……………………………………………………… 358

参考文献 ………………………………………………………… 360

附录:书中相关人名中外文对照 ………………………………… 375

绪论:问题与方法

逻辑语义学是一门横跨语言学与数理逻辑的交叉学科,语言学与作为自然科学基础的逻辑学之间深刻的学术联系很早就为一些眼光卓绝的学者所洞察。1916年,在由其学生编辑出版的《普通语言学教程》一书中,"语言学之父"De Saussure(索绪尔)将语言学比作一个几何系统,认为语言学的内容可以"归结为几个待证的定理"①。1933年,美国语言学家Bloomfield(布龙菲尔德)指出,"数学只不过是语言学所能到达的最高境界"②。基于数理技术的逻辑语义学所具有的这种跨学科的性质是由其研究目标所决定的。

逻辑语义学以实现自然语言句法和语义处理的形式化为目标,因此一般需要历经三个步骤:其一是从语言学的角度提出自然语言句法和语义处理中的问题和理论;其二是将需要研究的语言学问题加以形式化,使之能够以一定的数学形式进行严密精确的描述;其三则是将这种数学形式放在逻辑模型中进行刻画。一方面确保自然语言理解过程的形式化,具有自然语言句法和语义处理的实用价值,另一方面讨论逻辑模型有关的完备性和可靠性等元逻辑性质,具有一定的理论价值。随着当今计算机科学的迅速发展,自然语言与形式语言之间的种种对应与相似愈来愈受到广大学者的关

---

① 冯志伟:《计算语言学基础》,北京:商务印书馆,2008年版,序第2页。

② 冯志伟:《计算语言学基础》,北京:商务印书馆,2008年版,序第2页。

注。语言学的研究对语言现象进行总结与概括，形成语法规律；逻辑学的研究则将这些语法规律抽象为逻辑定理，获得可计算的形式化分析过程。

自 Chomsky（乔姆斯基）句法理论创立直至 Montague（蒙太格）语法时期，对自然语言理解问题的处理所采取的方法多是基于规则的句法－语义分析，Montague 的 PTQ 系统是多数逻辑语义学家们津津乐道的自然语言形式化处理方面的代表。时至今日，这种处理方法在自然语言句法和语义处理方面仍然占据着主流地位。不可否认，这一方法在有限的自然语言体系内取得了相当大的成就，然而，随着对自然语言研究范围的扩大，基于规则的方法的局限性也就渐渐彰显。因为自然语言本身具有多个不同的始源和体系，以英语为代表的印欧语系和以汉语为代表的汉藏语系所表现出来的语言知识和规律都各有特色，所以如何在形式化的逻辑框架中分别刻画这些内容就成为一个难题。计算机处理自然语言具有“大规模”和“真实”[①]这两个特点，从这两个特点出发，我们不难发现，当下适合于自然语言句法和语义处理的方式以坚持词汇主义的分析方法为优选，而范畴语法正是适应这一要求的产物。

目前国内在面向自然语言的信息处理上所存在的问题是，计算机领域面向汉语等自然语言的处理以统计型为主，真正针对自然语言特点设计的程序和算法还很难达到满意地处理一整套自然语言的能力。造成这一现象有句法和语义两方面原因：在句法上，很多现象，包括简单的和复杂的现象，如语词之间的依存关系、汉语中的连谓、兼语等现象的谓词论元关系，在语言学上还尚无定论，所以在信息处理过程中也难以给出确凿的刻画方案；在语义上，如何让计算机“听懂”或者说“理解”人的语言，仍为目前计算语言学继续向前发展的瓶颈，迫切需要逻辑理论提供一套甚至几套形式化方案，不但能够刻画自然语言所具有的比较特殊的一些现象（如右节点提升、代词回指等不连续现象），还具有处理一整套自然语言的能力。幸运的是，在逻辑语义学诸理论中，最近三十年发展起来的组合范畴语法是比较成功满足这

① 靳光瑾：《现代汉语动词语义计算理论》，北京：北京大学出版社，2001 年版，第 43 页。

一需求的语法系统,已引起计算语言学家的广泛关注。

范畴语法是一种面向自然语言信息处理的逻辑理论。按照这种理论,自然语言是由词构成词组、词组构成语句的符号系统,自然语言的这种生成性被看作是计算推演的过程。类型逻辑语法和组合范畴语法(Combinatory Catagorial Grammar,简称 CCG)都是范畴语法的现代版本,前者源于 Lambek 演算,热心于范畴语法的逻辑理论问题,把范畴语法看成是一个逻辑系统,配备框架语义学,讨论系统的可靠性和完全性,以及系统的可判定性;后者在 20 世纪八九十年代开始出现,它关注自然语言“语境敏感层面”的表达力问题,从语言学和计算语言学的角度探讨基于统计模型的自然语言的自动机处理问题。组合范畴语法的特点有:原子范畴的加标多样化和彻底的词汇主义思路;斜线算子的下标模态化和函子范畴的多样组合;基于范畴等级和范畴构造的视角建立组合范畴语法的证明论。

组合范畴语法利用经典范畴语法的范畴概念,通过范畴之间类似分母消去的毗连过程来计算语句的形式特征,判断语句是否合语法。组合范畴语法目前成为计算机对自然语言进行信息处理的理想工具,它的优点有四:

(1)组合范畴语法发展了一套核心句法,是跨语言不变的,变化只在于因语言不同而不同的词库赋值和句法规则的选择,这一点十分吸引人。

(2)组合范畴语法在句法和语义之间有一个非常透明、直截了当的接口,语义的表达式(λ-词项)可以与句法的范畴赋值一同存放在词库的词条上,是一种完全的词汇主义的语法形式。而这种形式上词汇化、计算上近乎机械的做法恰好符合计算机形式化的需求。

(3)组合范畴语法表现的现象比之前出现的词汇功能语法、中心语驱动语法等程度更深,它可以更快地评价语句中的语词是否有依存关系、谓词-论元关系等。

(4)从信息计算的角度看,在使用各种语法理论支持的计算机分析器中,组合范畴语法的分析器分析最快、准确性也较高。

本研究旨在寻找一种能够对现代汉语中的一些特定语义问题进行有效解释的理论。这种理论需要符合当前对大规模跨语种进行可计算语义处理的要求,因此该理论应该尽可能地具备"大词库,小规则"[1]的特征。因此,本研究除了使用 Steedman[2](2000)的组合范畴语法(我称之为原生态 CCG)分析汉语中的一些特殊语言现象之外,还对原生态 CCG 进行扩展,处理更多的汉语现象,特别是原生态 CCG 无法处理的汉语现象。除此之外,以范畴类型逻辑(Categorial Type Logic, 简称 CTL,是基于规则的范畴语法分支)为理论框架,模拟 Baldridge J. 和 G. J. Kruijff 的多模态组合范畴语法[3](Multi - Modal Combinatory Categorial Grammar,简称 MMCCG,是范畴语法彻底地词汇化处理分支),尝试将二者有机地进行结合,一方面获取词汇化的语法系统在处理大规模真实文本方面的优势,另一方面尽可能保留可计算的语法体系自身所具有的逻辑性质,这就构造出了混合范畴类型逻辑,并使用混合范畴类型逻辑系统处理一些特殊的汉语现象。

为达到上述目的,本研究的主要工作包括:首先,梳理范畴语法发展脉络,探究组合范畴语法产生和发展的动因;其次,在范畴类型逻辑框架的基础上对多模态组合范畴语法进行模拟,构造出混合范畴类型逻辑系统,讨论其元逻辑性质;使用 Steedman[4](2000)的组合范畴语法处理汉语 NCC(non - constituent conjunction)结构(狭义 NCC 结构与语缺句)、汉语话题句、汉语 TVP(transitive verb phrase,及物动词短语)结构("把"字句、"得"字句和兼语句)、汉语形容词谓语句和汉语主谓谓语句;在原生态 CCG 上增加动词合并规则$\varnothing$,处理汉语连动句和复杂动词并列结构;在原生态 CCG 上增加有关照应算子|的规则,构造了组合范畴语法 CCG |,处理汉语和英语代词照应现象、汉语空代词及其照应现象、汉语动词省略及其照应现象、汉语形容词谓语句和汉语主谓谓语句;最后,构造针对汉语的混合范畴类型逻辑系统,并用它们处理汉语 NCC 结构、汉语话题句和非外围提取现象。

---

① 陆俭明:《汉语语法语义研究新探索(2000—2010 演讲集)》,北京:商务印书馆,2010 年版,第 168 页。

② Steedman, M. , and J. Nivre. *The Syntactic Process. MIT Press*, 2001.

③ Baldridge, J. and G. J. Kruijff. Multi - Modal Combinatory Cztegorial Grammar. In *Proc. of 10th Annual Meeting of the EACL*. Budapest, 2003.

④ Steedman, M. , and J. Nivre . *The Syntactic Process. MIT Press*, 2001.

本书试图处理的语言现象包括:汉语的非连续结构(包括汉语 NCC 结构(狭义 NCC 结构与语缺句)、汉语话题句、汉语 TVP 结构("把"字句、"得"字句和兼语句)、照应和省略现象(汉语代词和反身代词照应现象、汉语空代词及其照应现象、汉语动词省略及其照应现象)、汉语形容词谓语句和汉语主谓谓语句;英语代词照应和反身代词照应现象、关系代词从句中的代词照应现象、量词和代词交叉互指现象、VP 省略句及其照应现象以及既包含代词省略又包含动词短语省略的 VP 省略句结构。本书试图在组合范畴语法及其扩展版本中处理这些现象。

与英语相比,汉语具有更加灵活的语法结构,是一种意合型的语言。通过考察,我们能够发现汉语在自然语言生成方面较之英语要强。因此,既适合刻画英语,也能够满足汉语需要的语义理论,应该是一种前提敏感型的语义理论。有限的基本规则和细致的词库描写,是这种语义理论的特征,从而使得该理论能够适应自然语言计算机处理的"大词库、小规则"的需要。

本书所做研究,有以下创新之处:

一、模拟多模态组合范畴语法构造混合范畴类型逻辑系统

在自然语言的分析中,语料成分具有重要的作用。自然语言表达式中的每个成分都应该得到恰当的分析,这些语料成分既不能浪费,也不能任意添加。线性逻辑(linear logic)①可以视为对这种自然语言分析方式的良好反应,它的蕴含算子意味着"吸收",其前提在吸收运算之后,不得再被应用于其他推演过程。如果要再次应用之前被吸收了的前提,则要诉诸另外一些规则。但这些规则只能应用于特定的情况,这些前提本身也被规定只能应用于部分规则。线性逻辑实际上为我们提供了一个启发:不同的运算可以在同一个逻辑平台上操作而不至于引起混乱。这一启发体现出混合的子结构逻辑特征。

① 详情参见 Girard, Jean - Yves, Linear Logic. In *Theoretical Computer Science* , Vol. 50, 1987, pp. 1 - 102.

在逻辑视角下考察自然语言,我们可以尝试将语料处理为证明项,以函项运算为规则建立逻辑推演体系。范畴语法就是这样一种尝试。广为人知的范畴语法推演系统的基础是 Lambek 演算,共包括四种 Lambek 演算——既结合又交换的 Lambek 演算 LP、(结合非交换的)Lambek 演算 L、(非结合但)交换的 Lambek 演算 NLP,以及既非结合也非交换的 Lambek 演算 NL。四种 Lambek 演算对于结合的结构规则与交换的结构规则有不同的取舍,分别能够刻画自然语言中特定的语言现象。但由于参与推演的结构规则是受到限制的,这四个系统对自然语言的刻画能力因此存在种种局限,不利于刻画复杂灵活的自然语言现象。如果能够吸取线性逻辑的长处,将四种 Lambek 演算置于同一个逻辑平台上进行操作,那么我们就能够在统一的框架下,对自然语言进行更加有效的刻画。因此,本研究试图建立一个混合的子结构逻辑系统,即混合范畴类型逻辑。由于这一混合系统是通过对范畴语法进行模态扩展得到的,因此也是一种多模态范畴语法。

子结构逻辑系统的特点是:首先,它对参与推演的前提较为敏感,依据对前提的控制,子结构逻辑一般表现为层级结构;其次,子结构层级之间可以通过一定的手段建立起联系,这种联系往往可以由联结的结构公设获得。由于混合的子结构逻辑是将前提敏感的逻辑系统统一到了一个逻辑框架之内,因此反映到对自然语言处理方面,这样一种逻辑系统一方面体现出较为明显的词汇化特征;另一方面也体现出普遍语法的特征。

作为词汇化的语法系统,在混合范畴类型逻辑系统中或多模态组合范畴语法中,句法和语义之间的接口是自然而然的,每个词条的语义表达式和句法范畴都被存放在词库的词项上,尽管范畴标记较为复杂,需要大量人工的操作,但是它可以保证较为精确的句法与语义之间的匹配。句法范畴跟语义类型、语义最后的表示都可以基于词库中的范畴指派而生成,因此,这一语法体系在句法上和语义上都是一种组合的方式。而作为逻辑框架统一的语法系统,构成语法系统的规则十分有限,利于计算机对其进行定义和分析。对于不同语种中的现象进行分析时,我们基本无须对语法本身固有的规则进行较大变动,仅依据需要添加或者取消特定的结构公设,而后通过词库和子结构逻辑层级之间的关联规则,就可以设计出针对特定语言现象的语法系统。在混合的范畴语法系统中,通过对前提进行考察,我们可以对语法中不同的结合力与交换力在统一的平面上分别进行刻画,在保证了所增加的规则的生成力的同时,也限制了过度的生成,确保对自然语言现象的精准分析。

为确保句法范畴的组合对组成它们的基本范畴敏感,本研究将以范畴类型逻辑的范畴构造算子为基础,同时需要对范畴语法中的规则进行重新定义,以确保语法成分的组合方式由范畴定义而来。在自然语言层面,这种逻辑上的前提敏感体现为词汇主义,也就是说,自然语言表达式的生成与生成它们的基本表达式之间具有一种直接约束的关系,特殊语言现象合乎规则地生成,不再需要在规则层面进行限制,而是在词库层面得到处理。通过这种方式,范畴语法实际上被进一步词汇化。我们依据范畴语法中四种 Lambek 演算对结合规则和交换规则的不同取舍,为范畴语法中的基本联结词(积算子以及左、右斜线算子)添加不同的模态下标,同时构建针对 Lambek 演算系统的关联规则 $A \bullet_i B \rightarrow A \bullet_j B$,以反映混合的逻辑系统中不同层级的子结构相互之间的关系。借由基本联结词添加模态下标,增加了推演前提的敏感性;借由关联规则,实现 Lambek 演算的模态算子之间的相互转换。由此一来,在不增加逻辑系统复杂程度的基础上,我们获得对逻辑系统的扩展,使得系统具备了更加充分且精确的刻画能力。

前提敏感的逻辑语法理论,在处理跨语言的特殊现象时,体现出自身的优势。在对特定语言中的现象进行考察时,通过对词库的微调就能够给予我们对特定语言现象的准确刻画。比如,在混合范畴类型逻辑框架下,我们无须设立新的针对汉语部分语言现象的基本范畴,只需在词库中,对基本范畴加入模态作为触发特定汉语语法推演过程的算子即可,因此不再需要加入新的意义公设及运算规则。由于我们始终是在范畴语法的大框架下对特定语言种类中的现象进行考察,这种新添加的模态算子实际上与其他语言现象中的算子之间具有一定联系,因此我们所建立的这种包含模态算子的子结构逻辑系统实际上是一种混合范畴类型逻辑系统,其元逻辑性质能够得到合适的刻画。

二、对原生态组合范畴语法的扩展

本书为了处理汉语连动句和多谓词并列现象，在原生态组合范畴语法上增加了动词合并规则∅；为处理汉语代词照应、空代词照应、动词省略和照应现象，模拟 Jäger 的包含受限缩并规则的 Lambek 演算系统 LLC 和满海霞的包含受限强缩并规则的 Lambek 演算系统 LLCW′，在原生态 CCG 上增加了关于照应算子|的规则（照应算子标记规则$[\ ]_i$、照应类型提升规则 T |、照应范畴应用规则 < |,i 和 > |,i、省略槽规则 el、照应算子抽象规则λ|），构造了针对照应现象的系统 CCG |。

三、组合范畴语法对汉语特殊现象的处理

本书处理的汉语特殊现象总体可以分为四类：非连续现象、照应现象、形容词谓语句和主谓谓语句。

句子的表层形式与语义结构中“谓词－论元”模型并不总是相对应的，常常显得杂乱无序（但这些结构形式又不是任意性的），有些成分甚至完全被抑制，这就是我们所说的非连续现象。转换生成语法的深层结构正是出于对这种现状的无奈而提出的一种理想模型，这是一个不同于表层结构的、自治的层面。在这个层面上，表层结构中那些模糊不清的东西（obliqueness）可以被清晰而直接地表达出来。转换生成语法建立了一系列原则及规则将深层结构与表层结构相对应，用移位理论来描写句子成分与意义之间的依赖关系，对于这些原则和规则的描写和解释构成了句法研究的主题。实际上，Chomsky（1957）[①]第一次提到的移位现象被认为是非连续现象研究的起源。

语言当中的非连续现象是理论语言学研究的核心课题，在当代句法理

① Chomsky, N. . *Syntactic Structures*. Mouton, 1957.

论中扮演着重要的角色,具有非常重要的理论意义。Steedman(1988)[①]认为,范畴语法以及其他各种语法理论的中心问题应当是如何表达自然语言当中的非连续结构或非连续现象,而他本人也确实在这方面做出了突出的贡献。实际上转换生成语法的语迹、爬升乃至最简方案的特征核查、移位激发因素等核心理论的提出都是为了更好地(在深层结构中)保证句法成分连续性的基础上来解决表层结构的非连续问题,因此 Steedman 的提法是不为过的。

非连续结构大体分为三类:不连续的直接成分——复杂及物动词短语 TVP;语义组合而句法不组合的非连续结构——话题句;句法组合而语义不组合的非连续结构——语缺句和 NCC 结构。图示如下:

表 0-1 三种非连续结构的比较

组合性 / 非连续结构	句法组合性	语义组合性
TVP 结构	+	+
话题句	-	+
语缺句和 NCC 结构	+	-

在过去的二十年间,如何处理好照应回指现象,一直是类型逻辑语法所关注的重点难点。Jäger 将以往的相关工作总结为两个方面的努力:一种是词汇方法,即认为回指含义由特定的语词激发,照应词条的语义表达式包含一个λ-算子,约束一个变元的多次出现;另一种方法是句法方法,即认为照应操作在句法中进行,承认词条之间具有线性性质,允许语词资源的多次使用。

Jäger 是在句法中考虑照应现象的。他在 Jacobson 系统的基础上,提出了含受限缩并规则的 Lambek 演算系统 LLC。使用 LLC 处理照应现象,既避免了照应词条和规则的复杂性,又不假设成分统治这一结构要求,具有很强

① Steedman, M. . *Combinators and Grammars.* Springer Netherlands, 1988.

的优势。Jäger 将其推广,用于分析英语中的代词、反身代词和动词省略等现象,均取得令人满意的效果。满海霞针对汉语中存在的空代词现象,对 LLC 进行扩展,构造了包含受限的强缩并规则的 Lambek 演算系统 LLCW′,很好地处理了汉语空代词现象、动词省略中的动词结构、重动句、兼语句和一部分“得”字句。这些成功的处理都是在类型逻辑语法框架下的处理。如何在组合范畴语法的框架下处理照应现象,特别是汉语照应现象还是一个有待开拓的领域?这是本研究尝试解决的问题。

形容词不仅可当修饰语,如“美丽的西湖”“可爱的孩子”等,还可以直接充当句子的谓语。我们所指的形容词性谓语句就是由形容词或形容词短语充当谓语的句子。汉语形容词谓语句可简单地分为光杆形容词谓语句和复杂形容词谓语句两种。光杆形容词作谓语的形容词谓语句就是单个的形容词作谓语,这类句子的形式刻画比较简单。如“眼睛大”“橘子甜蜜蜜”“小李的心眼小”等等。而形容词短语作谓语的形容词谓语句中的谓词可有以下几种情况:“状语 + 形容词”“ 形容词 + 补语”“状语 + 形容词 + 补语”等等。如“他的眼睛很大”“橘子甜得很”“小李的心眼真是小死了”等。显然,后者的结构要复杂得多,分析的难度大大增加。补语问题比较复杂,形式刻画比较难。因此带补语的形谓句的逻辑分析是本研究的难点。过去曾有学者基于转换生成语法和 Montague 语法对形容词性谓语句进行过分析,但是目前笔者还没发现基于 CCG 对形容词性谓语句的分析,本研究试图做个尝试。

主谓谓语句是汉语独具特色的一种句型,具有较强的造句功能。著名的语言学家朱德熙先生说:“主谓结构可以作谓语是汉语语法的一个明显的特点”。主谓谓语句是汉语中的一种重要句型,即由主谓短语充当句子谓语的一种结构,如“今天天气晴朗”“他脑子好使”“春节他回家”等①。其常见格式可以表示为:S_1 + (S_2 + P),其中,S_1 是全句主语,叫大主语,如例句中

① 注意,按照第三章的分析,我们可把这些主谓谓语句处理成话题句,如复杂主语修饰成分话题句“他脑子灵活”、斜格成分话题句“春节他回家”。这里我们都作为主谓谓语句来处理。

“今天”“他”“春节”等;S_2是充当全句谓语部分的那个主谓短语中的主语,叫小主语,如例中的“天气“脑子”“他”;(S_2 + P)整体充当句子的谓语,P 则称为小谓语,由动词或者形容词等承担。过去曾有学者基于转换生成语法和 Montague 语法对主谓谓语句进行过分析,但是目前笔者还没发现基于 CCG 对主谓谓语句的分析,本研究试图做个尝试。另外,需要说明的是汉语主谓谓语句与汉语话题句是对相同的汉语结构的不同语法分析方式,不同的语法分析方式意味着不同的逻辑处理方式,因此我们对这样的语言现象采取了两种处理方式:在话题句中,我们是从非连续结构这个角度进行处理的;在主谓谓语句中,我们常常不把这样的语言现象视为非连续结构。

本书继承了 Steedman 的原生态组合范畴语法 CCG,并用之处理了汉语 NCC 结构和汉语话题句;将把汉语“把”字句、一部分“得”字句和兼语句分析成非连续的复杂动词短语结构 TVP,使用 Steedman 提出的内包(wrapping)操作,基于原生态 CCG 框架,处理这些汉语的非连续 TVP 结构;在原生态组合范畴语法上增加了动词合并规则∅,并以此处理汉语连动句和多谓词并列句;使用原生态 CCG 的扩展版本 CCG |,处理了汉语的照应和省略现象,包括汉语人称代词和反身代词照应现象、汉语空代词及其照应现象、汉语动词省略及其照应现象、汉语连动句和兼语句;在 CCG 和 CCG |内,对汉语形容词谓语句和汉语主谓谓语句进行了系统处理;使用适合汉语的混合范畴类型逻辑系统 NL + L 和 L + LP 处理汉语的 NCC 结构、汉语话题句和重块头 NP 移位结构。

四、句法和语义并行推演

“从 CCG 的研究情况来看,计算语言学家目前主要关心如何根据某种自然语言的需要构建相适应的句法规则,确立词条的句法范畴的指派,从而实现更高效、更准确的自动语法分析。这些句法和词汇方面获得的 CCG 成果固然值得认可,但是如果真正要实现机器理解自然语言的目标,语义的探讨应是今后工作的重点,这样才能贯彻 CCG 句法与语义对应的思想。我目前所掌握的关于 CCG 的大量文献中,仅有少量的论著专门讨论语义问题,尤其在计算机信息处理领域，句法取得进展而语义滞后现象更加突出。”①

以清华大学的计算机博导、微软亚洲研究院自然语言处理组前主任黄昌宁教授为首，微软亚洲研究院的实习学者、香港城市大学的宋彦博士和清华大学的周强等人参与的研究团队，近年来从事 CCG 的汉语信息处理研究。他们把基于转换语法的清华中文树库转换成基于 CCG 的中文树库，为此做了大量的工作，取得的成绩令人瞩目。基于 CCG 分析的汉语句法现象有：汉语小句成分提取结构、宾语前置的话题化结构、复杂谓语的并列结构、“把”字句和“被”字句、体词性谓语句式、主谓谓语句式等等。周强还指出，CCG 处置的规模大约有 45000 个汉语句子和 100 万个汉语单词，语料选择来源包含文学、学术、新闻、应用四大体裁的平衡语料，以此为加工对象，尽可能多地覆盖汉语的各种语言现象。②

关于 CCG 的问题，周强明确表示：CCG 中文树库需要得到完善，这就需要逻辑语义学研究者协助做这项工作。就中文 CCG 处理而言，国外语义处理可以借鉴的理论工具有：基于λ－演算的高阶谓词逻辑表述、由话题表述结构 DRS 和 VerbNet 的论旨角色表示的复杂事件语义、混合逻辑依存语义（HLDS）表述等等。如何针对汉语文本的描述特点提炼出适合汉语的深层语义表述体系，需要做大量的研究工作。

为说明汉语 CCG 研究语义滞后所带来的问题，下面以涉及时间的汉语动词句为例，可发现纯粹的句法分析存在问题。如关于宾语前置现象，周强就绘制了一个分析树图，如下：

① 李可胜，邹崇理：《基于句法和语义对应的汉语 CCG 分析》，《浙江大学学报》，2012 年第 6 期。

② 来源于周强 2012 年 4 月 6 日在中国社科院哲学所所做的报告《组合范畴语法 CCG 和汉语处理》。

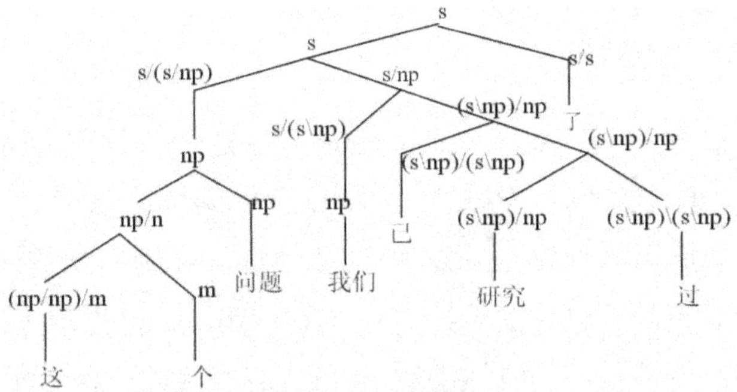

图 0－1　CCG 中文树库的分析树

图 0－1 中的“已”和“过”都是与时间有关的词条,尽管所体现的时间逻辑语义是一个整体,即当两者同时出现时,构成了表示过去式或现在完成时的时间算子。但图 0－1 的分析却为它们指派了不同的范畴以方便计算。这种“间隔”的分析很难表现它们在语义上是作为一个整体的事实,因而图 0－1 的处理方式是为了方便句法范畴计算而忽略语义理解。在自然语言其他类型的表达式那里,这种句法分离而语义凝聚的非连续现象比比皆是。[①] 另外,专门给出量词的范畴也有点欠妥:一是汉语量词很多,没有实际意义,这样不好给它们分别匹配不同的语义以示区别;二是英语中的可数名词用数词就表示数量了,这样在数量方面英汉就需要不同的处理方法,使语法变得复杂。这些似乎欠妥之处都是因为忽略语义、仅仅从语法进行处理而导致的结果。

“我国中文 CCG 信息处理所存在的语义滞后问题将是今后研究的主要课题。”[②]本书在用 CCG 及其扩展版对英语和汉语语句进行句法推演时,匹配了语义推演,实现了句法和语义的并行推演。

① 李可胜,邹崇理:《基于句法和语义对应的汉语 CCG 分析》,《浙江大学学报》,2012 年第 6 期。

② 李可胜,邹崇理:《基于句法和语义对应的汉语 CCG 分析》,《浙江大学学报》,2012 年第 6 期。

五、原则与参数语法

"原则与参数"(principles and parameters)这一说法最早是由 Chomsky 提出的。1986 年,在"*Knowledge: Its Nature, Origin and Use*"①一书中,Chomsky 明确提出了原则与参数的语法解释新模型②。原则与参数这一语法研究的新模式是 Chomsky 以"普遍语法"(universal grammar)思想为指导,在生成语法的框架下对人类语言机制与理想的语言能力的进一步研究。

多模态范畴语法具有鲜明的原则和参数特征。对前提的敏感使得我们在使用多模态范畴语法对自然语言进行分析的时候,需要更多地关注词条,而不仅仅是规则。作为一种贯彻了词汇主义的语法理论体系,范畴语法要求具体语言的不同语法之间,一方面保持着本质框架的一致性,另一方面则在具体语言的词库中对差异之处进行细致描述。语法框架的一致体现出对普遍语法原则的把握,词库的刻画则体现出对普遍语法参数的设置,反映语言机制与语言能力的原则与参数语法构想,对应到自然语言的具体语法研究中表现为词汇化的语法体系的构建。本研究中,对汉语的解释是在范畴语法的大框架下进行的,汉语独有的特殊语言现象的描述并不需要对范畴语法进行实质上的改动,我们仅需要确保参与组合规则运算的成分在词库中得到了充分的描述,从而避免不合语法的成分参与到组合运算中去。

六、多模态的引入

Baldridge③(鲍德里奇)在处理跨语言的不对称提取(syntactic extraction

---

① 本书作为王宗炎先生主编的当代国外语言学与应用语言学文库系列图书之一,2001 年 1 月由外研社引进并出版。

② 这一阶段的生成语法研究也常常被称作"管辖和约束理论"(Government and Binding Theory),因为原则子系统之间起主导作用的是管辖理论和约束理论。但乔姆斯基本人出于突出普遍语法这一特征的目的,更倾向于使用"原则与参数理论"这一说法。其本人的论述可参见 1995 年 *The Minimalist Program* 第 29 – 30 页。

③ Baldridge, Jason, *Lexically Specified Derivational Controal in Combinatory Categorial Grammar*. Ph. D thesis of the University of Ediburgh. 2002.

assymmetry)以及混序(srambling)现象时,对 Steedman 的组合范畴语法进行了多模态的扩充。这种扩充的好处有两点,这两点与组合范畴语法的词汇主义及普遍语法特征是分不开的。首先,将多模态引入组合范畴语法,使得组合范畴语法进一步词汇化,避免了多个范畴指派;其次,由于组合规则包含模态算子,因此带有特定模态算子的范畴才被允许进行组合运算,较之组合范畴语法对规则进行限制的做法要更为便捷和易于操作。由于多模态组合范畴语法是在组合范畴语法组成部分,即 Steedman 的组合范畴语法基础上通过添加模态算子及其相应的组合规则而来,我们在下面的行文中将把 Steedman 的组合范畴语法称为“原生态 CCG”,而将多模态组合范畴语法记作“多模态 CCG”,以示上述两者都是组合范畴语法(CCG)的组成部分。

范畴语法的研究包括两个方向:其一是基于规则的范畴类型逻辑方向;其二则是基于词库的组合范畴语法方向。与范畴类型逻辑相比,组合范畴语法的一个突出的优点是由彻底的词汇主义所带来的逻辑推演的前提敏感;而与组合范畴语法相比,范畴类型逻辑的突出优点则是表述的严格精确。为了在保证表述精确的基础上获得前提敏感的推演系统,我们尝试将组合范畴语法的多模态手段引入范畴类型逻辑之中,这样构造出来的体系,一方面是基于规则的,另一方面又是具有词汇主义特征的。这一体系我们称之为混合范畴类型逻辑语法。本研究最后采用了混合范畴类型逻辑语法作为刻画汉语话题句和其他非连续结构的逻辑工具,对经典的范畴语法进行扩展,在保证其运算规则有限的情况下,通过模态算子增强其句法生成的准确性和语法解释的充分性。对前提的敏感使得我们在使用多模态范畴语法对自然语言进行具体分析的时候,需要更多地关注词条,而不仅仅是规则。同时,确立关联规则 $A \bullet_i B \rightarrow A \bullet_j B$,使得具有不同模态算子的运算规则之间能够受限地建立联系。我们通过对经典范畴语法进行多模态的扩展,构造出混合范畴类型逻辑,从而能够在一个逻辑框架中对不同的语言现象进行刻画。

第一章　范畴语法的发展阶段

第一节　概述

范畴语法(Categorial Grammar,简称 CG)是 20 世纪 50 年代以来语言与逻辑跨学科研究的重要语法理论,对计算机处理自然语言句法和语义具有较大影响,其思想来源具有浓厚的语言哲学和逻辑哲学背景,是哲学家们为了对自然语言进行描述而构建的语法理论体系,是用形式化的手段刻画自然语言句法和语义的理论。形式化是现代逻辑的基本方法,它采用一套特定符号系统,对概念、判断、推理等人类思维活动进行无歧义的刻画。自然语言是人们用来进行日常交际的声音符号系统,它的词汇丰富、语法关系复杂。在范畴语法中,自然语言的毗连生成被看作是范畴的推演运算。

将形式化的方法应用到自然语言句法和语义的分析中来,这一工作的开拓者是 19 世纪的数学家、哲学家 Frege(弗雷格)。1879 年,Frege 发表了"概念文字"①一文,提出了一种对谓词和量词进行分析的新方法,构造了第

---

① Begriffsschrift, eine der arithmetischen nachgebildete Formelsprache des reinen Denkens, Halle a. S.: Louis Nebert. Translated as Concept Script, a formal language of pure thought modelled upon that of arithmetic, by S. Bauer - Mengelberg in J. vanHeijenoort (ed.), From Frege to Gödel: A Source Book in *Mathematical Logic*, 1879 - 1931, *Harvard University Press*, 1967. pp. 1 - 82.

一个谓词逻辑的演算体系。Frege 的主要贡献在于,他取消了逻辑研究中对语句进行主谓划分的传统做法,将函项思想引入逻辑分析中,将有意义的表达式视为函子(主要内容)与论元(附属内容)组合而成的结构,谓词被处理为函子,表达式的意义不再通过对主词与谓词进行分析而来,而是经由函项运算而来。Frege 的处理方式成为日后范畴语法以函项组合运算的方式来获得自然语言句法语义的思想来源。

1904 年,英国哲学家、逻辑学家 Russell(罗素)提出了著名的集合论悖论,这一通过数学和逻辑学本身难以解决的难题,使得逻辑学家意识到对构建逻辑学与数学的语言进行研究的必要,逻辑学由此获得了新的研究视角。为了在系统构建之初就避免悖论,Les′niewski(列斯尼维斯基)[①]提出对范畴进行层级区分的思想,句法作用不同的表达式对应不同的范畴,给表达式的函子与论元指派的范畴属于一个层级,而函项运算的结果则属于另一个层级,运算必须逐层进行,跨越层级的运算是不合法的。Russell 与 Les′niewski 的思想为范畴逐层毗连运算提供了理论依据,函项应用成为范畴语法的主要运算规则。从 20 世纪 50 年代 Chomsky 的"*Syntactic Structure*"一书问世以来,计算机、逻辑、语言之间的关系越来越密切。迄今为止,三者交叉的跨学科研究领域内,"主要的脉络是范畴类型逻辑序列"[②],包括范畴类型逻辑、类型逻辑语法、组合范畴语法、多集合组合范畴语法、多模态组合范畴语法等,统称为范畴语法。主要代表人物有 Ajdukiewicz(1935)、Bar - Hillel(1953)、Lambek(1958)、Montague(1970;1973)、Moortgat(1987)、Morill(1987;1988)、Hepple(1990)、Steedman(1996,2000)、Baldridge(2002)等。范畴语法将形式化与自然语言结合起来,用推演的手段刻画自然语言的句法和语义,语言的认知在范畴语法看来就是数学运算,而语法的分析过程就是用形式化的逻辑方法进行推演的过程。荷兰逻辑学家和计算语言学家 Moortgat 将范畴逻

① Les′niewski, S. Grundzüge eines neues Systems der Grundlagen der Mathematik. In *Fundamenta Mathematicae* 14,1929.

② 邹崇理:《从语言到逻辑——范畴类型逻辑序列》,《重庆工学院学报》,2006 年第 4 期,第 2 页。

辑的主旨概括为“范畴分析即演绎”①（categorial parsing as deduction）与“形式语法即逻辑”②（formal grammar…as logic）。上述概括也同样适用范畴语法的整体，简言之，范畴语法就是在现代逻辑的背景下，对自然语言句法和语义进行形式化处理的理论，函项运算是其进行句法推演的主要手段。

第二节　范畴语法的纵向研究

一、早期的范畴语法——范畴语法的句法演算系统

（一）AB－演算

Frege 在“概念文字”一文中，首次提出以函子和论元取代传统逻辑在分析命题时采用的主谓划分。他认为，一个表达式中有些组成部分的出现可以被全部或者部分地替换为其他一些表达式，而另外的部分则是始终不变的，其中，可以替换的部分是表达式的论元，始终不变的成分则是表达式的函子。1891 年，在“函项与概念”③中，Frege 区分了函项表达式的“饱和”（saturated）与“不饱和”（unsaturated）：自身完全的表达式是饱和的表达式；需要其他成分进行补充的表达式是不饱和的表达式。函子是不饱和的，需要补充论元，使其成为一个句法结构和语义解释都完整的饱和表达式。例如，句子“小李说相声” 可以划分为两个部分：“小李”以及“说相声”。其中，后者是一个不饱和的成分，含有一个空位，即“？（说相声）”，当这个空位“?”由一个专名来填充之后，表达式才具有一个完整的意思。在这个例子中，“小李”是论元，“说相声”所表述的内容则是函子。

① Moortgat, M. , Categorial Type Logic, In J. van Benthem and A. ter Meulen(eds) , *Handbook of Logic and Language*, Elsevier Science B. V. , 1997, pp. 93－178.

② Moortgat, M. , *Categorial Type Logic*, In J. van Benthem and A. ter Meulen(eds) , *Handbook of Logic and Language*, Elsevier Science B. V. , 1997, pp. 93－178.

③ Funktion und Begriff, translated as Function and Concept, In Geach and Black’s *The Philosophical Writiongs of Gottlob Frege*, Basil Blackwell, 1960, pp. 21－41.

1935 年,Ajdukiewicz 在 Frege、Les'niewski 等人研究的基础上,确定了范畴语法的主要内容,包括[①]:Frege 的函项思想、Russell – Les'niewski 的范畴分层思想,以及 Husserl(胡塞尔)的互相置换思想。Frege 的函项思想我们已经提及,即,命题由函子和论元构成,语言表达式是函项运算的产物,其生成过程由函项运算揭示。范畴分层思想按照 Lesniewski 的处理,就是根据不同的句法作用,将表达式对应到范畴的不同层级。函子范畴与论元范畴在一个表达式层级上,而表达式的值范畴则在另一个表达式层级上。至于 Husserl 的置换思想,则是表明范畴相同的表达式在句子中可以置换,而不改变句子的合语法性,范畴因此被视为一种标记,保证具备同样标记的表达式能够互相置换。这一思想与 Frege 在"论意义与指称"[②]一文中所探讨的外延相同的表达式能够相互替换而不改变表达式的真值是一致的。

此外,Ajdukiewicz 基于 Husserl 的置换思想和 Russell 的类型论,首创分数作为不饱和表达式的范畴。$\frac{A}{B}$表示不饱和的表达式范畴,模拟数学中乘法消去分母的规则,该范畴与一个自身完全的饱和范畴 B 结合,就会得到一个饱和的范畴 A,A 是自身完全的表达式范畴。1953 年,Bar – Hillel[③] 对 Ajdukiewicz 无方向的不饱和范畴记法进行了改进,他将分数记法改为"A/B"以便于书写,同时增添了"( )"以允许分母向左寻找结合的论元和"[ ]"以允许分母向右寻找结合的论元,以区分自然语言中带有方向性的范畴结合运算。例如,句(1)little boys sleep 中,girls 的范畴为 n,little 的范畴为 n/[n],sleep 的范畴为 s/(n)。这种仅通过模仿分数乘法的推演运算方式具有很强的可计算性。Bar – Hillel 认为,范畴语法理论在当时由 Chomsky 的句法理论所掀起的机器翻译大潮中能够体现出很高的实用价值。以上文中的句

---

① 邹崇理:《范畴类型逻辑》,中国社会科学出版社,2008 年版,第 5 页。

② "über sinn und bedeutung", translated as "On Sense and Reference", In Peter Geach and Max Black(eds), Translations from *The Philosophical Writings of Gottlob Frege*, Blackwell, 1952, pp. 56 – 78.

③ Bar – Hillel, A quasi – arithmetical notation for syntactic description, In Bar – Hillel(eds), *Language and Information: selected essays on their theory and application*, Addison – Wesley, 1964, pp. 61 – 74.

子(1)为例,可得到如下分析:

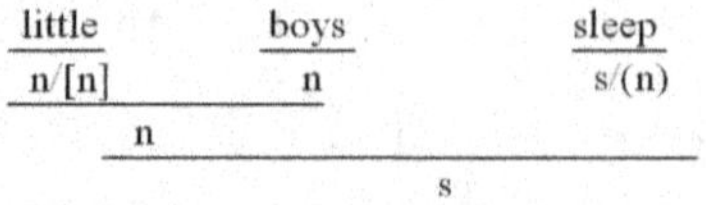

图 1 – 1　AB – 演算阶段对自然语言表达式的分析

这种记法的一个直接的好处是能够揭示机器翻译中涉及的“句法联通性”(syntactic connexity)问题,区别表面看起来一样的表达式在不同语境下是否为合法成分,比如,boys sleep 作为独立的表达式的存在是合法的,但在 little boys sleep 中,则是不合法的成分。分析如下:

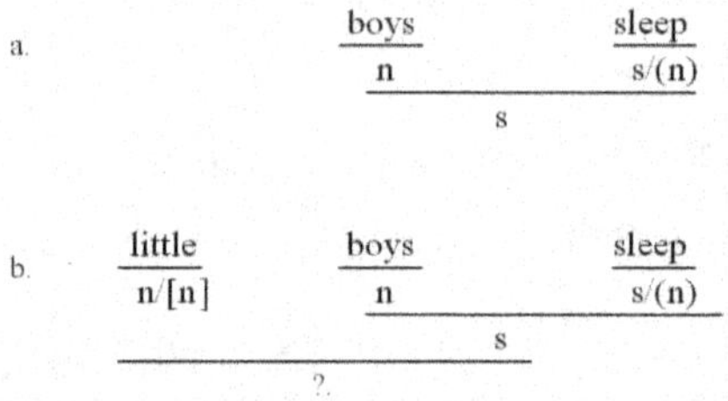

图 1 – 2　AB – 演算阶段对自然语言表达式的不合法分析[①]

1960 年,Bar – Hillel[②] 在吸取了 Lambek 对范畴进行的方向改进的基础上,对范畴语法进行了进一步的改善,引入了带有方向性的斜线算子“\”和“/”来刻画函项运算的方向,同时允许对一个表达式赋予多个范畴。这样一来,形如“Y\X”的范畴读作“Y 在 X 下”,需要向左结合一个范畴为 Y 的表达式,从而生成一个范畴为 X 的表达式;形如“X/Y”的范畴读作“X 在 Y 上”,需向右结合一个范畴为 Y 的表达式,同样生成一个范畴为 X 的表达式。AB – 演算定义如下[③]:

定义 1　AB – 演算

I　AB – 范畴:给定 A 为原子范畴的有穷集合,范畴集 C 是满足下述要

① 图中“?”表明此处推演无法继续进行,即:无法得出句子范畴 s。

② Bar – Hillel, On Categorial and Phrase Structure Grammar, 1960. In Bar – Hillel(eds), *Language and Information: selected essays on their theory and application*, MA: Addison – Wesley, 1964. pp. 99 – 115.

③ Baldridge, Jason, *Lexically Specified Derivational Control in Combinatory Categorial Grammar*. Ph. D thesis, the University of Edinburgh, 2002, p. 15.

求的最小集合：

(i) $A \subseteq C$

(ii)若 X , $Y \in C$,则$(X \backslash Y)$, $(X/Y) \in C$

II　函项应用规则(functional application) ①

(i)向前的函项应用规则：$X/Y \quad Y \Rightarrow X \quad (>)$

(ii)向后的函项应用规则：$Y \quad Y \backslash X \Rightarrow X \quad (<)$

AB－演算将自然语言的语词按照句法行为的不同分为若干类，用算子|–把词汇及其范畴连接起来形成词条，由词条形成一个词库，词库中每一类语词对应一个范畴。如下给出一些简单词条的例子：

(1) a. Brazil |– np

b. Germany |– np

c. defeated |–(np\s)/np

通过范畴之间进行类似数学分式运算的毗连消去来计算语句的形式特征，判断句子是否合法。范畴语法的基本范畴十分有限，常用的分别为表示普通名词的 n，表示名词短语的 np 和表示句子表达式的 s。在 AB－演算中，范畴的函项运算仅通过有限的两条毗连规则进行，$>$ 和 $<$ 表示运算的方向分别为向前和向后。例如，汉语中"小王看书"一句中动词"看"的类型为(np\s)/np，表明"看"需要先向前运算贴合一个范畴为 np 的成分，得到范畴为 np\s 的成分，再向后运算贴合一个范畴为 np 的成分，最终得到一个范畴为 s 的句子。古典范畴语法即 Ajdukiewicz 和 Bar－Hillel 的句法运算系统，因此取二者姓氏的首字母，直接称为"AB－演算"。

在给出一个词汇串 ω 的推演时，我们先把它的词汇按固有顺序依次列出，同时从词库中引入它们的范畴，然后把规则应用到毗连的成对范畴上。一旦某对范畴被合并，在进一步的推演中只能看到合并所产生的范畴。通过加下画线及给下画线加标记来表述每一步推演。不带标记的下画线表示

① 此处的函项应用规则采取的是 Steedman 组合范畴语法中改良的记法，函子范畴一律位于斜线算子的左侧。

从词库中引入一个范畴。使用(1)中的词条,下面给出符号串 Brazil defeated Germany 的一个推演实例::

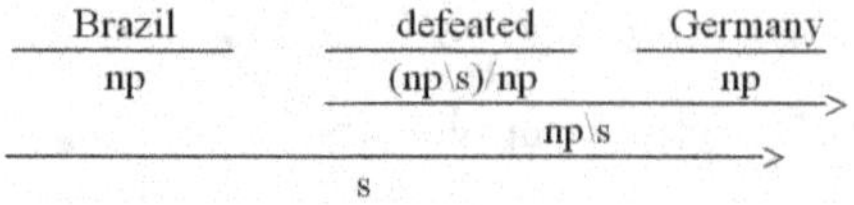

图 1 – 3　简单及物句在 AB – 演算中生成

AB – 演算为一些基本的并列组合现象提供了自然的解释。假定 and 的范畴是从两个相同类型的范畴映射到另一个同样类型的范畴的函项,可以描述为(2),立即推出(3)中合语法的语句 a,c,d,e,f,而不合语法的语句 b 显然推不出。

(2) and ⊢ (X\X)/X

(3) a. Brazil played and defeated Germany.

b. * Brazil played Germany and defeated.

c. Brazil defeated Germany and won the World Cup.

d. Brazil defeated Germany and celebrated.

e. John bought and gave his family tickets to the World Cup.

f. Brazil defeated Turkey and Germany.

约定:如果一个推演的大部分步骤是明显的,仅仅需要强调某一关键步骤,就把该关键步骤涉及的词汇放在一起,并且显示这些子串的范畴,省略非关键的或与具体推演目的不相关的步骤。例如,(3e)的推演可以等价地描述如下:

(4) John [bought]$_{(np\backslash s)/np}$ and [gave his family]$_{(np\backslash s)/np}$ tickets to the World Cup

(3e)展示了一个双宾语动词吸收了它的间接宾语后与一个及物动词并列组合。另一方面,(3b)被自动阻止,因为 played Germany 具有不及物动词范畴,它不能和及物动词 defeated 的范畴进行并列组合,如下所示:

(5) * Brazil [played Germany]$_{s\backslash np}$ and [defeated]$_{(np\backslash s)/np}$

但是,尽管 Ajdukiewicz 和 Bar – Hillel 都发现了以范畴为媒介采用代数手段对自然语言进行句法推演的可能性，20世纪的50年代依旧是Chomsky句法理论占据主流计算语言学及人工智能领域。随着Bar－Hillel研究的深入，他发现AB－演算在处理语言中广泛存在的不连续现象时常常无能为力，因此逐渐转移了研究的重心和兴趣。

（二）Lambek演算

范畴语法的扩张分为两个方向，一个是基于推演的逻辑传统方向，包括范畴类型逻辑和类型逻辑语法，着重研究逻辑系统的构造，代表人物就是Moortgat；一个则是偏向语言学研究的方向，对逻辑理论采用实用主义的观点，旨在找出适于计算机处理自然语言的实际办法的组合范畴语法，代表人物为Steedman。Lambek演算对于基于规则的范畴语法体系具有举足轻重的作用，是范畴语法的逻辑发展方向的基础。它是由加拿大逻辑学家Lambek系统地使用逻辑演绎方法对范畴语法进行研究而首先构建起来的逻辑系统，Lambek不关注句法范畴与自然语言词条的关系，仅仅专注于范畴之间的运算，据此而来构造出的代数系统被称为“Lambek演算”①。

我们在进行自然语言的形式化处理过程中，需要对语料成分进行分析。这些语料成分的信息有一部分是编码在斜线算子之中的，比如向前运算和向后运算涉及的斜线算子分别为“/”和“\”，表明自然语言的推演对前提成分的线性顺序有所要求。但是还有一些内容被我们忽略了。比如在处理自然语言中的句法提取现象时，比较关系从句the team that Brazil defeated和which Brazil defeated yesterday。对于前者，我们通常由表达式外围的位置抽取一个范畴为np的成分，表示为Brazil defeated np；而对于后者，我们习惯提取关系代词所对应的范畴为np的成分的位置却不是表达式的外围，而是Brazil defeated np yesterday。在这种情况下，我们希望能够对语言推演的前提进行进一步的结构控制。基于上述种种考虑，Lambek对范畴语法的算子进行了改进，他将Bar－Hillel由小括号和中括号进行区分的运算方向改为

① Lambek, Joachim, The Mathematics of Sentence Structure, In *The American Mathematical Monthly*. Vol. 3, 1958. pp. 154－170.

统一由斜线算子表示,斜线算子作为逻辑常项,既适用分离规则,也满足假言推理的要求。Lambek 将构成复合范畴的算子视为逻辑联结词,将句法运算的推理规则处理为定理,范畴之间的运算因此被改造为逻辑推演。Moortgat 在《逻辑与语言手册》中的"范畴类型逻辑"篇中,将这一套句法推演的逻辑系统视为 Lambek 对范畴语法的突出贡献(key contribution)。邹崇理(2008)也指出,Lambek 演算是"古典范畴语法的进一步深化,不仅继承范畴运算的思想,还把范畴的运算当作逻辑推演,用逻辑系统的定理来展示范畴运算的句法规则"①。

Lambek 的目的是要获得一套算法,以识别语言中的句子合法与否。这种语言既包括逻辑学和人工智能领域的人工语言,也包括人们日常使用中的自然语言。在 AB - 演算阶段,Ajdukiewicz 和 Bar - Hillel 的研究是这一构想的初级阶段,作为数学家,他们的工作更多的是经验归纳,重点在于考察范畴语法的代数规则,针对自然语言描写力是十分弱的。在从逻辑学的背景下考察 AB - 演算的体系时,Lambek 发现,Bar - Hillel 以斜线配以括号表达函项运算的方向具有与逻辑中的蕴涵联结词类似的效果。因此,Lambek 首先,他改进了 Bar - Hillel 以括号区别算子运算方向的做法,用"\""/"两个斜线算子分别表示向后的和向前的结合运算;其次,他还给出了一个积算子"•",用以表示相邻两个范畴的直接贴合;最后,他引入关系符"→"表示由前提范畴推出结果范畴这一过程②。这样一来,范畴 X/Y 和范畴 Y 贴合得到范畴为 X 的表达式,就类似于命题逻辑中由前提 Y 和 Y →X 可以推出 X 的分离规则,而积算子"•"则表现出合取联结词的特征。在 Lambek 这里,形式语法开始被真正处理为逻辑,范畴的分析就体现为逻辑推演。从逻辑的角度来看,Lambek 将范畴语法视为由初始范畴、逻辑联结词和递归形成复合范畴的规则组成的系统。"\""/""•"是 Lambek 演算中的逻辑联结词;复合范

---

① 邹崇理:《范畴类型逻辑》,北京:中国社会科学出版社,2008 年版,第 23 页。

② 此处的"→"不表示逻辑蕴涵,仅表示前提与结果之间的推出关系,与文中分离规则的"→"并不相同。在系统中,"X →Y"表明,任何对应范畴 X 的表达式也对应到范畴 Y。在范畴语法体系中,也有大量学者使用"→"以区别逻辑蕴涵符号。

畴的形成规则是：若 X 和 Y 是范畴，则 X\Y、X/Y 和 X •Y 也是范畴；范畴运算的规则与 AB－演算的函项应用规则相同。从自然语言应用的角度看，Lambek 选取英语的一个片段作为研究的范围，给定句子表达式的范畴为 s、名词词组的表达式范畴为 n，s 和 n 是初始范畴。依据范畴运算的规则，可以推知常用范畴：不及物动词的范畴为 n\s，及物动词的范畴为 n\s/n，形容词范畴为 n/n，连词范畴为 s\s/s，介词范畴为 s\s/n 等。

为了证明范畴运算等价于逻辑推演，Lambek 构造出严格的逻辑系统来刻画范畴推演规则。Lambek 演算是在 AB－演算的基础上进行的，其复合范畴的形成规则直接遵循 AB－演算复合范畴的形成规则。

定义 2　Lambek 演算的范畴

给定 A 为原子范畴的有穷集合，所有范畴 C 的集合是满足下述要求的最小集合：

(i) $A \subseteq C$

(ii) 若 $X, Y \in C$，则 $(X\backslash Y)$，(X/Y)，$X \bullet Y \in C$

Lambek 演算中复合范畴对应表达式毗连的原则如下：

(a) α对应范畴 X，且β对应范畴 Y，当且仅当，αβ对应范畴 X •Y。

(b) αβ对应范畴 Z，且β对应范畴 Y，当且仅当，α对应范畴 Z/Y。

(c) αβ对应范畴 Z，且α对应范畴 X，当且仅当，β对应范畴 X\Z。

Lambek 演算的系统共包含三条公理和五条推演规则，由于(X •Y)中的积算子具有等同于命题逻辑中合取联结词的效果，因此也可以写作(XY)或 XY，由此，我们可以得到 Lambek 演算的形式系统如下，

定义 3　Lambek 演算的系统

I　Lambek 演算的公理：

(i) $X \to X$

(ii) $(XY)Z \to X(YZ)$

(ii′) $X(YZ) \to (XY)Z$

II　推演规则：

(iii) 若 $XY \to Z$，则 $X \to Z/Y$

(iii′)若 XY →Z,则 Y →X\Z

(iv)若 X →Z/Y,则 XY →Z

(iv′)若 Y →X\Z,则 XY →Z

(v)若 X →Y,且 Y →Z,则 X →Z

其中,公理(i)体现逻辑同一律;(ii)和(ii′)体现逻辑中的结合律,允许范畴贴合顺序的灵活;推理规则(v)体现命题逻辑中的传递规则。显而易见,(i)、(ii)、(ii′)和(v) 是成立的。而(iii)和(iii′)、(iv)和(iv′)规定了斜线算子与积算子之间的关系,因此(iii′)和(iv′)从(iii)和(iv)可推出。故,如要证明系统的成立,只需证明(iii) 和(iv)可以由范畴运算的基本原则推出:

证明(iii):假设 XY →Z,令α对应范畴 X。则对于任意β而言,β对应范畴 Y,故根据复合范畴的原则(a),则αβ对应范畴 XY;根据假定以及关系符"→"的意味,αβ对应的范畴为 Z;根据复合范畴的定义(b),α对应的范畴为 Z/Y;再据"→",得到:X →Z/Y。

证明(iv):假设 X →Z/Y,令αβ对应范畴为 XY。根据复合范畴定义(a),α和β对应的范畴分别为 X 和 Y;根据假定以及关系符"→"的意味,α对应范畴为 Z/Y;根据复合范畴原则(b),αβ对应的范畴为 Z;再据"→",得:XY →Z。

遵循 Lambek 演算的方式,前面的语句 little boys sleep 可获得推演过程如下:

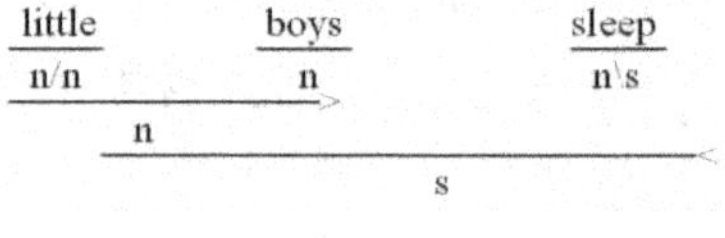

图 1-4　Lambek 演算对自然语言表达式的分析

上述树形图可以改写为 Lambek 的线性推演链:((n/n)(n))(n\s) →n(n\s) →s。线性链的表述方式较之树形图更加简洁,关系符"→"表示推演规则的应用,最终得到的范畴为初始范畴 s,是合语法的表达式范畴。

Lambek 的开创性工作一方面在于他强调了运算即推演这一逻辑语义学的指导思想;另一方面也强调了范畴语法在处理自然语言方面的特长。但是,该系统中规则(v)的存在,使得结论中消去中项的可能性是无穷的。因此,Lambek 演算的可判定问题在公理表述的框架下无法解决。鉴于此,Lambek 构造了其演算对应的 Gentzen(根岑)表述系统[①]。在 Lambek 演算的 Gentzen 系统中,传递规则由切割规则(Cut)表示,并且在 Gentzen 推演中,切割规则都能够消去,因此得出:Lambek 演算系统的 Gentzen 表述可以判定。又由于 Gentzen 系统与公理系统等价,所以 Lambek 构造的公理系统也是可判定的。Lambek 演算是在 Ajdukiewicz 和 Bar - Hillel 对范畴语法的代数特征考察的基础上得到的扩展,其公理表述体系主要考察的也是范畴语法的句法运算特征。作为第一个系统地采取逻辑演绎的方式对范畴语法进行考察的体系,Lambek 演算奠定了范畴语法的逻辑学基础。在其体系建立之初,受到生成语法压倒性优势的影响,Lambek 系统并未得到足够的重视。但是随着生成语法在信息处理领域频频遇到问题,人们发现要想获得良好的机器翻译效果,大量的工作需要在语义中进行处理,生成语法的统治地位始终受到新的语法理论的挑战,范畴语法再次进入到人们的视野中。Lyons(1968)[②]、Lewis[③](1972)以及 Geach[④](1970)等人的研究都是对 Lambek 改进后的范畴语法的进一步研究。

作为句法运算的推演体系,Lambek 演算没有配以模型论的解释,因此在对自然语言进行分析时,仅能够分析句法,而无法匹配语义解释。Lambek 演算虽然是可判定的,但是涉及语义模型解释的可靠性和完备性等元逻辑问题在 Lambek 发表于 1958 年的文章中并未给出解答。这就为范畴语法进一步的发展留下了空间,Montague 和 van Benthem 为范畴语法匹配语义解释做出了巨大的贡献。

---

① Gentzen 系统是一种以后承矢列的形式表述的逻辑系统,由 Gentzen 给出,用于解决直觉主义逻辑的可判定问题。

② Lyons, J. *Theoretical Liguistics*. Cambridge. 1968.

③ Lewis, D. General Semantics, In D. Davidson and G. Harman(eds), *Semantics of Natrual Language*, Dordrecht, 1972. pp. 169 - 218.

④ Geach, P. A Program for Syntax. In *Synthese*, Vol. 22, 1970.

二、句法对应语义

(一)规则对规则的推演——Montague 语法

Montague 语法是20世纪六七十年代发展起来的范畴语法理论中特殊的一支,这一语法理论的建立是基于 Montague 在 1970—1973 年间发表的三篇文章,分别为"English as a Formal Language""Universal Grammar""The Proper Treatment of Quantification in Ordinary English",1974 年由耶鲁大学收录于"*Formal Philosophy: Selected Papers of Richard Montague*"一书并出版,1979 年出版修订后的第三版。狭义的 Montague 语法指的就是 Montague 所创立的针对自然语言进行解释的直接语义解释系统和间接语义解释系统 PTQ。由于与非形式化的语法理论比较而言,基于真值条件语义学的语法理论都是采用形式化的方法处理语义问题的,而这些语法理论均被认为是在 Montague 普遍语法启发下建立起的逻辑语义理论,因此也被视为 Montague 语法体系中的成员,这是广义上理解的 Montague 语法。本研究中,我们所关注的是狭义的 Montague 语法,即 Montague 以英语部分语句为考察对象建立起的间接语义解释和直接语义解释系统。其中,间接语义解释系统就是广为人知的 PTQ 系统(Proper Treatment of Quantification)。

B. Partee 认为,Montague 语法发展的历史同时也是形式语义学这门新型的交叉学科发展的历史,Montague 语法之于语义学的重要作用不亚于 Chomsky 的生成语法之于语言学的作用。①Montague 语法是第一个系统性地进行逻辑学、语言学、哲学这几个领域的跨学科研究的语法体系。

在 Montague 之前,语法的跨学科研究已经取得了一些零散的经验成果。1913 年,俄国数学家 A. A. Марков(马尔科夫)就发现了自然语言结构中蕴涵的数学规律,将普希金的叙事诗《欧根·奥涅金》中的连续字母加以分类,以研究俄文字母序列内部的关系,提出了 Марков 随机过程论。1916 年,在

① Partee, B. H., Montague Grammar, In J. van Benthem and A. ter Meulen (eds), *Handbook of Logic and Language*, Elsevier Science B. V., 1997, pp. 5 -91.

由《普通语言学教程》一书中,“语言学之父”De Saussure 将语言学比作一个几何系统,认为语言学的内容可以“归结为几个待证的定理”①。1933 年,美国语言学家 Bloomfield 指出,“数学只不过是语言学所能到达的最高境界”②。1946 年,第一台电子计算机 ENIAC 在美国研制成功之初,人们就已经开始设想使用计算机进行语言自动翻译。到了 20 世纪 50 年代,Chomsky 的生成语法的提出更促使人们去探寻普遍的语法机制的存在,并试图通过在人工智能领域内模拟人脑的语法机制,建立可计算性的语法理论,来刻画人类语言的生成过程。在“Three Models for the description of language”一文中,Chomsky 提出形式语言和形式语法的崭新概念,将自然语言与计算机程序视为比邻,采取数学的方法对语法进行定义和刻画,构造出的模型既能描写计算机程序语言,也能够刻画自然语言的句法特征。计算特征的语法理论由 Chomsky 开始,以麻省理工学院为中心,蓬勃发展起来。但是,Chomsky 的语法理论是剔除了语义的,对于计算机程序那样无歧义的纯形式语言来说,剔除语义并不会造成太大影响,但对日常生活中所适用的自然语言来说,剔除语义的影响是巨大的。人类的自然语言具有信息量大、表现形式丰富等特征,一词多义或一义多词以及省略、委婉等语言表达广泛存在,剔除语义的情况下,人们发现机器翻译出的语言表达式比照原始的意图常常驴唇不对马嘴。1966 年 11 月,美国语言自动处理咨询委员会(Automatic Language Processing Advisory Committee)发表了“Language and Machine”,这篇调查咨询强调了发展形式化的语法理论的重要性,但也同时对机器翻译采取了悲观态度,语义问题成为阻止机器翻译前进脚步的重要障碍。

自然语言的形式化处理开始取得飞速进步是在 Montague 为自然语言给以模型论解释之后。Montague 一方面秉承了 Chomsky 采取形式化的方法进行自然语言的分析,一方面也看到 Chomsky 语法理论缺乏语义解释的不足。

① 冯志伟:《计算语言学基础》,北京:商务印书馆,2008 年版,序第 2 页。
② 冯志伟:《计算语言学基础》,北京:商务印书馆,2008 年版,序第 2 页。

在生成语法理论中长久存在的句法－语义对立①，在 Montague 语法采取了范畴与类型对应的处理方法之后逐渐变得不明显。

在 English as a Formal Language 一文中，Montague 开宗明义地指出“我反对认为形式语言与自然语言之间存在根本理论差异的看法”②。他认为，当时 Donald Davidson 等语言学家的研究不能够作为严格的句法和语义解释的目标，语法研究应该以构造一种真值理论为目标。Montague 发现对自然语言句法进行刻画的范畴语法与对自然语言的语义进行刻画的逻辑类型论之间存在异曲同工之处，他认为，形式语言与自然语言之间具有天然沟通的桥梁，基于范畴语法与类型论之间的关系，Montague 为自然语言的句法运算系统制定了遵循 Frege 组合原则的语义解释系统。在这一篇论文中，Montague 给出了审视句法与语义之间以及形式语言与自然语言之间关系的新视角，对英语的部分片段给出了精确的形式化处理，建立了英语部分语句系统，这一系统就是 Montague 的直接语义解释系统。这种直接语义解释系统是一种代数语义系统，为自然语言表达式寻找函项作为语义值，不经由逻辑式，直接获得自然语言表达式的语义解释。直接语义解释系统首先为各类基本表达式指派函项作为语义值，例如，给专名指派零元函项；而后对应句法运算规则制定语义运算规则，句法从小的单位到大的单位依次运算，语义也就从小的成分向大的成分依次进行组合运算。以语句 John dreams 为例，其中 John 缩写为 j，dreams 缩写为 D，则该句能够表示为范畴为 s 的表达式 jD，其中 j 的范畴为 n，D 的范畴为 n\s；以[jD]表示语义，其中[D]的语义类型为 <e，t>，[j]的语义类型为 e。按照句法范畴的运算函项 F，范畴为 n 的

① 生成语法中，句法与语义的对立集中体现为该理论中长期存在的“句法－语义接口”问题(syntax－semantics interface)。由于乔姆斯基甫一开始研究的出发点就是人类的语言能力与内在的语言生成机制，所以生成语法理论假设了人类最深层的语言结构应该是无歧义的，以这一思想为基调，乔姆斯基认为自然语言的深层结构与计算机程序语言并无本质不同，语言中存在的歧义是人们在使用过程中处于种种便利而导致。对于严格使用理想(ideal)的深层语言结构构造表达式的理想语言使用者们而言，语义问题可以不必探讨。理想语言的这种精确性与自然语言的模糊性成为推动生成语法日后发展过程中的张力。

② Montague，R.，English as a Formal Language，In R. H. Tompson(eds)，*Formal Philosophy：Selected Papers of Richard Montague*，Yale University Press，1979，p. 188.

表达式与范畴为 n\s 的表达式贴合得到范畴为 s 的表达式，则依据 F 规定语义运算的函项 G，使得类型为 e 的语义值[j]与类型为 <e,t> 的语义值[D]组合得到类型为 t 的语义值[jD]，过程如下：

令 John 的语义值为[j]，dreams 的语义值为[D]，则[jD]是 John dreams 的语义值，故

[jD] = g([j],[D]) = 或 0(其中[D]([j]) = 1 当且仅当[j] ∈ [D])

在这种直接语义解释中，句法运算表现为基于范畴函项运算的表达式的毗连，语义运算则表现为相应于句法范畴的那些语义值的组合。

这种直接的语义解释是 Montague"通用语法"①思想的初步尝试，Montague 在其"The Proper Treatment of Quantification in Ordinary English"一文中，进一步对英语中的量化现象进行了考察，提出了针对英语量化表达式结构处理的 PTQ(Proper Treatment of Quantification)系统。PTQ 系统仿效逻辑系统的表述方式，基于句法规则进行句法运算，由小到大毗连生成英语语句。PTQ 系统的词库就是英语各类基本语词，其间接语义解释方法是先构建内涵逻辑语言，再把自然语言表达式翻译成内涵逻辑式，这种翻译也是一种可计算的过程。某种意义讲，翻译可算作是自然语言表达式的意义。PTQ 有 17 条句法规则，也相应有 17 条翻译规则。其中句法规则的一般表述为：若 $\alpha \in P_a$，$\beta \in P_{a\backslash b}$，则 $F(\alpha, \beta) \in P_b$，而 $F(\alpha, \beta) = \alpha\beta$；而翻译规则的一般表述为：若 α 的翻译为 α' 且 β 的翻译为 β'，则 $F(\alpha, \beta)$ 的翻译为 $G(\alpha', \beta') = \beta'(\alpha')$。在 PTQ 中，语义的组合性基于句法上的递归性体现出来，函项 G 的组合特征与函项 F 相对应，组合原则起作用的是在逻辑表达式的层面，而非自然语言语句表层结构本身。之所以称其为间接的语义解释，是因为借由组合原则翻译而来的逻辑表达式还不是自然语言的语义，需得进一步对逻辑表达式在

① Montague 的"Universal Grammar"一文，是对"English as a Formal Language"开篇提到的形式语言与自然语言之间，在理论层面不存在根本差异的详细阐述。为了强调与乔姆斯基的"普遍语法"(universal grammar)之间的区别，本研究中将 Montague 的语法译作"通用语法"。因为，乔氏的普遍语法强调的是人类普遍的语言机制与理想的语言使用能力，而 Montague 的通用语法强调的则是形式语法与自然语言语法的理论是可以通过同一种语法理论进行衔接的。

模型中进行解释，才能得到自然语言句子的意义。以语句 John dreams 为例，其句法及语义的推演过程如下：

a. 句法递归运算

John $\in B_T$，据初始词项

dream $\in B_{IV}$，据初始词项

John $\in P_T$，据 S1

dream $\in P_{IV}$，据 S1

F_1(John, dream) $\in P_S$ = John dreams，据 S2

b. 语义组合翻译

John $\mapsto \lambda PP(j)$，TR1

dream $\mapsto$ dream，TR1

John dreams $\mapsto (\lambda PP(j))(dream)$

$= dream(j)$

Montague 语法实质上是一种高阶内涵逻辑，句法函子和语义函子体现出高阶谓词的特征。尽管 Montague 并未说明自己的工作是对范畴语法的扩展，但实际上，Montague 语法所创立的模型论语义解释是范畴语法语义理论的开拓之作。Montague 在 PTQ 系统中建立了句法规则对应语义规则的"规则 - 规则"方法，为范畴语法以后发展过程中句法与语义实现并行推演开辟了道路。在 Montague 语法之前，以范畴语法为中心思想进行机器翻译研究的工作十分有限。人们发现，与生成语法相比，范畴语法揭示了自然语言的句法与语义之间更加自然的关系。为了解决机器翻译中遇到的语义障碍，研究者的目光渐渐转向了范畴语法理论。从 20 世纪 90 年代起，范畴语法开始与计算机紧密结合，获得了新的生命力，Steedman、Hepple、Morill、Moortgat 等人的研究是以范畴语法的句法与语义之间的密切联系为基础展开的。Moortgat 的学生 Moot 在其博士论文中涉及了被称为"Grail"的范畴语法定理证明器，[①]这是一种基于证明网(proof net)技术的程序，以范畴类型逻辑为基

① Moot, R. ,*Proof Nets for Linguistic Analysis*. Ph. D thesis, UiL - OTS, Utrecht University. 2002.

础,使用计算机处理自然语言表达式。人们只要输入词条、推演规则和结构公设,计算机就可以自动判断生成的句子是否合乎语法。

与 Lambek 演算时期的范畴语法相比,Montague 语法具有两个方面的特色:

1. 关注自然语言。AB - 演算与 Lambek 演算关心的更多的是句法运算的代数结构,Montague 语法却并没有继续对句法运算的代数结构进行过多讨论,而是将目光投向为句法运算提供语义解释方面。“规则 - 规则”的研究模式,更符合人们在使用自然语言的过程中,句法与语义不分家的做法。在 Lambek 演算中,我们看到的是范畴之间的函项运算;而在 Montague 语法中,范畴的赋予是在词条进行句法运算之前,符合句法规则的范畴所对应的自然语言词条才能够进行句法推演并获得相匹配的语义解释。

2. 用形式化的方法处理自然语言句法和语义。这是 Montague 语法最突出的特点。通用语法、直接语义解释和间接语义解释,无一不是对 Montague 所认为的形式语言与自然语言在理论上无本质区别的阐述。Montague 的 PTQ 系统是第一个用形式化的方法研究自然语言语义的语句系统。句法规则与语义规则之间的对应,启发人们去进一步探索句法递归与语义组合并行的语法理论体系。自然语言的句法结构理所应当能够得到合理的语义解释结构,范畴语法在其之后的发展中,沿着这一思路获得了许多新进展,Steedman 的原生态 CCG 就是强调句法与语义并行推演的范畴语法体系。

(二)句法与语义的并行——van Benthem 的范畴语法研究

1988 年,荷兰逻辑学家 van Benthem①发表了题为“The Semantics of Variety in Categorial Grammar”的文章,其中心思想是汲取 Montague 的间接语义解释的方法,为以 Lambek 演算为代表的范畴语法系统匹配对自然语言进行翻译得到的逻辑表达式。

早期的范畴语法关注的是句法运算的代数结构,Lambek 通过 Gentzen

① van Benthem, Johan, The Semantics of Varity in Categorial Grammar, In W. Buszkowski etc. (eds), *Categorial Grammar*. John Benjamins Publishing Company. 1988.

表述证明了范畴语法的可判定问题。但由于当时还没有出现像 Montague 那样对自然语言语义的研究成果，还无法给句法范畴的推演匹配作为自然语言的翻译的逻辑式，即λ－词项。基于句法范畴与逻辑类型之间的对应关系，van Benthem 证明了范畴语法“相对于λ－词项的特定片段构成的语义表达是可靠并且完全的，并指出范畴逻辑的定理是自然语言句法生成的依据……，作为 Montague 的高阶内涵逻辑表达式的λ－词项则起到表现自然语言语义的作用”①。

van Benthem 在其文章中，通过构造简单类型λ－演算，给出了范畴语法的语义匹配系统。λ－演算最早是由 Church 在 1932 年提出的，直接推动了人工智能领域图灵机概念的产生。1961 年，Curry 发表了“Some logical aspects of grammatical structure”，提出了著名的“Curry－Howard 同构”（Curry－Howard isomorphism）概念。Curry 认为“公式即类型”（formulas－as－types），并说明了直觉主义命题逻辑中的证明与λ－演算之间的同构关系。到了 20 世纪 70 年代，Montague 语法基于简单类型的λ－演算的方式，建立了自然语言 PTQ 系统的语义解释，使得这一具有较强计算特征的体系在自然语言的信息处理中发挥了巨大的作用。van Benthem 则整合了 Lambek 的范畴语法系统以及 Geach 规则和 Montague 规则②，以“Curry－Howard 同构”为基础，揭示了自然语言的句法范畴与语义类型之间的对应关系，从类型论的角度给出 vB－演算的系统：

定义 4　vB－演算

Ⅰ　Geach 规则的类型论表述：若一个表达式类型为 <x, y>，那么也表

---

① 邹崇理：《范畴类型逻辑》，中国社会科学出版社，2008 年，第 137 页。

② 吉奇规则（G－Rule）是由 Geach 对 Lambek 演算做的扩展，是用于处理非成分并列现象的类型转换规则，表述为：X/Y→（X/Z）（Y/Z）；Montague 规则（M－Rule）是一种类型提升规则，表述为：X→Y/（X\Y），其思想来源是 Montague 为了处理量化现象给出的规则。需要注意的是，Montague 规则在 Montague 本人的文献中并不叫这个名字，而是体现为处理量化结构时，将类型为 e 的表达式提升为类型为 <<e, t>, t> 的表达式，以获得对量化表达的统一处理。因为 Montague 语法本来就不是出于扩展范畴语法理论而构建的，文中我们采取与范 畴语法的通常记法相一致的规则形式，主要参照的是 Steedman 对组合范畴语法扩展中使用的类型提升规则，以便于讨论和处理。

示为 $<<z, x>, <z, y>>$;

Montague 规则的类型论表述:若一个表达式类型为 x,那么也可以表示为 $<<x, z>, z>$。

II vB-演算的公理和规则:

(i) $x \Rightarrow x$

(ii) $x \quad <x, y> \Rightarrow y$ 函项消去规则

$<x, y> \quad x \Rightarrow y$ 函项消去规则

(iii) $\dfrac{X\ x \Rightarrow y}{X \Rightarrow <x\ y>}$ $\dfrac{x\ X \Rightarrow y}{X \Rightarrow <x\ y>}$ X 不为空(函项引入规则)

(iv) $\dfrac{X \Rightarrow y}{Y\ X\ Z \Rightarrow YyZ}$

(iv) $\dfrac{X \Rightarrow Y \quad Y \Rightarrow Z}{X \Rightarrow Z}$

其中,$X \Rightarrow y$ 或 $X \Rightarrow Y$ 表明由序列 X 可以推出简单的类型 y,或者类型的矢列 Y。

van Benthem 认为,从 $X \Rightarrow y$ 的句法推演中,每一步都对应有一个λ-项之间的语义运算。

对于每个类型,都可以如下构造类型所对应的λ-项:

(a)若 t_1 是类型为 $<x, y>$ 的项,t_2 是类型为 x 的项,则 $t_1(t_2)$ 是类型为 y 的项;

(b)若 t 是类型为 y 的项, a 是类型为 x 的变元,则λa. t 的类型为 $<x, y>$。

vB-演算为范畴语法发展到句法和语义的并行推演阶段提供了理论基础,通过范畴与类型之间的桥接,自然语言表达式就可以获得相应的语义表达。以英语中的不及物动词 dream 为例,其句法范畴为 n\s,语义类型为 $<e, t>$,相应的λ-项就是λx. dream(x),亦即动词 dream 的语义解释。英语中的专名 John 的句法范畴为 n,语义类型为 e,相应的λ-词项为λP. P(j),因此,John dreams 按照 vB-演算的规则,可以获得句法范畴和语义表达的并行推演如下:

$$\dfrac{\dfrac{\text{John}}{\text{J}: n} \qquad \dfrac{\text{dreams}}{\lambda x.\mathbf{dream}(x): n\backslash s}}{\lambda x.\mathbf{dream}(x)(j): \quad s}$$

图 1－5　vB－演算对自然语言表达式的分析

van Benthem 的工作为范畴语法提供了一个句法与语义之间的自然接口，在 John dreams 中，语义类型 e 与 <e, t> 间依据规则(ii)进行消去，得到类型为 t 的句子，它们所对应的λ－项则根据规则(a)进行贴合运算，自然语言表达式 dream 的λ－表达式中的变元得到代入，最终得到语义类型为 t，句法范畴为 s 的句子。

范畴语法天然具有良好的句法与语义接口，随着对自然语言句法与语义之间关系的深入探讨，这一理论在处理自然语言句法和语义方面的优势逐渐显现，可计算的语义成为处理机器翻译问题的曙光。在范畴语法后续的发展中，句法的递归与语义的组合始终是同时进行的，句法和语义之间的直接接口也就显得越发透明。

三、近期发展

20 世纪末到 21 世纪初，范畴语法以句法和语义并行推演的形式，在计算机处理自然语言句法和语义的时代背景下，蓬勃发展起来。主要综合性理论成果包括 Oehrle 等人(1988)编辑出版的论文集"*Categorial Grammars and Natural Language Structures*"，Moortgat(1988)的"*Categorial Investigations: Logical and Linguistic Aspects of the Lambek Calculus*"，Morill(1994)的"*Type Logical Grammar*"，Bob Carpenter(1998)的"*Type － Logical Semantics*"，M. Wood(1993)的"*Categorial Grammars*"，Steedman(2000)的"*The Syntactic*

Process”；此外还有 Hepple[①]、Hoffman[②]（Hoffman）、Baldridge[③]、Bernardi[④] 等人的博士论文，以及其他处于持续大量地发表当中与范畴语法相关的论文。

在实际应用方面，范畴语法也取得了相当的成果，除了前面我们提到的 Moot 的 Grail 程序之外，其他基于范畴语法开发的软件和系统包括开源自然语言处理图书馆软件[⑤]（The Open NLP Library）、组合范畴语法分析器[⑥]（The C&C Parser and Supertagger）、基于统计的组合范畴语法分析器[⑦]（StatCCG），以及大规模语义处理软件包[⑧]（Wide - coverage Semantics with CCG）等。在汉语处理方面，我国计算机领域的相关研究人员们也取得了一定的进展，目前微软亚洲研究院已经利用组合范畴语法对汉语的语句生成做了一部分前期工作，具有代表性的是香港城市大学的宋彦博士在 2010 年 5 月至 11 月期间，将清华中文树库的一部分转化成 CCG 库，从而实现对汉语语义的可计算研究；清华大学计算机研究院的周强研究员在将清华树库转化为 CCG 库方面也取得了相当多的成果。目前，转化而来的 CCG 库已经有超过 10 万的词条，在对表达式的谓词 - 论元关系进行分析的基础上，已经能够对汉语中许多特有的表达式给予合法的生成；台湾“中央研究院”Sinica 中文树库等资源也被转化成 CCG 树库。

---

① Hpple, M. , *The Grammar and Proceedings of Order and Dependency: A Categorial Approach.* Ph. D thesis, University of Edinburgh. 1990.

② Hoffman, B. , *Computational Analysis of the Syntax and Interpretation of ‘Free’ Word - order in Turkish.* Ph. D thesis, University of Pennsylvania. 1995.

③ Baldridge, J. , *Lexically Specified Derivational Control in Combinatory Categorial Grammar.* Ph. D thesis, University of Edinburgh. 2002.

④ Bernardi, R. , *Reasonging with Polarity in Categorial Type Logic.* Ph. D thesis, University of U-trecht, 2002.

⑤ 该软件系统也称为 Open CCG，是使用 JAVA 编写的开源自然语言处理图书馆软件，提供分析和实现服务，形式化的理论来源是基于 Steedman 的组合范畴语法，也参考了鲍德里奇所提出的对组合范畴语法的多模态扩展等内容。

⑥ C & C CCG，分析器和超级标记器。它们是 James Curran 和 Stephen Clark 开发的语言处理工具的组成部分，用 C + + 编写，已经达到承担大规模 NLP（natural language processing）任务的水平。

⑦ 由 Julia Hockenmaier 开发，是一个统计学 CCG 分析器（trained on CCG bank）。

⑧ 由 Johan Bos 编写，可将 CCG 生成转换为话语表达结构（DRSs）的 Prolog 软件包，主要目的是作为 C & C 分析器的附加装置运行，以获得更加广泛的应用。主要特征是：使用新戴维森的事件分析，执行标准的 DRS 句法；与一阶逻辑完全相容；标准化基数和数据表达式。

这一时期的发展由早期范畴语法关注代数结构转向关注语言现象的应用性分析，原因在于，经过一段时间的发展，范畴语法的理论体系已经较为成熟和完善，其优势得到发挥的同时，一些缺陷也开始渐渐显现。在对丰富的语言现象进行研究的过程中，人们发现不连续结构、跨序依存、灵活语序、非成分并列、非对称提取等语言现象要求对范畴语法进行改进。这种改进可以通过添加结构公设进行，比如 Moortgat 和 Morill 对回指现象的处理；也可以通过添加组合原则、修订词库进行，比如 Steedman 对非成分并列现象的处理。本章第三节将论述范畴语法这两个方向的发展思路。

第三节　范畴语法的横向发展

范畴语法自 20 世纪 30 年代建立以来，其扩张分为两个方向，一个是基于推演的逻辑传统方向，包括范畴类型逻辑和类型逻辑语法，着重研究句法规则形成的逻辑系统；一个则是偏向语言学研究的方向，对逻辑理论采用实用主义的观点，旨在找出适于计算机处理自然语言的实际办法。满海霞[①]（2010）在其博士论文中给出了范畴语法两个发展方向的图示[②]（见本章最后一页图 1－6）。虚线上方“词汇化倾向的范畴语法理论”即偏向语言学方向，基于词库研究的范畴语法体系；下方“句法理论倾向的范畴语法”是偏向逻辑推演方向，即基于规则的范畴语法体系。这两个体系在范畴语法的研究过程中，始终是相辅相成的。

一、基于规则的研究——范畴类型逻辑

范畴类型逻辑是一种形式化的工具，以函项运算和逻辑推演的手段，对语言（包括形式语言和自然语言）进行分析。函项运算是取自代数的概念，推演则是逻辑的根本，所以，就范畴语法中的这一分支来说，在其体现出数

① 满海霞：《汉语照应省略的类型逻辑研究》，中国社会科学院研究生院博士论文，2010 年。

② 注：图示中，加标演绎理论用方框区分出来，因为它并非范畴语法的理论，而是为范畴语法所用的证明模式。

学、逻辑学、语言学的跨学科特征的同时，尤为强调对规则的刻画，是一套基于规则的语言描写体系。

范畴类型逻辑的研究目的是为自然语言的句法和语义提供一套演绎的刻画系统，Moortgat 将其中心思想描述为"形式语法即逻辑"①（formal grammar is presented as a logic），也就意味着，这一体系应该能够对于语言学的语料进行形式化的分析，据此生成特定语言中合语法的句子，并给出其相应的语义解释。

范畴类型逻辑的开端当属 Lambek 演算，其特点由其名称即得到体现：

1. 范畴推演。范畴类型逻辑中，自然语言的毗连被抽象为句法范畴的函项运算，句法范畴函项运算的规则被抽象成为逻辑系统的定理，而这个逻辑系统的元逻辑问题得到讨论。

2. 语义引入。从 vB－演算开始，范畴与类型之间建立了一种对应关系。在语义的解释方面体现为类型与λ－项之间的匹配运算，句法的递归作为语义运算的基础，保证了语义生成的组合性，可计算的语义成为范畴类型语法较之 20 世纪其他语法理论的显著优势。②

3. 并行推演。范畴对应类型，类型匹配λ　项，以类型为媒介，句法为基础，λ－演算为表现，范畴类型逻辑每一步推演过程都是句法与语义的合作，句法与语义之间并不存在人们长久以来感受到的鸿沟。

二、基于词库的研究——组合范畴语法

在 van Benthem 和 Moortgat 等人对范畴语法的代数规则体系进行研究的同时，范畴语法以应用为目的的研究也在进行。组合范畴语法是范畴语法

---

① Moortgat, M., Categorial Type Logic, in J. van Benthem and A. ter Meulen (eds), *Handbook of Logic and Language*, Elsevier Science B. V., 1997, p. 96.

② 自乔姆斯基的生成语法理论创立以来，沿着这一方向的研究在其后期发展中也涉及语义问题，但由于生成语法设定本身的问题，其考察对象决定了在生成框架下探讨语义时，难度要较之在范畴语法的框架下大得多。"句法－语义接口"问题始终困扰着生成语法学家的研究。生成流派中，对语义问题的讨论取得较 为瞩目的成果的是凯茨（Katz）和福多（Fordor）。详情可参见二人 1963 年合作的文章"The Structure of a Semantic Theory"，发表于 *Language* 39, pp. 170－210。

研究中偏向语言学的方向，它对逻辑理论采用实用主义的观点，旨在找出适于计算机处理自然语言的实际办法，是带有词汇主义特征的范畴语法理论体系，其创始人是英国计算语言学家 Steedman。

组合范畴语法是在古典范畴语法基础上发展起来的现代版本，与类型逻辑语法比较起来，组合范畴语法的优势非常明显：组合范畴语法发展了一套核心句法，是跨语言不变的，变化只在于因语言不同而不同的词库赋值和句法规则的选择，这一点十分吸引人。它的句法和语义之间有一个非常透明、直截了当的接口，每个词条的语义表达式和句法范畴都被存放在词库的词项上，是一种完全的词汇主义的语法形式，尽管范畴标记较为复杂，需要大量人工的操作，但是它可以保证较为精确的句法与语义之间的匹配；句法范畴跟语义类型、语义最后的表达式都可以基于词库中的范畴指派而生成；这一语法理论所表现出来的生成机制与计算机处理自然语言的思路十分契合；由于它在句法上和语义上都是一种组合的方式，因此能够满足计算机关于自然语言处理“大词库，小规则”的要求，是自然语言句法和语义处理的一个很好的选择。组合范畴语法表现的现象比词汇功能语法、中心语驱动语法等语法表现的现象要深，它可以更快地评价语句中的语词是否有依存关系、谓词－论元关系等，而且速度最快。从信息计算的角度看，在使用各种语法理论支持的计算机分析器中，组合范畴语法支持的分析器分析最快、准确性也很高。

研究表明，自然语言中的大部分现象都可以在上下文无关语法中得到令人满意的描写，Gazdar①（1981）对 Chomsky 的短语结构语法进行了扩展，成为广义的短语结构语法（Generalized Phrase Structure Grammar，简称 GPSG）。其研究表明，几乎所有的语法现象都可以通过上下文无关的方式得到描述。但是也有部分语法现象表明自然语言的语法具有强于上下文无关语法的表达力。例如，荷兰语中的交叉依存（cross dependency）现象不符合

① Gazdar, G., Unbounded Dependencies and Coordinate Structure. In *Linguistic Inquiry*, Vol. 12, No. 2. 1981.

古典范畴语法的结合规则。因此,自然语言的表达力实际上是介乎上下文无关语法与上下文敏感语法之间的,它所要求的语法在描写能力上需要强于上下文无关语法。所以,自然语言需要的语法形式既要能够准确表达自然语言句法和语义,又要满足其表达方式灵活多样的特征。Steedman① 认为符合这种期望的语法应该是一种弱上下文敏感的语法体系(mildly context - sensitive),据此,他对范畴语法进行了基于词库的扩展,添加了针对自然语言中部分现象进行刻画的组合算子,建立了组合范畴语法系统。

目前,在利用组合范畴语法进行研究的资料中,对英语、德语、土耳其语、菲律宾语和荷兰语的研究为多数,例如,Baldridge(2002)吸取了范畴类型逻辑中的多模态思想,对斜线算子增加模态下标,限制了语法规则的使用范围,限制了规则的过度生成力,实现了对组合范畴语法的多模态扩充。但是利用组合范畴语法处理汉语方面的理论研究却比较少见。因此,本研究希望通过对原生态组合范畴语法和多模态组合范畴语法的研究,对计算机在处理汉语时存在的一些问题给出较为有效的处理办法。语法理论的计算性与其贯彻词汇主义的程度通常是成正比的,组合范畴语法的语料直接来自自然语言,在延续传统范畴语法的词汇主义做法的基础上,对词库进行了极大的丰富,因而该语法理论具有极强的计算能力。此外,词汇主义所带来的另一好处是跨语言处理的便利性。仅仅通过对词库的细微变更,在不改动通用规则的条件下,我们就能够将这一理论适用到各种不同的语言中。通过对汉语语言现象的考察,我们发现在汉语的自然语言句法和语义处理领域,不仅可以采用组合范畴语法的方法处理汉语话题句、连动句、兼语句和非成分毗连等非连续结构,还可以用来处理汉语的照应现象、省略现象、形容词谓语句和主谓谓语句。并且,由于多模态组合范畴语法与范畴类型逻辑原本就是范畴语法的一体两面,我们可以在范畴类型逻辑中对组合范畴语法进行模拟,讨论这一形式语义体系的元逻辑性质、并用之来处理汉语的非外围提取和非连续性等现象。我们所选择的是一条由自然语言出发,最

---

① Steedman, M. , *The Syntactic Process*. The MIT Press, 2000, p. 26.

后落脚于逻辑的研究路子。

在下一章中，我们会对范畴类型逻辑与组合范畴语法的互动进行更为细致的阐释，从范畴语法两个研究方向中吸取经验，以建构适用于本研究目的的混合范畴类型逻辑体系。

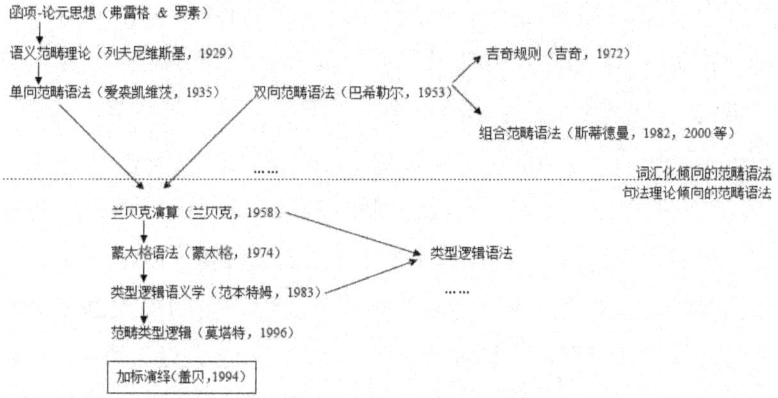

图 1-6 范畴语法的家族图谱

第二章 组合范畴语法和范畴类型逻辑

范畴语法自20世纪30年代建立以来，依据其研究目的的不同，其扩展带有明显的倾向性：一个倾向逻辑学，包括范畴类型逻辑和类型逻辑语法，着重研究逻辑系统本身的可判定性、完备性和可靠性；一个则是偏向语言学研究，对逻辑理论采用实用主义的观点，旨在找出对自然语言句法和语义进行机器处理的实用方法，具有较强的应用特征，与计算机科学密切联系。组合范畴语法是在古典范畴语法基础上发展起来的现代版本，属于上述两个方向中的后者。其优点在于，它的句法和语义之间有一个透明(transparent)的接口，每个词条的语义表达式和句法范畴都被存放在词库的词项上，尽管范畴标记较为复杂，需要大量人工的操作，但是它可以保证较为精确的句法与语义之间的匹配。句法范畴跟语义类型、语义最后的表达式都可以基于词库中的范畴指派而生成。对组合范畴语法的多模态研究符合自 Montague 以来逻辑语义理论对通用语法的探索道路，它所表现出来的生成机制也与计算机处理自然语言的思路十分契合。由于它在句法上和语义上都是一种组合的方式，因此能够满足计算机关于自然语言处理所谓“大词库、小规则"[①]的要求,是自然语言句法和语义处理的一个很好的选择。

较之20世纪50年代的生成语法理论,组合范畴语法在生成力与解释力方面都更贴近自然语言本身。如何将语言问题形式化,也是自然语言形式语义学领域的学者们长久关注的问题。在"*The algebraic theory of context - free language*"中,美国语言学家Chomsky将自然语言的语法和各种人工语言的语法放在了同样的位置进行考虑。[②] 1963年,他再次提到从数学的角度给语言以新的定义,将计算机程序语言与自然语言置于相同的平面,试图用统一的观点对两者进行研究和界定[③]。Chomsky(1959)定义了一种广为人知的语法形式"短语结构语法"(Phrase Structure Grammar,简称PSG),他将语法处理成由重写规则(rewriting rules)构成的集合。[④] 按照重写规则的受限的程度,Chomsky区分了三种形式的语法,即正则语法(regular grammar)、上下文无关语法(context - free grammar)以及上下文敏感语法(context - sensitive grammar)。这些形式化的语法的生成力就构成了一个连贯的层级,即"乔姆斯基层级",在Chomsky层级中的自然语言,都可以通过演绎的方式形成,因此,确定了自然语言在这一层级上的位置,我们就能够为自然语言找到合适的处理方法。

学者们发现,自然语言中的大部分现象都可以在上下文无关语法中得到令人满意的描写。[⑤] 广义的短语结构语法(Generalized Phrase Structure Grammar,简称GPSG)也表明,几乎所有的语法现象都可以通过上下文无关的方式得到描述[⑥][⑦]。但是,也有部分语法现象表明自然语言的语法具有强

① 陆俭明:《汉语语法语义研究新探索(2000—2010演讲集)》,北京:商务印书馆,2010年版,第168页。

② Chonsky, N., *The algebraic theory of context -free language*, North - Holland Pub. Co. 1961.

③ Chomsky, N., Introduction to the formal analysis of natrual language, In Luce, Bush and Galanter (eds.), *Handbook of mathematical psychology*, Wiley, 1963, pp. 269 - 321.

④ Chomsky, N., On certain formal properties of grammars, In *Information and Control* 2, No. 2, 1959, pp. 137 - 167.

⑤ Steedman, *The Syntacitic Process*, The MIT Press, 2000, p. 25.

⑥ Gazdar, Gerald. Unbounded Dependencies and Coordinate Structure, In *Lingusitic Inquiry*, Vol. 12, 1981, pp. 155 - 184.

⑦ Gazdar, Gerald. Phrase Structure Grammar, In Pauline Jacobson and Geoffrey K. Pullum(eds.), *On the Nature of Syntactic Representation*, Reidel, 1982, pp. 131 - 186.

于上下文无关语法的表达力。例如,例如荷兰语中的交叉依存(cross dependency)不符合古典范畴语法的组合规则。[①]所以,我们认为自然语言是介乎上下文无关语法与上下文敏感语法之间的,它所要求的语法在描写能力上应该是稍强于上下文无关语法。所以,我们希望寻找到用于刻画这种处于上下文无关与敏感之间的形式化手段来刻画自然语言。这种语法形式既要能够表现自然语言语法的严谨,又要能够描述其灵活性,并且需要能够充分描写出各种不同语法组合结构的差异性。

Steedman 认为符合这种期望的语法应该是一种"弱上下文敏感语法"[②](mildly context – sensitive),他通过对 AB – 演算添加算子及其相应的组合规则,将古典的范畴语法扩展为前提敏感的语法体系,构建出原生态 CCG 系统,是对古典范畴语法的词汇化扩展。2002 年,Baldridge 以 Steedman 的原生态 CCG 为基础,吸取了范畴类型逻辑中的多模态思想,对斜线算子增加模态下标,限制了语法规则的使用范围,制止了规则的过度生成力,实现了对原生态 CCG 的多模态扩充。[③] 但是利用组合范畴语法处理汉语方面的理论研究却比较少见。因此,笔者希望通过对组合范畴语法的研究,对于计算机在处理汉语时存在的一些问题给出较为有效的处理办法。语法理论的计算性与其贯彻词汇主义的程度通常是成正比的,组合范畴语法的语料直接来自自然语言,在延续传统范畴语法的词汇主义做法的基础上,对词库进行了极大的丰富,因而该语法理论具有极强的计算能力。

注意,本章对于函项范畴采用了 Steedman 的记法,即论元范畴写在斜线算子的右边,值范畴写在斜线范畴的左边。例如,函项范畴 X/Y 和 X\Y 都表示 Y 为论元范畴,X 为值范畴,前者表示 X/Y 向前与一个范畴 Y 贴合得到范畴 X,后者表示 X\Y 向后与一个范畴 Y 贴合得到范畴 X。

---

① Shieber, Stuart. Evidence against the Context – Freeness of Natrual Language. In *Linguistics and Philosophy*, Vol. 8,1985,pp. 333 –343.

② Steedman. *The Syntacitic Process*, The MIT Press, 2000,p. 26.

③ Baldridge,Jason. *The Lexically Specified Derivational Control in Combinatory Categorial Grammar*. Ph. D thesis, University of Edinburgh, England,2002.

第一节　AB－演算的缺陷

目前，在利用组合范畴语法进行研究的资料中，对土耳其语和荷兰语的研究为多数，这两种语言较之英语都具有更加灵活的语序。在对这两种语言考察的过程中，人们发现，AB－演算以严谨的代数结构对语言(包括形式语言和自然语言)进行分析，使其具有了可计算的突出优势，但是，也产生了对自然语言的描写能力较弱的不利方面。即使是对英语这一语法型的语言进行刻画，AB－演算也有不便处理的例子，比如它不可刻画宾语抽象、非外围抽象、无界依存、词序灵活性、重成分 NP－移位、动词毗连、主目毗连、寄生语缺和直接成分的非连续性等现象。比如在处理自然语言中的句法提取现象时，比较关系从句：

(1) a. $team_i$ that t_i defeated Germany.

b. $team_i$ that Brazil defeated t_i.

对于前者，我们通常分析为在表达式主语位置抽取一个范畴为 np 的前提，表示为 np defeated Germany；而对于后者，我们习惯分析为在表达式宾语位置提取了一个范畴为 np 的前提，表示为 Brazil defeated np。按照AB－演算的规则，我们可以对提取主语和提取宾语的关系代词分别赋予如下范畴：

(2) a. 提取主语的 that ⊢ (n\n)/(s\np)

b. 提取宾语的 that ⊢(n\n)/(s/np)

在 AB－演算中，我们可以得到对关系从句的分析：

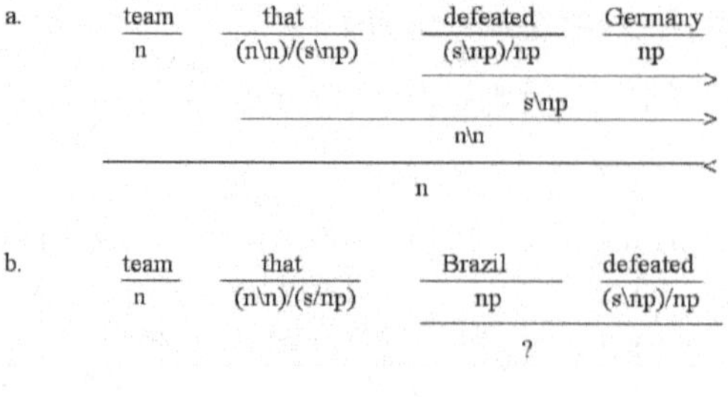

图 2－1　关系从句的 AB－演算分析

英语中，及物动词的范畴为(s\np)/np，需要先向右寻找一个范畴为 np 的表达式，与之结合，得到表达式范畴为 s\np，再进行下一步的运算。因此，在通常的 AB－演算中，我们无法对宾语位置的关系进行提取。

尽管 Bar－Hillel(1953)提出，一个语言成分能够被指派一个或多个范畴，在实际操作中选择哪种范畴，要看哪个范畴在运算中能生成合适的句法成分，只通过简单的、类似乘法中的分母消去规则，就可以计算给定语言符号串在上下文中的句法特征。但是多范畴的指派却实际上增加了范畴的模糊性，这种情况恰恰是范畴语法本身尽量避免发生的。比如，在上例中，我们可以考虑在对(1b)进行处理时，为及物动词再指派一个范畴(s/np)\np，令其可以先向右寻找一个论元，这样就可以进行下一步的范畴推演。但是在无界依存现象中，任何数量的干涉语料都能够插入关系词和它所依赖的表达式之间，如(3)所示，这种处理再次失去了解释力。

(3) a. team that I thought that Brazil defeated.

b. team that I thought that you said that Brazil defeated.

c. team that I thought that you said that John knew… that Brazil defeated.

形如 team that I thought that Brazil defeated 这样的句子，其中充当补语从句的补足语成分 that 的范畴一般被认为是 s/s(即，与一个句子结合，得到另一个句子)。在 AB－演算中，即使我们为及物动词赋予了可供选择的范畴，也依旧无法从 I thought that Brazil defeated 推演得到 s/np 范畴，因此无法与前面范畴为(n\n)/(s/np) 的关系代词结合。

我们还可以比较关系从句：

(4) a. the team that Brazil defeated

b. which Brazil defeated yesterday

对于前者，我们通常由表达式外围的位置抽取一个范畴为 np 的前提，表示为 Brazil defeated np；而对于后者，我们习惯提取关系代词所对应的范畴为 np 的成分的位置却不是表达式的外围，而是 Brazil defeated np yesterday。对后者的处理因此需要考察将其前面的动词与后面的时间副词连接起来,在 AB－演算的系统里,我们无法找到相应的解决办法。如果想要对这个从句进行处理,无疑,我们可以继续为自然语言中的词条指派针对特定句型的范畴,以满足生成合法表达式的需要,但这无疑加重了语法的负担,也违背了范畴语法力图以简洁的规则体系把握语法可计算特征的初衷。在这种情况下,我们希望能够对语言推演的前提进行进一步刻画,以前提的敏感获取对生成能力的限制,同时获得对自然语言描写力的增强。

另一个问题来源于自然语言的灵活语序造成的非连续现象,一个小品词可以相对于一个直接宾语发生移位,如下例所示:

(5) a. Marcos picked up the ball.

b. Marcos picked the ball up.

在 AB－演算中,必然要为 picked 提供额外的范畴来处理。

在自然语言语句中,某些句法成分常常会离开它们的典范位置,英语中典型的例子是重成分 NP－移位,即一个副词插入一个动词和它的直接宾语之间,使这个宾语离开它的典范位置:

(6) Kahn[blocked] $_{(s\backslash np)/np}$ [skillfully]$_{(s\backslash np)\backslash(s\backslash np)}$[a powerful shot by Rivaldo]$_{np}$.

基于标准的词汇范畴,在 AB－演算中也无法生成相应的句法推演。

虽然 AB－演算可以处理很多并列组合现象,但是对于某些涉及复杂动词的并列组合问题,它却无能为力,如下所示:

(7) John met and might marry Mary.

在标准分析中,模态动词被指派从不及物动词范畴到不及物动词范畴的函项范畴。然而,为了能对此语句实施并列组合,marry 先要与 might 合并,然后才可与 met 进行并列组合。而 AB－演算唯一可用的规则是函项应用规则,无法执行这个合并,简约表述如下:

(8) [might]$_{(s\backslash np)/(s\backslash np)}$[marry]$_{(s\backslash np)/np}$

在句法推演中,有时需要使双宾语动词的直接宾语和间接宾语进行毗连,并给它指派范畴,但是 AB－演算对此无可奈何,如下例:

(9) I gave [Mary]$_{np}$[an apple]$_{np}$[and] $_{(x\backslash x)/x}$[John]$_{np}$[a fower]$_{np}$.

还有，AB－演算也无法处理下面的寄生语缺结构：

（10）a. John copied , and filed without reading , these articles.

b. These articles that John copied without reading.

在这两个符号串中，一个成分作为 copied 和 without reading 的共同宾语。如果使用标准的范畴指派，显然 AB 给不出相应的推演：

（11）These articles that John $[\text{copied}]_{(s\backslash np)/np}[\text{without reading}]_{((s\backslash np)\backslash(s\ np))/np}$.

AB－演算处理上述现象时的无力，主要在于其范畴运算的方向十分有限，这些有限的范畴运算规则不允许结合，也不允许交换。AB－演算无法在单一的范畴赋值条件下处理宾语提取和无界依存。一个简单的解决办法，我们在对关系从句进行描述时已经提及，就是增加 AB－演算的复合范畴形成规则。但是，这种无止境地构造范畴本身是缺乏系统性的。自然语言本身具有多样性，比形式语言要灵活得多，任意添加的范畴之间很难建立起联系，这对于按照递归定义来构造理论系统来说是一个大的问题。此外，作为上下文无关语法的一种，AB－演算解释力比较弱，我们前面提到的荷兰语中的无界依存现象由于要求受限交换作为处理的前提条件，因此 AB－演算不能给出合适的解释。

无论是范畴运算方面的问题，还是解释力方面的问题，归根究底在于 AB－演算是一种上下文无关语法。对关系从句的处理会引起大量范畴存在，从而导致歧义，其中的主要原因在于 AB－演算是非结合且非交换的，在处理非标准成分并列结构时，即使能够给联结词两边的成分赋予新范畴，AB－演算却无法显示给不同语言表达式中同样的成分赋予不同范畴的内在原因。自然语言中，语序往往是灵活多变的，这种灵活性体现在逻辑系统中就是结合律和交换律的应用，AB－演算却是非结合也非交换的。为了刻画自然语言所体现出的结合与交换现象，逻辑学家们进行了本节开始我们所提到的两个方向的扩展。在第一章中，我们介绍了范畴语法的发展脉络及两个方向的扩展之间的关系。本章中，我们将详细介绍倾向语言学的扩展分支——组合范畴语法，并说明这一扩展对基于规则的范畴类型逻辑扩展的影响，即在范畴类型逻辑的框架下对组合范畴语法的模拟，促进了混合范畴类型逻辑系统的构造。

第二节 Steedman 基于 AB－演算的扩展:原生态 CCG

对范畴语法的扩充有两种方法,一种是扩大 AB－演算的规则图式以获取更大的组合能力,这种方法更符合语言学研究的方式,Geach(1972)和Steedman(1982)等采用的就是这种方法,他们对逻辑理论采用实用主义的观点,旨在找出适于计算机处理自然语言的实际办法;此外,还可以将 AB－演算重写为具有充分蕴涵推理能力的逻辑系统,这是一种基于推演的逻辑传统方向,Lambek 演算(1985)和 Moortgat(1997)所采取的是这一方式,均着眼于逻辑系统的构造。对 AB－演算进行扩充的两个基本方法目的都是为了把握刻画自然语言现象所具有的结合与交换的性质。组合范畴语法属于范畴语法的现代化扩张方向中的前者。它对 AB－演算的扩充是通过增加规则图式来增加 AB－演算的规则,从而获得更强的组合能力,将 AB－演算扩展成一种具有更充分的推理能力的逻辑体系。这一扩充最初是由 Geach① 以及 Steedman② 进行的,他们的工作成果就是目前我们所了解的基于合一的广义范畴语法(Unification －Based Generalized Categorial Grammar)和原生态 CCG。Steedman 使用基于组合逻辑(Curry & Feys 1958)③的组合子规则的扩充 AB－演算,创立了原生态 CCG,旨在解决自然语言中大量存在却在上下文无关语法中不太容易得到解决的现象,如宾语提取、非外围抽象、词序灵活性、重成分 NP－移位、动词毗连、主目毗连、直接成分的非连续性现象和多

① Geach, P. A program for syntax, in D. Davidson and G. Harman(eds), *Semantics of Natrual Language*, Dordrecht, 1972, pp. 483－497.

② Steedman, Mark, Combinators and grammars. In *Categorial Grammars and Natural Language Structures*, Dordrecht, 1988.

③ Curry, H. B. and Feys, R. Combinatory Logic, volume I. North－Holland, Amsterdam, 1958.

动词句、无界依存和寄生语缺(parastic gapping)[①][②]等涉及有界或者无界依存关系的自然语言表达式结构。原生态 CCG 中的算子及其相应的 λ－项表述如下：

(12) 原生态 CCG 中的算子及其语义 λ－项

a. 组合算子　　　$Bfg \equiv \lambda x.\ f\,(gx)$

b. 类型提升算子　$Tx \equiv \lambda f.\ fx$

c. 置换算子　　　$Sfg \equiv \lambda x.\ fx(gx)$

三个算子的记法来自 Smullyan 寓言中的三种分工不同的鸟类。组合算子 B 是北美兰鸫的简写，它可以将 f 与 g 的结合转换为一个新的函项，这个新函项的论元应用于内嵌函项 g，因此 B 是能够对两个函项进行复合运算的组合算子。类型提升算子 T 是鸫鸟的简写，它用于将一个论元 x 转变为一个函项，该函项的论元 f 是 x 所应用到的那个函项，也就是说，T 是能够将一个变元提升为作用于该变元的函项的组合算子。置换算子 S 是八哥，其作用与 B 十分类似，只不过是函项同时将其论元 x 应用到 f 和 g 上，是能够变换两个函项位置的组合算子。这些算子导致了新规则的引入，而所有的规则都服从 Steedman(2000)所述的组合类型透明原则(Principle of Combinatory Type Transparency)[③]。

定义 5　组合类型透明原则

所有的句法组合规则都是相当有限数量范围内的函项上简单语义运算的类型透明版本。

这一原则来自范畴语法所具备的句法与语义并行推演这一特点。在 Montague 语法时期，范畴与类型之间的对应关系已经有所提及，此后 van Benthem 基于范畴与类型之间的对应，为范畴语法增添了配有语义表达的版

① Steedman, Mark, Combinatory grammars and parasitic gaps. In *Natural Language and Linguistic Theory*, Vol. 5, 1987.

② Steedman. Mark, Gapping as constituent coordination. In *Linguistics and Philosophy*, Vol. 13, 1990.

③ Steedman, Mark, *The Syntacitic Process*, The MIT Press, 2000, p. 37.

本，获得了 vB－演算的系统，这一系统的基本公理和规则都来自 Lambek 演算，但是由于λ－演算的引入，vB－演算就给范畴语法体系下的句法和语义的并行推演提供了理论基础。由此，函项应用规则的带语义版本如下：

（13）带语义解释的函项应用规则

a. X/Y ：f　　Y ：a　⇒　T X ：f a　　（ > ）

b. Y ：a　　X\Y ：f ⇒　T X ：f a　　（ < ）

据此，句子 John loves Mary 的句法语义并行推演过程如下：

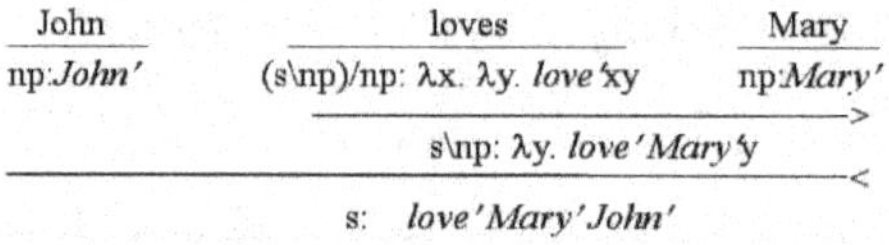

图 2－2　自然语言表达式的句法与语义并行推演过程

从配备语义的函项应用规则可以看出，两个方向的函项应用规则都在句法和语义方面同时进行了组合性的语义运算。原生态 CCG 继承了范畴语法中句法与语义之间的透明的接口，句法范畴的运算同时匹配 λ－演算，每一个范畴都对应一个逻辑语义词项，因此，只要句法实现合法运算，组合而得的语义也相应是合法的。

作为原则，句法与语义并行推演的要求是 Steedman 提出的。这种处理说明了范畴语法发展到原生态 CCG 阶段，其语义解释的工具已经基本完善；此外，这也是对自 Chomsky 生成语法理论应用到机器翻译领域以来所提出的“语义障”①（semantic barrier）的解决办法。以范畴语法理论构造机器翻译程序，将不存在语义这一障碍。原生态 CCG 这种句法与语义并行推演的语法理论无疑为机器对自然语言的处理提供了新前景。

Steedman 一方面吸取了 vB－演算为句法和语义的并行推演提供的工具；另一方面还避免了 vB－演算中约束变元的使用。② 约束变元的使用由于

① “语义障”（semantic barrier）是 1964 年在美国 ALPAC 报告中所提出的。乔姆斯基的生成语法理论强调的是句法自治、语言天赋，因此早期的机器翻译以生成语法理论为指导，不可避免会遇到句法与语义两极对立的情况，语义问题成为机器翻译中遇到的障碍。

② Steedman, *The Syntacitic Process*, The MIT Press, 2000, p. 201.

涉及不同环境下的赋值问题,在进行自然语言句法和语义处理时,需要根据不同的使用者和语境分别赋予不同的意义。无疑,具有这种函项应用特征的程序语言的构造将会变得烦琐。而原生态 CCG 仅需少量组合规则和函项应用规则,简洁的计算方式更适合机器编程和使用。

一、同向复合

英语中的并列结构在 Chomsky 时期是以下述方式进行处理的①:

(14) X　CONJ　$X' \Rightarrow X''$　　(<Φ>)

其中,X,X′,X″是句法类型相同而语义表达可能不同的范畴。

Steedman 在原生态 CCG 中为上述句法运算匹配了语义的组合运算如下:

(15) 合并 (<Φ^n>)

$X : g \quad CONJ : b \quad X : f \Rightarrow \Phi^n \quad X : \lambda \cdots b(f\cdots)(g\cdots)$

假定谓词的元数至多为四,那么这个合并运算列举如下:

(16) $\Phi^0 bxy \equiv bxy$

$\Phi^1 bfg = \lambda x.\ b(fx)(gx)$

$\Phi^2 bfg \equiv \lambda x.\ \lambda y.\ b(fxy)(gxy)$

$\Phi^3 bfg \equiv \lambda x.\ \lambda y.\ \lambda z.\ b(fxyz)(gxyz)$

$\Phi^4 bfg \equiv \lambda x.\ \lambda y.\ \lambda z.\ \lambda w.\ b(fxyzw)(gxyzw)$

并列结构的这种处理方式尽管稍显粗糙,无法把握一些语言中特定的合并方向。例如,Ross(罗斯)曾指出,在英语中,合并的方向只能向右,而不能向左,合并规则中应该能够体现这种带有"预设"的意味。② 但上述处理却符合人们进行合并运算的普遍直觉:合并就是将类型相同的两个成分映射成为同类型的第三个成分的操作,也就是说,合并的两个成分在句法范畴上是对称的,而合并的结果也不会产生新的句法范畴。

① Chomsky, N., *Syntactic Structure.* Mounton, 1957, p. 37.

② Ross, John Robert. Gapping and the Order of Constituents. In Manfred Bierwisch and Karl Heidolph(eds.), *Progress in Linguistics*, Mouton, 1970, pp. 242-259.

因此,英语中及物动词的合并可以分析如下,以句子 John met and married Mary 为例(图 2-3)。该句中的并列结构是十分规整的,联结词左右两侧毗连的词条在句法上显然属于同样的范畴。但是,自然语言中还大量存在着诸如 met and might marry 这样句法上不对称的并列结构如前面的句(7),为了能够刻画这种不符合传统并列结构的相邻成分,Steedman 对古典范畴语法进行了扩充,即组合算子 B 及其相应规则的添加。B 算子使得函项之间可以进行复合运算:

(17) 向前同向复合规则(>B)

$$X/Y : f \quad Y/Z : g \Rightarrow_B \qquad X/Z : \lambda x. f(gx)$$

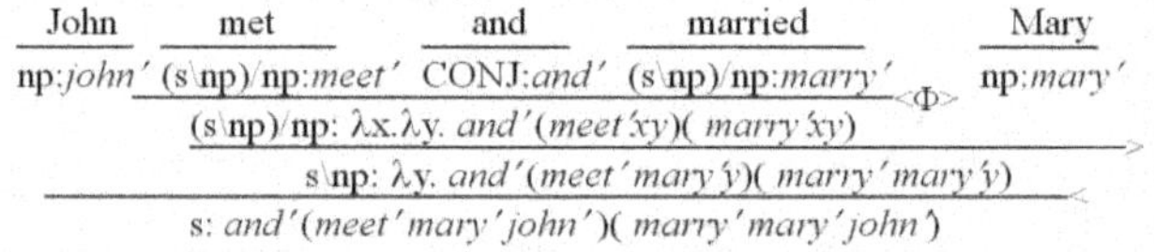

图 2-3 对称合并的范畴语法分析

组合子的应用以下标的方式注明在推演规则的箭头右侧,该规则在推演过程中,以 > B 方式标注于推演的相应步骤处。应用这一规则,句子(7) John met and might marry Mary 可以得到如下的推演:

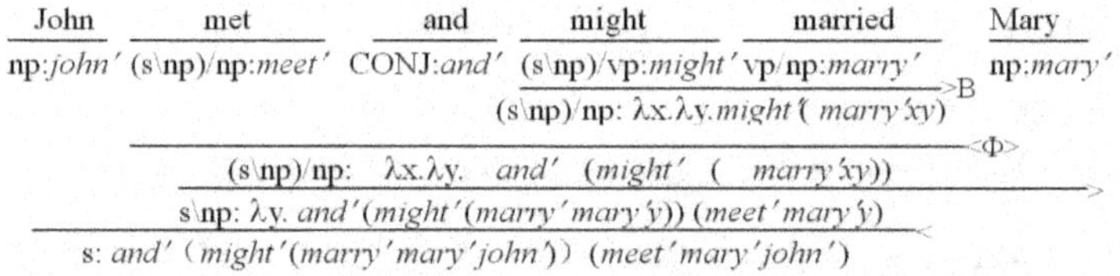

图 2-4 非对称并列结构的范畴语法分析

运用向前复合规则得到的结果 might marry 与及物动词 met 具有同样的句法范畴(s\np)/np,再运用合并规则 <Φ>,就可以得到与传统的并列结构一致的函子-论元结构。作为规则图式,组合子 >B 实际上能够推广为允许多论元函子范畴进行复合的广义向前复合规则(Generalized forward composition,简记作 $>B^n$),处理更具一般性的常见并列结构,比如情态词与双及物结构的组合(如 18 所示),或类型提升(一会给出类型提升规则)的主语与双及物动词毗连，这里不再专门加以描述，只在以后用到的地方表述出来：

（18）I [offered]$_{((s\backslash np)/np)/np}$ and [may]$_{(s\backslash np)/(s\backslash np)}$ [give]$_{((s\backslash np)/np)/np}$my friend a ticket

（19）广义的向前同向复合规则（>Bn）

$X/Y : f \quad (Y/Z)/\$: \cdots\lambda z.\, gz\cdots \quad \Rightarrow_B n \quad (X/Z)/\$: \cdots\lambda z.\, f(gz\cdots)$

此处的 α＄代表一系列以 α 为最终结果范畴而具有不同数量论元的函项，Steedman 将其递归定义如下[①]：

定义6　＄约定

对任意范畴 α 而言，{α＄}（分别包括{α/＄}和{α\＄}）表示一个集合，该集合中的元素是 α 和以 α 为最终结果范畴而具有不同数量论元的函项（分别为向左的函项和向右的函项）构成。

其中，{α＄}既可表示{α/＄}，也可以表示{α\＄}，也就是说，{α＄}是无方向的。例如，{s/＄}可以表示集合{s. s/np，(s/np)/np，……}，而 s/＄就是该集合中的元素图式。(Y/Z)/＄就表示右续 n 个论元的结果为 Y 的函项图式，其中最后一个论元（从记法上看是最靠近内部的）类型为 Z。因此，实际上规则（19）相当于是给出了英语中所有动词范畴相关的规则。

由于在范畴语法中，毗连运算可以向前，也可以向后，因此我们可以推论复合算子也同样可以进行向后的组合。

（20）向后同向复合规则（<B）

$Y\backslash Z : g \quad X\backslash Y : f \quad \Rightarrow_B \quad X\backslash Z : \lambda x.\, f(gx)$

（21）广义的向后同向复合规则（<Bn）

$(Y\backslash Z)\backslash\$: \cdots\lambda z.\, gz\cdots \quad X\backslash Y : f \quad \Rightarrow_B n \quad (X\backslash Z)\backslash\$: \cdots\lambda z.\, f(gz\cdots)$

但是，Ross 已经证明在英语中复合一般都是向右的，鲜有左向的复合运算，所以对应这一规则的自然语言表达式比较难以找到，后面在对直接宾语和间接宾语的毗连分析中，会看到向后同向复合规则的使用。

---

① Steedman, *The Syntacitic Process*, The MIT Press, 2000, p. 42.

二、类型提升

类型提升算子 T 最初是 Montague 在其广义量词理论中处理名词短语的一种语义手段。在原生态 CCG 中，为了能够刻画更多更灵活的成分并列，Steedman 也引入了类型提升算子，以保证并列结构中左右两侧不满足传统并列规则要求的那些成分，能够以同样的句法范畴进行并列运算。

（22）类型提升

a. $X : a \Rightarrow_T T/(T\backslash X) : \lambda f.\ fa$　　（$>T$）

b. $X : a \Rightarrow_T T\backslash(T/X) : \lambda f.\ fa$　　（$<T$）

T\X 和 T/X 都是语言中的合法范畴。这一规则说明，诸如 np 这样的论元范畴要么可以提升为范畴为 np 的左向运算函项上的右向运算函项，要么可以提升为范畴为 np 的右向运算函项上的左向运算函项，它们分别被称为向前类型提升规则和向后类型提升规则。

向前类型提升规则的一个直接作用是它与向前同向复合规则一起诱导出自然语言语句的结合性。我们有 AB－演算提供的图 1－3 所示推演的一个择换推演，如下所示：

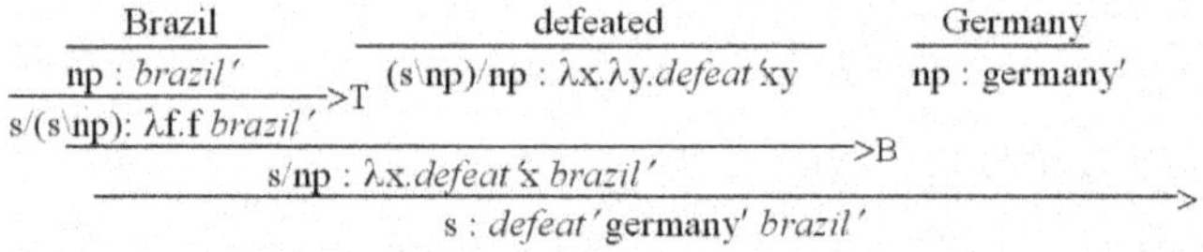

图 2－5　CCG 实现的主语与及物动词毗连的推演

CCG 具有的使主语名词短语与及物动词组合的能力允许它直接解释英语中的宾语提取、无界依存和右节点提升等现象，推演形式如下面所示：

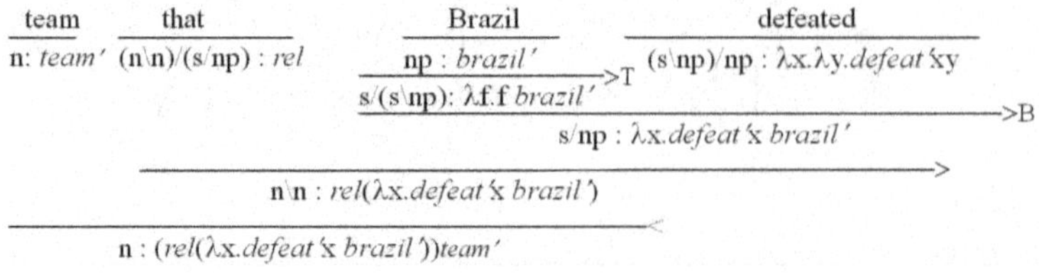

图 2－6　CCG 实现的宾语提取结构的推演

注意,这里的 rel 被定义为λV. λP. λx. V(x)∧P(x),上述表达式的语义可进一步写成λx. *defeat* 'x *brazil* '∧*team* 'x。

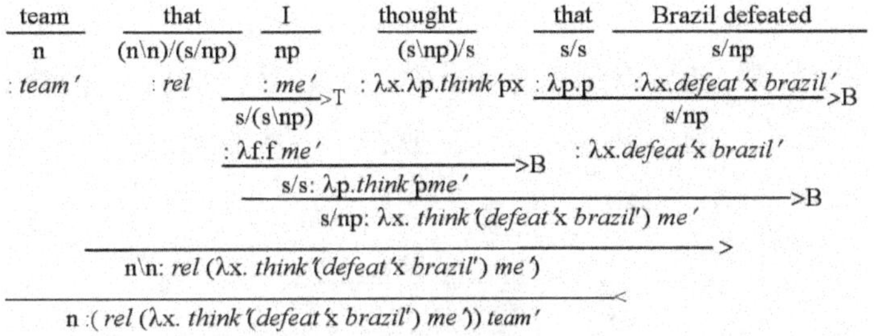

图 2－7　CCG 实现的无界依存结构的推演

此短语的语义可进一步归结为λx. *think* '(*defeat* 'x *brazil* ')*me* ')∧*team* '*x*。

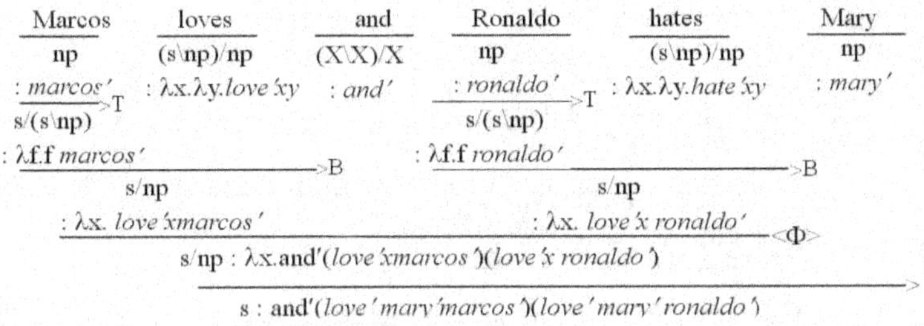

图 2－8　CCG 实现的右节点提升语句的推演

向后类型提升和向后同向复合规则一起可以实现直接宾语和间接宾语的毗连推演:

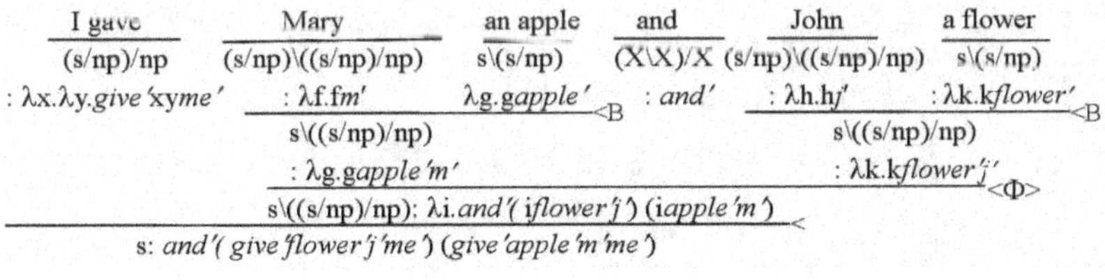

图 2－9　CCG 实现的论元聚点并列组合推演

三、交叉复合

自然语言的某些成分在语句中可以离开它们的典范位置,比如重成分 NP－移位,目前所引入的规则都无法解决这一问题,为此 CCG 引入了刻画交换性的交叉复合规则。

（23）向后交叉复合规则（$<B\times$）

$Y/Z:g \quad X\backslash Y:f \Rightarrow_B \quad X/Z:\lambda x.f(gx)$

使用这个规则，就可以刻画重成分 NP－移位结构和非外围提取结构。

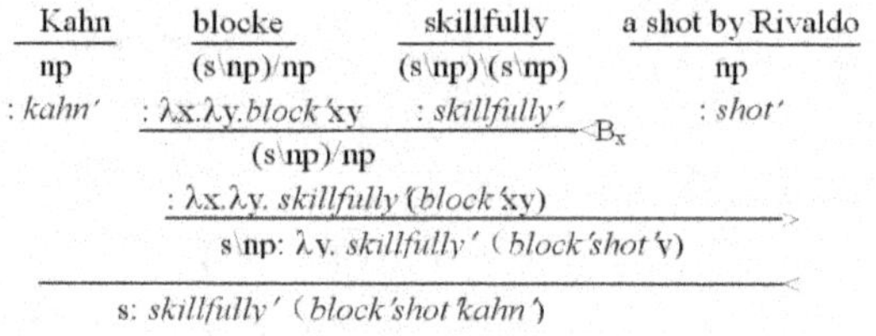

图 2－10　CCG 实现的重成分 NP 移位结构的推演

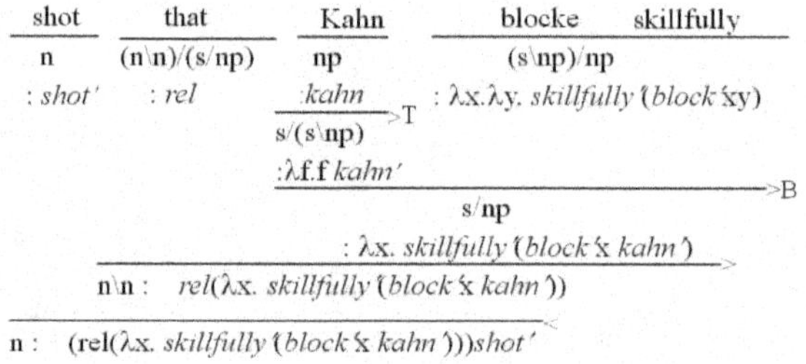

图 2－11　CCG 实现的非外围提取结构的推演

此短语的语义可进一步归结为$\lambda x.$ *skillfully* '(*block* 'x *kahn* ') $\wedge$*shot* '*x*。

例显示类型提升、同向复合与交叉复合规则共同导出了结合性和交换性。使用这个规则，可以分析如下的直接成分的非连续现象：

a. Marcos [picked]$_{((s\backslash np)/np)/prt}$ [up]$_{prt}$ [the ball]$_{np}$.

b. Marcos[picked]$_{((s\backslash np)/np)/prt}$[the ball]$_{np}$[up]$_{prt}$.

假设（a）是基本语序，它的句法推演是显而易见的。（b）的推演如下：

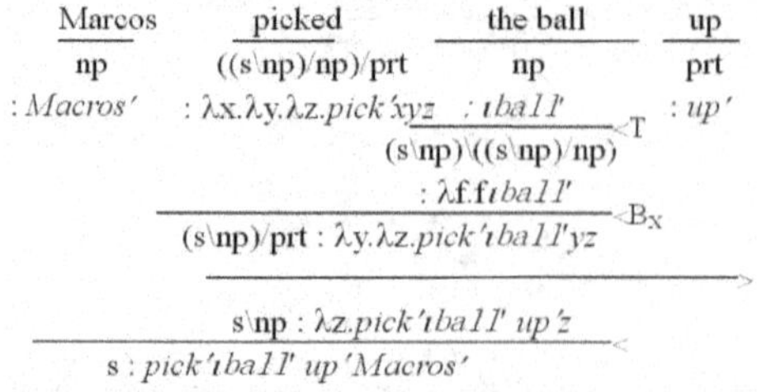

图 2－12　CCG 处理离合词结构推演

(24) 向前交叉复合规则(>B×)

$X\backslash Y : f \quad Y/Z : g \Rightarrow_B \quad X/Z : \lambda x. f(gx)$

向前交叉复合在英语语法中是无效的,它会导致不合语法的爬行词序。不过,它对于分析象土耳其语这样的有更大词序自由度的语言非常重要。

四、置换

除去组合算子 B 和类型提升算子 T 之外,原生态 CCG 的第三个算子是置换算子 S。S 与 B 和 T 的不同在于,它使一个依存成分能够连接两个不同的函子。对这样一种算子的需要是出于对语言中存在的一类被称作"寄生语缺"①(parasitic gap)的结构。寄生语缺是一种依赖其他语缺而存在的空语类,体现了句法成分之间的特殊关系。从其名称中就能看出,寄生语缺不能独立存在,它必须依赖于另外的句法空缺成分才能够产生,因此,它依赖于真语缺而产生却又不受真语缺统制,故而导致对这类空缺在生成机制方面的研究难题。寄生语缺的特点有两个:一是,它涉及的提取存在于多个依存关系中;二是,其中一个依存关系是处于传统语法无法进行提取操作的"孤岛"上的。例如:

(25) these articles that John filed without reading

John 同时是动词 filed 和 without reading 的论元。考察(25)中的成分,filed 的句法范畴为(s\np)/np,而 without reading 的句法范畴为((s\np)\(s\np))/np,由于两个成分的范畴不同,在现有的规则下,我们无法处理 filed without reading 这一结构。

Steedman 认为,filed without reading 作为一个独立的结构可以和 filed without reading and copied 这一短语中的及物动词 copied 合并,也就是说 filed without reading 实际上具有与及物动词相同的句法范畴。因此,能够实现这样一种函项组合运算的规则应运而生:

① Ross, John Robert. *Constraints on Variables in Syntax*. Ph. D. Thesis, MIT. Pubished as Infinite Syntax!, Ablex, Norton, 1986.

(26) 向后交叉置换规则($<S_{\times}$)

$Y/Z : g \quad (X\backslash Y)/Z : f \quad \Rightarrow_{S} \quad X/Z : \lambda x.\ fx(gx)$

这里,我们需要注意的是,置换规则与复合规则、类型提升规则不同,它不是 Lambek 演算中的定理,是 Steedman 为了满足特定语言现象的处理而出现的一条范畴推演规则。通过这一规则,语句 John copied, and filed without reading, these articles 可以推演如下:

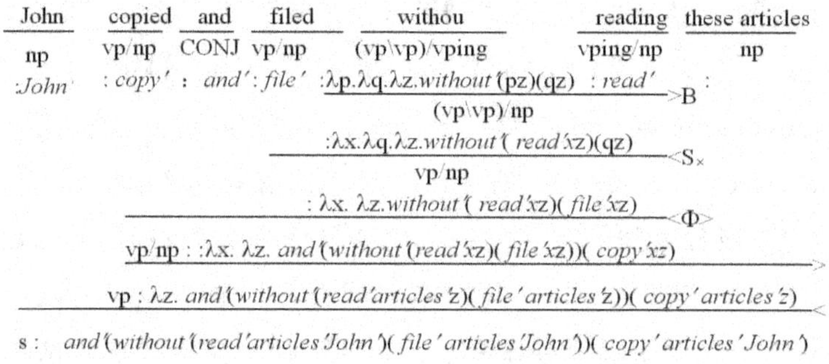

图 2-13 CCG 处理寄生语缺结构的推演

(27) 向前同向置换规则(>S)

$(X/Y)/Z : f \quad Y/Z : g \quad \Rightarrow_{S} \quad X/Z : \lambda x.\ fx(gx)$

这个规则可用来分析下面这类寄生语缺结构,语义略:

(28) team that I persuaded every detractor of to support:

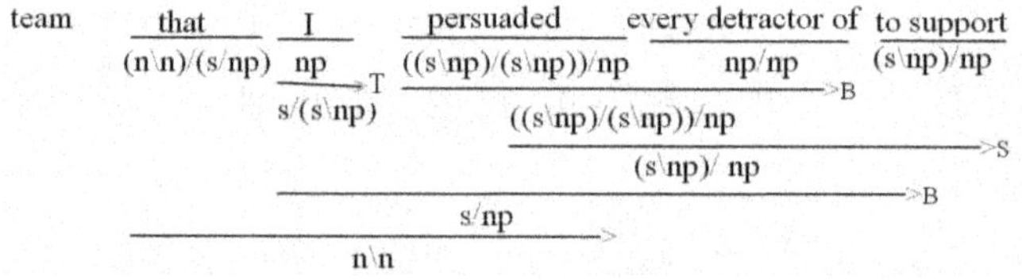

图 2-14 CCG 处理寄生语缺结构的推演

还有两个置换规则,它们是与前面两个规则对应的反向规则:

(29) 向后同向置换规则 (< S)

$Y\backslash Z : f \quad (X\backslash Y)\backslash Z : g \quad \Rightarrow_{S} \quad X\backslash Z : \lambda x.\ fx(gx)$

(30) 向前交叉置换规则 (>S×)

$(X/Y)\backslash Z : f \quad Y\backslash Z : g \Rightarrow_{S\times} X\backslash Z : \lambda x.\ fx(gx)$

这两个规则不会被英语语法使用，因为缺乏用作输入的词汇范畴，可以用它们分析其他语言的寄生语缺结构。①

Steedman 通过 B、T、S 三种组合算子及其相应规则的添加，使组合范畴语法获得了一个突出优势，即使其能够在一个统一的系统中刻画自然语言中的节点提升、非成分并列、缺省等现象。对这些现象来说，在传统语法理论框架下，需要通过移位操作来进行跨语言结构的层级的解释，操作比较烦琐。但在原生态 CCG 中它们都能够在表层结构中得到统一处理，因此，原生态 CCG 的分析能力大大地超越了传统的语法理论。Steedman 对范畴语法的扩展具有如下特征：

①彻底的词汇主义。范畴语法本身就具有词汇主义的特征，语法中的重要角色由规则移交给了词库，传统语法中由上下文无关的短语结构规则（Phrase structure rules）所表现的信息在范畴语法中是交由词库进行处理的。比如，英语中一些基本的短语结构规则如下：

s → np vp

vp→ tv np

tv → {loves, married, …}

在范畴语法中，所有的成分都对应一个相应的句法范畴，该范畴或为函子范畴，或为论元范畴。函子范畴的构造，可以表明能够与其进行毗连运算的论元的范畴以及运算的方向和运算得到的结果的范畴。例如，汉语中“小王看书”一句中动词“看”的类型为(s\np)/np，表明“看”需要先向前运算结合一个范畴为 np 的成分，得到类型为 s\np 的成分，再向后运算结合一个范畴为 np 的成分，最终得到一个范畴为 s 的句子。有限的基本范畴和运算规则以及丰富的词库是范畴语法的重要特征。通过对组合子及其规则图式的增加，Steedman 在未对函项应用规则进行改动的前提下，丰富了范畴语法的词库，也就是说，在原生态 CCG 中，组合子所反映的句法运算特征，实际上是

① Baldridge, J. *Lexically Specified Derivational Control in Combinatory Cztegorial Grammar*. Ph. D thesis. University of Edinburgh, 2002, p. 88.

在词库中进行编码的。因此,原生态 CCG 体现出更加彻底的词汇主义倾向。

②并行推演。原生态 CCG 的另一特征是句法与语义的并行推演,这一特征也是对范畴语法基本特征的继承。但是,在原生态 CCG 中,这一并行推演不再是范畴语法背后隐现的优势,而是作为指导性的原则出现的,即组合类型透明原则。这一原则说明,在范畴语法中,句法与语义之间的关系,远不是我们从前认为的那样不同向。原生态 CCG 强调了句法与语义接口的透明性,实际上是对语言学家们的“句法语义接口”问题从本质上提出了变革:尽管句法与语义是语言研究的两个方面,但是,由于两个层面之间是透明到近似于无的,所以原生态 CCG 坚持对二者的并行考察。自然语言的词条在原生态 CCG 的词库中以“范畴,λ-项”的形式完成赋值之后,就以相应的序对的形式参与函项运算。句法范畴之间按照 Lambek 演算的规则进行范畴的毗连运算,揭示了语句的生成过程,可以判定自然语言的表达式是否为合适的表达式;λ-项则依据组合运算规则进行 λ-演算,揭示语义组合的过程,最终生成对应自然语言表达式的语义解释表达式。

五、原生态 CCG 的缺陷

CCG 的同向复合规则和类型提升规则提供了处理一些构造所需要的结合性。然而,如果不加限制的话,就会夸大自然语言的结合性,推出一些不合语法的句子。例如,可推出像 * man that sleeps and he talks 这样的不合语法的表达式:

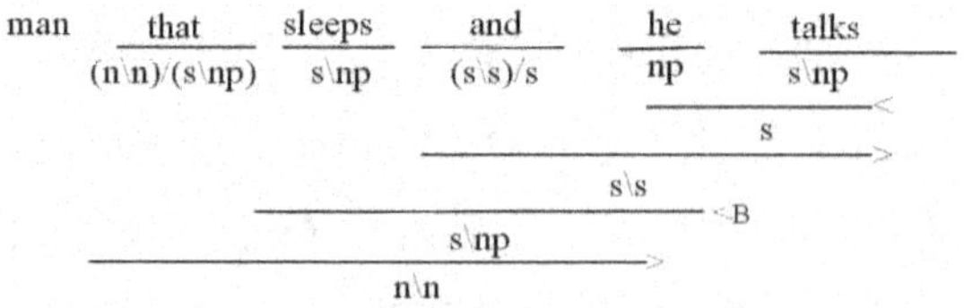

图 2-15　CCG 推出不合语法的并列句

CCG 没有严格区分普通名词和名词词组,这就给关系词范畴的指派带来一定的灵活性,如前面给关系词 that 指定范畴 (n\n)/(s\np) 和(n\n)/(s/np),对 CCG 来说给关系词 that 指定范畴(np\np)/(s\np)和(np\np)/

(s/np)也是一种选择。出于计算目的构造的 CCG 词库就采取了后者,在这样的指派下,借助于同向复合规则,可推出像 * The players angrily that came from Spain left 一样的不合语法的语句:①

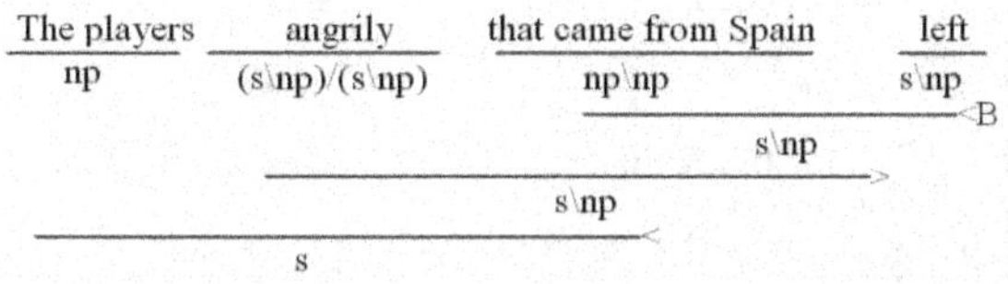

图 2 - 16　CCG 推出不合语法的移位句

如果使范畴 np 以 np 为根进行类型提升,那么使用同向复合规则,就可以推出像 * $goals_j$ that I saw the $players_i$ that t_i scored t_j 一样的不合语法的双重关系句:

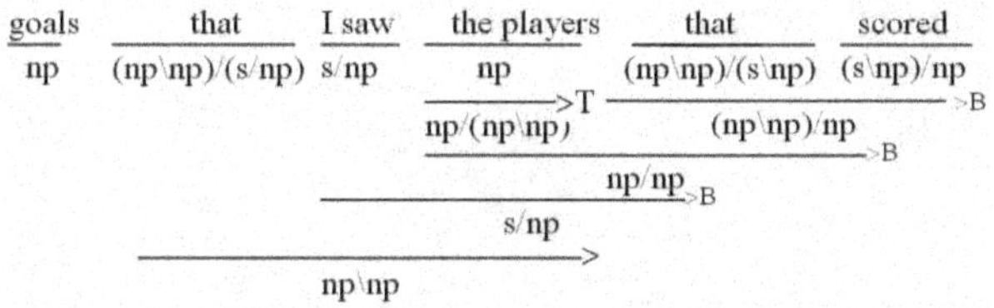

图 2 - 17　CCG 推出不合语法的双重关系句

动词范畴与介词词组范畴同向复合运算,也会推出如下非法语句:

(31)　* The fan [in the field]$_{np\backslash np}$ [left]$_{s\backslash np}$ and [in the stadium]$_{np\backslash np}$ [stayed]$_{s\backslash np}$

交叉复合规则提供了系统的交换性,它们对于刻画像重成分 NP - 移位这样的语言现象是必不可少。但是,如果不加限制,更易导出不合语法的语句。如下所示,>B ×允许嵌入动词 saw 的主语爬入更高层的子句:

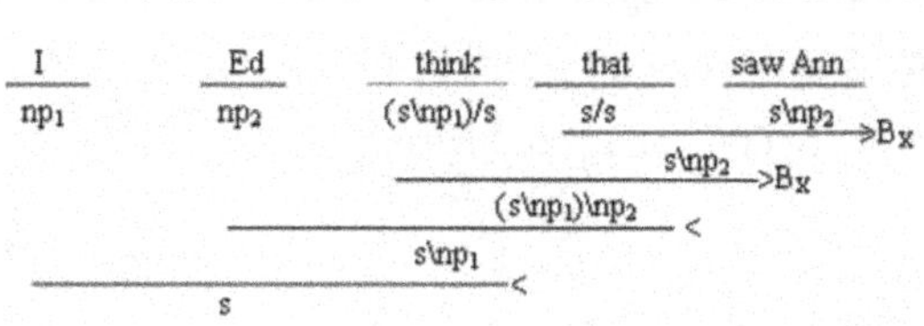

图 2 - 18　CCG 推出不合语法的成分爬升语句

① Bierner, Gann. *Alternative Phrase: Theoretical Analysis and Practical Applications*. Ph. D thesis, Division of Informatics, University of Edinburgh. 2001, p. 69.

规则 $>B_{\times}$ 的无限制使用也会推演出嵌入主语提取的表达式，如下所示：

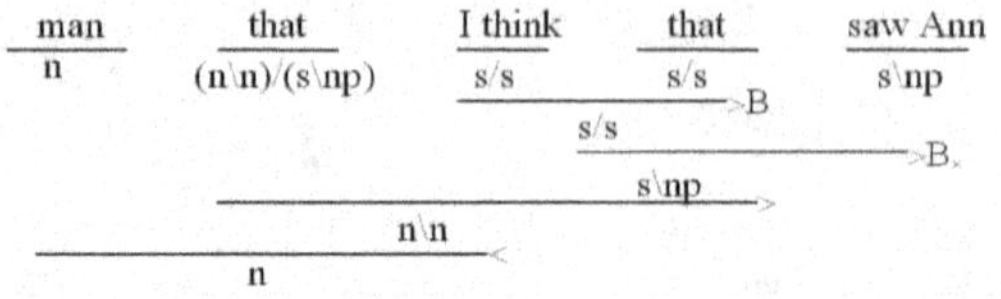

图 2－19　CCG 推出不合语法的嵌入主语提取语句

2002 年，Baldridge 与 Kruijff 观察到，在自然语言中存在一类被称为“重成分 NP 移位”（heavy NP shift）[①]的现象。这类现象要想在原生态 CCG 的框架下得到解释，需要使用交叉组合规则 $<B_{\times}$ 刻画，但允许 $<B_{\times}$ 规则的同时会导致英语这类语序固定的语言中生成大量不合语法的表达式。例如语句 a nice in Edinburgh pub：

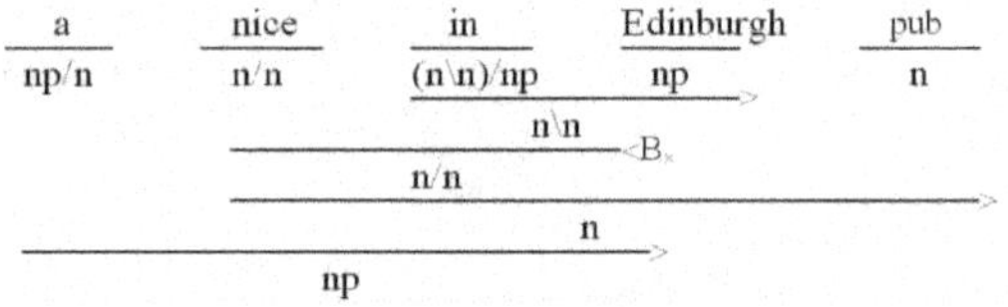

图 2－20　CCG 推出不合语法的乱序语句

为克服 CCG 过强的推导能力，解决的办法之一针对不同语言对 CCG 的规则进行了不同的取舍和限制。比如为英语中 $<B_{\times}$ 的使用添加限制条件，要求 X 和 Y 都是以 S 为目标范畴的函项范畴。添加限制的做法虽然在基于规则的范畴语法分支是十分常见的，但对于基于词库的范畴语法分支来说，无疑会使其优势变得不明显，不利于体现组合范畴语法本身仅仅由少量规则和丰富词库的搭配赢来的简洁高效。除此以外，原生态 CCG 中的规则并不是每种语言都必须全部用到的，比如规则 $>B_{\times}$ 在荷兰语、甚至汉语等语序高度灵活的语言中十分具有描写力，但在英语中若允许其应用却会导致生

① Baldridge and G. Kruijff, Multi－Modal Combinatory Categorial Grammar. In *Proceedings of EACL*, 2003, p. 212. 中称 Ed [saw](S\NP)/NP[briefly]((S\NP)\(S\NP))his old friend from Sky 这一句型为需要进行重型 NP 移位的句子，句中的副词 briefly 移到动词和宾语之间，要求及物动词在对宾语进行运算之前，先要借助 $<B$ 进行与副词的结合运算。这种规则使得组合范畴语法获得了一种不需像传统语法那样进行移位操作而得到结果却相同的生成力，因此在生成力方面优于传统语法。

成形如上面导出的语序混乱的自然语言表达式。

第三节　多模态 CCG

基于上述对原生态 CCG 在实际应用中遇到的问题，Baldridge 吸取了范畴类型逻辑中的多模态思想，对组合范畴语法进行了多模态扩充，即多模态组合范畴语法（Multi - modal combinatory categorial grammar，简写作 MMCCG）。他认为，不同的语言现象对句法运算的要求有所不同，有时不必区分语词结合的先后顺序（如主谓宾简单句），有时需要调换两个成分的位置（如重成分 NP 移位）。上述现象体现在句法系统中，就是对结合律和交换律的不同要求。如果能够在语法体系内获得对它们比较一致的处理，就实现了对斜线算子的细分。Baldridge 假定了四种模态算子（如图 2 －21 所示），它们可以添加在斜线算子的下方表示满足不同结合律和交换律的函项应用规则：

表 2 －1　四种模态算子的定义

	非交换	交换
非结合	★	×
结合	◇	·

四个算子对应满足不同的结合力与交换力的层级。其中，模态算子“★”位于层级的最顶端，它的含义是，如果当前的运算函子是“$/_{\star}$”或者“$\backslash_{\star}$”，那么两个相邻范畴之间既不允许打破函项范畴与其论元原本的结合顺序，也不可以交换相互的位置。这意味着，该算子的要求最为严格且要保序。对应到自然语言，算子“★”所能够适用的语言现象就应该是最没有特殊要求、最普通的那部分。模态算子“•”位于层级的最底端，以之为下标的斜线算子的结合能力和交换能力与“★”相反，即允许改变函项范畴与论元范畴的结合顺序，也允许位置的调换，这是适用组合规则最宽泛的模态算子，对应的自然语言现象十分有限。此外，分属同一层级两侧的模态算子

“◇”和“×”对应的函项应用分别是允许结合和交换中的一种。组合范畴语法的组合规则因而可以进行添加下标的改写。依据所对应的组合规则,四个算子“★”“×”“◇”和“•”分别对应非结合的 Lambek 演算 NL、交换的 Lambek 演算 NLP、结合非交换的 Lambek 演算 L 和结合且交换的 Lambek 演算系统 LP。

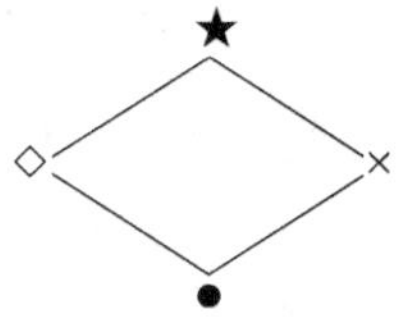

图 2－21　四种模态算子层级图

通过对斜线算子添加下标,Baldridge 将古典的范畴语法扩展为极大地依赖词库的语法体系,体现出彻底的词汇主义倾向。因此,在多模态 CCG 研究基础上,范畴类型逻辑对多模态 CCG 的模拟也就凸显出前提敏感的特征。

一、受限的合并

前面提到,在原生态 CCG 中,Steedman 在对英语中非对称的并列结构的研究中,对古典范畴语法进行了扩充,添加了复合算子 B 及其相应规则。这一规则能够处理非对称并列结构的组成部分之间的结合,使得函项之间可以进行复合运算,而合并结构中的连词 and 的处理方式则是延续自 Chomsky 的处理办法。但是,如果我们在组合范畴语法的范围内为 and 赋予范畴的话,由于 and 左右两侧的合取支范畴相同,则其范畴可以假设为:

(32) and ⊢(s\s)/s

但是(32)这一范畴赋值在英语中却可能导致不合语法的语句生成,因为联结词在进行合并之前可以先与一个论元进行毗连运算,例如 * man that sleeps and he talks 这样的不合语法的表达式:

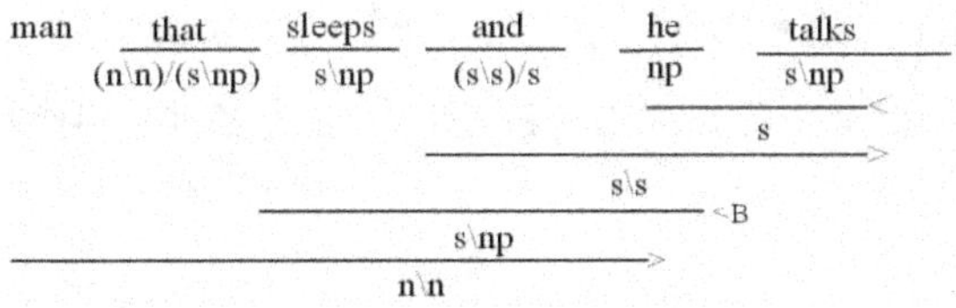

图 2－22　CCG 推出不合语法的并列句

为此，我们需要新的合并规则：

(33) X　CONJ　X $\Rightarrow_{\Phi}$ X　(<Φ> 合并)

该规则保证合取算子两端的论元能够同时进行运算，但是同时也存在不完善之处。首先，由于该规则是为了刻画合并结构的语言直觉所构建的规则，因此与复合算子 B、类型提升算子 T 及置换算子 S 均没有对应，所以在 Steedman 所构造的原生态 CCG 统中，这一规则不满足组合类型透明原则 (Principle of Combinatory Type Transparency)；其次，这一规则无法刻画合取联结词之间细微的语义差异，比如说，英语中的 and 和 but，以及汉语中的“和”与“或者”；此外，在一些语种中，联结名词词组和联结动词词组以及句子需要用到不同的联结词，比如汉语中的“和”与“并且”。

上述种种现象表明，采取前提敏感的逻辑系统，在词库中对这些差异进行刻画无疑较之通过制定针对某些特定现象的规则更符合计算机处理自然语言句法和语义的做法，同时这也是普遍语法乐于采取的方式。例如，在原生态 CCG 中为 and 范畴的斜线算子添加下标★，得到如下联结词范畴：

(34) and：= $(s\backslash_{\star}s)/_{\star}s$

由于模态算子★是既非结合也非置换的，添加的这一模态算子的组合范畴语法系统，其推演能力因此相当于非结合的 Lambek 演算系统，因此具有 $(s\backslash_{\star}s)/_{\star}s$ 的联结词 and 将不会产生图 2－22 那样的不合语法的并列结构，如下图所示：

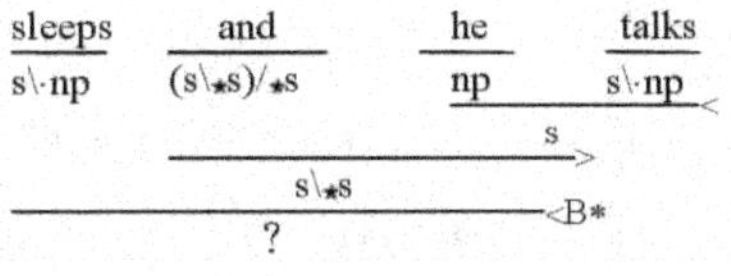

图 2－23　MMCCG 阻止不合语法的并列结构的生成

? 表示推理无法进一步继续下去(下同),因为范畴 $s\backslash_{\star}s$ 只能作为函项应用规则的输入,而函项应用规则在此处无用武之地。规则右上角的*表示此处该规则应用不合法,下同。

二、模态及函项应用规则

为了实现对具有不同结合与交换能力的语法体系的统一处理,原生态 CCG 的斜线算子需要进行进一步的细分,获得的系统即为多模态 CCG 系统。Baldridge 对原生态 CCG 的扩展共包括四种模态算子,共表现为如下的模态算子集合:

(35) 多模态 CCG 的模态算子

MMCCG = {★,◇,⊲×,×⊳,◁,▷,•}

其中,模态算子"★""•""◇"和"×"在前文中已经有过说明,而结合算子"◇"具有方向性,可以进一步区分为左结合算子"◁"和右结合算子"▷",而"◁"和"▷"又可以与"×"进行组合以分别刻画自然语言中向左的交换结合"⊲×"与向右的交叉结合"×⊳"。由此得到对结合与交换力层级图 2-21 的修订:

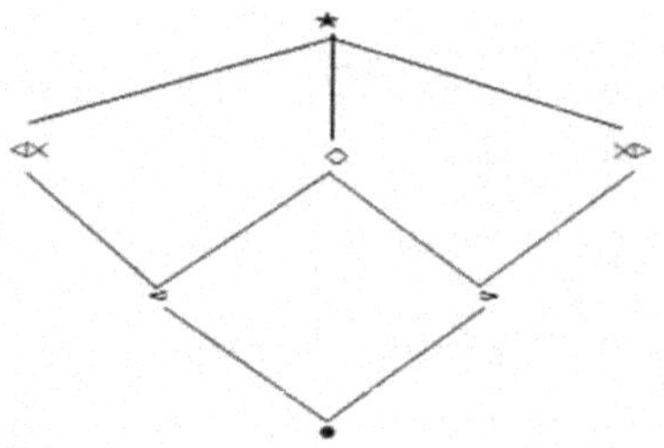

图 2-24 模态算子层级修订图

上图表明在多模态 CCG 中,模态算子的添加并不是任意的,模态算子之间构成不同的结合力与交换力的层级,层级之间具有一定的联系。范畴类型逻辑系统中包含有四种不同的 Lambek 演算;多模态 CCG 则实际上是通过为斜线算子添加模态下标,将四种类型的 Lambek 演算置于了统一的系统当中。具有特定模态算子下标的范畴不仅满足其所处层级的结构规则,同时也满足其上级层级的结构规则。以部分英语词条为例，添加了模态算子后，其范畴可以重新定义：

(36) book $\vdash n$

the $\vdash np/_{\Diamond}n$

that $\vdash (n\backslash_{\star}n)/_{\star}(s/_{\bullet}np)$

John $\vdash np$

read $\vdash (s\backslash_{\triangleleft}np)/_{\triangleright}np$

carefully $\vdash (s\backslash_{\triangleleft}np)/_{\triangleright}(s\backslash_{\triangleleft}np)$

此外，原生态 CCG 的几种函项运算规则因此也需要进行重新定义。以最简单的函项应用规则为例，添加模态算子★这一既不允许结合也不允许交换的模态算子之后，其表述形式如下：

(37) 多模态 CCG 的函项应用规则

a′. $X/_{\star}Y : f \quad Y : a \Rightarrow X : fa$ (>)

b′. $Y : a \quad X\backslash_{\star}Y : f \Rightarrow X : fa$ (<)

(37) 中的模态算子为★，在层级中属于要求最为严格的模态算子，该模态算子既不允许结合，也不允许交换，处于多模态 CCG 四种模态算子的最顶端。由于多模态 CCG 中的模态算子之间具有可以通达的层级关系，也就意味着以任何其他模态算子为下标的斜线算子都作为函项应用规则的输入成分，即函项应用规则可以重新描述为：

(37′) 多模态 CCG 的函项应用规则

a′. $Y/_{i}X : f \quad X : a \Rightarrow X : fa$ 这里 $i \in \{\star, \Diamond, \Diamond\!\times, \times\!\Diamond, \triangleleft, \triangleright, \bullet\}$ (>)

b′. $Y : a \quad X\backslash_{i}Y : f \Rightarrow X : fa$ 这里 $i \in \{\star, \Diamond, \Diamond\!\times, \times\!\Diamond, \triangleleft, \triangleright, \bullet\}$ (<)

需要强调的是，具有模式★的范畴只能应用于这两个规则。由于此种模式的范畴不可应用于其他规则，我们就可以通过给某些词汇指派此种模式的范畴，达到阻止它输入到其他规则的目的，最终限制 CCG 的某些过强的生成能力。对于英语来说，这种办法主要是阻止同向复合规则把这样的范畴作为输入，达到限制结合性的目的。下面给出一些实例。

如前所述，如果给 and 指派范畴 $(s\backslash_{\star}s)/_{\star}s$，就不会出现图 2 – 23 的推

演,因为它吸取右合取支后,无法再与左合取支进行向后同向复合运算。

如果给 that 指派范畴$(np\backslash_{\star}np)/_{\star}(s\backslash np)$,就会阻止不合法语句 * The players angrily that came from Spain left 的推演,因为成分 that came from Spain 的范畴是 $np\backslash_{\star}np$,这个范畴不能作为同向向后复合规则的输入,简要描述如下:

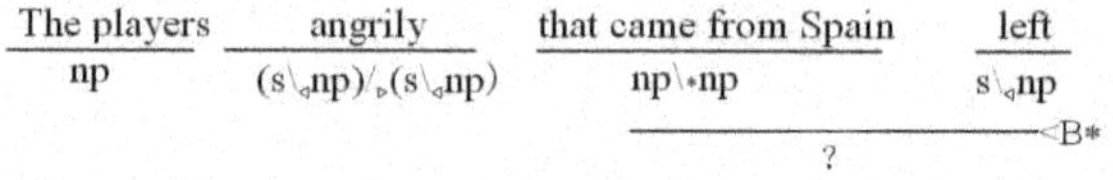

图 2-25　MMCCG 阻止非法移位句的推演

如果给关系词 that 指派范畴$(np\backslash_{\star}np)/_{\star}(s\backslash_{\bullet}np)$,那么也会阻止不合法的双重关系化语句 $goals_j$ that I saw the $players_i$ that t_i scored t_j的推演,关系词 that 的范畴斜线上的模态词★阻止了前述该句推演的第一步的产生,如下所示:

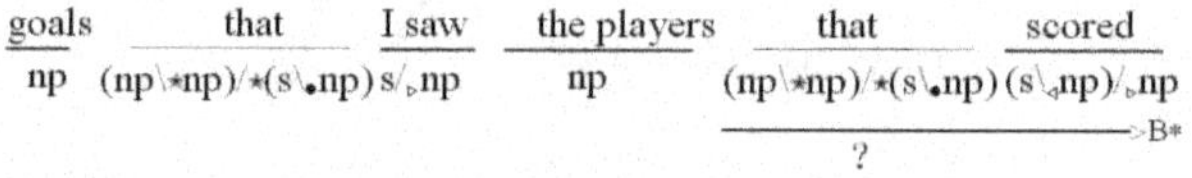

图 2-26　MMCCG 阻止非法双重关系句的推演

通过给介词词组指派这种模式的范畴,如给 in 指派范畴$(np\backslash_{\star}np)/_{\star}np$,也会阻止非法语句(31)的推演,因为不及物动词范畴与介词词组的范畴不能作为同向复合规则的输入范畴,如下所示

(38) * The fan [in the field]$_{np\backslash\star np}$[left]$_{s\backslash\triangleleft np}$ and [in the stadium]$_{np\backslash\star np}$[stayed]$_{s\backslash\triangleleft np}$

以(36)为多模态 CCG 的词库,我们可以得到句子 John carefully read the book 的分析如下:

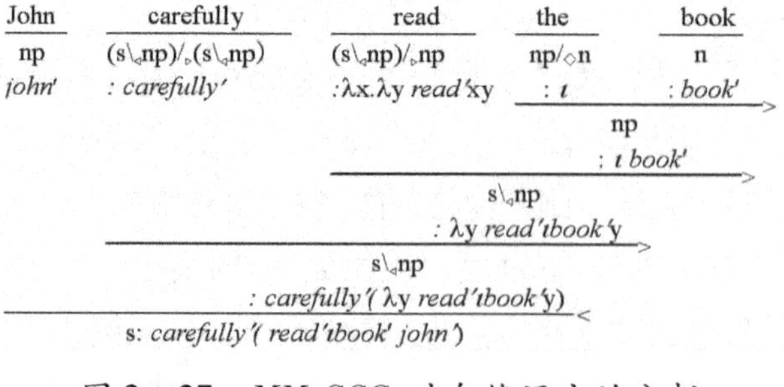

图 2-27　MM CCG 对自然语言的分析

我们容易看出，在多模态 CCG 中，斜线算子“$\backslash_{\triangleleft}$”与“$/_{\triangleright}$”与原生态 CCG 中的未添加模态下标的“\”“/”无异；而“$/_{\times\triangleright}$”与“$\backslash_{\triangleleft\times}$”则与“$/_{\times}$”，“$\backslash_{\times}$”一致，因此，在后文无须特别强调的地方，我们采取较为简单的记法。

三、同方向的复合与类型提升

在英语中，存在诸如 the book that John read 这样宾语提前的表达式，对这类表达式的处理需要允许结合而非交换的同方向复合算子以及类型提升算子，在多模态 CCG 中，同方向复合规则的模态算子为◇：

(39) 多模态 CCG 的同方向复合规则

a. $X/_{\diamond}Y : f \quad Y/_{\diamond}Z : g \quad \Rightarrow_B \quad X/_{\diamond}Z : \lambda x.\, f(gx)$ 　　(> B)

b. $Y\backslash_{\diamond}Z : g \quad X\backslash_{\diamond}Y : f \quad \Rightarrow_B \quad X\backslash_{\diamond}Z : \lambda x.\, f(gx)$ 　　(< B)

所有模式为◇的范畴可以运用这两个规则，又因为·是◇的子类型，所以具有模式·的范畴也可以应用这两个规则，换言之，同向复合规则可重新表述如下：

a′. $X/_{i}Y : f \quad Y/_{j}Z : g \Rightarrow_B X/_{j}Z$ 　　这里 $i,j \in \{\diamond, \cdot\}$ 　(> B)

b′. $Y\backslash_{j}Z : g \quad X\backslash_{i}Y : f \Rightarrow_B X\backslash_{j}Z$ 　　这里 $i,j \in \{\diamond, \cdot\}$ 　(< B)

具有模式◇的范畴不可应用于交叉复合规则。因此，可以通过给某些词汇指派模式为◇的范畴来阻止该范畴应用于交叉复合规则，这就限制了某些词汇的交换性，从而遏制了 CCG 的某些过强的推演能力。

例如，如果给补语连词 that 指派范畴 $s/_{\diamond}s$，就可以阻止生成不合法语句 I Ed think that saw Ann 的逻辑生成，如下所示：

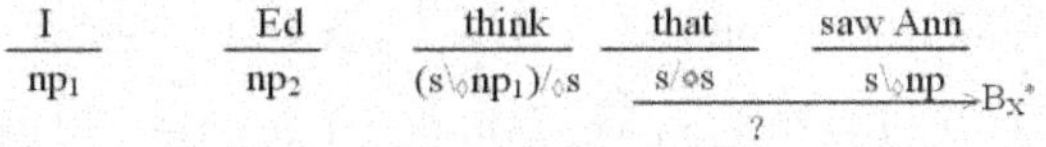

图 2－28　MMCCG 阻止不合法的爬升语句的推演

给补语连词 that 指派范畴 $s/_{\diamond}s$ 可以阻止嵌入主语提取语句的推演：

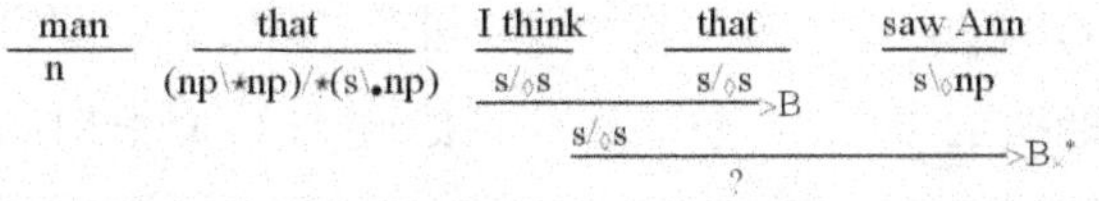

图 2－29　MM CCG 阻止不合法的嵌入主语提取语句的推演

同样,名词前修饰语使用模式为◇的范畴,并且名词后修饰语使用模式为★的范畴可以阻止规则 < B ×的使用,从而从词汇角度规定了规则 < B ×的使用范围,避免了像前面所述的不合法的乱序语句的推演:

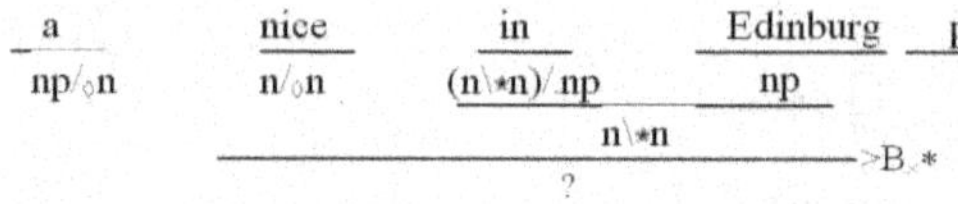

图 2 - 30　MM CCG 阻止不合法的乱序语句的推演

(40) 多模态 CCG 的类型提升规则

a. $X : a \Rightarrow_T Y/_i(Y\backslash_i X) : \lambda f.\ fa$　(>T)

b. $X : a \Rightarrow_T Y\backslash_i(Y/_i X) : \lambda f.\ fa$　(<T)

类型提升规则的输入不涉及任何斜线,但输出范畴有两个斜线,这两个斜线上的模式必须相同,这里的 i 可取任意模态词。

使用上述规则,可以得到对英语宾语提取表达式 the book that John read 进行如下分析。

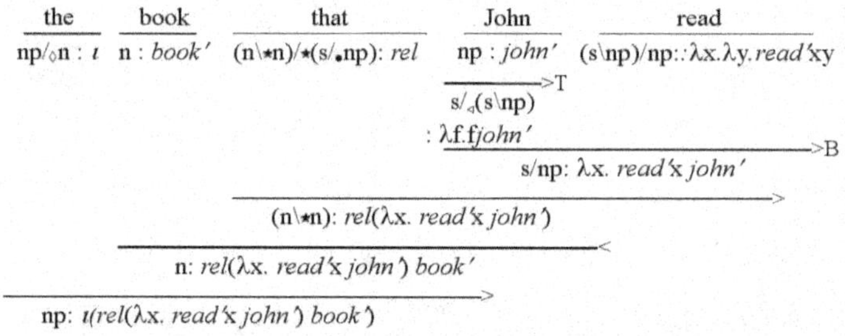

图 2 - 31　MMCCG 对宾语提取表达式的分析

由图 2 - 31 可知,专名 John 在使用多模态 CCG 的类型提升规则 T 得到 $s/_{\triangleleft}(s\backslash np)$之后,可以与类型为(s\np)/np 的 read 进行向前同向复合运算。假如斜线下标的模态算子为★、$_{\triangleleft\times}$或者$_{\times\triangleright}$,都无法应用同方向的复合运算规则,因此,多模态 CCG 以斜线算子加模态下标的方式限制了图 2 - 28 至图 2 - 30 这样的不合语法的表达式生成。这种前提敏感的处理方式一方面具有原生态 CCG 的推演能力,一方面又弥补了原生态 CCG 的不足之处。

四、受限的交叉复合

多模态 CCG 的优势不仅在于其完全具备原生态 CCG 的生成能力，同时还具有更符合当前计算机大规模处理自然语言句法和语义所要求的“普遍语法”特征。以少量简洁的普遍性原则为基础，仅通过个别语言参数的微调，就能够对具体的语言进行充分的描写与解释，是计算语言学家与逻辑语义学家们自 Chomsky 时代以来就孜孜以求的目标。在原生态 CCG 中，针对个别的语言，组合规则常常不会完全被用到，针对语序灵活的汉语进行刻画所需要的规则显然易见要多过语序相对固定的英语。多模态 CCG 以少量的组合规则作为刻画语法运算的基础，将模态加之于斜线算子，规则的使用限制因此由规则系统转移到了词库，不再需要额外添加对规则的限制条件，这正是普遍语法所要求的。

由 Steedman 扩展的原生态 CCG 中的属于 Lambek 演算体系的复合算子、类型提升算子及置换算子都可以通过添加模态算子的方式进行有条件的扩张，例如：

(41) MMCCG 的交叉复合规则

a. $X/_{\times}Y : f \quad Y\backslash_{\times}Z : g \Rightarrow_{B} X\backslash_{\times}Z : \lambda x.f(gx)$ $(>B\times)$

b. $Y/_{\times}Z : f \quad X\backslash_{\times}Y : g \Rightarrow_{B} X/_{\times}Z : \lambda x.f(gx)$ $(<B\times)$

所有模式为×的范畴可运用这两个规则，又因为 · 是×的子类型，所以具有斜线类型 · 的范畴也可运用这两个规则，故可将上述规则重新表述如下：

a′. $X/_{i}Y : f\ Y\backslash_{j}Z : g \Rightarrow_{B} X\backslash_{j}Z : \lambda x.f(gx)$ 这里 $i,j \in \{\times, \cdot\}$ $(>B\times)$

b′. $Y/_{j}Z : f\ X\backslash_{i}Y : g \Rightarrow_{B} X/_{j}Z : \lambda x.f(gx)$ 这里 $i,j \in \{\times, \cdot\}$ $(<B\times)$

需要强调的是，模式为×的范畴不可作为同向复合规则的输入范畴，因此可以给某些词汇指派模式为×的范畴，这样就可以限制同向复合规则的使用，从而达到限制结合力的目的。

前面我们曾经提到，在英语中存在一类被称为“重成分 NP 移位”的语言现象，这种语言现象需要使用带有交换性质的组合规则 < B 进行刻画，但是，在缺乏模态下标的原生态组合范畴语法体系中，允许该规则的同时会导

致一些不合法的英语语句合法化，比如在前面我们给出的句子 * a nice in Edinburgh pub 中，尽管能够由组合规则推出，却是不合法的，英语作为一种语法特征明显的语言，与汉语等语序灵活且意义特征明显的语言在语法规则的使用方面有着很大不同。为了既保持范畴语法作为普遍语法，具有规则较少的优势的同时，又想要增加规则适用的灵活程度，Baldridge 采用了为斜线算子添加模态下标的方式。这种做法在保持了组合范畴语法体系的简洁优美的基础上，一方面可以保持范畴语法广泛的适用性，另一方面也能够根据不同语言的特色要求及时地调整语法体系中的个别参数，增加了范畴语法针对个别语言的解释力。再看看图 2 – 32 的推演过程：

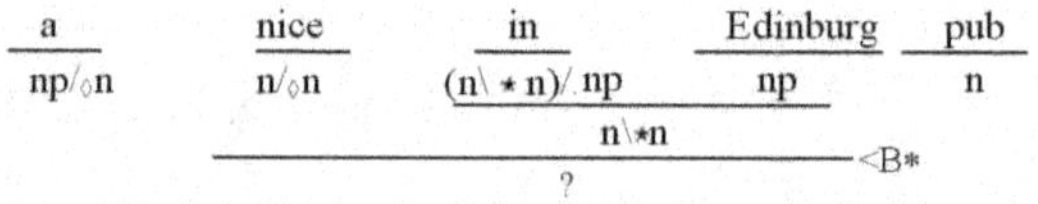

图 2 – 32　不合语法的句子推演失败

由于 nice 和 in Edinburgh 这两个成分的句法范畴在多模态 CCG 体系下得到了更加精确的刻画，我们易于看出，在这两个成分的句法范畴中，表示函项应用的斜线算子分别被标注了不同的下标，◇不允许交换，而×不允许结合，两个范畴无法进行进一步的组合，从而避免了 < B 的不合法的使用。

模态算子添加在斜线算子上，能够大大增加斜线的广泛适用力和灵活充分的解释力。一方面，区别各条规则中的斜线类型可以满足规则在句法毗连上的不同要求，这部分是组合范畴语法的核心，不因语言不同而变化；另一方面，对于个别语言中语词的具体范畴赋值，所应适用的斜线类型由这一语言所特有的句法特点决定。句法范畴的赋值任务在范畴语法的体系内都交由词库进行，范畴运算的规则极为有限，因此，Baldridge 对组合范畴语法的多模态扩展实际上是更加彻底的词汇主义思想的贯彻，这种做法恰恰迎合了当下计算机处理自然语言句法和语义的要求。在自然语言中存在许多因个别语言而异的语法现象，灵活语序的语言类型例如荷兰语、汉语、土耳其语等等对语法的适用能力有较强的要求，而英语等基于拉丁语法建立起来的完备体系随着时间的推移和使用上的便利，也存在着大量的特例。

Chomsky 对于具有良好计算特征的普遍语法的希冀是语言学家和逻辑语义学者们的共同愿望。传统语法体系重语法、轻语义，在遇到大量存在却违背传统语法规则的例子时只能通过一一列举的方式进行说明，成为语言理解中的一大障碍。多模态范畴语法无疑提供了一种语言理解的有效理论——由词出发，基于少量的规则进行推演，利于简单高效的计算机语言的构建；使用模态算子对个别语言中的独有现象进行把握，方便通过细微的调整构建适用于特定语言的语法系统。该理论既能够解释语言中跨地域存在的大量共通现象，也能够解释语言中的地区差异。对于试图模拟人脑的计算机人工智能来说，多模态组合范畴语法无疑是处理自然语言句法和语义的一个有用工具。

第四节　范畴类型逻辑

一、范畴类型逻辑系统

范畴类型逻辑（Categorial Type Logic，简称 CTL）是在范畴语法 CG 基础上发展起来的现代版本，作为语言（包括自然语言与形式语言）分析的形式化工具，以函项运算和逻辑推演的手段，对语言进行分析。函项运算是取自代数的概念，推演则是逻辑的根本，所以，范畴语法的这一分支强调对规则的刻画，是一套基于规则的语言描写体系。Moortgat 认为范畴类型逻辑的主旨即“形式语法即逻辑”[①]（formal grammar is presented as a logic），即是说，这一体系应该能够形式化地刻画语料，并据此生成特定语言中合语法的句子和给予相应的语义解释。从范畴类型逻辑历时发展的角度，邹崇理教授将范畴语法的整个发展历程概括为“范畴类型序列”，包括五个阶段：古典范畴语法、Lambek 句法演算、Montague 语法、类型逻辑语义学和语法逻辑。[②]本研

---

① Moortgat, M., Categorial Type Logic, in J. van Benthem and A. ter Meulen (eds), *Handbook of Logic and Language*, Elsevier Science B. V., 1997, p. 96.

② 邹崇理：《范畴类型逻辑》，中国社会科学出版社，2008 年版。

究则是使用逻辑语义理论作为自然语言分析的形式工具，因此在第一章对范畴语法系统进行区分时，主要是根据子理论本身所具有的特征，将范畴语法的整体区分为基于规则与基于词汇两类。

范畴类型逻辑是基于规则的范畴语法分支，Moortgat 在"*Handbook of Logic and Language*"一书中对这一分支进行过较为详尽的介绍。范畴类型逻辑的特点是以 Lambek 句法演算为基础，侧重对范畴语法进行逻辑系统的抽象，并构造可能世界的框架语义解释。Moortgat 认为，这一逻辑理论的核心任务就是为自然语言中意义和形式的组合给出一致的演绎解释，而达到这一目的的途径，就是把形式语法表示为一个逻辑系统，一个带有一定结构、与语言资源有关的推理系统。[①] Moortgat 将范畴类型逻辑的要义概括为"范畴分析 = 逻辑推演"[②]和"形式语法 = 逻辑系统"。[③] 在国内，范畴类型逻辑的研究仍处于介绍的阶段。尽管冯志伟先生于 1975 年即在《计算机应用与应用数学》杂志上介绍过范畴语法，但并未引起学界的重视。[④] 2000 年，邹崇理先生在其专著《自然语言逻辑研究》中提到类型逻辑语法的发展。[⑤]在此之后，对范畴类型逻辑进行过宏观介绍的包括冯志伟[⑥]，邹崇理[⑦][⑧]，方立[⑨]，张秋成[⑩]等，其中对这一逻辑系统进行系统的元逻辑性质探讨的有于江

---

① Moortgat, Michael, Categorial type logics. In *Handbook of Logic and Language*, MIT Press, 1996. p. 96.

② Moortgat, Michael, Categorial type logics. In *Handbook of Logic and Language*, MIT Press, 1996. p. 163.

③ Moortgat, Michael, Categorial type logics. In *Handbook of Logic and Language*, MIT Press, 1996. p. 96.

④ 孙红举：《"范畴语法"及其在汉语中的应用》，《现代语文》，2008 年第 6 期。

⑤ 邹崇理：《自然语言逻辑研究》，北京：北京大学出版社，2000 年版。

⑥ 冯志伟：《范畴语法》，《语言文字应用》，2000 年第 3 期。

⑦ 邹崇理：《自然语言逻辑的多元化发展及对信息科学的影响》，《哲学研究》，2001 年第 1 期。

⑧ 邹崇理：《从语言到逻辑——范畴类型逻辑序列》，《重庆工学院学报》，2006 年第 4 期。

⑨ 方立：《范畴语法》，《外国语言文学》，2003 年第 3 期。

⑩ 张秋成：《类型－逻辑语法研究》，中国人民大学出版社，2007 年版。

生①，邹崇理②，夏年喜③；而将这一逻辑语义理论具体应用到计算机程序的实现的有秦莉娟和周昌乐④，丁胜彬⑤等。但是涉及自然语言句法语义分析的则寥寥无几，而针对汉语言现象进行分析的就更少。

从范畴类型逻辑的名称来考察“范畴”“类型”和“逻辑”，我们可以获得三个更加直观的信息：

首先，“范畴”是句法运算的基础。范畴语法的函项运算思想最早源自与Frege，他将数学中的函项概念应用到语言研究，将自然语言的表达式区分为“饱和”与“不饱和”，语句由此被视为函项运算的产物。Frege认为，自然语言的表达式能够分析为函项与论元之间的关系，以函项对论元进行运算，就是范畴语法中我们常说的毗连运算，具有线性特征。例如，“学生”这一饱和的表达式可以和“学习”这一不饱和的表达式毗连生成“学生学习”。其中“学生”是论元，“学习”是函项，在自然语言中分成不同的类别，因此需要以不同的标识进行区分。范畴就是对承担不同毗连运算角色的自然语言表达式的标记，在范畴类型逻辑中，通常以n表示普通名词，以np表示专名，而以s表示语句，这三个范畴是初始范畴；斜线算子“\”“/”与初始范畴构造出派生范畴，比如不及物动词的范畴表示为s/np等；此外，以积算子“•”表明范畴之间的毗连运算关系。如此一来，自然语言的生成就表现为范畴的毗连生成。

其次，“类型”是语义解释的基本单位。范畴类型逻辑采用了加标的演绎方式，即在实际操作上为范畴和带类型的语义λ-项之间建立了一一对应关系，这也就是逻辑学家们所说的“Curry-Howard同构”（Curry-Howard Isomophism）。“Curry-Howard同构”为证明论和函项理论这两个原本在数理逻辑中没有关系的分支建立起了联系，在计算机程序语言中这种同构被

① 于江生：《句法范畴的代数结构与演绎系统》，《中文信息学报》，2001年第2期。

② 邹崇理：《多模态范畴逻辑研究》，《哲学研究》，2006年第9期。

③ 夏年喜、邹崇理：《论类型逻辑语法的多种表述》，《哲学研究》，2009年第11期。

④ 秦莉娟、周昌乐：《面向范畴语法分析的汉语词库的构造及实现》，《中文信息学报》，2001年第3期。

⑤ 丁胜彬：《范畴语法在自然语义分析中的应用》，《电脑知识与技术》，2009年第9期。

表示为:命题 = 类型,证明 = 程序(Proposition as types, Proofs as programs)。[①] 也就是说,假如将范畴类型逻辑看作程序语言,那么它与命题逻辑之间就存在这样的对应关系。比如说,范畴类型逻辑中的斜线算子类似于命题逻辑中的蕴涵。不同之处在于,范畴类型逻辑以范畴为句法运算的基本单位,以类型为语义运算的基本单位,而命题逻辑则以命题为基本运算单位。

再次,"范畴"与"类型"并列提出,体现了范畴类型逻辑区别于古典范畴语法的突出特点,即通过加标演绎的表述方式,实现了句法推演与语义组合的并行,弥补了范畴语法在 AB - 演算时期缺乏语义解释的不足之处。

最后,"逻辑"既是途径,也是本质。范畴类型逻辑的主要思想可以概括为:范畴分析 = 逻辑推演(categorial parsing as deduction),形式语法 = 逻辑系统(formal grammar is presented as logic)。范畴类型逻辑研究的目的就是建立一套完备的逻辑系统,它一方面满足句法的递归与语义的组合,符合形式化地处理自然语言的要求;另一方面,系统本身所具备的元逻辑性质也是考察的重点。与基于词库的范畴语法分支(比如组合范畴语法)不同,以范畴类型逻辑 CTL 为核心的范畴类型语法序列以语言学家们对自然语言现象的分析为基础,建立能够对各种语言现象进行分析的规则,形成范畴类型逻辑的系统之后,其关注的重心是探讨这一逻辑系统作为数理逻辑的重要组成部分所具备的各种抽象性质,比如可靠性、完全性等。对语言的分析是出发点,但是对逻辑的研究才是兴趣所在。

由此,我们可以看出,范畴类型逻辑无疑更为关注推理、证明等传统数理逻辑所进行的工作,而组合范畴语法则更倾向于语言学的分析应用。作为范畴语法的两大组成部分,范畴类型逻辑与组合范畴语法并无本质上的区别,实际上,每条多模态 CCG 规则都有其相应的范畴类型逻辑版本。

第一章主要介绍了范畴语法的历时发展,我们区分了范畴语法发展过程中两条侧重点不同却又相互补充的研究道路。本章的前半部分我们从共时角度介绍了组合范畴语法,这一理论对于本书建立针对汉语的范畴语法

① Jäger, Gerhard, *Anaphora and Type Logical Grammar*, Springer, 2005. p. 36.

系统具有启发作用。下面将从同样的角度对范畴类型逻辑的系统进行介绍,我们将给出范畴类型逻辑 CTL 的逻辑系统,主要介绍公理表述方式,这种表述方式利于进行框架语义的模型论讨论。

范畴类型逻辑的句法运算的核心是 Lambek 演算,简单的 Lambek 演算系统主要由斜线算子、积算子以及一系列与积算子有关的结构公设构成,其中积算子的基本性质是结合性(Associativity)和交换性(Commutativity)。依据对积算子性质的结构限制,可以得到 Lambek 演算的四个系统,也就是与我们前文提到的多模态 CCG 中的四个模态算子相对应的四个系统 NL、L、NLP 以及 LP,这些系统在语言学分析方面都各具特色,但单一来看的话,在自然语言分析方面又都各有不足。多模态 CCG 为我们提供了研究范畴类型逻辑的新思路,如果我们可以将 Lambek 演算的四个系统置于统一的框架之下,就会获得更利于灵活处理自然语言现象的有用工具,这一思路在后文中会进一步说明。首先,我们对范畴类型逻辑进行公理表述。

注意,在范畴类型逻辑中,我们对函项范畴的记法不同于组合范畴语法中函项的记法。在范畴类型逻辑中,我们采用的结果范畴在斜线上、论元范畴在斜线下的方法,比如 X\Y 和 Y/X 都表示 X 是论元范畴,Y 是结果范畴,只不过 X\Y 向左搜索论元范畴 X,而 Y/X 是向右搜索论元范畴 X。而在组合范畴语法中我们采用的是结果范畴在左,论元范畴靠右的记法,比如 X\Y 和 X/Y 都表示结果范畴是 X,论元范畴是 Y。

(一)范畴类型逻辑的公理表述

范畴类型逻辑是基于 Lambek 演算的逻辑系统,其句法系统与 Lambek 演算无异:句法系统的基本单位是范畴,联结词的集合是{/,\,•},此外还包括一个关系符→。

定义 7　范畴

给定基本范畴集 B,CAT(B)是满足以下条件的最小集合:

a. $B \subseteq CAT(B)$

b. 如果 A,B $\in$ CAT(B),则 A/B $\in$ CAT(B)

c. 如果 A,B $\in$ CAT(B),则 A\B $\in$ CAT(B)

d. 如果 A,B $\in$ CAT(B),则 A $\bullet$ B $\in$ CAT(B)

一般范畴演算的基本范畴集为{s, n, np},s 为语句(sentence)的范畴,n 为普通名词(common noun)的范畴,np 为专名(proper noun)的范畴。范畴类型逻辑的句法系统由词库和句法两部分构成,在未考察语义的情况下,它的词库即相当于代数中的一个映射,可以将有穷多个范畴赋给某个有穷字符串集中的任一成分。由于一个自然语言语词可能具有多种句法功能,所以,一个自然语言语词就可能对应不止一个范畴。

定义 8　Lambek 演算的词库 L①

给定字母表Σ和基本范畴集 B,一个 L - 词库是Σ的非空子集与 CAT(B)之间的有穷关系。

或者说,L - 词库是由字符串和范畴组成的序对的集合,可以表示为{<*T*, A>},*T* 表示自然语言字符串,A 表示 *T* 所对应的范畴。

以 Lambek 演算为句法系统的范畴类型逻辑是由以下公理和规则构成的推演系统:

定义 9　范畴类型逻辑的公理系统

公理:a. 同一律:$A \to A$

b. 结合律:$(A \bullet B) \bullet C \to A \bullet (B \bullet C)$

$$A \bullet (B \bullet C) \to (A \bullet B) \bullet C$$

规则:

c. $\dfrac{A \bullet B \to C}{A \to C/B}$　　d. $\dfrac{A \bullet B \to C}{B \to A \backslash C}$

e. $\dfrac{A \to C/B}{A \bullet B \to C}$　　f. $\dfrac{B \to A \backslash C}{A \bullet B \to C}$

g. $\dfrac{A \to B \quad B \to C}{A \to C}$

横线上方是推理的前提,下方是结论。同一律与结合律是这一系统的

① 这里的词库不是严格意义上的 CTL - 词库,因为 CTL - 词库中还需加入语义信息,即范畴所对应的λ - 项的信息,因此这个定义只是其句法部分,所以它实际上是 Lambek 演算 L 的词库。

公理,前者保证同一范畴可以由其自身推出,后者则保证范畴之间贴合运算的结果不会受贴合顺序的影响。规则中的前三条规定了积算子与两个斜线算子之间的转换依据,最后一条则说明范畴之间的推出关系具有传递性。

由定义 9 所给出的公理和规则,可以获得一系列的定理,比如斜线算子的消去定理(h)、(i)和结合定理(j)等等:

(42) h. $(A/B)\bullet B \to A$　　i. $A\bullet(A\backslash B)\to B$

j. $(A\backslash B)/C \leftrightarrow A\backslash(B/C)$　　k. $A \to (A\bullet B)/B$

l. $(A/B)/C \leftrightarrow A/(C\bullet B)$　　m. $A \to (B/A)\backslash B$

n. $(A/B)\bullet(B/C)\to A/C$　　k. $A/B \to (A/C)/(B/C)$

如果把范畴二元构造算子(斜线算子和积算子)对应为自然语言符号串上的三元关系,就可以利用克里普克(Kripke)的关系语义学为范畴类型逻辑构建一个可能世界的语义框架。DoŠen(多森)为 Lambek 演算的二元模态算子构造了三元框架类,证明了 Lambek 演算及其各类变体在各自不同的三元框架类上均是完全的。①

(二)范畴类型逻辑的框架语义

范畴类型逻辑的语义模型研究句法范畴与语义类型间的关系。在模态逻辑中,n 元算子对应可能世界之间的 n +1 元关系框架,Lambek 演算作为模态逻辑的一种,它所包含的三个算子都是二元关系算子,所以范畴类型逻辑所对应的语义框架 F 由可能世界集 W 以及 W 上的三元关系 R 组成:

定义 10　范畴类型逻辑的框架

三元框架 $F = \langle W, R\rangle$,由非空集合 W 与 W 上的三元关系 R 组成,$R \in W^3$。由于范畴类型逻辑的公理系统含有两条结合公理,所以它的语义框架是一种结合框架:

定义 11　结合框架

框架 $F = \langle W, R\rangle$是结合框架,当且仅当对于 W 中的元素满足:

① DoŠen, K., A brief survey of frames for the Lambek calculus. In *Logik und Grunlagen Mathematik*, Vol. 38, 1992. pp. 179 – 187.

$\forall xyzuv[Rxyz \& Rzuv \Rightarrow \exists w[Rwyu \& Rxwv]]$，且 $\forall xyzuv[Rxyz \& Ryuv \Rightarrow \exists w[Rwvz \& Rxuw]]$。

这里，W 可以看作语词符号的集合，Rxyz 表明：x 可以分解为 y 和 z。范畴类型逻辑区分结合运算的左右方向，所以 y 与 z 的顺序是确定的，即 y 必须在 z 前。基于结合框架 F 给出一个解释函项 f，便可得到满足范畴类型逻辑的一个模型：

定义 12　范畴类型逻辑的模型

范畴类型逻辑的模型是一个三元组 $M = <W, R, f>$，其中 $<W, R>$ 是结合框架，W 是语言符号串的集合，R 从两个符号串毗连成第三个符号串的三元关系，$R \in W^3$，f 是从基本范畴集到 W 子集上的函项。原子范畴以及复合范畴的语义解释为：

$\| p \|_M = f(p) \subseteq W$

$\| A \bullet B \|_M = \{x | yz[Rxyz \& y \in \| A \|_M \& z \in \| B \|_M]\}$

$\| A \backslash B \|_M = \{z | yx[Rxyz \& y \in \| A \|_M \Rightarrow x \in \| B \|_M]\}$

$\| A/B \|_M = \{y | yx[Rxyz \& z \in \| B \|_M \Rightarrow x \in \| A \|_M]\}$

有了系统的模型，就可以考虑系统在模型中的可靠性和完全性。就范畴类型逻辑而言，如果系统中的公理在模型中有效，且规则保持有效性，那么系统就是可靠的；而如果模型中有效的公式都是依据系统公理和规则可推出的，那么该系统就是完全的。范畴类型逻辑是既可靠又完全的，证明如下：

定义 13　范畴类型逻辑系统的可靠性

可靠性：如果 $\vdash A \rightarrow B$，则 $\| A \|_M \subseteq \| B \|_M$。

证明：

公理 a 的有效性可以直接从 $\| A \|_M \subseteq \| A \|_M$ 得到。

公理 b 的有效性：令 $x \in \| (A \bullet B) \bullet C \|_M$，可得 $yz[Rxyz \& y \in \| A \bullet B \|_M \& z \in \| C \|_M]$。取出 $y \in \| A \bullet B \|_M$，有 $\exists wu[Rywu \& w \in \| A \|_M \& u \in \| B \|_M]$；取出 Rxyz，Rywu，据结合 框架的语义有 $v[Rvuz \& Rxwv]$；取出 Rvuz，$u \in \| B \|_M$，$z \in \| C \|_M$，根据积算子的语义定 义有得到 $v \in \| B \bullet C$

$\|_M$。由 $w \in \| A \|_M$,Rxwv,据积算子的语义定义得 $x \in \| A \bullet (B \bullet C) \|_M$。反方向证明类似。

规则 c 保持有效性:令前提有效,即 xyz[Rxyz & $y \in \| A \|_M$ & $z \in \| B \|_M$&$x \in \| C \|_M$],且令结论的前件有效,即有 $y \in \| A \|_M$。据命题逻辑的内定理($p\&q \to r) \to (p \to (q \to r))$,与上述分离,可得 xwz[Rxwz & $z \in \| B \|_M \to x \in \| C \|_M$],据"/"的模型论定义,得 $y \in \| C/B \|_M$。因此规则 c 的结论是有效的。

同理可证 d。

规则 e 保持有效性:令前提有效,即 xyz[Rxyz & $y \in \| A \|_M$ & $z \in \| B \|_M \to x \in \| C \|_M$],据命题逻辑的内定理$(p \to (q \to r)) \to (p\&q \to r)$得:∀xyz[$y \in \| A \|_M$ & Rxyz & $z \in \| B \| \to x \in \| C \|_M$]。令结论的前件有效,令 $x \in \| A \bullet B \|_M$,得 Rxyz & $y \in \| A \|_M$& $z \in \| B \|_M$,用分离 规则 MP 得到 $x \in \| C \|_M$。规则 e 的结论是有效的。

同理可证 f。

规则 g 保持有效性可通过对箭头使用分离规则 MP 得到。

定义 14 范畴类型逻辑系统的完全性

完全性:即所有 CTL 模型下的有效式都可在 CTL 的系统中推出。

证明:首先构造 CTL 的典范模型 M = <W,R,f>,W 是包含所有 CTL 范畴的集合。

对于所有原子范畴:$f(p) = \{ A \mid \vdash A \to p \}$,

关系 R 被定义为:RABC iff $\vdash A \to B \bullet C$

系统的完全性可以通过下述真值引理的证明得到:

真值引理 1 在典范模型 M 中,对于所有范畴 A,B 而言,均有 $A \in \| B \|_M$ iff $\vdash A \to B$

证明:施归纳于 B 的结构。

如果 B 是原子范畴,根据前面的典范模型定义,论题成立。

$B = C \bullet D$ 时:

令 $A \in \| C \bullet D \|_M$,由积算子的语义定义得,$A \in \{ x \mid$ yz[Rxyz & $y \in \| C$

$\|_M$ & $z \in \| D \|_M]\}$，即存在 A′,A″，使得 RAA′A″ & A′ ∈ $\| C \|_M$ &A″ ∈ $\| D \|_M$。据归纳假设有 ⊢A′→C 和 ⊢A″→D。据积算子的单调律得，⊢A′•A″ → C •D。据 RAA′A″和 R 在典范模型中的定义可得 ⊢ A →A′•A″。传递得 ⊢A →C •D。

设 ⊢ A →C •D，在典范模型中有 RACD。在系统中有 ⊢ C →C 和 ⊢ D → D，据归纳假设得：C ∈ $\| C \|_M$，D ∈ $\| D \|_M$，根据积算子的语义定义得：A ∈ $\| C •D \|_M$。

B = C/D 的情况：

令 A → $\| C/D \|_M$，根据"/"的语义定义得∀yz[RzAy&y ∈ $\| D \|_M$→z ∈ $\| C \|_M$]。据全称枚举，若 R(A •D)AD 并且 D ∈ $\| D \|_M$则 A •D ∈ $\| C \|_M$；已知 ⊢A •D →A •D 和 ⊢ D →D，据典范模型的定义得 R(A •D)AD，据归纳假设得：⊢ D ∈ $\| D \|_M$；分离得 ⊢ A •D ∈ $\| C \|_M$；据归纳假设得 ⊢ A •D →C，据规则 c 得：⊢A →C/D。

设 ⊢ A →C/D；据规则 e 得：⊢ A •D →C；假设 ReAd 且 d ∈ $\| D \|_M$，据典范模型定义和归纳假设得：⊢e →A •d 和 ⊢d →D。据单调性规则得：⊢ A •d →A •D。多次传递：⊢ e →C；据归纳假设得：e ∈ $\| C \|_M$。最后得：ReAd 且 d ∈ $\| D \|_M$→e ∈ $\| C \|_M$，根据右斜线算子的语义定义，得 A ∈ $\| C/D \|_M$。

B = C\D 的证明与此类似。

综上，真值引理 1 获证。

最后证明每一个 CTL 有效式都是 CTL 可推出的：令 $\| A \|_M \subseteq \| B \|_M$。假设 A →B 不是 CTL 可推出的，据真值引理 1 有 A ∉ $\| B \|_M$。据同一律得 A ∈ $\| A \|_M$。因此推出：并非 $\| A \|_M \subseteq \| B \|_M$，与题设矛盾。所以每一个 CTL 有效式都是 CTL 可推出的。

所以范畴类型逻辑的系统是可靠并完全的。

二、混合的范畴类型逻辑

混合的范畴类型逻辑兼具组合范畴语法与范畴类型逻辑的特征。

首先，作为主题内容的组合范畴语法体系是英国计算语言学家 Steedman(2000)所创立的，它是范畴语法的语言学版本。在词汇主义的思路之下，组合范畴语法每个词条的语义表达式和句法范畴都被存放在词库的词项上，尽管范畴标记较为复杂，需要大量人工操作，但是它可以保证较为精确的句法与语义之间的匹配。句法范畴跟语义类型、语义最后的表示都可以基于词库中的范畴指派而生成。这一语法理论所表现出来的生成机制与计算机处理自然语言的思路十分类似。在利用组合范畴语法对自然语言表达式进行研究的过程中，Baldridge(2002)观察到，对于语序灵活的语言来说，范畴语法的处理方式不够理想。有些语言比如汉语、荷兰语，需要灵活的组合规则刻画自然语言表达式中成分的组合方式的多样性；但是对于英语这样具有较强语法特征的语言来说，这些灵活的组合规则是不必要的，如果在语法体系中添加它们，反而会造成不合语法的过度生成。[①] 因此，Baldridge 通过对斜线算子增加模态下标这一方式，限制了语法规则的使用范围及其过度的生成力，实现了对组合范畴语法的多模态扩充。作为范畴语法的组成部分，多模态组合范畴语法与范畴类型逻辑并没有规则上太大的差异，唯一的区别仅仅在于二者关注的重点不同。多模态组合范畴语法关注的是语言学的应用，而范畴类型逻辑关注的则是逻辑系统自身所具备的种种性质。

其次，范畴类型逻辑是一种形式化的工具，以函项运算和逻辑推演的手段，对语言(包括形式语言和自然语言)进行分析。函项运算是取自代数的概念，推演则是逻辑的根本，所以，就范畴语法中的这一分支来说，在其体现出数学、逻辑学、语言学的跨学科特征的同时，尤为强调对规则的刻画，是一套基于规则的语言描写体系。范畴类型逻辑的研究目的是为自然语言的句法和语义提供一套演绎的刻画系统，Moortgat 将其中心思想描述为“形式语法即逻辑”[②](formal grammar is presented as a logic)。在多模态组合范畴语

① Baldridge, Jason. *Lexically Specified Derivational Control in Combinatory Categorial Grammar*. Ph. D Thesis, University of Edinburgh, 2002.

② Moortgat, M., Categorial Type Logic, In J. van Benthem and A. ter Meulen(eds), *Handbook of Logic and Language*, Amesterdam: Elsevier Science B. V., 1997, p. 96.

法研究的基础上，我们可以在范畴类型逻辑的系统中引入模态算子，将范畴类型逻辑扩展为前提敏感的混合逻辑体系，获得受限的结合力与交换力，同时无须对通用的范畴语法规则进行增删。Baldridge 以★、◇、×和•作为斜线算子的基本模态下标，带有各种不同下标的斜线算子适用于不同的函子范畴的推演规则。斜线算子的结合力和交换力在范畴类型逻辑中的对应系统为：带下标★的斜线算子是最受限的，仅适用于范畴语法中最基本的函项应用规则，相当于 NL 系统；带下标◇的斜线算子适用于复合函子 B 和置换算子 S 的同向的函项组合规则，相当于 L 系统；带下标×的斜线算子适用于复合函子 B 和置换算子 S 的交叉的函项组合规则，允许推演规则跨越表达式相邻成分的使用，相当于 NLP 系统；带下标•的斜线算子适用于所有的范畴推演规则，即对应于 LP 系统。下图可以说明多模态组合范畴语法中不同算子所对应的范畴类型逻辑系统：

表 2－2　多模态组合范畴语法与范畴类型逻辑系统对比图

多模态组合范畴语法	范畴类型逻辑
•	既结合又交换的 Lambek 演算 LP
◇	（交换的）Lambek 演算 L
×	（非结合但）交换的 Lambek 演算 NLP
★	既非结合也非交换的 Lambek 演算 NL

我们以给出斜线算子在混合范畴类型逻辑系统中相应的结构公设[①]：

(43) $(A \bullet_{\star} B) \bullet_{\star} C \neq A \bullet_{\star} (B \bullet_{\star} C)$　　$(A \bullet_{\times} B) \bullet_{\times} C \neq A \bullet_{\times} (B \bullet_{\times} C)$

$A \bullet_{\star} B \neq B \bullet_{\star} A$　　$A \bullet_{\times} B = B \bullet_{\times} A$

$(A \bullet_{\diamond} B) \bullet_{\diamond} C = A \bullet_{\diamond} (B \bullet_{\diamond} C)$　　$(A \bullet_{\bullet} B) \bullet_{\bullet} C = A \bullet_{\bullet} (B \bullet_{\bullet} C)$

$A \bullet_{\diamond} B \neq B \bullet_{\diamond} A$　　$A \bullet_{\bullet} B = B \bullet_{\bullet} A$

尽管带有不同下标的斜线算子对应范畴类型逻辑中不同的推演规则，

① 邹崇理：《多模态范畴类型逻辑》，《安徽师范大学学报》（人文社会科学版），2012 年第 6 期，第 661—667 页。

但是算子之间正如具有不同结合力的 Lambek 演算一样，在一定条件下是具有可导出关系的，因此，这些算子可以在一个系统中存在。对范畴类型逻辑的多模态扩展，使其更加适合处理自然语言的表达式，这种扩展增强了范畴类型逻辑推演过程中的前提敏感性，限制了单一的范畴类型逻辑系统在处理自然语言现象时过强或者过弱的生成能力，这一思路在 Hepple(1993)以及 Moortgat(1993,1997)的文章中已经有所体现。

（一）Moortgat 与 Morill 的子结构逻辑系统

将各种逻辑系统以矢列的方式表示出来的话，从前提增减的结构角度考察，就能够得到一组包括经典逻辑在内的逻辑系统，这一组逻辑系统就构成了子结构逻辑序列，Lambek 演算是这一逻辑系统中的一个组成部分，在经典逻辑中包括下述结构规则：

（44）a. 缩并规则(Contraction rule，简记作 C)

$$\frac{\Gamma, A, A, \Delta \Rightarrow B}{\Gamma, A, \Delta \Rightarrow B}$$

b. 单调性规则(Monotonicity rule，简记作 M)

$$\frac{\Gamma \Rightarrow A}{\Gamma, B \Rightarrow A}$$

c. 交换规则(Permutation rule，简记作 P)

$$\frac{\Gamma, A, B, \Delta \Rightarrow C}{\Gamma, B, A, \Delta \Rightarrow C}$$

缩并规则允许前提的重复使用，即不限制每个前提仅能参与一次运算；单调性规则允许在证明过程中增加冗余的前提，也就是实际上弱化了推演的前提条件；交换规则则是取消了证明过程对前提条件的顺序限制。在实际使用逻辑系统进行推理的过程中，往往仅需上述结构规则中的一个或者若干，而不需要全部，依据对结构规则的取舍形成的逻辑系统的序列就是子结构逻辑系统。Jäger 在其 2005 年的文章中给出了子结构逻辑的层级：①

① Jäger, Gerhard. *Anaphora and Type Logical Garammar.* Springer, 2005, p. 30.

表 2－3　子结构逻辑系统

逻辑系统	结构规则
经典逻辑	P，　C，　M
直觉主义逻辑	P，　C，　M
相干逻辑	P，　C
线性逻辑	P
Lambek 演算	——

就结构规则的涵义而言，如果一个逻辑系统不具备上述三个结构规则中的任何一个，就是范畴类型逻辑句法运算的核心——Lambek 演算，Lambek 演算对前提的使用次数和使用顺序都具有严格的限制；如果逻辑系统规定每个前提都只用一次，则得到线性逻辑（linear Logic）；而如果逻辑系统不允许冗余的前提出现，得到的就是相干逻辑（Relevant Logic）。子结构逻辑是对前提出现的顺序及次数敏感的逻辑系统，反映到自然语言的句法推演中就是对构成语句的词条所出现的次数及顺序有所限制。

缩并规则、单调性规则以及交换规则表明，矢列在直觉上的有效性可以通过对推演前提的运算得到保持。缩并规则说明，重复出现的前提在删去的同时，仍能够保证推演过程的有效性；单调性规则说明，额外的前提可以加入推演的过程中去而不改变矢列的有效性；交换规则则表明，前提出现的顺序可以自由调整，而不会影响到矢列的有效性。子结构逻辑这种推理有效性的保持，可以通过克里普克模型（Kripke model）得到说明。

克里普克模型是针对判断直觉主义逻辑的有效性所建立的。一个克里普克模型包含一个在二元运算 + 下封闭的集合 L，以及一个将原子公式映射到 L 的子集上的解释函项 d。L 在直觉主义逻辑中被视为信息的片段，+ 算子就是信息片段的叠加。一个合式公式因此被视为对信息片段的集合进行的核证（justify）。一个信息片段能够核证表达式 $A \wedge B$，当且仅当该信息片段是 A 的核证与 B 的核证的合并时；对于蕴涵式 $A \rightarrow B$ 的核证则要求其结果中能够核证 A 的信息片段也能够核证 B。而形如 $A_1, \cdots A_n \Rightarrow A$ 这样的矢列要想得到核证,就需要使得核证 A_1 到 A_n 的信息片段叠加的结果能够核证 A。我们不难看出,从语义信息的角度看,由较少的信息片段有效能够推知,以之为出发点,加入了新前提后,所得到的信息片段依旧是有效的。由此不难得出单调性规则的有效性,而缩并规则和交换规则的有效性同理可知。克里普克的语义模型符合人们对自然语言中所包含的语义信息的分析方式。

就范畴语法而言,语法的形式化即逻辑,自然语言中的词条与逻辑中的范畴具有对应关系。词条被赋予相应的范畴,范畴结构本身蕴含了丰富的句法信息,比如语序要求以及范畴的从属关系等等。通过范畴的贴合运算,就可以得到句法的推演。在范畴语法的体系中,存在不同的子类,区别就在于它们采取不同的逻辑公理作为推演的依据。通过对参与推演的前提进行区分,范畴语法的推演过程因此与特定的结构规则产生关联,如此一来所形成的广为人知的范畴语法推演系统包括四种 Lambek 演算,四种 Lambek 演算对结合的结构规则与交换的结构规则有不同的取舍,从而能够刻画自然语言中特定的语言现象。但由于参与推演的结构规则是受到限制的,这四个系统对自然语言的刻画能力因此也有着较大的局限性,不利于刻画复杂灵活的自然语言现象。

Moortgat 和 Morill 等人于是提出多模态范畴语法的扩展。多模态范畴语法系统作为组合范畴语法与范畴类型逻辑结合的产物,不是将两种系统的优势简单结合,作为一个混合的逻辑体系,它有自己的特点——模态算子之间的关联(linkage),Morill 和奥尔勒(Oehrle)称之为“包含关系”(inclusion),其相应的结构规则如下:①

(45) 关联规则

$A \bullet_i B \rightarrow A \bullet_j B$

关联规则体现了在混合的逻辑系统之中不同层级的子结构相互之间的关系。借由这一规则,Lambek 演算的模态算子之间能够相互转换,增加了推

① Moortgat, M. & Oehrle, R. *Logical parameters and linguistic variation.* Lecture notes on categorial grammar. Fifth European Summar School in Logic, Language and Information. Lisbon. 1993.

演前提的敏感性，在不增加逻辑系统复杂程度的基础上，获得了对逻辑系统的扩展，使得系统具备了更加充分且精确的生成能力、刻画能力以及解释能力。

在多模态范畴类型逻辑的系统中，添加的模态算子不是任意的，算子与算子之间往往具有一定的导出关系：

（46）积算子间的关联导出关系

$A \bullet_{\bullet} B \rightarrow A \bullet_{\times} B \rightarrow A \bullet_{\star} B$

$A \bullet_{\bullet} B \rightarrow A \bullet_{\diamond} B \rightarrow A \bullet_{\star} B$

（二）Hepple 的混合子结构范畴逻辑

为了改进单一的 Lambek 演算系统所带有的局限性，Hepple 尝试构造了混合的子结构范畴逻辑，这是一种前提敏感的范畴类型逻辑系统，因此能更好地刻画自然语言的贴合运算。不同的逻辑系统在进行逻辑推演时，对于能够参与推演的前提所具有的自由程度具有不同的要求。如果我们比较逻辑系统中参与逻辑推演的前提的自由程度，就可以得到逻辑系统的子结构层级（substructural hierarchy of logics）。如前文中的表 2－3 所示，经典逻辑与直觉主义逻辑允许缩并规则、单调性规则，以及交换规则的使用，所以这两种逻辑系统中的前提所具有的自由程度最高，一些在 Lambek 演算中不合法的推演可以在必要的推演步骤内由结构规则进行控制；而 Lambek 演算不允许三种结构规则的使用，因此参与推演的前提所具有的自由程度是最低的。为了对范畴语法进行扩展，使其更加符合自然语言句法、语义运算灵活多样的特点，可以引入结构规则，增加前提的自由度。例如，我们可以引入一个结构模态词Δ，表示交换规则 P 的受限使用，这样一来，系统中就包含如下的规则：

（47） $\dfrac{\Delta\Gamma \Rightarrow A}{\Delta\Gamma \Rightarrow \Delta A}$ （ΔR） $\dfrac{\Gamma[B] \Rightarrow A}{\Gamma[\Delta B] \Rightarrow A}$ （ΔL）

$\dfrac{\Gamma[\Delta B, C] \Rightarrow A}{\Gamma[C, \Delta B] \Rightarrow A}$ （ΔP）

受限的交换规则允许公式 X 与Δ#X 之间的转换，这就意味着，具有#模态词的逻辑系统对带有模态词#的前提的出现要求和顺序要求都有所减弱。因为 L 遵循线序,因此 s/np 和 s\np 分别对应了在右外围和左外围缺少一个 np 的语句。然而,在自然语言中,还存在另一类提取,提出的成分处于子句内部,而不是子句的外围,比如在从句 who Kim sent away 中。在增加了模态词的情况下,我们向允许 Lambek 演算系统 L 添加允许交换的结构模态词#及其规则,这样一来,范畴 s/(#Δnp)对应于在某个位置缺少一个 np 的语句,这里 np 的提取位置也许出现在一个子句的非外围位置,因此提取规则就更具有一般性。who Kim sent away 的推演如下:

$$\dfrac{np \Rightarrow np \qquad s \Rightarrow s}{pp \Rightarrow pp \qquad (np,\ np\backslash s)^{\bullet} \Rightarrow s}[\backslash L]$$

$$\dfrac{pp \Rightarrow pp \qquad (np,\ np\backslash s)^{\bullet} \Rightarrow s}{np \Rightarrow np \qquad (np,\ ((np\backslash s)/pp,\ pp)^{\bullet})^{\bullet} \Rightarrow s}[/L]$$

$$\dfrac{np \Rightarrow np \qquad (np,\ ((np\backslash s)/pp,\ pp)^{\bullet})^{\bullet} \Rightarrow s}{(np,\ ((((np\backslash s)/pp)/np,\ np)^{\bullet},\ pp)^{\bullet})^{\bullet} \Rightarrow s}[/L]$$

$$\dfrac{(np,\ ((((np\backslash s)/pp)/np,\ np)^{\bullet},\ pp)^{\bullet})^{\bullet} \Rightarrow s}{(np,\ ((((np\backslash s)/pp)/np,\ \Delta np)^{\bullet},\ pp)^{\bullet})^{\bullet} \Rightarrow s}[\Delta L]$$

$$\dfrac{(np,\ ((((np\backslash s)/pp)/np,\ \Delta np)^{\bullet},\ pp)^{\bullet})^{\bullet} \Rightarrow s}{(np,\ (((np\backslash s)/pp)/np,\ (\Delta np,\ pp)^{\bullet})^{\bullet})^{\bullet} \Rightarrow s}[A]$$

$$\dfrac{(np,\ (((np\backslash s)/pp)/np,\ (\Delta np,\ pp)^{\bullet})^{\bullet})^{\bullet} \Rightarrow s}{(np,\ (((np\backslash s)/pp)/np,\ (pp,\ \Delta np)^{\bullet})^{\bullet})^{\bullet} \Rightarrow s}[\Delta P]$$

$$\dfrac{(np,\ (((np\backslash s)/pp)/np,\ (pp,\ \Delta np)^{\bullet})^{\bullet})^{\bullet} \Rightarrow s}{(np,\ ((((np\backslash s)/pp)/np,\ pp)^{\bullet},\ \Delta np)^{\bullet})^{\bullet} \Rightarrow s}[A]$$

$$\dfrac{(np,\ ((((np\backslash s)/pp)/np,\ pp)^{\bullet},\ \Delta np)^{\bullet})^{\bullet} \Rightarrow s}{((np,\ (((np\backslash s)/pp)/np,\ pp)^{\bullet})^{\bullet},\ \Delta np)^{\bullet} \Rightarrow s}[A]$$

$$\dfrac{((np,\ (((np\backslash s)/pp)/np,\ pp)^{\bullet})^{\bullet},\ \Delta np)^{\bullet} \Rightarrow s}{(np,\ (((np\backslash s)/pp)/np,\ pp)^{\bullet})^{\bullet} \Rightarrow s/\Delta np}[/R]$$

$$\dfrac{(np,\ (((np\backslash s)/pp)/np,\ pp)^{\bullet})^{\bullet} \Rightarrow s/\Delta np \qquad rel \Rightarrow rel}{(rel/(s/\Delta np),\ (np,\ (((np\backslash s)/pp)/np,\ pp)^{\bullet})^{\bullet})^{\bullet} \Rightarrow rel}[/L]$$

图 2－33　结构模态词允许的非外围提取的推演

也可使用其他结构模态词受限引入其他结构规则。在非结合的系统中,一个结合性模态词可用来重新引入结合性。各种问题——理论的、计算的和实际的——因为使用结构模态词而产生。例如,在它们被广泛使用的地方,会造成解释过度复杂的倾向。句法分析的复杂性倾向于选择需要使用的最高结构层面作为默认逻辑层面。对高层结构层面的选择会丧失语料敏感性,不利于发展充足的语言分析。反映到对自然语言进行刻画描写时,便表现为需要向语法体系中添加大量针对特定语言现象的例外处理方法,这种不自然的做法显然不符合人们使用语言的直觉,而过多的例外则会给人造成该语法描写刻画能力较弱、解释力不充分的印象。除此以外,对范畴语法的扩展还可以通过合并子结构得到实现。Hepple 的做法就是后一种,在尽量保持原有结构规则不增加的基础上,Hepple 构建了混合的子结构范畴逻辑。混合的子结构范畴逻辑,顾名思义,就是将 Lambek 演算的子系统以一定的结构规则建立联系，将原先各自独立的 Lambek 演算系统合并在一个范畴语法的框架内，建立一个混合的范畴语法系统。混合的范畴语法系统一方面限制了结构规则的添加，另一方面则增加了子结构层级之间的关联规则，这种做法有利于在统一的框架下对不同的语言现象进行刻画，一方面保证了语法的主要运算规则不变，另一方面又能够充分描述不同语言中的特殊现象。

Hepple(1993)首先对 Lambek 演算中的联结词进行了如下改写：[①]

表 2－4　Lambek 演算的联结词

结合	交换	联结词	对应系统
–	–	⊙ ⊘ ⦸	非结合性 Lambek 演算 NL
–	+	⊖ –⊖ ⊖–	交换性 Lambek 演算 NLP
+	–	• \ /	结合性 Lambek 演算 L
+	+	⊗ ⊸ ⟜	线性逻辑 LP[②]

其次，他将 Lambek 演算的系统合并成一个单一的多模态系统，也就是将不同层面的联结词纳入了一个范畴类型逻辑的框架内。这样的多模态系统允许参与推演的前提在范畴的赋予方面有所变化，这种变化体现为一个子结构层级上的一个算子可以依据一定的规则进行重写，表现为另一个子结构层级上的算子。如此一来，结构模态词导致的计算和分析上的复杂性就可以得到规避，这种做法体现出子结构逻辑的特征，不同的层级之间通过一定的关联规则建立联系，Hepple 因此将之称为混合子结构逻辑（Hybrid Substractural Logic）。

范畴语法的基本联结词包括积算子以及左、右斜线算子，Hepple 将之分

① Hepple, Mark, A general framework for hybrid substructural categorial logics. Ms, IRCS, Upenn. Available as IRCS Report, 1993, pp. 14－94.

② 对比表 2－2 和 2－4，我们不难发现既满足结合性又满足交换性的 Lambek 演算等价于线性逻辑，因此黑普在论文中直接将其标注为线性逻辑。

别记作"o"以及"$\overset{\circ}{\rightarrow}$""$\overset{\circ}{\leftarrow}$"。包含这样一组联结词的逻辑系统至少应包括下述规则，以矢列方式表示 如下：

(48) 公理和规则

$$A \Rightarrow A \quad (id) \qquad \frac{\Phi \Rightarrow B \quad \Gamma[B] \Rightarrow A}{\Gamma[\Phi] \Rightarrow A}$$

$$\frac{(B, \Gamma)^{\circ} \Rightarrow A}{\Gamma \Rightarrow B \overset{\circ}{\rightarrow} A}[\overset{\circ}{\rightarrow}R] \qquad \frac{\Phi \Rightarrow C \quad \Gamma[B] \Rightarrow A}{\Gamma[(\Phi, C \overset{\circ}{\rightarrow} B)^{\circ}] \Rightarrow A}[\overset{\circ}{\rightarrow}L]$$

$$\frac{(\Gamma, B)^{\circ} \Rightarrow A}{\Gamma \Rightarrow A \overset{\circ}{\leftarrow} B}[\overset{\circ}{\leftarrow}R] \qquad \frac{\Phi \Rightarrow C \quad \Gamma[B] \Rightarrow A}{\Gamma[(B \overset{\circ}{\leftarrow} C, \Phi)^{\circ}] \Rightarrow A}[\overset{\circ}{\leftarrow}L]$$

$$\frac{\Gamma \Rightarrow A \quad \Phi \Rightarrow B}{(\Gamma, \Phi)^{\circ} \Rightarrow A \circ B}[\circ R] \qquad \frac{\Gamma[(B, C)^{\circ}] \Rightarrow A}{\Gamma[B \circ C] \Rightarrow A}[\circ L]$$

在不包含结合规则和交换规则的情况下，我们得到的上述系统就是非结合的 Lambek 演算系统 NL，该系统对于参与推演的前提结合的顺序和括号都有所规定，每个前提能且只能参与一次推演。向 NL 系统有选择地添加结合规则和交换规则，我们就能够进一步获得 Lambek 演算另外三个系统。结合规则［A］和交换规则［P］按照 Hepple 的记法，可以如下表示：

(49) a. 结合规则

$$\frac{\Gamma[(B, (C, D)^{\circ})^{\circ}] \Rightarrow A}{\Gamma[((B, C)^{\circ}D)^{\circ}] \Rightarrow A}[A]$$

b. 交换规则

$$\frac{\Gamma[(B, C)^{\circ}] \Rightarrow A}{\Gamma[(C, B)^{\circ}] \Rightarrow A}[P]$$

添加了结合规则的 Lambek 演算系统降低了对前提的结合顺序的要求，得到结合的 Lambek 演算 L；在 L 基础上添加了交换规则的 Lambek 演算则是线性逻辑 LP；仅包含交换规则，而不含结合规则的 Lambek 演算则是 NLP。

然而，仅仅向 Lambek 演算 NL 系统有选择地添加结构规则，所获得的结果实际上与传统子结构逻辑添加模态词进行结构控制的做法并没有太大差

异。混合子结构范畴逻辑的特点在于它所特有的关联规则:[①]

(50) 关联规则(Linkage Rule)

$$\frac{\Gamma[(B,C)^{\circ_j}]\Rightarrow A}{\Gamma[(B,C)^{\circ_i}]\Rightarrow A}[<]$$

"<"关系作用于积算子之上,依据不同子结构的对前提自由程度的不同要求,在子结构之间建立起联系。对于任意的积算 $\circ'$和 $\circ$, $\circ'<\circ$当且仅当后者的系统比前者的系统展示了更大的语料使用自由度,即对于 $\circ', \circ\in\{\odot, \bullet, \ominus, \otimes\}$, $\circ'<\circ$当且仅当 $<\circ', \circ>\in\{<\odot, \bullet>, <\odot, \ominus>, <\odot, \otimes>, <\bullet, \otimes>, <\ominus, \otimes>\}$。关联规则使得下述积算子之间能够进行转换:

$$\dfrac{\dfrac{\dfrac{B\Rightarrow B \qquad A\Rightarrow A}{(A, B)^{\circ_j}\Rightarrow A\circ_j B}[\circ_j R]}{(A, B)^{\circ_i}\Rightarrow A\circ_j B}[<]}{A\circ_i B\Rightarrow A\circ_j B}[\circ_i L]$$

图 2-34　关联规则促成的积联结词之间能够进行转换

通过关联规则,由较强的系统所含有的积联结词公式可以推出其相应的弱化版本。使用关联规则,我们也可以推出不同层面的蕴涵联结词之间的关系:

$$\dfrac{\dfrac{\dfrac{A\Rightarrow A \qquad B\Rightarrow B}{(A\overset{\circ_j}{\leftarrow}B, B)^{\circ_j}\Rightarrow A}[\overset{\circ_j}{\leftarrow}L]}{(A\overset{\circ_j}{\leftarrow}B, B)^{\circ_i}\Rightarrow A}[<]}{A\overset{\circ_j}{\leftarrow}B\Rightarrow A\overset{\circ_i}{\leftarrow}B}[\overset{\circ_i}{\leftarrow}R]$$

图 2-35　关联规则促成的蕴含联结词之间能够进行转换

一般地说,类似于图 2-34 和图 2-35 这样的转换对于任意两个具有 < 关系的联结词都是成立的。比如,在子结构范畴逻辑中,子结构层级间具有关系:

(51) $A\ominus B\Rightarrow A\odot B$ 和 $A\o B\Rightarrow A/B$

咱们考虑混合系统的一些其他定理。注意,尽管复合运算(54a)在一个非结合层面内是不允许的,但是,假定结果处于结合层面,相同的类型是可以复合的,正如(52b)所示,其证明见图 2-36a。(标记[< *]的推理步骤

① Hepple, M, A general framework for hybrid substructural categorial logics. Ms, IRCS, Upenn. *Available as IRCS Report*, 1993, pp. 14-94.

对应了[<]的多重使用)同样地,两个反方向的论元在一个非结合系统中不可重新排序,如(52c)所示,但是如果处于一个具有结合性的子结构层面上,它们就能重新排序,例如(52d),证明见图 2-36b。

(52) a. * (AøB, BøC)$^{\odot}$ ⇒AøC　　　b. (AøB, BøC)$^{\bullet}$⇒A/C

c. * (B⦸A)øC ⇒B⦸(AøC)　　　d. (B⦸A)øC ⇒B\(A/C)

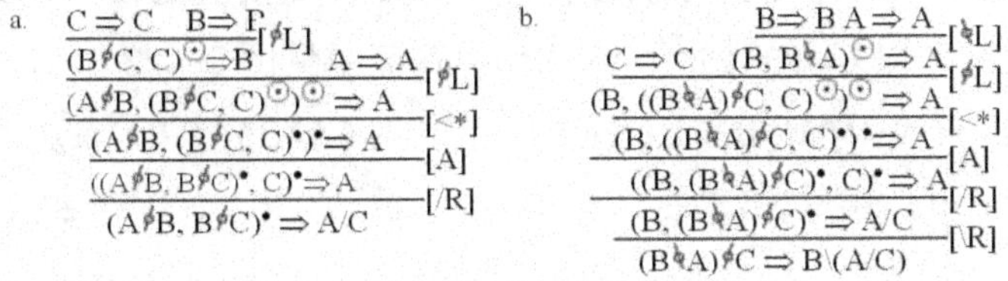

图 2-36　从非结合层面转换到结合层面的成功推演

到此为止,我们有了构造一个混合范畴类型逻辑系统需要的所有部分。有时不需要把这四个子结构系统组合起来,假定我们把两个子结构系统 L 和 LP 合并成一个混合范畴类型逻辑系统,那么这个混合系统的联结词集是 {•,\, /,⊗,—o,o—},它的公理和规则就有除了系统 NL 的公理和规则外,还包含如下规则:

(53) L + LP 系统的结合、交换和关联规则

$$\frac{\Gamma[(B,\ (C,D)^{\circ})^{\circ}]\Rightarrow A}{\Gamma[((B,C)^{\circ},D)^{\circ}]\Rightarrow A}\ [A](\circ\in\{\bullet,\otimes\})\qquad \frac{\Gamma[(B,\ C)^{\otimes}]\Rightarrow A}{\Gamma[(C,\ B)^{\otimes}]\Rightarrow A}\ [P]$$

$\Gamma[(B,C)^{\otimes}]\Rightarrow A[<]$

现在可证 A ⊗B ⇒A •B 和 A/B ⇒A o— B 是这个混合逻辑的合适定理。

$$\dfrac{\dfrac{\dfrac{B\Rightarrow B \quad A\Rightarrow A}{(A,B)^{\bullet}\Rightarrow A\bullet B}[\bullet R]}{(A,B)^{\otimes}\Rightarrow A\bullet B}[\lhd]}{A\otimes B\Rightarrow A\bullet B}[\otimes L] \qquad \dfrac{\dfrac{\dfrac{A\Rightarrow A \quad B\Rightarrow B}{(A/B,B)^{\bullet}\Rightarrow A}[/L]}{(A/B,B)^{\otimes}\Rightarrow A}[\lhd]}{A/B\Rightarrow A\mathbin{\circ\!\!-}B}[\circ\!\!-R]$$

图 2 - 37　积联结词和蕴含联结词之间关系之证明

尽管结合性的 Lambek 演算 L 具有复合运算性质，但是像(54a)一样的交叉复合是不允许的。然而，如果结果处于具有交换性的线性子系统层面，这样的类型是可以复合的，如(54b)所示，其证明见图 2 - 38。

(54) a. $*(A/B,\ C\backslash B)^{\bullet}\Rightarrow C\backslash A$　　b. $(A/B,\ C\backslash B)^{\otimes}\Rightarrow A \mathbin{\circ\!\!-} C$

c. $*(A/B,\ C\backslash B)^{\bullet}\Rightarrow A \mathbin{\circ\!\!-} C$　　d. $(C\backslash B,\ A/B)^{\otimes}\Rightarrow A \mathbin{\circ\!\!-} C$

$$\dfrac{\dfrac{\dfrac{\dfrac{\dfrac{\dfrac{C\Rightarrow C \quad B\Rightarrow B}{(C,\ C\backslash B)^{\bullet}\Rightarrow B}[\backslash L] \quad A\Rightarrow A}{(A/B,\ (C,\ C\backslash B)^{\bullet})^{\bullet}\Rightarrow A}[/L]}{(A/B,\ (C,\ C\backslash B)^{\otimes})^{\otimes}\Rightarrow A}[\lhd *]}{(A/B,\ (C\backslash B,\ C)^{\otimes})^{\otimes}\Rightarrow A}[P]}{((A/B,\ C\backslash B)^{\otimes},\ C)^{\otimes}\Rightarrow A}[A]}{(A/B,\ C\backslash B)^{\otimes}\Rightarrow A\mathbin{\circ\!\!-}C}[\circ\!\!-R]$$

图 2 - 38　从非交换层面转向交换层面的成功推演

此例暗示了该混合系统可允许处理非外围提取，例如给关系代词指派类型 $rel/(s \mathbin{\circ\!\!-} np)$，这就消除了对交换性结构模态词Δ的依赖性。①

联系不同子结构层面的进一步规则是交互规则(interaction rule)：

(55) 交互规则

$$\dfrac{\Gamma[\,(B,\ (C,\ D)^{\circ i})^{\circ j}\,]\Rightarrow A}{\Gamma[\,((B,\ C)^{\circ i},D)^{\circ j}\,]\Rightarrow A}$$

就范畴语法的扩展而言，在本节的开始我们已经说过，添加结构模态词的做法会给分析过程造成较大的负担。基于添加模态词的方法进行扩展使得人们以较强的逻辑系统为出发点，从而使得前提的敏感性降低，在分析自然语言时，往往不符合人们的直觉。对于混合系统来说，这个问题可以得到有效地避免，混合逻辑系统允许我们自由选择强弱度不同的系统来构造混合的逻辑。反映到自然语言的分析过程中，混合的逻辑系统使得我们可以

① Hepple, M. A general framework for hybrid substructural categorial logics. Ms, IRCS, Upenn. *Available as IRCS Report*, 1993.

构建丰富的词库,为词条编码足够进行运算的信息,降低了逻辑系统本身的复杂程度。在具有普遍意义的基本运算规则的基础上,通过少量词条编码的微调就可以达到“大词库,小规则”的普遍语法目的。

三、在 CTL 框架内模拟多模态 CCG

前面我们已经提到,多模态 CCG 的四个模态算子对应于范畴类型逻辑的四个系统,也就是说,实际上多模态 CCG 的每条规则都对应于一条范畴类型逻辑的结构公设,这些结构公设为多模态 CCG 中添加的模态提供了充足的逻辑理据。

前面,我们已经给出了多模态 CCG 的一些较为普遍的规则,现在我们系统地给出多模态 CCG 的规则及其相应的范畴类型逻辑的结构公设,略去语义。

(一)多模态 CCG 的组合规则与 CTL 的结构公设

(56) 多模态 CCG 的组合规则

a. 向前函项应用(>)

$X/_{\star}Y \quad Y \Rightarrow X$

b. 向后函项应用(<)

$Y \quad X\backslash_{\star}Y \Rightarrow_{T} X$

c. 向前类型提升(>T)

$X \Rightarrow_{T} Y/_{i}(Y\backslash_{i}X)$　　其中,i ∈MMCCG 的模态算子

d. 向后类型提升(<T)

$X \Rightarrow_{T} Y\backslash_{i}(Y/_{i}X)$　　其中,i ∈MMCCG 的模态算子

e. 向前同向复合(>B)

$X/_{\diamond}Y \; Y/_{\diamond}Z \quad \Rightarrow_{B} \quad X/_{\diamond}Z$

f. 向后同向复合(< B)

$Y\backslash_{\diamond}Z \quad X\backslash_{\diamond}Y \quad \Rightarrow_{B} \quad X\backslash_{\diamond}Z$

g. 向前交叉复合

$X/_{\times}Y \quad Y\backslash_{\times}Z \Rightarrow_{B} X\backslash_{\times}Z$　　　　($>B_{\times}$)

$X/_{\times}Y \quad Y\backslash_{\triangleleft\times}Z_{+ANT} \Rightarrow_{B} X\backslash_{\triangleleft\times}Z_{+ANT}$ 其中，+ ANT 表示先行词受限 $(>B_{\times}^{ant})$

$X/_{\times\triangleright}Y \quad Y\backslash_{\triangleleft\times}Z \Rightarrow_{B} X\backslash_{\times}Z_{+ANT}$ 其中，+ ANT 表示先行词受限 $(>B_{\times}^{ant})$

$X/_{\times\triangleright}Y \quad Y\backslash_{\triangleleft\times}Z_{+ANT} \Rightarrow_{B} X\backslash_{\triangleleft\times}Z_{+ANT}$ 其中，+ ANT 表示先行词受限 $(>B_{\times}^{ant})$

h. 向后交叉复合

$Y/_{\times}Z \quad X\backslash_{\times}Y \quad \Rightarrow_{B} \quad X\backslash_{\times}Z \qquad (<B_{\times})$

$Y/_{\times}Z_{+ANT} \quad X\backslash_{\triangleleft\times}Y \Rightarrow_{B} X/_{\times}Z_{+ANT}$ 其中，+ ANT 表示先行词受限 $(>B_{\times}^{ant})$

$Y/_{\times\triangleright}Z_{+ANT} \quad X\backslash_{\times}Y \Rightarrow_{B} X\backslash_{\times}Z_{+ANT}$ 其中，+ ANT 表示先行词受限 $(>B_{\times}^{ant})$

$Y/_{\times\triangleright}Z_{+ANT} \quad X\backslash_{\triangleleft\times}Y \Rightarrow_{B} X\backslash_{\triangleleft\times}Z_{+ANT}$ 其中，+ ANT 表示先行词受限 $(>B_{\times}^{ant})$

i. 向前的同向置换

$(X/_{\diamond}Y)/_{\diamond}Z \quad Y/_{\diamond}Z \quad \Rightarrow_{S} \quad X/_{\diamond}Z \qquad (>S)$

j. 向后的同向置换

$(X\backslash_{\diamond}Y)\backslash_{\diamond}Z \quad Y\backslash_{\diamond}Z \quad \Rightarrow_{S} \quad X\backslash_{\diamond}Z \qquad (<S)$

k. 向前的交叉置换

$(X/_{\times}Y)\backslash_{\times}Z \quad Y\backslash_{\times}Z \quad \Rightarrow_{S} \quad X\backslash_{\times}Z \qquad (>S_{\times})$

l. 向后的交叉置换

$Y/_{\times}Z \quad (X\backslash_{\times}Y)/_{\times}Z \quad \Rightarrow_{S} \quad X\backslash_{\times}Z \qquad (>S_{\times})$

我们能够在范畴类型逻辑 CTL 中为多模态 CCG 的上述规则配备相应的结构规则。范畴类型逻辑与多模态 CCG 之间的主要差异在于，如果我们向范畴类型逻辑中添加结构公设以得到刻画多模态 CCG 中某个模态算子所具有的推演能力，那么得到的无疑是一个新的 Lambek 演算，也就是说，针对一个多模态 CCG 的模态算子构建的范畴类型逻辑系统就是一个新的 Lambek 演算。多模态 CCG 具有的所有规则，对应到范畴类型逻辑中不同的结构公设,可以表现为多个不同的范畴类型逻辑的系统,但是,这些系统也可以通过一定的手段,合并成为一个混合系统。

在范畴类型逻辑中,相应于多模态 CCG 的结构公设如下:

(57) 结合的结构公设

a. 右结合 RA

$$\frac{(\Delta a \bullet_{\Diamond} (\Delta b \bullet_{\Diamond} \Delta c)) \vdash X}{((\Delta a \bullet_{\Diamond} \Delta b) \bullet_{\Diamond} \Delta c) \vdash X}$$

b. 左结合 LA

$$\frac{((\Delta a \bullet_{\Diamond} \Delta b) \bullet_{\Diamond} \Delta c) \vdash X}{(\Delta a \bullet_{\Diamond} (\Delta b \bullet_{\Diamond} \Delta c)) \vdash X}$$

这一结构公设取消了范畴类型逻辑中结合的方向性限制,有助于区分自然语言中一类被称为"伪歧义"①(spurious ambiguity)的现象,语言的结合运算不必受到结合方向的困扰。除上述规则外,还有处理交叉复合及其与先行词受限有关的结构公设:

(58) 交叉的复合结构公设

a. 左交换 LP

$$\frac{(\Delta_a \bullet_{\times\Diamond} (\Delta_b \bullet_{\Diamond\times} \Delta_c)) \vdash X}{(\Delta_b \bullet_{\Diamond\times} (\Delta_a \bullet_{\times\Diamond} \Delta_c)) \vdash X}$$

I 型先行词受限的右交换 AGRP - I

$$\frac{(\Delta_a \bullet_{\times\Diamond} (<\Delta_b>^{ant} \bullet_{\times\Diamond} \Delta_c)) \vdash X}{(<\Delta_b>^{ant} \bullet_{\times\Diamond} (\Delta_a \bullet_{\times\Diamond} \Delta_c)) \vdash X}$$

Ⅱ型先行词受限的左交换 AGLP - Ⅱ

$$\frac{(\Delta_a \bullet_{\Diamond\times} (<\Delta_b>^{ant} \bullet_{\times\Diamond} \Delta_c)) \vdash X}{(<\Delta_b>^{ant} \bullet_{\times\Diamond} (\Delta_a \bullet_{\Diamond\times} \Delta_c)) \vdash X}$$

---

① "伪歧义",也就是说,这种歧义不是真正意义上导致语义理解出现困难的歧义。比如 John read the book 做范畴分析,则该句既可以分析为[John[read the book]],也可以分析为[[John read] the book],二者语义上并无差异,但对于通常的自然语言语法来说,不同的结构分析就会被视为结构上的歧义。而在这里,两种结合方式得到相同的运算结果,并非真正的歧义,因为从逻辑角度看,范畴语法承认结合律。所以这种现象在范畴语法的系统中被称为伪歧义。

Ⅲ型先行词受限的左交换 AGLP－Ⅲ

$$\frac{(\Delta_a \bullet_{\Diamond\times} (<\Delta_b>^{ant} \bullet_{\Diamond\times} \Delta_c)) \vdash X}{(<\Delta_b>^{ant} \bullet_{\Diamond\times} (\Delta_a \bullet_{\Diamond\times} \Delta_c)) \vdash X}$$

b. 右交换 RP

$$\frac{((\Delta_a \bullet_{\times\Diamond} \Delta_b) \bullet_{\Diamond\times} \Delta_c) \vdash X}{((\Delta_a \bullet_{\Diamond\times} \Delta_c) \bullet_{\times\Diamond} \Delta_b) \vdash X}$$

Ⅰ型先行词受限的右交换 AGRP－Ⅰ

$$\frac{((\Delta_a \bullet_{\times\Diamond} <\Delta_b>^{ant}) \bullet_{\times\Diamond} \Delta_c) \vdash X}{((\Delta_a \bullet_{\times\Diamond} \Delta_c) \bullet_{\times\Diamond} <\Delta_b>^{ant}) \vdash X}$$

Ⅱ型先行词受限的右交换 AGRP－Ⅱ

$$\frac{((\Delta_a \bullet_{\Diamond\times} <\Delta_b>^{ant}) \bullet_{\times\Diamond} \Delta_c) \vdash X}{((\Delta_a \bullet_{\times\Diamond} \Delta_c) \bullet_{\Diamond\times} <\Delta_b>^{ant}) \vdash X}$$

Ⅲ型先行词受限的左交换 AGRP－Ⅲ

$$\frac{((\Delta_a \bullet_{\Diamond\times} \Delta_c) \bullet_{\Diamond\times} <\Delta_b>^{ant}) \vdash X}{((\Delta_a \bullet_{\Diamond\times} \Delta_c) \bullet_{\Diamond\times} <\Delta_b>^{ant}) \vdash X}$$

（59）置换的结构公设

a. 右置换 RS

$$\frac{(\Delta_a \bullet_{\Diamond} \Delta_c) \bullet_{\Diamond} (\Delta_b \bullet_{\Diamond} \Delta_c)) \vdash X}{((\Delta_a \bullet_{\Diamond} \Delta_b) \bullet_{\Diamond} \Delta_c) \vdash X}$$

b. 左置换 LS

$$\frac{(\Delta_a \bullet_{\Diamond} \Delta_b) \bullet_{\Diamond} (\Delta_a \bullet_{\Diamond} \Delta_c)) \vdash X}{(\Delta_a \bullet_{\Diamond} (\Delta_b \bullet_{\Diamond} \Delta_c)) \vdash X}$$

此外，范畴类型逻辑的结构公设还包括向右的交叉置换公设和向左的交叉置换公设，分别相应于多模态 CCG 的向前和向后交叉置换规则：

（60）交叉置换规则

a. 向右的交叉置换规则 RCS

$$\frac{(\Delta_a \bullet_{\times\Diamond} \Delta_c) \bullet_{\Diamond\times} (\Delta_b \bullet_{\times\Diamond} \Delta_c)) \vdash X}{((\Delta_a \bullet_{\Diamond\times} \Delta_b) \bullet_{\times\Diamond} \Delta_c) \vdash X}$$

b. 向左的交叉置换规则 LCS

$$\frac{(\Delta_a \bullet_{\Diamond\times} \Delta_b) \bullet_{\times\Diamond} (\Delta_a \bullet_{\Diamond\times} \Delta_c)) \vdash X}{(\Delta_a \bullet_{\Diamond\times} (\Delta_b \bullet_{\times\Diamond} \Delta_c) \vdash X}$$

除去上述结构规则外，如果想要使得范畴类型逻辑具有与多模态 CCG 同样灵活的生成能力，还需要为范畴类型逻辑的系统添加允许结构之间产生联系的规则，从而使得不同系统之间具有层级关系，Hepple(1995)为强弱不同的模态关系构建了关联规则(linkage rules)[①]，构造出一种混合的范畴语法系统，从而使得这一新的范畴类型逻辑具备了子结构逻辑的显著特征。在范畴类型逻辑系统中，我们可以添加如下关联规则，用以表示▷既可结合又可交换：

(61) a. 可结合的关联

$$\frac{(\Delta a \bullet_{\triangleright} \Delta b) \vdash X}{(\Delta a \bullet_{\Diamond} \Delta b) \vdash X}$$

b. 可交换的关联

$$\frac{(\Delta a \bullet_{\triangleright} \Delta b) \vdash X}{(\Delta a \bullet_{\times\Diamond} \Delta b) \vdash X}$$

由此得到的范畴类型系统成为一种混合的范畴类型系统(Hybrid Categorial Type Logic，可简称为 HCTL)。但是，关联规则尽管能够在一定程度上模拟多模态 CCG 的算子之间所具有的层级联系，却也存在一定问题。关联规则一旦在推演过程中被使用，那么得到的模态系统就要么是结合的，要么是交换的，二者不能兼得。例如，如果在推演过程中对范畴 x/y 和 y/z 使用右结合规则，那么得到的需为 $x/_{\Diamond}z$ 而不能是 x/z，一个简单的解决办法就是进一步通过添加结构公设的做法对右结合规则进行更加细致的刻画，使得算子▷与◇之间的关系更加精细。

(二)CTL 对多模态 CCG 的模拟

图 2-24 所示的模态词层级并不是一般意义上的范畴类型逻辑系统所使用的，但是，毫无疑问，层级图所表示的模态算子在多模态 CCG 中的作用

① Hepple, Mark, Hybrid Categorial Logics, in Bulletin of the IGPL, Vol. 3, 1995, pp. 343-355.

都可以通过相应的结构公设在范畴类型逻辑的一般体系中得到实现。就范畴语法的整体而言,多模态 CCG 将四个模态算子并入一个演算系统;而混合范畴类型逻辑 HCTL 则是经由添加不同的结构公设,形成不同的 Lambek 演算系统,而后可以通过关联公设,将不同的系统联系起来。二者之间做法的不同体现它们作为范畴语法的两个主要分支,研究的侧重点和目的的不同。范畴类型逻辑 CTL 以语言分析为出发点,侧重逻辑系统的抽象;多模态 CCG 则以语言分析为目的,侧重普遍语法的构建,在范畴类型逻辑的扩展系统 HCTL 中,可以实现对多模态 CCG 的模拟。

上文我们主要从逻辑系统方面说明了混合范畴类型逻辑 HCTL 的结构公设与多模态 CCG 的模态算子组合规则之间具有对应关系。本节我们则从语言分析的角度,给出使用 HCTL 系统进行语法分析的过程,Baldridge (2000)曾在 HCTL 系统中对多模态 CCG 进行了尝试性的模拟。

在推演中,HCTL 往往看起来更为复杂,多模态 CCG 的一条组合规则,往往需要数步 HCTL 的证明,其中多涉及范畴类型逻辑推演中的假言推理、消去规则、引入规则等等。例如,想要刻画 will come 这一情态词与动词结合得到的范畴仍与动词本身的范畴相同,在多模态 CCG 中可以分析如下:

$$\dfrac{\dfrac{\text{will}}{(s_m\backslash np)/(s_n\backslash np)} \quad \dfrac{\text{come}}{(s_n\backslash np)/np}}{(s_m\backslash np)/np}{>}B$$

图 2-39　多模态 CCG 对自然语言的分析

而在 HCTL 中的分析则繁杂得多:

$$\dfrac{\dfrac{\text{will}\bullet_1(\text{come}\bullet_1 x_1)\vdash s_n\backslash_1 np \quad \left(\text{from } \text{will}\vdash (s_n\backslash_1 np)/_1(s_n\backslash_1 np) \text{ and } \dfrac{\text{come}\vdash (s_n\backslash_1 np)/_1 np \quad [x_1\vdash np]}{\text{come}\bullet_1 x_1\vdash s_n\backslash_1 np}[/_1E]\ \text{by } [/_1E]\right)}{(\text{will}\bullet_1\text{come})\bullet_1 x_1\vdash s_n\backslash_1 np}[RA]}{\text{will}\bullet_1\text{come}\vdash (s_n\backslash_1 np)/_1 np}[/I]$$

图 2-40　HCTL 对自然语言的分析

通过比较,我们可以看出,HCTL 由于着眼逻辑系统本身特征的考察,因此更为注意推理过程的完整和理据。通过不同语法组合方式所具有的不同逻辑推理过程，混合范畴类型逻辑 HCTL 可以得到不同的推理系统，从而对语法中的结合运算与交换运算进行刻画，而这些不同的推理系统通过特定的关联公设，又能够建立起一种联系，从而使得范畴类型逻辑这一基于规则的范畴语法分支也体现出相当程度的前提敏感特征。在处理灵活而纷杂的自然语言现象时，这种混合范畴类型逻辑系统具有很大的优势：一方面，它具有组合范畴语法系统“大词库”的优势；同时，我们还可以对逻辑系统本身进行相关元性质的讨论，为语言分析提供确实的理据。

在对自然语言进行分析时，前提敏感的逻辑系统能够对语料进行更精确细致的区分和组合。与传统的语法理论不同，多模态 CCG 与混合范畴类型逻辑 HCTL 对于自然语言中的特定现象采取的应对措施不是列举或者个别规定这种在一定程度上破坏规则体系的做法，而是将限制生成与保证生成的决定权赋予了词库。词库在理论体系中占据重要的一隅是前提敏感的逻辑系统突出的特点，这种特点保证了语言的分析在语料输入阶段就已经得到较多限制，从而使得规则系统不必过多进行修改，具有普遍语法的特征，满足目前信息时代计算机处理大规模真实文本的要求。

接下来几章，我们将把理论与实际结合起来，对汉语的现象进行分析，通过对汉语特定语言结构的考察，我们一方面尝试将逻辑理论与语言分析结合，从逻辑与语言相结合的视角发掘语言现象中的规律；另一方面，也尝试对逻辑理论作出改进，以期更加符合自然语言分析的需要。

第三章　组合范畴语法与汉语非连续结构的处理

第一节　非连续结构概述

一、非连续结构研究的重要性

语言当中的非连续现象是理论语言学研究的核心课题，在当代句法理论中扮演着重要的角色，具有非常重要的理论意义。Steedman（1988）①认为：范畴语法以及其他各种语法理论的中心问题应当是如何表达自然语言当中的非连续结构或非连续现象，而他本人也确实在这方面做出了突出的贡献。实际上转换生成语法的语迹、爬升乃至最简方案的特征核查、移位激发因素等核心理论的提出都是为了更好地（在深层结构中）保证句法成分连续性的基础上来解决表层结构的非连续问题，因此 Steedman 的提法是不为过的。

句子的表层形式与语义结构中“谓词－论元”模型并不总是相对应的，

① Mark Steedman. Combinators and Grammars. in Richard Oehrle, Emmon Bach and Deirdre Wheeler(eds), *Categorial Grammars and Natural Language Structures*. Dordrecht: Reidel, 1988.

因而常常显得杂乱无序,有些成分甚至完全被抑制,而这些结构形式又不是任意性的,这样就给语言研究带来一系列难题。转换生成语法的深层结构正是出于对这种现状的无奈而提出的一种理想模型,这是一个不同于表层结构的、自洽的层面,在这个层面,表层结构中那些模糊不清的东西(obliqueness)可以被清晰而直接地表达出来。转换生成语法建立了一系列原则及规则将深层结构与表层结构相对应,用移位理论来描写句子成分与意义之间的依赖关系,对于这些原则和规则的描写和解释构成了句法研究的主题。实际上 Chomsky(1957)[①]第一次提到的移位现象被认为是非连续现象研究的起源。

移位,或者更宽泛地说是依赖,有两种类型。一种是有界(bounded)依赖关系,有关的成分存在于一个动词或其论元包括不定式补足语所构成的一个局部区域(local domain)中,英语中的反身代词约束和动词论元之间的控制关系及其不定式补足语就是例子。另一种移位或者说依赖是无界的(unbounded),相关的成分不存在于一个单个的中心词域内(headed domain),并且可以穿过很多限制依赖的巢式域(nested local domain),例如英语中的关系代词(提取的关系化名词)及在语义表达中将这些关系代词作为论元的动词,以及在一些并列结构(coordinate)中的依赖关系。这两种移位或者依赖至少表面上看起来是很不相同的,它们从另一个方面推动了语法理论的发展。

无界移位及相关的结构最引人注目的是它们看起来维护了语言中的标准线性次序;有界依赖最引人注目的是依赖关系直接体现在语义表达层面。转换生成语法刻画了语言的一种强烈的倾向性:维护配位中标准的词或者成分的顺序,而其余的被当作是配位上的删除(deletion)、语缺 (gapping)或者节点提升(right/left node raising)等操作,这种倾向性具有跨语言的普遍性。

---

① Noam Chomsky. *Syntactic Structures.* Mouton, the Hague, 1957.

二、非连续结构的定义

（一）非连续直接成分（discontinuous Immediate Constituent）

Bloomfield（1933）[①]中这样定义直接成分（constituent）：直接成分是两个或多个复杂形式的共同部分。而所谓的复杂语言形式是与其他语言形式一样指负载部分语音－语义信息内容的。从语感上说，如果两种形式具有恰当的并且在语音、语义方面一致的组成部分，那么这两种形式必然是相似的。比如在"the boy ran"和"the boy fell"这两个复杂形式中，"the boy"就是它们的直接成分（De Saussure 有同样的定义），这显然是从聚合的角度来定义直接成分。在这里我们给出形式化的定义表达：

如果一个语音串 C 在句子 $S_1, S_2, \cdots S_n$ 中都表达一个恒定的语义内容，那么 C 是句子 S_i 的直接成分，其中 $1 \leqslant i \leqslant n$。

我们不难看出这是一个比较程序（comparison procedure），这个程序严格依赖于规律性的语义解释。那么我们又将怎样判定非连续结构呢？

从直接成分的定义出发，Wells（1947）[②]提出，如果在一定的语境当中一个非连续的语串（sequence）有相应的连续语串，这个连续语串是一个结构的直接成分并在语义上与相应非连续语串的句法结构相一致，那么该非连续结构也是一个（非连续的）直接成分。这里他比照连续性直接成分来说明非连续直接成分，陆俭明（1989）[③]最早采用这样的方法对"所"字结构进行了切分。我们同意这种观点并进一步认为：非连续作为一种句法手段来源于连续结构并改变或者说丰富了连续结构的语义内容，因此，本章在论证汉语非连续结构的过程中将努力发掘这些非连续结构所对应的连续结构。

在转换生成语法当中，直接成分关系（constituency）的概念是通过树形图表达出来的：在一个句子 s 的树形图 T 中，如果一个节点绝对支配（ex-

① Bloomfield. *Language*. Henry Holt, New York, 1933.

② Wells, Roulon S. Immediate Constituents. *Language* 23, 1947.

③ 陆俭明：《关于"他所写的文章"的切分》，《语言学通讯》，1989 年第 1—2 期。

haustively dominates)子节点(the leaves)$C_1C_2\cdots C_N$,那么$C_1C_2\cdots C_N$就组成了s的直接成分(constitute a constituent of s)。在直接成分概念的基础上,注重连续性的结构主义对非连续现象无法作出准确的描写和解释。转换生成语法通过深层结构中的连续性成分来说明表层结构的非连续结构,运用多层面的描写来避免非连续现象。

（二）在上下文无关语法中定义非连续现象

除了Wells(1947)[①]提出不连续的直接成分外,我们对非连续结构提出更宽泛的定义,这种定义以上下文无关语法的描写为标准参照。

上下文无关语法的树形图当中的两个节点,如果它们具有直接的语义组合关系,但是在树形图中却没有中心词与姐妹节点的关系,那么这两个成分是非连续成分。

也可以说非连续现象的特征基于短语(phrase)概念。一个短语如果不包含连续性的成分(a continuous string of fragment),那么这个短语就是非连续的。实际上在上下文无关的树形图中,我们可以不采用转换生成语法的移位观点来确定短语。自然语言中的组合性语义关系在上下文无关语法的树形图中应该表达为中心词-姐妹节点关系,这样非连续结构就可以定义为对这个标准的偏离:

在上下文无关树形图中,任何两个具有语义组合关系但却不是中心词-姐妹节点关系的两个节点构成非连续结构;反之,如果两个成分在句法上是中心词-姐妹节点关系而在语义上却并没有直接的组合关系,鉴于语义上的不连续,我们也视其为非连续结构。

我们用下面这个非连续结构——话题句的上下文无关语法树形图来说明这个定义。

① Wells, Roulon S. Immediate Constituents. *Language* 23, 1947.

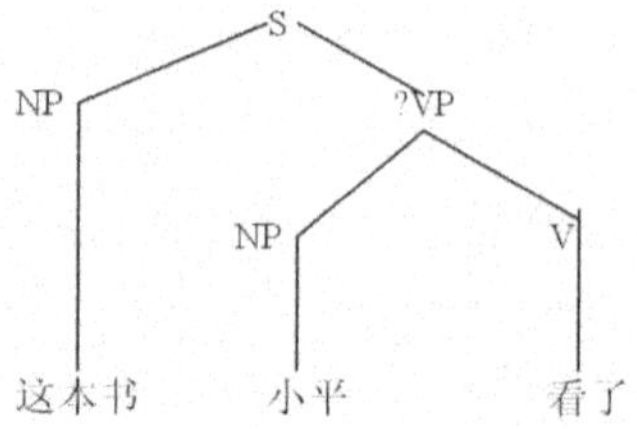

图 3－1　话题句的上下文无关语法树形图

"小平看了"一般不被认为是一个直接成分，但在上面这个上下文无关短语树形图中它们的关系只能这样表达，由于对这个语串无法定名，我们用"？VP"表示。从这个树形图中我们看到，具有直接语义组合关系的 V"看了"和 NP"这本书"不是中心词－姐妹节点的关系，也就是说它们没有一个直接的共同母节点，因此，在句法上我们断定这是一个非连续结构。需要格外注意的是非连续结构的判定必须在上下文无关语法树形图中进行，这种树形图不同于转换生成语法的树形图。在体现管辖与约束理论（GB）或者最简方案理论的话题句树形图中，V 与 NP 必然是以连续形式出现的，然后 NP 再移位至 TP 的指示语（Spec）节点。这也就是我们所说的转换生成语法对非连续现象的处理方式——由深层连续结构移位或者删除生成。

对非连续结构的定义中有三点非常重要：（1）非中心词－姐妹节点的两个节点。二者存在一个明确的联系并且可以码化，GPSG 中的范畴"/"（slash parsing）就是这样的方案。（2）非连续成分之间具有直接的语义组合关系。（3）为了与话语层面的易位成分区分开来，我们增加这样一点：非连续结构是句法结构层面上的稳定结构或句式，而不是话语层面的动态变化的形式。我们完全可以把以上三点作为甄别汉语非连续结构的标准。

三、非连续分析方案的本质

范畴语法严格遵守语义的组合性原则——这也是所有词汇语法的共同追求。同时，由于语义解释是基于句法结构的，也就是说句法结构为语义解释提供基础，因此，所谓的规则对规则原则只能是语义规则对应句法规则而不是相反。在所谓的非连续结构当中，为了使具有直接的语义组合关系而句法上却处于分离状态的成分直接组合起来以维护语义组合性的原则，在句法上它们就必须被看作是非连续结构（不连续的直接成分），使得句法分析与语义分析相一致，从而体现规则对规则原则；具有语义组合关系的两个成分如果不能在句法上被分析为不连续的直接成分，也应该在范畴描写上为其语义的组合性提供解释（如话题句）；同时，范畴语法出于生成的需要，将语缺句（gapping sentence）和 NCC 结构（non - constituent conjunction）中两个语义上没有直接组合关系的成分分析为一个直接成分，这也造成了句法和语义的不对应——直接成分的两个组成部分在语义上是不相连续的，因此我们把这种情形也看作是非连续结构。

古典范畴语法的生成能力等同于上下文无关短语结构语法，后来的发展在此基础之上扩展了生成能力，也可以说是一种扩展的短语结构语法，因而对基于短语结构的层次分析所遇到的难题也具有一定的指导意义。就范畴语法中确立的非连续结构现象来说，我们完全可以将其施用于层次分析当中，使得单纯依赖结构的层次分析更好地体现语义组合关系，成为层次分析的一个基本原则，实际上汉语学界（侯学超、陆俭明等）已开始在实际操作中运用了这种方法。

四、非连续结构的类型

范畴语法中对于非连续结构的定义有严式和宽式两种，前者是仅将两个同序并列结构融合而成的语缺句（gapping）和 NCC 结构作为非连续结构（如 Dowty 1982）[①]，而后者还包括非连续的直接成分。本书采取的是我们在上文中确立的更为宽泛的标准，按照这个标准，汉语中的非连续结构大致有这样三种类型：

---

① Dowty, David R. Grammatical Relations and Montague Grammar. In *The nature of syntactic presentation*, edited by Pauline Jaconson & Geoffery K. Pullum, D. Reidel Publishing Company: London : England, 1982.

（一）不连续的直接成分——复杂及物动词短语 TVP

Bach（1979）[①]提出 verb - particle 结构（如：pick it up），范畴语法的处理方案是将 Particle 分析为动词的第一常规论元，因而这是一种非连续结构。范畴语法对 TVP 结构的研究非常成熟而深入，并由此激发了内包操作，成功解决了这类非连续现象。从类型上看，汉语中的"V - Particle"结构似乎与英语恰恰相反——真正的实义动词在后而语法化为介词（确切地说是轻动词，如"把、使、令"等）的成分在前。尽管如此，我们认为两者仍然具备相同的特征，那就是动词与小品词（Particle）之间的紧密语义联系。汉语中的 TVP 结构典型的有"把"字句、致使义"得"字补语句和兼语句。

（二）语义组合而句法不组合的非连续结构——话题句

话题句是一种体现无界依赖关系（unbounded dependency）的非连续结构。话题在树形图中远离了与其具有最密切的语义组合关系的动词成分形成了典型的非连续句法结构，话题 NP 作为动词的常规论元在现实句子中出现在非常规位置上（相对于"谓词 - 论元"结构而言）。我们将在后面阐明汉语的基本语法关系，从而在明确区分主语与话题的基础之上从非连续结构的角度集中讨论话题句的生成方式及特点。

（三）句法组合而语义不组合的非连续结构——语缺句和 NCC 结构

这类非连续结构是由两个同序且同构的小句在融合为一个句子的过程中形成的。从树形图上看，这类非连续结构往往是采用共用某些节点的方式（sharede nodes）生成的，被共用的节点既可以在树形图位置上得到组合语义学解释，又可以同其他节点有组合关系。这两种句子的共同特点是：为了句子的成功生成而将两个语义上没有直接组合关系的成分如主语和宾语、主语和状语、宾语和状语、直接宾语和间接宾语等以动词为语义中介捏合在一起，成为一个直接组成成分。下一节会对汉语中的这种非连续现象进行处理。

---

① Bach Emmon. Control in Montague Grammar. In *Linguistic Inquiry*, 10 ,1979.

（四）三种非连续结构的差别

虽然同为非连续结构，但上面这三种类型是有本质区别的。从句法组合与语义组合的对应关系上来看，严格意义上的非连续结构仅指不连续的直接成分，即TVP结构。尽管有隔开成分，但TVP的两个组成部分在句法上仍然被分析为一个直接成分以体现语义的组合性。话题句、语缺句和NCC结构等是宽泛意义上的非连续结构，并且二者对立互补：尽管话题与谓语动词具有语义的组合性，但由于在句法上经历了话题化操作，因此，不再被分析为一个直接成分，也就是在句法上没有直接的组合性，而是通过范畴描写间接地体现话题成分与动词的语义组合性；语缺句与NCC结构虽然在句法分析上是具有句法组合性的直接成分，但在语义上却不具备直接的组合性。三种类型的关系如下表所示：

表3－1　三种非连续结构的比较

组合性 / 非连续结构	句法组合性	语义组合性
TVP结构	+	+
话题句	－	+
语缺句和NCC结构	+	－

不难发现，以上列举的汉语非连续现象话题句与TVP结构（尤其是“把”字句）历来就是汉语研究中的难点问题。话题与主语之争直到现在还在继续，兼语句与“得”字补语句仍然是句法研究的热点并在不断出新。而第三类情况却与前两类恰恰相反，这种结构一直没有得到应有的重视和集中研究，而是以“省略”和“紧缩”草草了事。我们希望从“非连续”这样一个角度把这些句法现象统一起来，从词汇主义的角度予以重新观察。

五、汉语中非连续现象的研究

(一)非连续现象对汉语研究的困扰

我们注意到汉语中一些结构的层次描写所遇到的困难都与非连续现象有关,此时的处理方法不得不违背二分的原则而采用槽式结构(或框式结构、中嵌式结构)。陆俭明(2003)①在总结层次分析法时指出了该分析方法的基本精神有以下三点:(1)承认句子或句法结构在句法构造上有层次性,并在句法分析中严格按照其内部的构造层次进行层层分析;(2)每一次分析都要明确说出每一个构造层面的直接组成成分;(3)在分析中,只管直接成分之间的语法结构关系,不管间接成分之间的语法结构关系,也不管句法结构中实词与实词之间的语义结构关系。正是由于对直接成分的重视和对语义关系的忽视使得结构主义语法在处理非连续现象时遭遇困境,而变通的槽式结构的出现的确是一种补救。

(二)汉语界对非连续现象的研究

1. 槽式层次分析法的运用

陆俭明先生在形态与句法两个方面都意识到了非连续结构的存在并突破了层次分析法的约束,采用槽式分析的方法来解决问题,如他(2001)②对可能补语、“所”字结构和兼语短语作了如下层次分析:

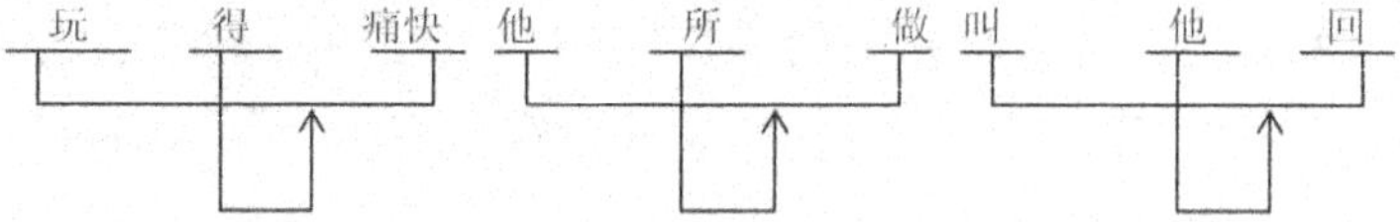

图 3-2　可能补语、“所”字结构和兼语短语的层次分析

陆俭明(2003)③运用中心词理论重新分析了“NP + 的 + VP”这一名词性结构,并在此基础上作了如下层次分析:

---

① 陆俭明:《现代汉语语法研究教程》,北京:北京大学出版社,2003 年版。

② 陆俭明:《语法分析》,北京大学中文系研究生课程,2001 年。

③ 陆俭明:《现代汉语语法研究教程》,北京:北京大学出版社,2003 年版。

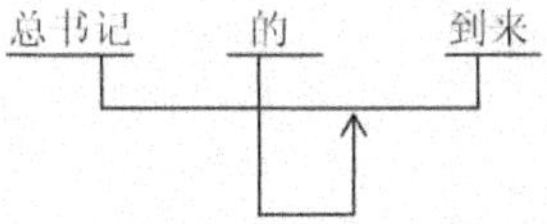

图 3－3　“NP＋的＋VP”的层次分析

陆俭明(2003)[1]进一步提出,我们要改变对结构助词“的”的看法,不能认为它只是后置的,事实上它也可以有条件地中置,只是不能前置。从范畴语法的角度来看上面这四种情况的确是非连续结构,如果一定要用层次分析法来表达的话,这种描写方式是唯一正确的选择。其中,“的”字结构和“所”字结构适用范畴转换规则,插入性成分改变了原有结构的句法范畴;可能补语是中缀式插入,形成习惯性表达;兼语式则是典型的 TVP 分析。这四种情况分别涉及形态与句法方面的非连续结构。这说明我国学者意识到汉语非连续现象的存在并在结构主义理论框架内进行了变通的处理。

2. 汉语学界“非连续”概念的提出

总体上说,现代汉语的非连续现象零星散布于省略、隐含和移位、易位等研究中,没有系统的论述。比较集中的论述最早出现在吴竞存、侯学超的《现代汉语句法分析》中,这本书首次在汉语研究中提出“非连续”概念并有专门的章节进行描述。文中这样定义非连续结构:“非连续结构不同于一般的结构。一般结构切分出来的两个直接成分一般是紧紧靠在一起的。如果切分出来的两个直接成分为另一层次的成分分隔开,那么这两个被分隔开的直接成分就是非连续成分,插入其间的词语是隔开成分。由非连续成分和隔开成分组成的结构是非连续结构……既然非连续成分是由另一个层次的成分把它隔开的,那么在对非连续成分进行层次分析时就应当把插在非连续成分中的隔开成分挪开。”[2]因此,他们的解决方法是移位还原后再进行层次分析,例如:

① 陆俭明:《对“NP＋的＋VP”结构的重新认识》,《中国语文》,2003 年第 5 期。

② 吴竞存、侯学超:《现代汉语句法分析》,北京:北京大学出版社,1982 年版。

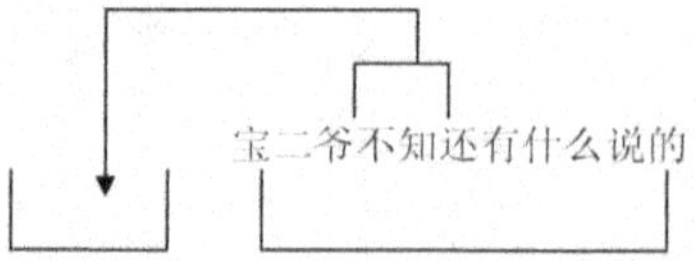

图 3－4　吴竞存、侯学超对非连续成分的分析

这种处理方法类似于转换生成语法的深层结构。从上面的叙述可以看出，确定某一语段为非连续结构必须满足下列三个条件：

甲、不能按一般结构切分。

乙、两个成分必须被另一层次的成分隔开。

丙、成为连续结构后，连续结构的意思同非连续结构完全相同。

吴竞存、侯学超特别强调凡非连续结构必须同时满足上述三个条件，否则不是非连续结构，其中，条件甲最为重要。同时作者列出汉语中的以下几种非连续结构：

(1)“动 + 得 + 代 + 过”，例如：打得你过、骗得他过、瞒得我过。

(2)“动 + 代 + 不 + 动”，如：看他不见、对你不起、打他不过。

(3)“动 + 名(代) + 副(介词结构)”，如：进城了吧，他也许；睡了吧，他们都；到底有什么看法，你对他？收拾好了吗，小王把房间？

(4)“名 1(动 1) + 名 2 + 动 2(数量)”，如：啤酒吧，喝点；电影，妹妹想看；快下雨了，我想；他回来了，我听说；一支英雄笔，他送我。

(5)“动 1 + 名 1 + 动 2 + 名 2”，如：过年再穿吧，你留着(连动)；再找我一下，你散了会(连动)；快回去吧，他叫你(递系)；放了学马上回家，妈叫你(连动 + 递系)；通知各室主任来这儿，你下午上班(递系 + 连动)。

从语料上看，以上 5 类非连续结构实际上可以分为两个大类：代词宾语黏着在动词短语的中心词上(第 1、2 类)、句法成分的易位(第 3、4、5 类)。我们认为第一大类是古汉语“V 得 OC”结构的遗留形式，其特点是宾语的特殊性(代词做宾语)，并且这种非连续没有导致语义上的变化，所以不在本书探讨的范围内。而第二大类根本与稳定的非连续结构无关，是成分易位。

在转换生成语法理论中，很多非连续结构如话题句等都是由移位造成的。在判断非连续结构时需要特别注意的“移位”与“易位”这两种不同的概念。陆俭明、沈阳(2003)[1]明确区分了"移位""易位"和"倒装"这三种语序变更情形。"移位"是相对于某个"原型结构"中某些成分的"原始位置"而言的。"移位"与易位的区别主要表现为:易位后的成分不再能分析为这个结构的句法成分,因此只是一种话语平面上的成分移动;而"移位"后的成分却一定可以充当这个结构的句法成分,因此是一种句法平面上的成分移位。易位结构不能再像一般结构那样进行层次分析,原因就在于这种"易位"是话语中临时追加或补正造成的,这样的结构当然就有可能违反一般的句法构造规则,书中所给的典型例句有:

太美了,这地方!

到家了吧,他大概?

我们先去上海,打算。

肚子都疼了,大伙笑得。

陆俭明、沈阳(2003)同时认为,"移位"与"倒装"的区别主要表现为:"倒装"的成分必须都能够回到原来的位置,因此是一种表层结构与表层结构之间的成分位置变化;而"移位"的成分却不一定都可以回到原来的位置,因此这是一种深层结构与表层结构之间的成分位置变化。从整体上看,"移位"跟"易位"和"倒装"的最主要的区别是需要有"原型结构"和"论元位置"这两个前提条件,因而在句法和语义性质上都有自己的严格定义,而"易位"和"倒装"没有这样的要求,因而相对地说在成分类型和结构形式的要求上随意性要大一些。

参照陆俭明、沈阳(2003)的论述,我们不难发现吴竞存、侯学超(1982)[2]所举的非连续结构的例子中3、4、5类显然是成分的易位,属于话语层面。由于它们不是稳定的句法结构,因此不是我们定义的非连续结构。由于本书的研究角度是不同于转换生成语法的非转换生成语法,因此我们把"移位"称为"成分提取",以符合语法体系的要求。除此之外,吴、侯在分

---

① 陆俭明、沈阳:《汉语和汉语研究15讲》,北京:北京大学出版社,2003年版。

② 吴竞存、侯学超:《现代汉语句法分析》,北京:北京大学出版社,1982年版。

类过程中不是从句法组合性与语义的组合性的对应关系出发，因此又显得概括过窄，典型的非连续结构反而没有提出来。同时，吴、侯两位先生认为"连续结构的意思同非连续结构完全相同"，而我们的观点却与之是截然相反——句法结构上的变化必然导致语义的不同，非连续结构的特定语义表达是它存在的唯一理由。话题句与施事主语句的功能区别不需多说，非连续 TVP 结构"把"字句、一部分"得"字补语句和兼语句都负载着"致使"义特征，反过来说，是致使义选择了非连续这种表达方式——这也是它们与连续结构的不同之处。但是，两位先生首次在汉语研究中提出"非连续结构"概念还是非常有意义的。

六、范畴语法对非连续结构的解决方案

恰恰是因为对非连续结构的无能为力使巴希勒尔对范畴语法产生了怀疑，古典范畴语法就此截止于巴希勒尔。当代范畴语法发展出两种解决方案：一种是在保留相邻性（adjacency）的基础上扩展规则系统，另一种是保留更为简单的二元和一元规则而增加内包操作，放弃相邻性。对于汉语第三类非连续结构即语缺句与 NCC 结构，我们采取第一种解决方案——采用向前的同向复合规则与向后的同向复合规则生成 NCC 成分；对于话题句及 TVP 结构，我们采取后一种方案作出描写，具体方法分别是话题化操作（话题提取）和内包操作（wrapping）。

总之，范畴语法对于非连续结构的处理突破了属于 AI 模式的结构主义理论中直接成分的藩篱（如"有名无实的组合"phantom constituent），从非转换生成的角度成功地解决了问题。其解决方式完全没有任何外来的机制干涉（如删除规则、移位规则、复制规则等等）。本章的核心内容就是在范畴语法的理论框架内严格遵循语义组合性规则及规则对规则假设，以非转换手段解决汉语中的非连续结构问题。

第二节　汉语 NCC 构造

范畴语法中的 NCC 是“non - constituent conjunction”的缩写，也就是非直接成分的联结。广义的 NCC 现象是由两个同序并且同构的小句（coordinations）合并为一个句子的过程中造成的。按照其构成方式的不同又可以分为两种——语缺句（gapping）和狭义 NCC 句，本书重点介绍后者，但为了保持论述的完整性，我们先对前者即语缺句作一简要介绍。

一、语缺句（gapping）现象

语缺句是 Ross（1970）提出的概念，表达的是这样一些结构——其底层结构是（1），表层结构是（2）：

（1）I ate fish，Bill ate rice，and Mary ate roast beef.

（2）I ate fish，Bill rice，and Mary roast beef.

从上面的例句我们不难看出语缺句是由于两个小句结构、语序相同，后小句通过缺失动词与前小句合并为一个句子。汉语中相应的例子如：

张三学英语（而）李四（是）法语、赵英（是）日语。

张三吃苹果（而）李四（是）香蕉。

张三养了一只宠物猫而李四是一条狗。

张三让李四写小说而王五是剧本。

张三星期三吃中餐（而）星期四（是）西餐。

可以看出汉语的语缺句通常是“而……是……”连接的一种紧缩复句，但遗憾的是紧缩句研究并没有把语缺句列入其中。对于后小句动词的缺失我们避免使用“省略”这种说法，一方面因为范畴语法认为“删除”是一种破坏性机制而予以回避，另一方面，范畴语法能够在不使用“省略”或“删除”的前提下很好地解决问题、成功地生成句子。

Richard T. Oehrle(1987)[①]认为这些句子与布尔代数中的德摩根定理(DeMorgan Laws)有相同之处,对于语缺句的直接解释是有可能的。也就是说语缺句结构在句法上并不依赖相应的完整句的存在,在语义上的组合性质直接与布尔语义学相联系。

对于这种现象,范畴语法先后出现了三种处理方案,其中 Steedman(1991)[②]的方法是比较成功的。他的分析分为两步:第一步,第二个带有语缺的成分作为一个结构可能会有什么样的范畴,这一步需要向前交叉函项复合规则。第二步,在第一个完全句中找到有这样范畴的一个结构,这一步要运用分解操作,具体分解为什么样的范畴是视后小句的范畴而定的。

比如下面的句子我们要先使“Mary roast beef”成为一个单一的范畴,然后要在“Bill ate rice”中找到相同的范畴,这两个相同的范畴合一后再与其他范畴一起生成句子,如下所示:

第一步:

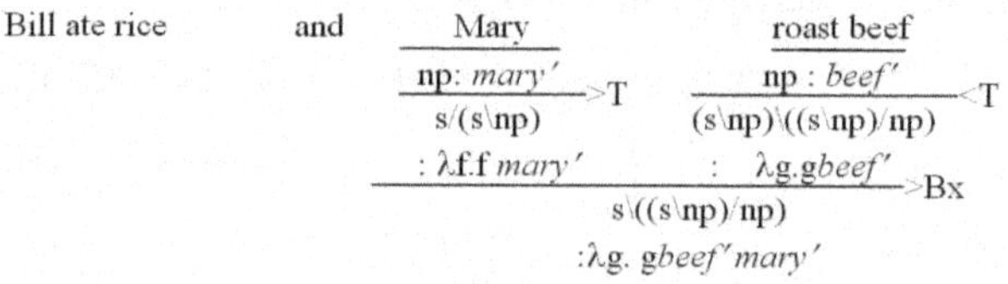

第二步:

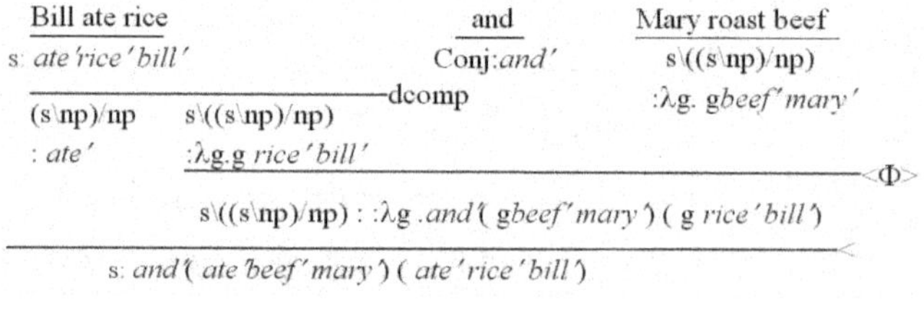

图 3-5 语缺句推理解析

我们可以给出汉语语缺句“张三吃苹果而李四(是)香蕉”一个完整的生

① Richard T. Oehrle. . Bool Properties in the Analysis of Gapping. In *Syntax and Semantics* 20: discontious constituency , edited by Geoffer J . Huck , Almerindo E Oieda, academic Press, 1987.

② Mark Steedman. ‘Structure and Intonation’. *Language*, 1991.

成模式：

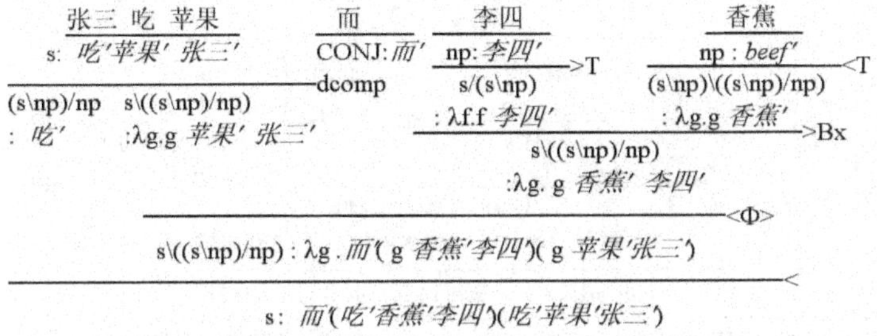

图 3－6　汉语语缺句生成模式

虽然操作是成功的，但这种复杂数学方法的运用导致的结果是心理现实性的缺失——这也是整个范畴语法理论体系多受诟病之处。

二、狭义 NCC 结构与语缺句(gapping)的区分

两个不是直接成分的甚至不是同一层次上的语符串连接成为 NCC 的一个成分，这在范畴语法当中是被允许的，这也正是范畴语法的特征之一：突破了直接成分的概念而更注重可能的“语言片段”。CCG 以解决这方面的问题见长，但没有区分语缺句与狭义 NCC 构造，也就是说，CCG 把这两种现象合并为广义的 NCC 结构。实际上这种区分是十分必要的，有很多理由证明语缺句(gapping)和 NCC 不是一样的语法过程，如下面的 NCC 的例子：

John eats rice quickly and beans slowly.

Mary eats beans on Tuesday and rice on Thursday.

John gave a book to Bill and a record to Max.

Mary gave Susan a book on Monday and Alice a record on Tuesday.

John Persuaded Bill to write a book and Max to write a Play

Mary painted the chair red and the table blue.

我们知道，语缺句必然与它前面的一个严谨的表达(formal registers)相联系，并以此获得语义解释，而 NCC 则在各种表达中都是十分自然的；语缺句有明显的韵律特征而 NCC 则不然。NCC 结构的处理方式如下：

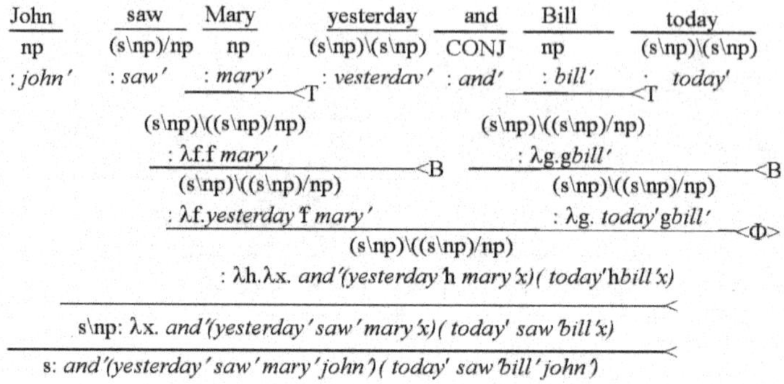

图 3-7　宾语与时间副词毗连推理

我们注意到，为了产生结合，Mary 和 Bill 这两个人名不得不提升以适用函项复合并以此分别与 yesterday 和 today 结合，在获得相同的范畴之后二者合一。

我们知道双宾句有两种生成模式，直接宾语和间接宾语结合而成的是一个有名无实的成分（phantom constituent），这种方式在直接成分分析法当中是绝对禁止的，但是运用这种方法我们却可以很好地生成并解释双宾句构造的 NCC 结构，比如：

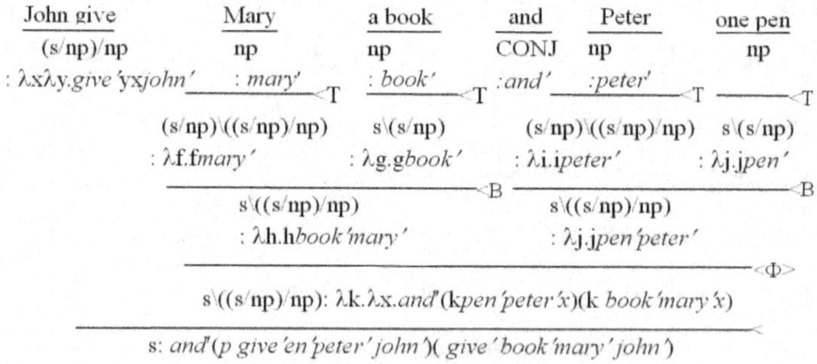

图 3-8　双宾语毗连推演

实际上我们上面分析的两个句子中的有名无实的组合是跨越层次的，把两个不同层次上的成分结合在一起了，我们也称其为具有局部组成部分的 NCC 结构，这样的例子还有很多，比如：

John went to Chicago on Monday and New York on Tuesday

Mary talked about Magnet on Wednesday and Renoir on Thursday.

Rover jumped through the hoop first and the window second.

从 NCC 现象的生成过程我们看到,函项复合起了决定性的作用。范畴语法之所以能够突破直接成分的限制而发展了“语言片段”这个概念,完全是因为函项复合规则使其成为可能。而函项复合规则对汉语非连续现象的强大解释力也说明这种突破扩大了范畴语法的生成能力并使其具有了上下文敏感性。

三、汉语中的狭义 NCC 结构及其处理

汉语 NCC 结构有以下几种类型:

类型 1:主语与状语结合为一个语言片段,例如:

[小海经常而小虎很少]喝酒。

[张三高兴地而李四沮丧地]走了出来。

这种句子只能用“而”连接,其生成模式是:

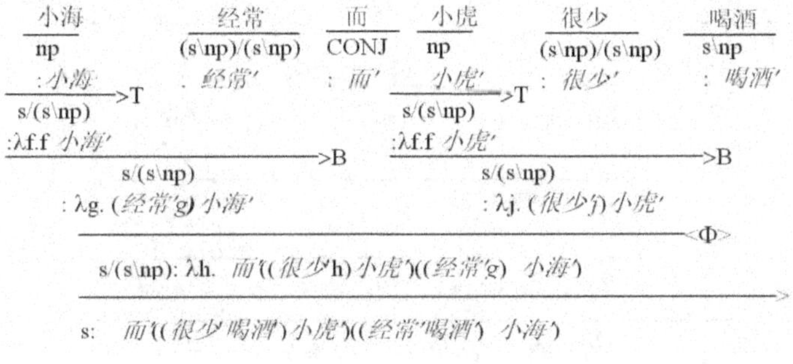

图 3－9 主语和状语毗连推演

类型 2:宾语与后置状语结合为一个语言片段,例如:

小红喝[红牛很快而啤酒很慢]。

张三吃[米饭很多而面食很少]。

张三学[日语很早而英语很晚]。

这种类型的 NCC 结构是由宾语与后置状语“多、少、早、快、慢”组合成一个有名无实的成分。这种 NCC 结构只能用“而”连接而不能用“而……是”连接。其生成模式是:

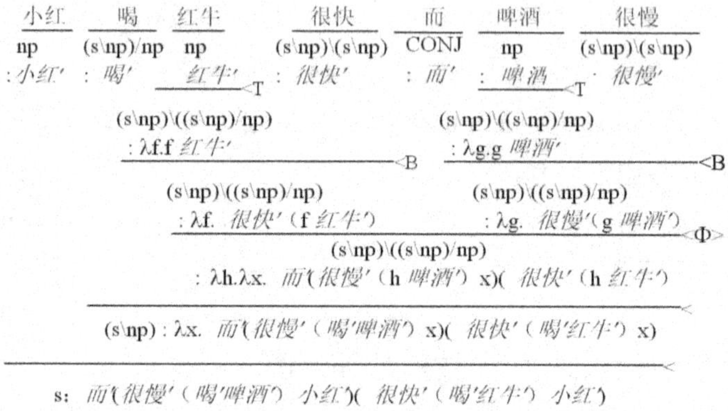

图 3－10　宾语与后置状语毗连推演

类型 3：直接宾语和间接宾语结合为一个语言片段，例如：

妈妈给了［女儿一块糖而儿子一块饼干］。

张三给了［李四一本书（而）王五（是）一盒磁带］。

这种类型可以用“而……是”连接，其生成模式如下：

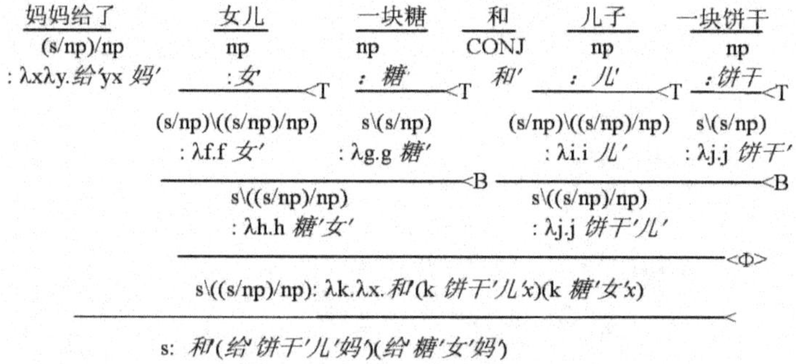

图 3－11　直接宾语和间接宾语的毗连推演

类型 4：主语与谓语动词结合为一个语言片段，例如：

［小坤喜欢而小东讨厌］那个歌手。

［我喜欢而他不喜欢］喝啤酒。

这种格式要求两个动词的语义必须是对立的，否则不成立，如：

＊我做他吃饭。（可以说：我做饭他吃。）

＊我挣他花钱。（可以说：我挣钱他花。）

这种类型只能用“而”连接并且能够话题化：

那个歌手小坤喜欢而小东讨厌他。

啤酒我喜欢喝而他不喜欢。

其生成模式如下：

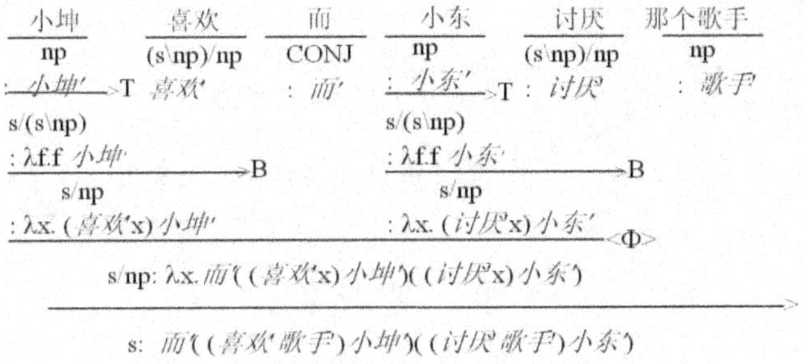

图 3－12　主语和及物动词毗连推演

四、CCG 对汉语中的宾语提取现象的处理

有了向前同向复合规则和向前类型提升的规则，CCG 就有能力直接解释汉语中的宾语提取现象。例如，宾语提取表达式“学生回答的问题”，其推演模式如下：

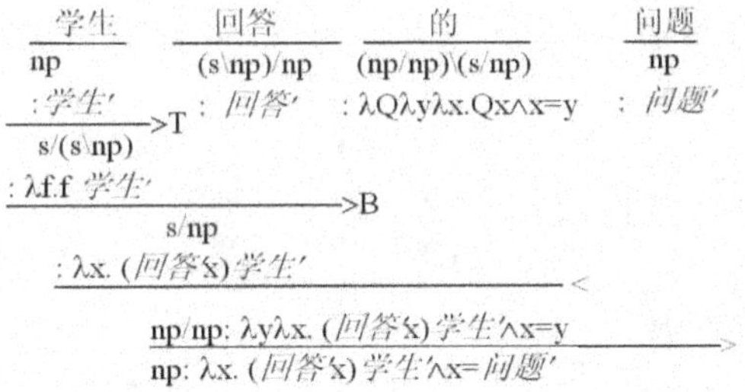

图 3－13　宾语提取表达式的生成模式

五、CCG 对汉语的重成分(heavy NP)移位现象的处理

在 CCG 中可以实现及物动词和助词的毗连推演，这样就能处理汉语的重成分移位现象。比如语句“张三吃了饭”，“吃”在吸收它的宾语“饭”之前先与助词“了”毗连，其生成模式如下：

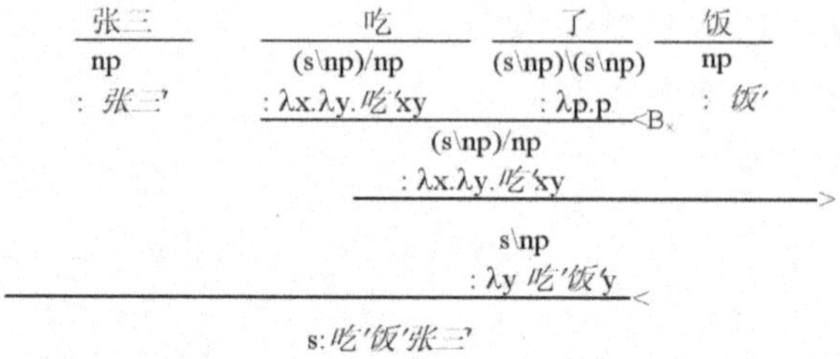

图 3－14　及物动词和助词的毗连推演

第三节　汉语话题句

一、话题研究的重要性

袁毓林(2003)①在评论徐烈炯、刘丹青(1998)的《话题的结构与功能》②一书时指出:话题问题对于汉语尤其重要,因为汉语缺少形态变化,主语、谓语等句法成分没有显性的形式标志。于是,话题跟汉语句子的基本结构及有关成分的关系问题就显得非常复杂,特别值得研究。另外由于汉语缺少形态变化、句法成分没有显性标志,因而汉语的语序问题就显得模糊不清。例如:

1. 老张不喝葡萄酒。
2. 葡萄酒老张不喝。
3. 老张葡萄酒不喝。

由于主语和话题的关系不清楚,因而不易判断例 2、3 中的“葡萄酒”到底是主语(包括小主语,即主谓式谓语中的主语),还是提前的宾语,还是话题(句法成分意义上的);从而无法说明汉语到底是不是,或者说在多大程度上是 SVO(主语－动词－宾语)型语言,或者是 OSV 型语言,甚至是 SOV 型语言。

① 袁毓林:《〈话题的结构与功能〉评述》,《当代语言学》,2003 年第 1 期。

② 徐烈炯、刘丹青:《话题的结构与功能》,上海:上海教育出版社,1998 年版。

从袁毓林的这段表述我们可以看到，话题研究不但关系到汉语句子的基本结构，甚至关系到汉语语言类型的确立问题，足见话题问题研究的重要性。但同时他还认为："话题问题牵涉到句子的构造方式和表达功能之间的关系问题，即语用上的'话题－说明'怎样用'主语－谓语'等句法结构来表达。"这就表明袁毓林仍然试图将话题归入主语范畴。这并不是他个人的观点，而是自话题进入我们的研究视野以来的一贯性主张。

二、话题与主语之间的纠结

自从话题研究引入汉语研究之始就与主语概念纠缠在一起，至今已有近半个世纪而仍在争论之中。二者的纠结主要包括互有关联的两个方面：一是话题与主语之间的关系，二是话题的性质或者说在语法中的地位。

(一)话题与主语的关系

石毓智(2001)[①]把有关的争议总结为三派，我们引述如下：

(1)只有话题，汉语的主语等同于话题。代表人物有赵元任(1968)、李英竹、徐通锵。

(2)主张既有话题又有主语，两者有不同的语法性质。代表人物有沈家煊、汤普森(Thompson)等。

(3)主张只有主语，没有话题。代表人物有朱德熙、吕叔湘等。

分歧的原因我们认为有三个方面。第一是没有厘清汉语的基本语法关系，在不确定基本语法关系的情况下把不同层次的语法关系混在一起，自然会造成认识上的混乱。第二是对话题认识的不足，直到目前"话题的原生性"仍然被当作"主语等同于话题"的论据。第三是一直没有放弃建立"话题"概念和"主语"概念之间的联系，或者将它们同一起来，或者将它们对立起来。这三个方面也可以具体化为对于主语的定义不同。一般采用的方法是用语义角色来判断，认为施事是主语，这样一来非施事成分就全部成为话题；另一种方式是以命题结构来判断主语，认为主语是句子的话题成分，这

① 石毓智：《语法的形式和理据》，南昌：江西教育出版社，2001年版。

样导致的结果就是唯位置论，即句首 NP 就是话题，这样也就只有主语而没有话题。大多数学者都认为这是由于汉语中缺乏主语的形式标记而主语概念又是由研究者自己定义所造成的。

值得注意的是，有学者认为像主语这样的句法成分与谓词的释义有关，如杨成凯（2001）[①]发现，在讨论汉语句子的主语时，人们往往忽略它跟谓词释义的关系。他建议可以考虑跟词典释义相结合，确定以句子格式为坐标系的主语概念。比如说可以用“张三坐着”为基本格式，说明在某种情况下，可以把“张三”放到“坐”后面，形成“台上坐着张三”之类的句子。句子形式改变以后，意思也有相应的变化，无妨讲话题和焦点如何如何。尽管我们不赞同他用话题和焦点来解决句子的形式变化，但他“谓词释义”的看法在某种程度上体现出主语由动词蕴涵的思想。顾阳（2000）[②]也提出论元结构改变导致主语改变的想法。两者的共同之处在于都意识到以词汇或者词汇意义为中心建立语法关系体系。陆俭明（2003）[③]也是根据动词的“非固定”意义发现并提出了非“给予”义双宾句，实际上这正是词汇语法或者说范畴语法的核心思想之一。

（二）话题的地位——句法成分、语用成分、话语成分

说话题研究一直存在着重大分歧，从给话题的定位上就可见一斑。直到目前为止，有关话题的性质就有句法成分、语用成分和话语成分三种说法，特别是后两种提法直至最近仍有专著或者专文进行说明，以下我们分别回顾这三种观点。

1. 话题——语用成分说

一直以来，话题语用成分说在汉语学界是被广泛接受的。一方面是因

---

① 杨成凯：《汉语句子的主语和话题》，史有为主编《从语义信息到类型比较》，北京：北京语言文化大学出版社，2001 年版。

② 顾阳：《论元结构及论元结构变化》，沈阳主编、陆俭明审订《陪嫁理论与汉语语法研究》，北京：语文出版社，2000 年版。

③ 陆俭明：《现代汉语语法研究教程》，北京：北京大学出版社，2003 年版。

为朱德熙先生(1985)①持这种主张,另一方面,“三个平面语法理论”使得话题成为汉语语用平面的一个重要内容,导致这种观点非常盛行。当话题与主语的区分无法解决的时候,语用平面似乎给话题找到了最好的归宿。而屈承熹(2001)②更进一步明确提出:既然话题公认是一个语用概念,那么无论在界定或解释上都应该从语用开始,而话题的形式也应该由语用关系来决定。但是这种处理方式仅仅注意到了话题的确具有语用功能,但是细究起来,话题的特殊语义值仍然来自其特殊的句法结构,而对于这种结构是由何而来又是怎样来的,语用说没有提供解释,也就是说“话题语用观”只注重话题的功能解释而不关心它的生成过程,因而这种近似于贴标签的方式显得有些粗疏。

2. 话题——话语成分说

持话语成分说的有李讷、徐通锵及石毓智等。李讷把“话语策略”当作话题与主语的三类区别特征之一;石毓智明确提出主语可以被看作无标记话题,而有标记话题是话语(discourse)层面上的概念。话题话语成分说虽然与语用说有相同之处,即强调话题的功能,但其分析要深入、系统得多。尽管如此,“话题话语成分”说的最新代表石毓智(2001)③的分析也不是完全没有问题的。石毓智以能否进入从句来辨别话题句与主语句是非常有效的,同时他也认为话题句不能进入从句的原因在于它是一个话语概念而只能用于句子层面不能用于从句层面,这种说法一方面过于宽泛,另一方面又有循环论证之嫌。另外,他对话题的语序改变是如何进行的也没有具体的说明。定语从句中的成分不能移出是转换生成语法的岛屿条件限制之一——“复合名词结构限制”(Complex NP Constraint),即一个句子结构做一个名词的定语或同位语时这个句子结构中的任何成分都不能移出。陆俭

① 朱德熙:《语法问答》,北京:商务印书馆,1985 年版。

② 屈承熹:《话题的表现形式及语用关系》,史有为主编《从语义信息到类型比较》,北京:北京语言文化大学出版社,2001 年版。

③ 石毓智:《语法的形式和理据》,南昌:江西教育出版社,2001 年版。

明、沈阳(2003)①发现汉语也有类似的情况,即定语从句中的成分不能"话题化移位",也就是说,"话题不能进入从句层面"。这句话应该反过来说才合适,即从句结构限制了话题的形成,因而说"话题是话语成分因而不能进入从句"仍然是一个功能性解释。另外一个缺陷是按照石毓智(2001)②的标准,位于句首的遍指和完全否定格式中的受事成分不是话题,这也是值得商榷的。

3. 话题——句法成分说

(1)转换生成语法的话题观

转换生成语法将话题当作句法成分来对待,实际上话题的概念最早就是由 Chomsky 提出的。转换生成语法认为话题是移位形成的,而移位的痕迹也就是语迹。通过语迹或者语迹链的概念,转换生成语法在表层结构的层面保持了深层结构当中的成分连续性。对汉语话题问题的全面深入的研究也是在转换生成语法当中进行的。

曹逢甫(1995)③对于话题的分析也是从功能主义的角度出发,因为不考虑话题的生成性质而将其视为句子的原始成分。转换生成语法的观点是小句由 VP 与 NP 组成,话题在这里是没有地位的,它不是句子的原始成分而是经过转换或者说是句法成分移位产生的,其性质是非基本成分。脱胎于转换生成语法的非转换生成语法也持这种观点,不同之处在于非转换语法认为话题由句法成分经历句法操作而不是移位生成的,但无论如何,生成语法(转换生成语法与非转换生成语法)都将话题作为一种重要的句法成分进行研究。

转换手段生成话题在英语语料的分析当中很顺畅,但是在汉语中却遇到了困难,使得转换生成学派的学者们不得不提出了"基础生成无语缺原生性话题"(base - generation non - gap topic)的概念,也就是说有些话题句是由基础生成的而非移位性质的。原生性话题也被称为"汉语式话题",既包括

① 陆俭明、沈阳:《汉语和汉语研究 15 讲》,北京:北京大学出版社,2003 年版。

② 石毓智:《语法的形式和理据》,南昌:江西教育出版社,2001 年版。

③ 曹逢甫:《主语在汉语中的功能研究》,谢天蔚译,北京:语文出版社,1995 年版。

主谓谓语句同时也包括那些似乎找不到原位置的话题。实际上这种性质的话题往往被很多功能学派的学者引用来说明话题不是句法成分而是语用或者话语成分。“原生性话题”概念的提出很难说是对转换生成语法的一种有益的补充,这是一种无奈而为之的做法,对“话题派生说”的理论构建无疑造成了一定的损害。

(2)徐烈炯、刘丹青的TSVO论

近期国内明确提出“话题是句法成分”的是徐烈炯、刘丹青(1998)[①],他们的论据也是话题的原生性。他们明确地提出“把话题看作一个句法结构概念”,“话题可以指:一、句法结构中的某个特定位置;二、出现在该位置上的词语”。同时他们也对Thompson(1973)[②]所列出的确定话题优先型语言补充了一些特征,这些补充的特征也进一步反映了他们的话题观:话题成分语法化程度比较高,作为一种常规(unmarked)成分而不是特殊(marked)成分出现;话题是结构中的基本成分而不是附加成分。因而他们这样表述道:“作为一种话题优先的语言,汉语的话题在句法上有与主语、宾语同等重要的地位。从层次分析的角度看,话题在句子层次结构中占有一个特定的位置,正如主语宾语各占一个位置。这就是说,话题不与主语合一个位置,也不与宾语合一个位置。”“话题优先的语言中有四个基本成分:V、S、O、T,汉语普通话的基本类型是TSVO。”

以上观点给我们的印象是:TSVO说完全抛弃了转换生成语法的“话题派生”说,不再区分基本语法关系和派生语法关系。这种观点基本回到了功能主义的立场,并进一步将“话题”成分泛化为主话题、次话题和次次话题,从而得出“一个句子可以有几个话题”这样的结论。

(3)袁毓林对基础主语与话题主语的二分

在关于汉语话题的众多研究文献当中,袁毓林(1996)[③]最为深入,见地

① 徐烈炯、刘丹青:《话语的结构与功能》,上海:上海教育出版社,1998年版。

② Thompson. Transitivity and the BA Construction in Mandarin Chinese. In *Journal of Chinese Linguistics* 1.

③ 袁毓林:《话题化及其相关的语法过程》,《中国语文》,1996年第4期。

颇深。由于观点相近但又有不同,因此我们将在多处针对袁的观点进行论述。

尽管袁毓林认为自己从"话题是语用平面的概念、主语是句法平面的概念"(如其一再强调话题的表达功能而坚持将其归入语用概念)这种立场发展到"承认汉语中的话题正处于语法化的过程之中、尚未彻底完成,因而某些成分具有话题和主语或宾语这种两重性"(袁毓林2000)[①]这种接近"话题是句法成分"的观点,但从生成的角度及他本人论述的语法操作过程来看,实际上袁毓林是将话题作为一个派生的句法成分,因而是一个句法概念。

袁毓林(1996)的最大贡献在于区分了基础主语和话题主语,前者是作为基础的主谓句的主语,而后者是通过话题化移位而成的。他认为话题化的本质是让某个本来处于句中位置的成分移到句首 s/s '位置,成为话语平面上的话题或次话题(sub - topic),这种提法与我们所说的"话题是派生语法关系"基本相同。

同时,我们也注意到袁文中有三个问题值得商榷:第一,他将主谓谓语句与话题句等同起来,认为"从主谓句派生出主谓谓语句的过程实质就是话题化",这样我们自然就会想到:主谓谓语句是否全部都是派生的?尽管他没有正面回答这个问题,但从分析过程看似乎是这样的。这样我们就面临一个问题:原生性主谓谓语句在汉语中是否存在?如果存在,那么如何将它们与话题句区别开来?对第一个问题,我们的回答是肯定的,也就是说并不是所有的主谓谓语句都是话题句。第二,在承认话题化的同时,袁毓林也同意次话题化,并认为同样是由移位生成的。我们不同意次话题化的提法,认为这种句式是小主语为作格主语的主谓谓语句。第三,袁毓林承认多重话题结构的存在,并认为是由句中的某些成分通过循环式话题移动(cyclic topic move),从非话题位置移到话题位置,从较低的话题位置到较高的话题位置逐步生成的。从范畴语法的角度看,话题化作为一种句法操作只能使用

① 袁毓林:《汉语话题化的语法地位和语法化程度——基于真实自然口语的共时和历时考量》,《语言学论丛》第25辑,北京:商务印书馆,2000年版。

一次，不能多次或循环使用。袁毓林之所以提出多重话题概念，我们认为其原因与徐烈炯、刘丹青（1998）[①]一样，是将话题、主谓谓语句中的小作格主语与可浮动（floating）的状语或插入语成分（附加语）相混同的结果。

三、范畴语法中话题的提取方式——话题化

在转换生成语法中，话题是一个句法概念——因为它是通过移位这样的句法手段生成的。在范畴语法当中也同样如此，只是话题的生成方式与转换语法大不相同。在范畴语法中，话题是通过特定的提取（exaction）——话题化生成，是一种典型的句法操作。不是每个句子都必须经历这样的操作，也就是说话题不是每个句子必有的，并且话题与主语是完全不同的两个概念。一个句子中可以没有话题，但是必须有主语，二者可以同时存在。所谓只有话题而没有主语的句子是不存在的。话题的来源是句子中表达基本语法关系的主语、宾语（直接宾语、间接宾语）和非基本语法关系的斜格关系成分（oblique relation），即除主宾语外与动词相关的其他如受益者、工具、处所等名词短语，这些可有可无的斜格成分只有在被"再分析"为句子的必有成分的基础上才能经历话题化。范畴语法采用话题化的方式在表层结构的单一层次上维持了语义组合性。

袁毓林（1998）[②]把话题化作为调整配位的语法机制，他这样阐述话题化的作用："从句法成分和语义格的配位关系上看，施事、感事、当事等主体格一般占据主语的位置，受事、与事、结果等客体格一般占据宾语的位置，工具、材料、方式、处所等外围格一般在介词的引导下占据状语的位置。如果客体格和外围格要占据主语的位置，那么一般需要经过话题化。"我们认为，如果话题化的作用是使非主语成分成为主语，不如直接叫作"主语化"，因此，在汉语中将话题与主语完全区别开来有利于我们对语法关系的清晰认识和表达。

---

① 徐烈炯、刘丹青：《话题的结构与功能》，上海：上海教育出版社，1998 年版。

② 袁毓林：《汉语动词的陪价层级和配位方式研究》，袁毓林、郭锐主编《现代汉语配价语法研究》第 2 辑，北京：北京大学出版社，1998 年版。

话题化是 Steedman 在(Ades and Steedman1982[①],Steedman1988[②])函项复合方案基础上提出的一种句法操作。Steedman 的话题化表达式是:

$T_{top}:X \rightarrow S_T/(S/X)$。

有了这个表达式,我们就可以实现一些简单的话题句推演,如下所示:

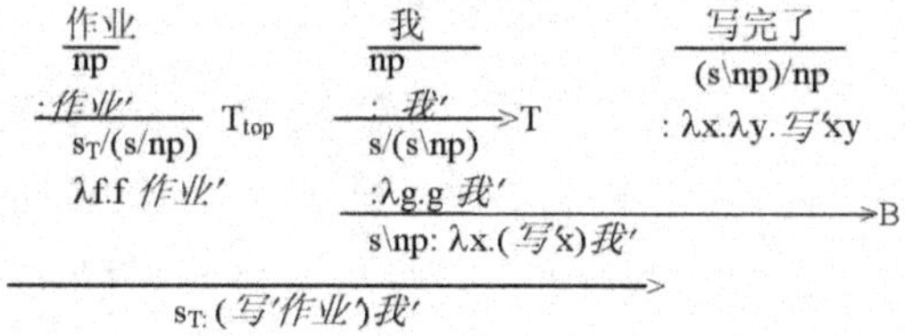

图 3-15　无占位代词的宾语提取话题句的推演

我们对这个句子当中的主语“我”进行了提升,然后与动词进行向前的同向函项复合,再与话题进行向前的函项应用,进而生成话题句范畴 s_T。

从这个句子的生成过程我们可以看到:(1)函项复合使得主语和动词成为一个语言片段,这是与直接成分完全不同的,而在范畴语法当中这却成为解决话题问题的关键——没有主语和动词的组合性就不可能以组合的方式生成话题句。(2)话题是一个函项范畴,它使得缺失某个句法成分的句子成为述题。从话题范畴的表达方式 $s_T/(s/np)$来看,我们不难看出它与原句保持了语义联系,即:它是动词所蕴涵的宾语,因而与动词保持了语义的组合性。虽然话题是一个派生的语法关系,但是它来自句子的基本语法关系并带有基本语法关系的印记。

话题化作为一种重要的句法操作,一般经历了词汇操作而形成的句子话题化时要受到一定的限制。因此在讨论话题化时我们首先确立这样一个原则:不是所有的主谓句都能话题化,特别是那些包含非原型动词(即经历了词汇操作、不是由本意而是以蕴涵义进入某句式的动词)的句子在话题化过程当中要受到一定程度的限制。

① Ades, A. E. and M. J. Steedman. On the Order of Words. In *Linguistics and Philosophy*, 4, 1982.

② Mark Steedman. Combinators and Grammars. In Richard Oehrle, Emmon Bach and Deirdre Wheeler(eds), *Categorial Grammar and Natural Language Structures*, Dordrecht: Reidel.

Steedman 对话题句的处理方法很具有启发性，但是我认为有两点不太令人满意：一是这种处理方法增加了一条句法规则，这样似乎与 CCG 规则的“跨语言不变性”有所出入；二是话题化语句有好几种类型，此条规则对许多其他类型的话题句无能为力。想到 CCG 规则是跨语言不变的，它将不同语言的区别仅仅保留在词库中，因此可以从词项的范畴指派上寻找出路。英语 CCG 对词项的范畴指派具有一定的灵活性，比如同是“that”，由于它在语句中充当的句法成分不一样，英语词库就给出了不同的范畴指派：that 充当主语提取的关系词时，其范畴被指派为(np\np)/(s\np)；充当宾语提取的关系词时，其范畴为(np\np)/(s/np)；充当补语连词时，其范畴为 s/s；等等。我将尝试性地给具有不同句法功能的名词词组指派不同的范畴，以期对后面所示的汉语特殊句法结构进行正确的处理。

除了图 3-15 所示的无占位代词的宾语提取话题化语句外，还有像“小龙女杨过爱她”这样的有占位代词的宾语提取话题化语句、像“雷锋他将永垂不朽”这样的有占位代词的主语提取话题化语句、像“那个乞丐我给了他五块钱”这样的有占位代词的间接宾语提取话题化语句、像“那五块钱我给那个乞丐了”这样的无占位代词的直接宾语提取话题化语句、像“那个乞丐我给了五块钱”这样的无占位代词的间接宾语提取话题化语句、像“这件衣服布料不错”这样的复杂主语的修饰成分话题化语句、像“你们班我最喜欢杨凡”这样的复杂宾语修饰成分话题化语句、像“孩子他们的听话”这样的复杂主语中心成分话题化语句、像“香烟我喜欢抽湖南的”这样的复杂宾语中心成分话题化语句和像“软件我是门外汉”这样的斜格(oblique)成分(除主宾语之外的其他名词短语成分)话题化语句等。如果给这些语句中的被提取的名词短语一律指派范畴 $s_T/(s/np)$，不一定都能得出正确的推理。本书舍弃 Steedman 的话题化规则，根据话题化语句的不同类型直接在词库中给话题成分指派不同的范畴：

(1)无占位代词的宾语提取话题句：$s_T/(s/np)$；

(2)有占位代词的主、宾语提取话题句和间接宾语提取话题句：s_T/s；

(3)无占位代词的双宾语提取话题句：$s_T/(s/np)$；

(4)复杂主语修饰成分话题化：$s_T/(s\backslash(np/np))$；

(5)复杂宾语修饰成分话题化：$s_T/(s\backslash((s\backslash np)/(s\backslash np)))$；

(6)复杂主、宾语中心成分话题化：$s_T/(s/np)$；

(7)斜格成分话题化：$s_T/(s\backslash((s\backslash np)/(s\backslash np)))$。

四、汉语简单主宾语话题化的处理

(一)主谓句中的主、宾语话题化

简单主谓句中无占位代词的宾语话题化我们已在图3－15给出说明，这里不再重复。我们同意袁毓林的观点，即受事格的话题化比较自由。但是需要特别说明的是，如果主语和宾语都是指人的名词短语，那么提取后在原位置应该出现占位代词，其作用是标明语法关系以避免引起歧义。例如：

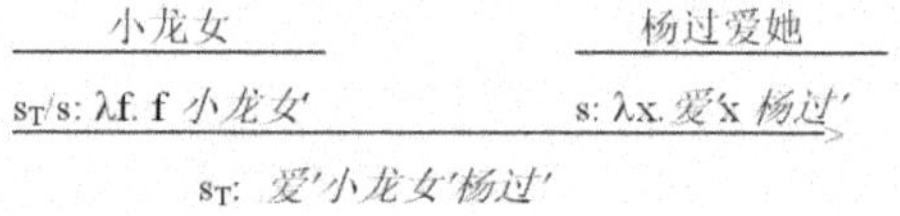

图3－16　有占位代词的宾语提取话题句的推演

我们再来看主语的话题化情况：

雷锋他将永垂不朽。

这个手机它不好看！

由于我们认为话题是提取成分，因此我们不同意主语也兼话题的观点，这样，主语提取为话题时在主语位置必须有一个占位代词表明语法关系，不管是指人的还是指物的。通常情况下，指物的成分很少有代词照应，但在这里却是必需的，原因是话题与主语都在句首位置，主语位置必须有占位成分使得话题位置与主语位置区别开来。生成过程如下：

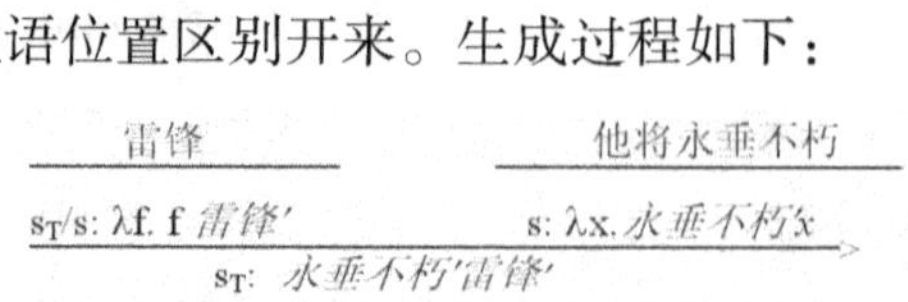

图3－16b　有占位代词的主语提取话题句的推演

（二）双宾句的宾语话题化

关于双宾句的话题化，袁毓林认为其中的与事（间接宾语）话题化后一定要在原来的位置上用代词来照应。我认为这个论断不准确，只有非原型双宾动词的间接宾语话题化才如袁毓林所说的那样“一定要在原来的位置上用代词来照应”，例如：

老王，我泼了他一身污水。 *老王，我泼了一身污水。

那个人我递了他一块砖。 *那个人我递了一块砖。

张三我扔了他一个球。 *张三我扔了一个球。

张三我托了他一件事。 *张三我托了一件事。

这种占位代词的作用并不是用来做语义上的照应，而是为了标明话题NP在动词蕴涵中的语法关系。按照我们的语感，下面的话题句即使没有占位代词也是说得通的：

小李我送了一本词典。

那个乞丐我给了五块钱。

其原因在于“送”和“给”是给予义双宾句的原型动词。

原型动词给予义双宾句的直接宾语可以话题化，而非原型动词给予义双宾句的直接宾语的话题化则要受到一定限制，例如：

原型双宾语动词：

那本词典我送小李了。

那五块钱我给那个乞丐了。

非原型双宾语动词：

？ *那块砖我递了张三。（那块砖我递给了张三）

？ *那个球我扔了张三。（那个球我扔给了张三）

？ *那件事我托了张三。（那件事我托给了张三）

上面这些话题句中，如果把V变为“V给”就可以说了。

双宾句出现占位代词的话题句生成过程与上一小节中出现占位代词的主、宾语的话题化过程是一样的：

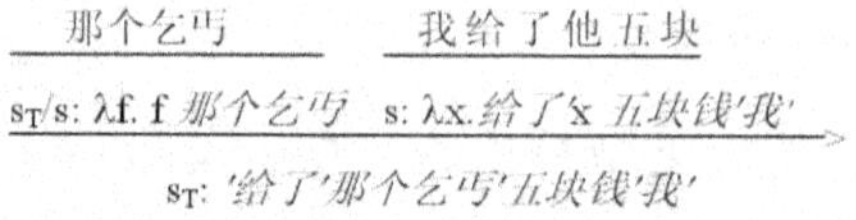

图 3－17　有占位代词的间接宾语提取话题句的推演

不存在有占位代词的直接宾语的话题句。

包含原型双宾动词的给予义双宾句直接宾语和间接宾语没有占位代词的话题化情况如下：

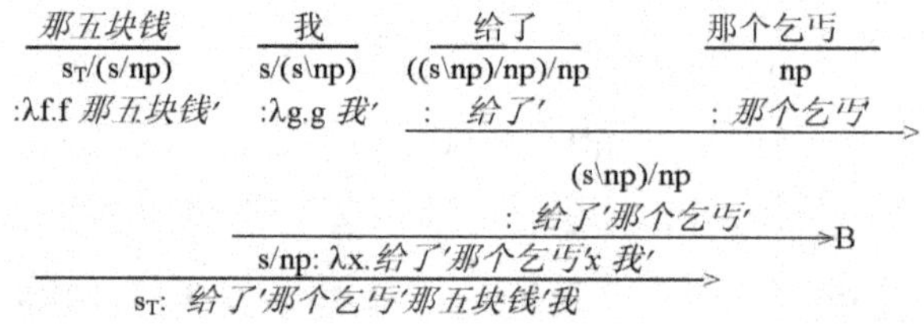

图 3－18　无占位代词的直接宾语提取话题句的推演

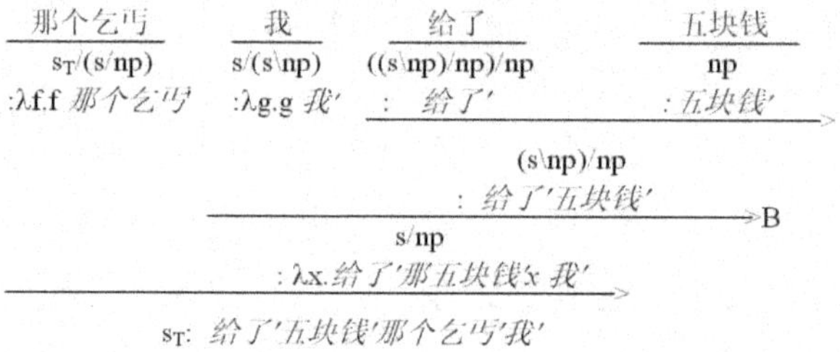

图 3－19　无占位代词的间接宾语提取话题句的推演

尽管上面的生成过程看似顺利，但是出现占位代词的主语、宾语、间接宾语的话题句生成过程似乎存在严重问题。单从句法来看，这些句子的生成不符合 Steedman 的话题化的基本精神，因为从生成过程来看，话题后的述题本身就是一个完整的句子，话题的范畴没有表明这个提取成分在基础句中的语法关系，似乎是一个凭空添加的成分而不是被提取的成分，因而话题与述题之间似乎没有必然联系，我们也看不出这个成分与述题中的哪个成分具有组合关系。这就说明我们单从句法假定它们是主语、宾语和间接宾语的话题化是错误的。如果从语义角度来考虑，我们发现述题本身是一个有自由变元的开语句，这个自由变元与话题成分建立了必然联系，这个自由变元的位置就决定了这个提取的话题成分在基础句中的语法关系。因此从语义角度来看，可以看出它们是主语、宾语和间接宾语的话题化。

五、汉语复杂主、宾语话题化的处理

复杂主语和宾语是指由带修饰成分的偏正短语充当的主语和宾语，其修饰成分和中心词都有话题化的可能。主语的修饰语的话题化是一个十分复杂的问题，牵涉到主谓谓语句到底是由基础生成的基本句式还是话题化的结果，同时还要涉及次话题问题。

（一）主、宾语修饰语的话题化

关于主语修饰语的话题化，袁毓林认为一价名词的降级宾语常常通过“的”跟一价名词组成偏正结构，当这个偏正结构做主谓句的主语时，只要删去“的”就能派生出主谓谓语句。例如：

这件衣服的布料不错→这件衣服布料不错

张金龙的脸色变了→张金龙脸色变了

小张的母亲改嫁了→小张，［他］母亲改嫁了

这本书的内容不错→这本书内容不错

这枚邮票的图案是武士→这枚邮票，图案是武士

那本书的作者是王蒙→那本书，作者是王蒙（袁毓林 1996 例）[1]

上述例句中的谓语部分只有“不错”是形容词，其余均为动词。就这些例句的生成而言我们同意袁毓林的观点，其生成过程如下：

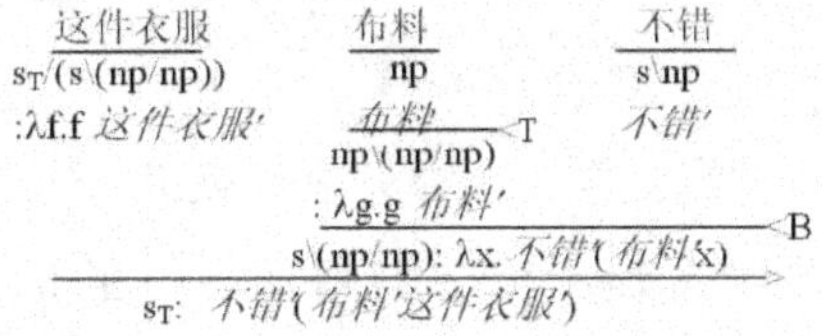

图 3－20　复杂主语修饰成分话题化语句的推演

这个句子的话题范畴 $s_T/(s\backslash(np/np))$ 表明是由一个定语成分提取而

① 袁毓林：《话题化及其相关的语法过程》，《中国语文》，1996 年第 4 期。

来。这个生成过程中最关键的一步是对主语中心语"布料"的范畴由 np 提升为 np\(np/np),否则生成过程是无法进行的。这个类型提升的运用是必要的,也是合理的,因为只有这样,被提取成分的语法关系才能在原句(述题部分)中得到体现和刻画,被提取成分与主语中心语才能保持语义上的组合性质。这种分析导致的直接结果是:主语修饰语从一个可有可无的修饰语成分变成了原句的必有成分(主语的论元)。我们也可以说,将主语修饰语再分析为句子的必有成分之后才能够话题化。

一般认为,宾语的定语话题化基本上是不存在的,因为这样的句子必须出现占位代词,这些句子的句首 NP 宜作为斜格成分(全句状语中的 NP)的话题化对待。例如:

(至于、说到)第一食堂,我喜欢吃那儿的牛肉。

(至于、说到)小张,我喜欢他的性格。

(至于、说到)小张,我见过他的妹妹。

我对这个说法有不同的意见,因为可找到许多不需要占位代词的反例,比如:

我最喜欢你们班的杨帆→你们班我最喜欢杨帆

如果我们把"你们班我最喜欢杨帆"当作复杂宾语修饰成分话题化语句的话,它的生成模式如下:

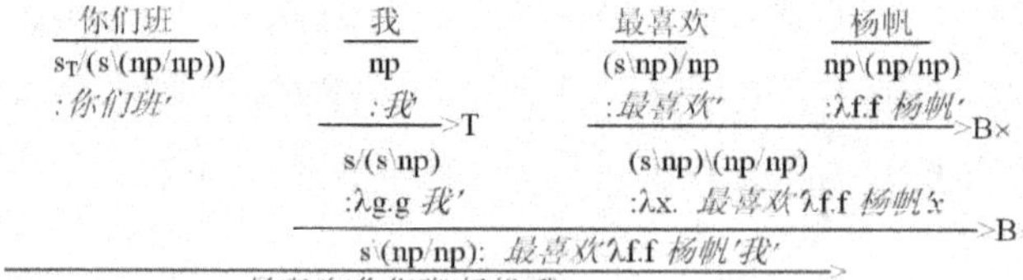

图 3－21　复杂宾语修饰成分话题化语句的推演

这个语句也可以看作是表示范围的斜格成分的话题化语句,等我们分析斜格成分话题化语句时,再给出它的生成过程。

(二)主、宾语中心语的话题化

我们首先给出复杂主语中心成分话题化语句和复杂宾语中心成分话题化语句的推演实例:

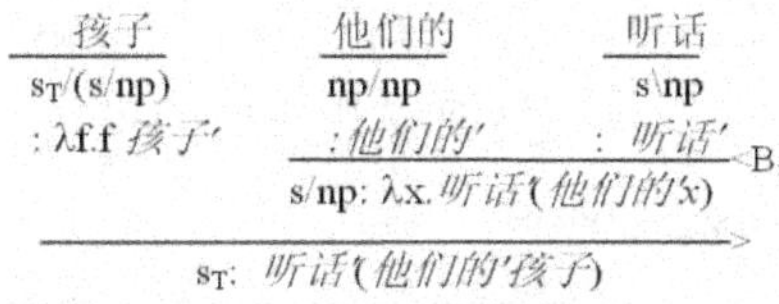

图 3－22　复杂主语中心成分话题化语句的推演

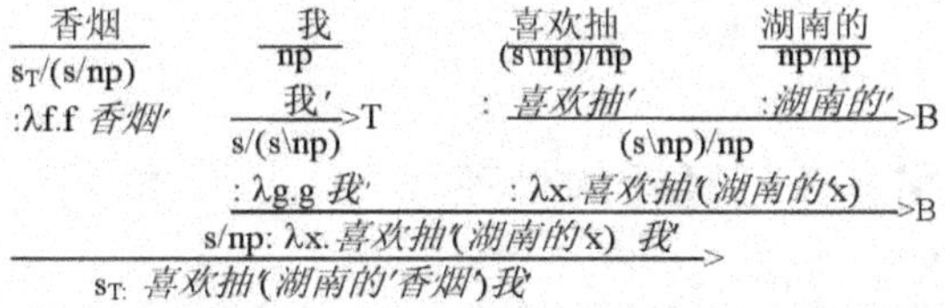

图 3－23　复杂宾语中心成分话题化语句的推演

从上面的生成过程我们看到，复杂主语中心语的话题化应用了向前的交叉复合规则，而复杂宾语中心语的话题化与简单宾语话题化一样应用了向前的同向复合规则。

复杂主语、宾语的中心语之所以能够提取为话题，我们认为其原因在于其定语是“的”字结构，具有名词性质的“的”字结构起到了占位标明语法关系的作用。朱德熙(1961)①论证了形容词加“的”与不加“的”的区别：“形容词 A 修饰 B 时‘AB’和‘A 的 B’是不同的格式，必须加以区别，‘白纸’里的定语是形容词‘白’，而‘白的纸’里的定语是体词性成分‘的’，跟‘纸’是同位关系。”正是这种“同位性”使复杂主宾语的中心语话题化成为可能，也就是说只有带有“的”的定中式主宾语的中心语才能话题化。我们不妨再来对比下面这样两组句子：

A：我喜欢聪明小孩。→*小孩我喜欢聪明。

　我喜欢聪明的小孩。→小孩我喜欢聪明的。

B：我喜欢德国汽车。→*汽车我喜欢德国。

　我喜欢德国的汽车。→汽车我喜欢德国的。

除了“的”字短语以外，能够起到占位作用的名词性短语还有数量短语，

---

① 朱德熙：《关于动词形容词“名物化”的问题》，《北京大学学报》，1961 年第 4 期。

因此数量短语充当修饰语的复杂主语和宾语的中心语也能够话题化，例如：

好几家大公司倒闭了。→大公司好几家倒闭了。

他刚吃了一口饭。→饭他刚吃了一口。

由于复杂主语中心语提取为话题导致了“的”字修饰语成为占位主语，但我们必须明确占位主语的范畴仍然是饰语性质的 np/np，而不是名词性质的 np。

六、汉语斜格成分话题化的处理

（一）斜格成分的语法地位

除了主语、宾语和间接宾语以外，Dowty（1982）[①]还讨论了许多其他的名词短语的语法关系，比如斜格关系（oblique relations）中的受益者、工具和处所（benefactive，instrumental，locavtive）。就目前的分析，这三种情形与主语、宾语和间接宾语的地位是完全不同的，它们不是动词语义固有需要的论元，最好被当作是 IV 的修饰语。

我们有两个理由说明为什么受益格等三种格要这样分析而不分析为动词的论元：首先，事实上我们可以把受益格加到任意的 IV 上去，不管它是一个不及物动词还是带有宾语或者其他补足语，而我们却不能把直接宾语和间接宾语等成分加到任何一个动词上，除非这个动词要求出现一个宾语。其次，没有受益格等成分，一个 IV 的语义也可以是完整的。动词的词义蕴涵了其论元成分，而没有蕴涵其修饰成分。这个标准把论元与修饰成分区分开来，这也是补足语与附加语的区别。

（二）斜格成分的话题化方式

介词有标引格的作用是一种共识，但这些斜格成分按照 Dowty 的论述毕竟与论元不同，最好分析为动词的修饰语，其范畴是 vp/vp。但在汉语中，由

---

① Dowty. David R. Grammatical Relations and Montague Grammar. In *The nature of syntactic presentation*, edited by Pauline Jacobson & Geoffery K. Pallum, D. Reidel Publishing Company: London: England, 1982.

于斜格成分提升为话题，在范畴描写上还是存在这样一个问题：这些修饰性成分是动词短语的修饰性成分还是全句的修饰性成分？也就是说它们的范畴是 vp/vp 还是 s/s？我们不妨先假定它们是动词修饰性成分，那么先看下面这个句子的生成过程：

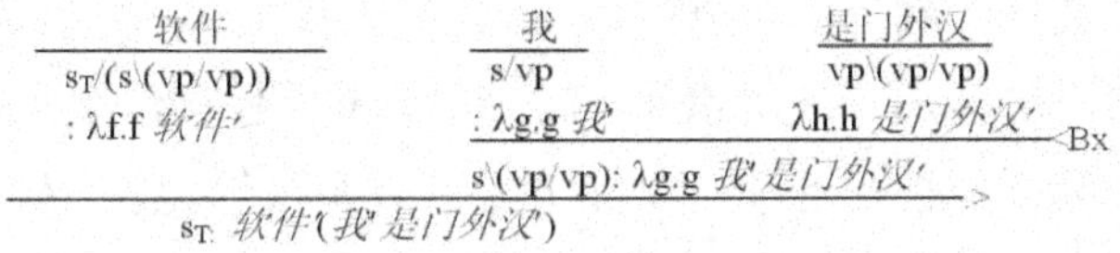

图 3－24　斜格成分话题句生成方式一

这个句子的运算过程首先是将话题“软件”的范畴描写为 $s_T/(s\backslash(vp/vp))$，就是说话题是从句子中提取出来的一个动词短语修饰语，而 vp“是门外汉”则通过向后类型提升被再分析为 $vp\backslash(vp/vp)$，这样我们就把修饰语分析为这个句子的必有成分，它的语义信息附加在了对动词的语义刻画上，但是从最后推演的语义结果来看，似乎话题成分“软件”的语义修饰整个句子，与动词的语义联系不直观。如果把话题成分分析为句子修饰语 s/s，句子的运算过程将会是这样：

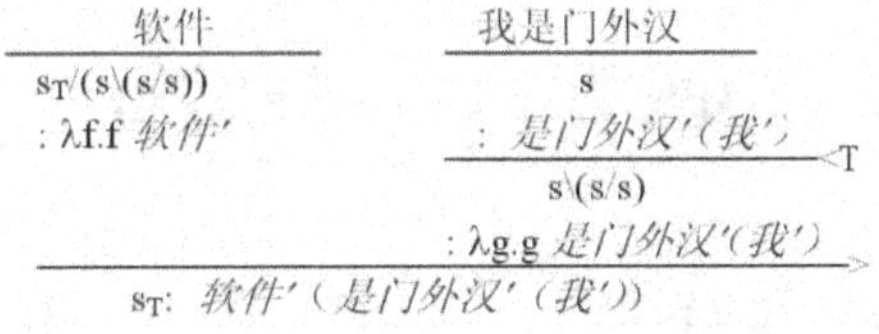

图 3－25　斜格成分话题句生成方式二

此时句子也成功生成了。我们把修饰语的范畴描写为句子修饰语，同时句子“我是门外汉”的范畴 s 被再分析为 $s\backslash(s/s)$，这意味着虽然它在句法上是一个完整的句子，但是语义上依然对全句修饰语具有依赖性，而全句修饰语的句法语义信息必须被刻画到这个句子中来。也可以说，类型提升使得全句状语同动词蕴涵的主语、宾语一样成为句子的必有论元。

（三）斜格成分的话题化还是宾语修饰语的话题化

有些表范围的斜格成分话题似乎与宾语中心词有定中关系（其中有的可看作宾语修饰成分话题化语句），有的还可以还原，例如：

你们班我最喜欢杨帆→我喜欢你们班杨帆

水果我喜欢苹果

我们可以把它们转换为“我最喜欢你们班的杨帆”。虽然我们不大能说“我爱吃水果中的苹果”,但是“水果”与“苹果”因为存在种属关系因而也似乎存在着定中关系。前面我们按照宾语的定语提取,对上述的第一个句子进行了成功的语法推演。现在我们可以把句首话题看作全句状语的提取,按照斜格成分话题句进行处理。实际上我们完全可以说:

在他们家所有的孩子里,我最喜欢老二。

在水果中,我喜欢苹果。

这都是表范围的斜格成分,我们给出生成模式:

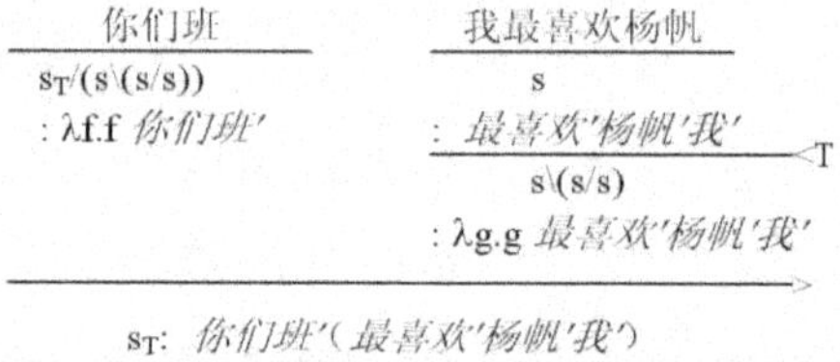

图 3－26　斜格成分话题句推理

第四节　汉语焦点句

一、焦点句与 VP_E 范畴

焦点句也称次话题句或对比话题句,焦点句中的焦点成分因此也被称为次话题或对比话题,这个成分一般指由动词后宾语位置移位到主语与动词之间的成分。目前对于焦点成分的认识大概有这样几方面:由宾语移位而来;与普通的话题化有平行的特征(袁毓林 1996①、徐烈炯、刘丹青 1998②、

① 袁毓林:《话题化及其相关的语法过程》,《中国语文》,1996 年第 4 期。

② 徐烈炯、刘丹青:《话语的结构与功能》,上海:上海教育出版社,1998 年版。

石毓智 2001[①]);其功能是用于比较(Ernst and wang 1995[②]、袁毓林 1996 等);提取成分一般表示通指(generic)而不是定指(石毓智 2001);等等。总之学术界对这种通过移位出现在非常规位置上的成分及句法地位普遍持肯定态度。

由于依附于话题句研究,焦点句往往被一带而过,因而其研究算不上充分,实际上最本质的问题还没有被触及。如果真的能用移位来解决问题,那么汉语的语法关系就可以被大大简化了,但实际上焦点句的产生除了移位的可能外还有可能涉及另一种因素——语言的作格性质,这就对焦点成分范畴的存在与否提出了质疑。焦点成分前的成分大家基本公认为主语,“主语和谓语之间的对比话题”这种提法本身已表明大家的共识。如果我们采用类似话题化的方式来描写焦点成分化,那么就会出现下面的情况:

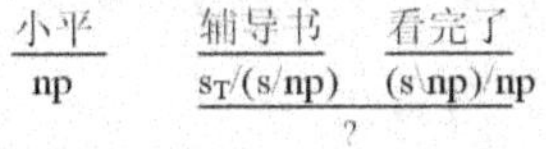

图 3-27　把焦点成分处理成句子层面的宾语提取

这个句子生成的失败说明焦点成分提取的不可能是句子层面的宾语,因此我们再尝试将焦点成分刻画为对动词短语的宾语提取:

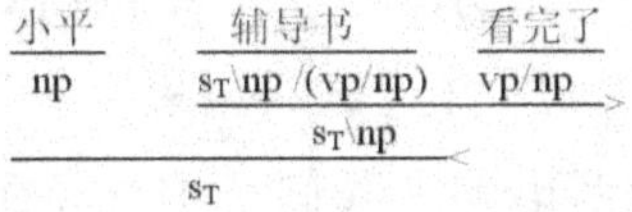

图 3-28　把焦点成分处理成动词短语的宾语提取

尽管采用上面的方式成功地生成了焦点句,但这种方法存在三个问题:第一,我们看到焦点成分的范畴描写方式与连接词是一样的,这显然是不合适的。第二,焦点成分的范畴描写表明:该 NP 与主语 NP 有直接的语义组合关系,这显然是不对的。第三,这种方式生成的焦点句在某种程度上看具有原生性,因为根本没有涉及基础句 s 范畴就直接生成了。我们不妨暂且抛开

① 石毓智:《语法的形式和理据》,南昌:江西教育出版社,2001 年版。

② Ernst, T. and C. C. Wang. Object Preposing in Mandarin Chinese. *Journal of East Asian Linguistics* 4, 1995.

焦点句这一前提条件，看看作为一个普通句 s 它应该如何生成：

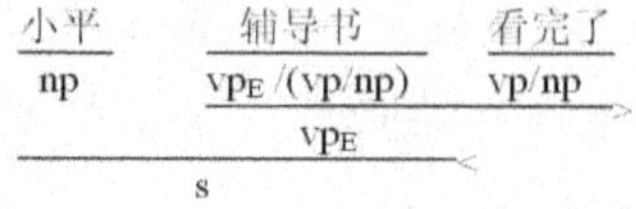

图 3－29　把焦点句处理成普通句 s

可以看到，这个句子是通过一个特殊的动词短语范畴 vp_E生成的。那么这个 vp_E究竟是一个什么样的动词短语？我们从汉语的作格性质入手进一步探究。

二、汉语中的作格动词短语 VP_E范畴

在范畴描写上确立 vp_E是远远不够的，我们还要考察该范畴相对于 vp 范畴和 s_T范畴的独特性质以进一步说明汉语中确实存在这样一个特殊的范畴，探讨这种范畴的性质及其解释力。

我们首先注意到了这类句子与一般主谓宾句的共同特点是可以做定语、可以对提取成分进行提问，这表明焦点句与一般主谓宾句有更多的共性并与话题句形成一定程度的对立，这种对立是话题句与非话题句之间的对立。既然不是话题句，那么就得承认焦点句中的特殊动词短语 vp_E是一类具有作格性质的特殊的动词短语，并且该动词短语应被看作主谓动词短语，整个句子是一类特殊的主谓谓语句。我们必须注意到，许多研究者也正是出于对“受事主语成分”的考虑而将这类句子处理为主谓谓语句，我们的论证将进一步说明这种处理方式是不无道理的。

（一）语言中的作格现象

Dixon（1979）①深入研究了语言的作格性质问题。他认为：“一种语言如果不及物动词的主语被当作及物动词的宾语那样对待，而不同于及物动词的主语，那么我们说这种语言具有作格（ergative）性质，这种特殊的‘对待’的最清楚的实现方式是格屈折（case inflections）。”这个定义其实也可以反过来

① Dixon, R. M. W. Ergativity. *Language* 55, 1979.

理解:一种语言,如果及物动词的宾语被当作不及物动词的主语那样对待而不同于及物动词中的宾语,那么我们说这种语言具有作格性质。如果考虑到语言的作格性质,那么语言中的基本语法关系就不再是主语和宾语那么简单了,因为"主语"不再是一个原子范畴而是一个可以进一步细分的语法关系。这样,基本语法关系就有以下三种:

不及物动词的主语:S

及物动词的主语:A

及物动词的宾语:O

Dixon(1979)①还特别强调:"对于那些有对比性词序(contrastive word - order)的语言来说,可能S与O同样对待或者S与A同样对待。"这也就是说汉语"焦点成分"的对比功能体现了语言的作格性质。汉语的作格性质显然体现在将某些及物动词宾语当作了不及物动词的主语来对待。但需要特别注意的是由于语序同时被用来传递主题或述题信息,因此很难分清这些不同的角色。我们认为这就是汉语话题、"焦点成分"、主语、宾语之间纠缠不清的原因之一。

Dowty(1982)②对Dixon(1979)③提出的作格性进行深入的论述,并再次重申了概念主语(notional subject)和概念宾语的概念(notional object)。作格语言中的及物动词的概念宾语(实际上在主语位置)在句法上被当作不及物动词的主语一样对待。而及物动词的概念主语则被不同地对待,并区分了三种不同类型的作格语言:深层作格语言(deep ergative languages,这种语言不仅仅是格标记,而且所有的其他区分主语和宾语的句法性质也是作格模式的);表层作格语言(surface ergative language,只有相关的很少的一些作格特征);分裂型作格语言(split ergative languages,作格形式只固定地出现在某些时态句中,而从不在其他句中出现)。

---

① Dixon, R. M. W. Ergativity. *Language* 55, 1979.

② Dowty, David R, Grammatical Relations and Montague Grammar. In *The nature of syntactic presentation*, 1982.

③ Dixon, R. M. W. Ergativity. *Language* 55, 1979.

邓思颖(2004)[①]将作格化现象理解为"是一种让动词由及物动词变为不及物动词的句法过程。经过作格化后,动词的主语不能是施事,而动词可以指派的一个受事格(acucastive case)被'吃掉'",虽然略显简单,但这种说法是可行的。

(二)汉语作格性质的动因

vp_E作为一种特殊的范畴使得其概念宾语位于动词前面,这显然不是一种句法操作而是词汇操作,我们暂且称这种动词短语为作格动词短语,所谓的"焦点句"也就是谓语为作格动词短语的主谓谓语句。理论上,作格动词短语的动词应该局限在 VR 范围内,即使是光杆动词,该动词必然强烈蕴涵某种结果,或者说能够补出 R 的部分。比如:东西卖(完)了、衣服洗(干净)了。

我们认为,汉语的作格性质是与动补结构 VR 的形成密切相关的。石毓智、李讷 (2001)[②]基于对大量历时语料的考察认为,由于动词和补语的融合,受事主语句的使用频率大量增加。动补结构的建立与受事主语句的增加之间的因果关系可以从两个方面看出来:一是受事主语句的谓语不能是单纯的动词,必须是一个动补结构之类的复杂短语;二是很多受事主语句并不能变换成一般的陈述句 SVO 语序。例如:

我昨儿晚上的话竟说错了。(《红楼梦》第三十六回)

你的性子越发娇惯了。(《红楼梦》第三十六回) (石毓智、李讷 2001 例[③])

我正经事还忙不过来呢。(*我忙不过来正经事。)

我总结还写不过来呢。(*我写不过来总结。)(李临定 1986 例[④])

---

① 邓思颖:《作格化和汉语被动句》,《中国语文》,2004 年第 4 期。

② 石毓智、李讷:《汉语语法化的历程——形态句法发展的动因和机制》,北京:北京大学出版社,2001 年版。

③ 石毓智、李讷:《汉语语法化的历程——形态句法发展的动因和机制》,北京:北京大学出版社,2001 年版。

④ 李临定:《现代汉语句型》,北京:商务印书馆,1986 年版。

我们认为,述补结构 VR 的形成不但是语义的融合,同时也是语法关系的融合。在一个典型的“NP1 + VR + NP2”结构中,NP1 是及物动词 V 的主语 A,NP2 是不及物动词 R 的主语 S,同时也是及物动词 V 的宾语 O。NP2 的 S 性质使得它作整个 VR 的主语成为可能,但同时它又是 V 的宾语 O,这就使得它带有了作格主语的性质。从总体上说,V 作为一个及物动词,其宾语 NP2(即 O)就可以被当作不及物动词 VR 的主语 S,这是一个典型的作格主语。石毓智、李讷(2001)①所说的“受事主语句的谓语不能是单纯的动词,必须是一个动补结构之类的复杂短语”这一观点大致不错,但过于绝对。实际语料中单纯动词(单纯动词带“着”“了”等时体成分)的例子有很多,但这些单纯动词或者蕴涵着结果 R(如:衣服洗了、房间打扫了、作业写了、东西卖了等),或者表示某种状态(如:鸡不吃了、炉子生了火、电影正演着呢等)。随着语法化的进行,作格动词短语中的动词除了 VR 以外还有其他一些。

詹人凤(1992)②提出四种识别受事主语句(作格主语句)的形式标志,他认为谓语动词后加“了、着、过”的受事主语句主要是状态句,“了、过”表明动作完成之后形成的状态,“着”表示动作(或其结果)状态的延续(祥子的车卖了、鱼翅吃过、门关着),我们认为他的观察是准确的,体现了受事主语句与一般主谓宾句的语义差别——也许能够互相转换,但二者并不是完全等值的。因此,我们认为,作格主语句(受事主语句)具有原生性,最好不要看作是由动宾短语移位而来的。如果承认了作格主语句的存在,那么我们就可以在动词短语的类型中添加一个相应的类型——作格动词短语,而以这种作格动词短语充当谓语的句子是主谓谓语句,这种句子与宾语提取为话题无关,表达的是基本语法关系而非派生语法关系。

由于作格化是对动词进行的词汇规则操作,因此作格性质应加在动词 VP 而不是名词短语 NP 之上。这样我们对这类句子的生成过程作出如下

① 石毓智、李讷:《汉语语法化的历程——形态句法发展的动因和机制》,北京:北京大学出版社,2001 年版。

② 詹人凤:《受事主语句(名 - 动式)的识别》,《语法研究和探索(六)》,中国语文杂志社编,北京:语文出版社,1992 年版。

修正：

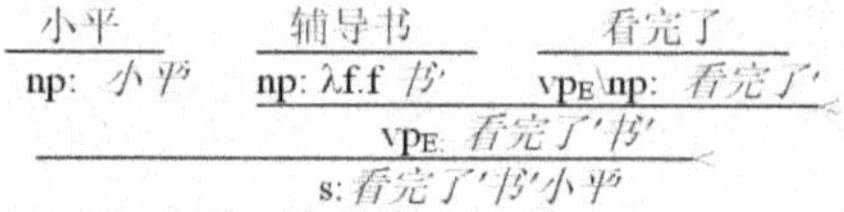

图 3－30　从语言的作格性处理汉语的焦点句

三、对“多重话题结构”的质疑

陈平(2004)①在探讨双项名词句(即动词短语前有两个 NP 成分的句子)时多处涉及我们所说的作格短语充当谓语的主谓谓语句。他的例子有：

他们这套房子买下来了。

老王什么话都敢说，老张什么事都敢做。

你这几本书读得很仔细。

我们这些话还说它干吗！

他这几件衣服并不是十分喜欢。

我那几个人见到了。(陈平 2004 例)

以上例子中只有部分而不是全部例句有对应的 SVO 句。陈平(2004)总结了如 Sun & Givon(1985)②、Ernest & Wang(1995)③、沈家煊(1999)④、Zhang (2000)⑤等当代不同语法学派的观点，他们一致将这类句子分析为宾语倒装句，“宾语倒装”说与“焦点成分”说本质上是相同的。我们可以看到，由于不区分基本语法关系与派生语法关系，再加上对语言作格性的认识不足，给汉语的话题(包含所谓的“焦点成分”)及主谓谓语句的研究造成了一

① 陈平:《汉语双向名词与话题句——陈述结构》,《中国语文》,2004 年第 6 期。

② Sun, Chaofen & Talmy Givon. On the So－Called SOV Word Ordet in Mandarin Chinese: a Quantifiedm Text Study and Its Implications. *Language* 61(2), 1985.

③ Ernst, T. and C. C. Wang. Object Preposing in Mandarin Chinese, *Journal of East Asian Linguistics* 4, 1995.

④ 沈家煊:《“在”字句和“给”字句》,《中国语文》,1999 年第 2 期。

⑤ Zhang, Ning. ‘Object Shift in Mandarin Chinese’. *Journal of Chinese Linguistics*, 2000.

系列的混乱,同时也直接导致了袁毓林(1996)[1]、徐烈炯、刘丹青(1998)[2]"多重话题结构"(multi - topiestrueture)这一概念的提出。

袁毓林(1996)[3]用下面这组例句说明多重话题结构:

我现在不喝酒了→现在我不喝酒了→我现在酒不喝了→现在我酒不喝了→我酒现在不喝了→现在酒我不喝了→酒我现在不喝了→酒现在我不喝了

在此基础上他提出多重话题结构的形式规则:

$TOP_1 + TOP_2 + TOP_3 \cdots\cdots + TOP_n + VP$

徐烈炯、刘丹青(1998)也持同样的观点,相关的例子是:

小张,这件事,我认为[ ]办不了[ ]

他们也给出了与袁毓林(1996)相类似的多重话题结构形式规则:

$TOP_1 + TOP_2 + TOP_3 \cdots\cdots + TOP_n + X$

我们认为有两方面原因导致了以上学者提出"多重话题结构":首先是没有充分注意汉语的作格性质,因而将"焦点成分"作为一种移位成分对待。按照我们的分析,主语与动词之间的 NP 成分并不是焦点成分,而是作格动词短语中的主语。其次,他们没有将浮动成分(floating operator)与移位成分区分开来,前者是可有可无的附加语,而后者是谓词的必有论元。袁毓林例句中的"现在"作为一个状语成分是一个浮动算子,它的范畴既可以是 vp/vp,也可以是 s/s,其位置可以不固定,与话题化无关。徐烈炯、刘丹青例句中的"认为"是从间接的表述言语行为而来的"引用动词"(quotative verb),"我认为"作为一种插入语成分同样具有"浮动"的性质,作为附加语与移位无关。这样,上面这些"多重话题结构"实际上只有两种句法结构:

话题句:酒我不喝。这件事小张办不了。

主谓谓语句:我酒不喝了。小张这件事办不了。

这样我们不但理清了语法关系,同时基于汉语语料的分析维护了范畴语法的话题化原则:作为一种典型的句法操作,话题化只能进行一次,"多重

① 袁毓林:《话题化及其相关的语法过程》,《中国语文》,1996 年第 4 期。
② 徐烈炯、刘丹青:《话语的结构与功能》,上海:上海教育出版社,1998 年。
③ 袁毓林:《话题化及其相关的语法过程》,《中国语文》,1996 年第 4 期。

话题结构”是不存在的。从心理现实性角度来看,每一次句法操作都是对基本语法关系的一种偏离,如果话题化循环使用,势必为语言的理解带来障碍。

第五节　TVP 结构概要

TVP 是及物动词短语(transitive verb phrase)的缩写,在范畴语法中它代表着复杂及物动词短语,而不是一个包含有及物动词的动词短语。相应地,不及物动词短语被称为 IVP(intransitive verb phrase)。以下 A 组例子是 TVP 而 B 组例子是 IVP:

A. Persuade to leave

Paint white

Put into a box

Consider a friend

B. Promise Mary

Strike me

A 组 TVP 及物动词短语如果带宾语的话,宾语内嵌在复杂及物动词短语中间,使得 VP 的两个组成部分处于非连续状态,而 IVP 不及物动词短语的宾语跟在动词的后面组成连续性结构。范畴语法提出非连续 TVP 分析方案是为了区别主语控制动词和宾语控制动词并以此揭示二者性质的不同。

一、宾语控制及主语控制的动词性补足语

Bach(1980)①指出,动词的不定式补足语如果在句法上被不定式之外的一个名词控制,并且这个 NP 被包含在了不定式的蕴涵之中,那么这个 NP 一定是不定式之上的一个更高的动词的论元。这里所说的“被不定式之外的一个名词控制”也就是说这个 NP 能够在不定式内激发反身代词化并且与该

① Bach, Emmon 1980, In Defense of Passive, In *Linguistics and Philosophy* 3.

反身代词之间存在所指一致或者数的一致。几乎所有的学者都用 persuade 和 promise 的比较来说明这个问题，我们来看下面这个例句：

1. Mary persuade John to wash himself.

这个句子的不定式"to wash himself"，由 NP John 控制，并在不定式之内激发了反身代词化。John 是 wash himself 的理解上的主语并且与反身代词 himself 照应。在下面这个树形图中，John 就是不定式之上的动词 persuade 的论元，与 TVP 动词短语是姐妹节点的关系：

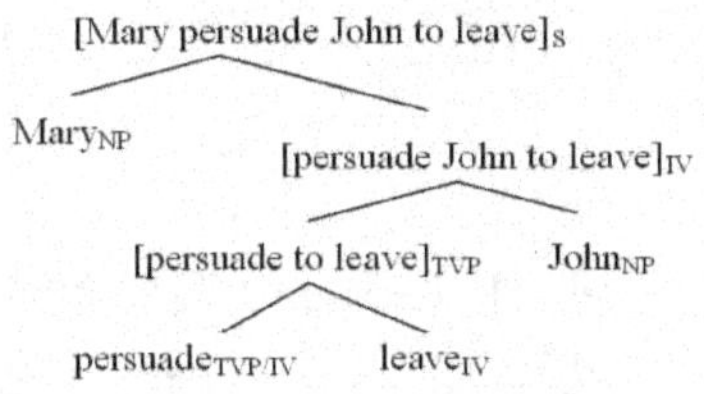

图 3－31 TVP 语句的树形图

这个句子相应的范畴分析是：

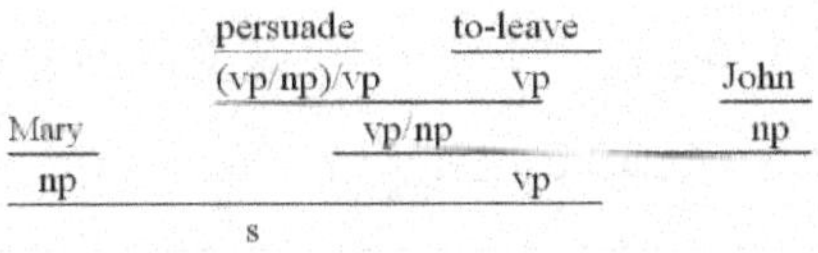

图 3－32 TVP 语句的范畴分析图

由此我们就可以把 persuade 的范畴描写为 TVP/IV，也就是说输入一个 IV"leave"得到一个及物性的复杂动词短语，该动词短语的宾语是 NP John，这种宾语控制动词与汉语的兼语动词相对应。

我们再来看动词 promise 的情况：

2. Mary promises John to leave.

在上面这个例句中，控制反身代词化、并且在语义上是不定式理解上的主语的是主句的主语 NP Mary，这个动词的范畴是(IV/IV)/NP，先和一个 NP 结合形成一个 IVP 短语，而后这个 IVP 短语与一个不定式结合成为一个 IV 短语，比如：

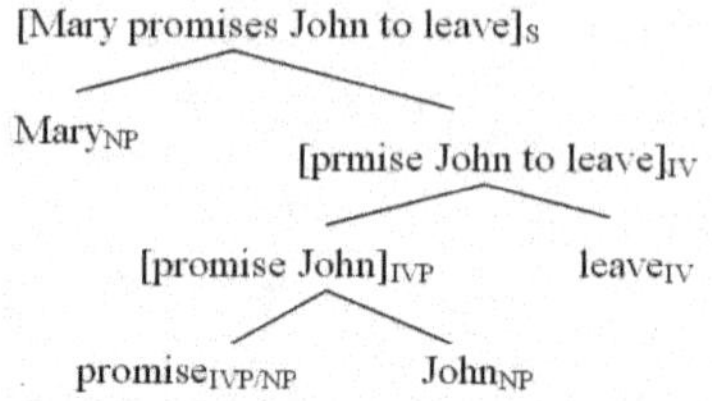

图 3－33　IVP 语句的树形图

这个句子相应的范畴分析是：

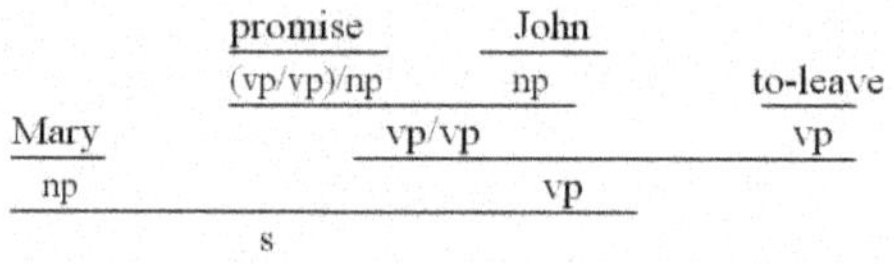

图 3－34　IVP 语句的范畴分析图

从上面的图式我们可以发现，Bach 的原则其实预言了 promise 这样的动词因为没有产生及物动词短语 TV，因而永远不可能经历被动化，因为及物动词短语是被动化规则的唯一输入成分。

Klein 和 Sga(1982)①提出一种方案，在语义层面通过组合语义规则抓住了不同动词的语义及控制性质的不同：

John wishes to leave →*wish* ′(*leave* ′(*j* ′)(*j* ′)

John tends to win →*tend* ′(*win* ′(*j* ′))

John persuaded Mary to leave →*persuade* ′*leave* ′(*m* ′))(*m* ′)(*j* ′)

John promised Mary to leave →*promise* ′(*leave* ′(*j* ′))(*m* ′)(*j* ′)

以上是通过对词义的分析得出语义公设。但 Dowty(1982)②则论证了这样的分析可能是没有道理的。因为英语中的许多 RC(结果补足语)结构需要一种在组合语义学层面上的解决方案。也就是说词汇意义分析是不够的，我们需要一种完全能产的形式。比如汉语不同的 RC(结果补足语)中控

① Klein. Ewan and Sga. Semantic Type and Control. In M. Barlow and D. Flockinger and I. Sag (eds), *Developments in Generalized Phrase Structure Grammar*, Boomington: IULC,1982.

② Dowty, David R. Grammatical Relations and Montague Grammar. In *The nature of syntactic presentation*, edited by Pauline Jaconson & Geoffery K. Pullum, D. Reidel Publishing Company, London: England, 1982.

制性质的不同不依靠单个动词的词汇意义，这些结构必须由某些标记来标引，下面的章节我们将分别论证和描写汉语 TVP 构造兼语句、“把”字句和致使义“得”字句。而在这三种形式当中，兼语句更多地依靠词汇意义分析，另两者则是能产性的句法手段。也就是说控制性质是“把”字结构和“得”字结构决定的，而不是个别动词的词汇意义决定的。那么我们就应该从“把”字结构、“得”字结构的组合规则中去寻找相关的语义蕴涵。这样我们把 TVP 的范畴描写为 IV//NP（vp/np）（这里双斜线表示与一般的及物动词的区别），而 IVP 的范畴描写为 IV//IV（vp/vp）（这里双斜线表示与一般的动词修饰语的区别）。

二、TVP 的分析能力

TVP 的组合能力和及物动词 TV 是一样的：在句法上它可以和一个 NP 组合成为一个 VP。TVP 分析激发于范畴理论的语法关系（Bach 1979①，Dowty 1982②），通过内包操作（wrapping）得到的宾语是直接宾语，这种说明可以很好地解释这种动词结构的被动化现象，比如：

3. Mary was persuaded to leave.

4. John was considered a friend.

5. * Mary was promised to leave.

6. * I was struck (by john) as unhappy.

TVP 分析同样还可以解释 persuade 这样的词的不同的语法表现，在 TVP 方案中其范畴是（vp/np）/vp，而 promise 的范畴是（vp/vp）/np，特别是便于说明二者不同的控制关系——如上文所说的：不定式补足语的控制语 NP 可以在补足语范围内激发反身代词化。换言之，补足语是由 TVP 的宾语控制

① Bach, Emmon. Control in Montague Grammar. in *Linguist Inquiry*, 10,1979 . Kinyon, A. and Prolo, C. Identifying

② Dowty, David R. *Grammatical Relations and Montague Grammar. In the nature of syntactic presentation*, 1982.

的。这样就可以解释 Visser(1973)①的发现:宾语控制动词有相应的被动形式而主语控制动词则没有。

三、范畴语法对 TVP 的解决方案——内包操作(wrapping)

(一)内包操作的起因

内包操作首先由 Bach(1979)②提出并得到 Dowty 等人的认同而进一步发展,现已成为激发范畴语法上下文敏感性的主要机制,也是古典范畴语法生成能力得以扩张的重要手段之一。内包操作的起因主要是为了处理英语当中的短语性动词结构(verb - particle)。Jacobson (1987)③通过考察进一步发现,许多英语动词短语包含非连续成分。他得出的结论是:英语中存在 TVP 这样的非连续结构,因此自然语言必须采取内包这样的非上下文无关的操作手段。他的结论主要有以下几个方面:

第一,短语动词必须被分析为单独的词位(lexems):

A. lock up,live down,throw up,mull over

B. look(look up),crack(crack up,crack down)

这些短语动词在分布方面和语义上都是不可预见的,具有一定的黏着性或者说固定性,如:可以说 finish off,finish up,但是不能说 finish on,finish down。而有些形式只有和特定的小品词搭配才是动词,而单独出现的时候不是动词,比如:egg on,ante up,bog down 等,egg 和 bog 本身都不是动词。这一点与汉语的纯粹使令动词"使"等有相似之处,这些词从来不能单独使用。

第二,英语中的其他类别的短语动词。

A. 动词+结果形式,如:hammer (the metal) flat,let (dog) loose,knock (him) unconscious,等等。

B. 动词+次范畴化的介词短语 PP,这些都是一些非组合性的成分。比

---

① Visser. F. T. *A Historical syntax of the English Language*. Leiden: Brill, 1973.

② Bach, Emmon. Control in Montague Grammar. In *Linguist Inquiry*, 10, 1979.

③ Pauline Jacobson. Phrase Struvture, Grammatical relations, and discontinous constituents. In *Sntax and Semantics* 20: discontinous constituents. New York: Academic Press,1987.

如：take NP to task，put NP to shame，put NP to the test，等等。

第三，Bach（1980[①]、1984[②]）中的一些例子：

A. tough – adjective 短语，如：he is a easy man to please。

B. 比较句，如：she is more intelligent than he is。

C. 程度修饰性的补足语，如：he is as happy as she is。

除此以外，内包操作还可以解决照应约束、弱跨越效应等问题。

虽然我们认为正式提出内包操作的是 Bach（1979）[③]，但 wells（1947）[④]早就注意到了非连续结构的存在并进行了论证，例如：

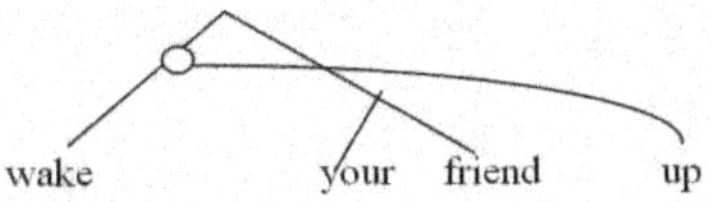

图 3 – 35　非连续的直接成分图

除了动词短语以外还有比较句、形容词 – tough 移动等情况。上图中画圈的部分是一个非连续成分：这个画圈的节点统制下面的两个子节点，但是不统制二者中间的 NP。Macawly（1987）[⑤]提出了更多的证据证明非连续结构的存在。

（二）内包操作的具体方法

RWARP 即：（right – wrap）“右向内包”

1. 如果 a 是一个简单形式，那么 RWARP（a，b）= RCON（a，b）

2. 如果 a 的形式是[$_{XP}$X　W]，那么 RWARP（a，b）是 X – b – W

从上面这个公式我们可以看到，实际上当 a 为简单形式时，右向内包与右向毗连 RCON（concatenation）是相同的，这样就把右向内包与毗连统一起

① Bach, Emmon, In Defense of Passive, In *Linguistics and Philosophy* 3, 1980.

② Bach, Emmon, some generalization of categorical grammars, In Fred Landman and Frank Veltman (eds), *Varieties of Formal Semantics*, Dordrecht: Foris, 1984.

③ Bach, Emmon, Control in Montague Grammar, In *Linguist Inquiry*, 10, 1979.

④ Wells, Roulon S., Immediate Constituents, *Language* 23, 1947.

⑤ James D. MaCawley, Some Additional Evidence for Discontinuity, In *Syntax and Semantics* 20: discontious constituency, edited by Geoffer J. Huck, Almerindo E. Oieda, academic press, 1987.

来。Dowty（2003）[①]曾经这样描述内包操作：

$\{vp/_w vp + np\}$ = {将 np 插入 $vp/_w$结构的第一个句法成分之后}

实际上这只是表述方式的不同罢了。

四、转换生成语法的分析方法

非连续结构在转换生成语法当中是被拒绝的，因为转换生成语法的解释设置了深层结构中的转换规则并产生所需要的表层结构，其分析只适用于底层是连续性的成分结构，通过语迹或者语迹链的方式保持成分之间的连续性，因而对于两个非连续成分的结合可以不通过“非连续结构”这样的手段来表达，其处理方法是图 3－36a：

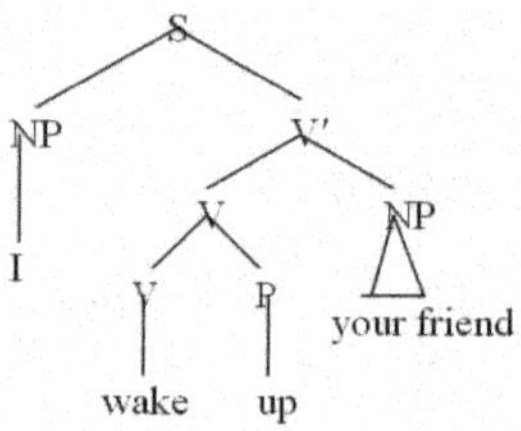

图 3－36a　非连续的直接成分深层结构图

转换为图 3－36b：

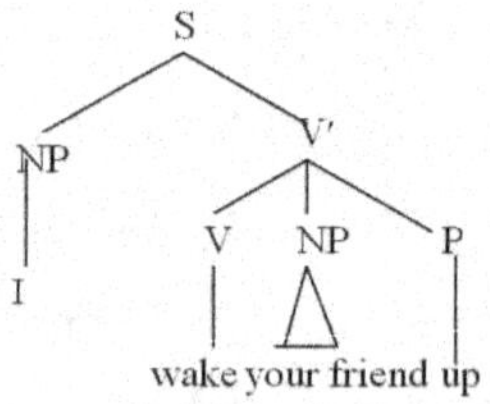

图 3－36b　非连续的直接成分表层结构图

这种处理方式被称为小品词分裂（particle cleaving），这样形成的是一个三支结构而非双分支结构。我们都知道，连续性结构图 3－36a 可以很方便地写成方括号式形式的表达：

$[_s[_{np}\text{I}][_{v'}[_v[_v\text{wake}][_P\text{up}]][_{np}\text{your fiend}]]]$

① Dowty, David. *Lecture on CG*, in Beijing Language and Culture University, 2003.

而非连续结构的图 3 - 36b 就无法改写成这种形式了。这说明在线性序列下,非连续结构是不可避免的。

五、对范畴语法 TVP 方案的评价

MaCawley(1982)[①]用 CAUSE 和 BECOME 把“kill”进行了分解:x kill y

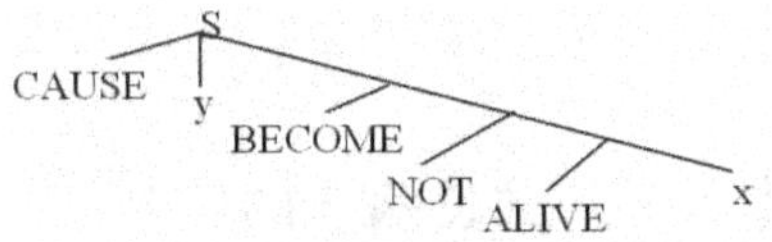

图 3 - 37 kill 的分解图

这时 kill 的语义被分解了,在进入句法构造时必须整合成为一个节点,这个过程被称为多范畴词项整合(poly categorical lexica attachment theory),后来 MaCawley 将其发展为谓词提升理论(predicate lifting,再后来是 predicate raising),比如将 CAUSE、BECOME、NOT 等谓词结合成为更高层句子的谓词,把论元抽离出去。具体做法是先进行 ALIVE 和 NOT 的合并,然后该合成谓词再与 BECOME 合并,最后与 CAUSE 合并:

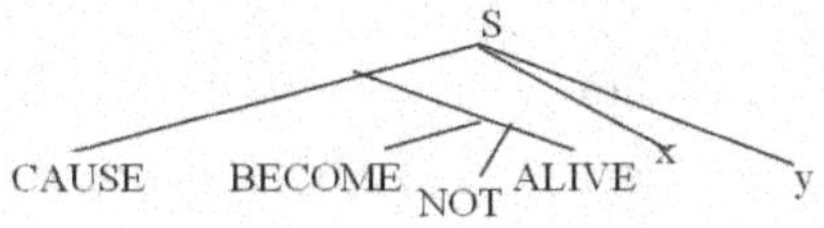

图 3 - 38 kill 的分解图

上面的过程是分解语义学的套路,认为最表层的英语词汇在最深的层次上是由复杂的表达方式而非单独的成分来表示的。我们可以看到,范畴语法的 TVP 非连续结构分析方案是对生成语义学谓词提升方案的延续。

TVP 方案的提出是为了解决宾语控制动词和主语控制动词的区别。就英语语料而言,TVP 方案的确很好地解决了这个问题,但这并不是 TVP 分析最为重要的价值,实际上范畴语法并没有更进一步揭示出 TVP 方案的本质与作用。从英语语料来看,无论是短语性动词(verb - particle)还是宾语控制

① James D. MaCawley, Parentheticals and Discontinuous Constituent Structure. In *Linguistic Inquiry*, Vol. 13, 1982.

动词，从语义上看它们都具有致使性质，而从句法上看，被内包的 NP 都具有兼语的特点，本书基于汉语语料的分析充分说明这一点。从致使的角度出发，TVP 分析实际上在句法上体现了致使关系中起因事件与结果事件的整合，在汉语中是一种重要的致使化句法手段（如“把”字句和致使义“得”字句）。我们的分析将表明，致使语义的表达需要才是 TVP 方案的真正价值所在。

六、TVP 结构的本质——致使概念的整合

与范畴语法的非连续 TVP 结构方案处理方式相类似，Pustejovksy（1991）[①]等人认为，在致使位移句（caused - motion）和致使性结果句（resultative）表达中，动词和后边的 PP、AP 是应该先结合的。Gawron（1986）[②]也认为，这样的结构包含两个谓语——动词和介词，并提出一个术语叫“合成谓词”（co - predication），动词和介词构成一个合成谓词，共享一个论元。范畴语法的 TVP 结构也是致使关系（致使事件）的句法表达形式。

我们一般所讨论的致使句的构成包括两个事件——致使事件（cause event）和被使事件（caused event）（Talmy 1976）[③]，熊仲儒（2003）[④]将致使句式限定为包含“致事、役事与结果（结果或显现或蕴涵）”的句式，这个概念显然是从格语法的角度进行的定义。从事件的角度来看，我们既可以将致使句式看作是两个具有因果关系的相关事件（致使事件与被使事件），也可以进一步在此基础上将这两个事件整合为一个事件（图式），对致使结构的传统分析停留在前一种观点上，而概念整合理论（the blending theory or the blended theory）则发展为后一种观点。两种观点的不同之处是将役事成分看作是分散在两个事件中的不同参与者还是一个综合事件的唯一参与者，导致

---

① Pustejovksy, James. *The Syntax of Event Structure.* Cognition 41, 1991.

② Gawron, Jean Mark. situation and preposition, *Linguistics and Philosophy* 9(4), 1986.

③ Leonard Talmy, Semantic Causative Types, In *Syntax and Semantics* 6: *The Grammar of Causative Constructions.* Edited by Masayoshi Shibatani. Academic Press, Inc. New York, 1976.

④ 熊仲儒：《现代汉语中的致使句式》，北京语言大学博士论文，2003 年。

的结果是句法处理的不同——役事格是致使动词的宾语还是非连续 TVP 结构的宾语。概念整合理论是认知心理学家和语言学家们在心理空间理论的基础上发展的一种新的意义构建理论，用来解释隐喻、借代、虚拟句、指示代词、语法结构、语用预设等语言现象。概念整合就是将来自不同的认知域的框架结合起来的一系列认知活动。简单地说就是两个输入心理空间（input mental space）通过跨空间的部分映现匹配起来，将两个输入空间有选择地投射到第三个空间，即一个可以得到动态解释的复合空间（blended mental space）。跨空间映现利用输入空间里共有的图式结构或者发展其他的共有图式结构。概念整合理论的核心思想是将概念整合看作是人类的一种基本的认知方式。将致使事件与被使事件整合为一个综合致使事件可以从这种理论得到解释。

致使概念的概念整合是一个非常复杂的问题，根据致使动词与主语和宾语的结合程度可以表现为以下三类：

（1）反映主体动作性强的致使动词，如 sneeze（Gogal sneezed the napkin off the table）；

（2）反映客体动作性强的致使动词，如 speed（Junior sped the toy car around the tree）；

（3）纯致使概念动词，如 let（Sarge let the tank into the compounnd）。

以上多样性正是由于人们在运用心理空间对致使动作所涉及的动作主体（agent）、客体（object）以及致使环节（causal link）进行了不同映射（mapping）的结果。在此基础上我们进一步主张：非连续 TVP 的语法关系是与整合事件相对应的——事件的主体、客体和致使环节分别对应主语、宾语（即被内包的宾语）和 TVP 动词短语。

按照梁晓波、孙亚（2002）[①]的说法，英语的致使动词基本上可以分为三类：

（1）形态类（morphological causative），主要是那些由形容词加上“en”等

① 梁晓波、孙亚：《致使概念的认知观》，《外国语》，2002 年第 4 期。

词缀形成的,如 black——blacken;

(2)助动词类(auxiliary causative),对应于某些本身就表达“致使”概念的动词,从而形成致使语义的迂回式兼语(periphrastic)形式,如 make、have、let、get 等;

(3)词汇类(lexical causative),它们外形上没有任何可供判断的根据,也不借助于其他词语,本身就表达一个完整的致使动作概念,较为典型的词有 kill、send、feed 等。

三种致使动词当中,非连续 TVP 结构分析适用于助动词类致使动词,其本质是采用谓词提升的方法将处于非连续状态的致使助动词 VP1 与结果动词短语 VP2 整合为一个非连续的动词短语。如果我们能够通过事件分析来说明“把”字句、“得”字补语句和兼语句的致使性质,那么我们就能够选择在非连续 TVP 结构分析方案下处理这些句法结构。

七、TVP 的判断标准

综合上文的论述,我们认为对汉语 TVP 结构的判定最为根本的原则就是我们在第一部分给非连续结构所下的定义——语义具有组合关系的成分在句法上却不是连续的(非组合的)。尽管句法结构为语义解释提供基础,比语义更为根本,但是借助规则对规则原则,我们也能够从语义入手发现更为合理的句法分析方式以维护语义的组合性,这种方法是可行的。这种关系与汉语学界语法形式和语法意义的关系是一致的——有些时候我们可以从语法意义入手。

除了上面这个最根本的标准以外,对于一个“NP1 + VP1(或 PP) + NP2 + VP2”形式,我们还可以参考下面的标准来判断它是否为 TVP 结构:

第一,语义上是否表达致使关系。

第二,句法上是否有兼语句特征,也即存在一个 NP 成分同时与前 VP 和后 VP 有语法关系。

第三,是否有对应的连续形态。

第四,如果将一个结构分析为 TVP,那么该结构必须体现宾语控制特征,具体表现为:VP2 后面所带的反身代词与 NP2 有照应关系,或者 VP2 后另有 NP3,且 NP3 与 NP2 有领属关系。

第五,这个 TVP 内包的宾语必须具备直接宾语所有的句法特征及句法表现。具体表现在这样几个方面:(1)NP2 是否能够话题化;(2)是否有相应的被动形式,并且是否具有无施事被动形式;(3)NP2 是否能用“把”提取。

我们的目的不只是要判定汉语中有哪些 TVP 结构,更重要的是通过细致的句法、语义及致使事件结构分析揭示该结构作为非连续结构的合理性以及语义组合与句法组合的一致性和对应性,避免在句法和语义两个不同的平面上采用分离的方式来探讨问题。

八、汉语致使结构的 TVP 分析方案

许多学者论证过汉语“把”字句、一部分“得”字补语句和兼语句的致使性质,这三种致使结构在转换生成语法当中都通过表达致使义的轻动词(light verb)节点来解决。如果我们将“把”也用 V 来表示,那么这三种句式就可以统一码化为 NP + V1 + NP2 + VP2。在范畴语法的非连续结构理论当中我们将这三种致使结构中的“V1……VP2”分析为复杂及物动词短语,而 NP2 是采用内包的方法(wrapping)插入其中的直接宾语。这样,三种致使结构就共享同一种生成模式:

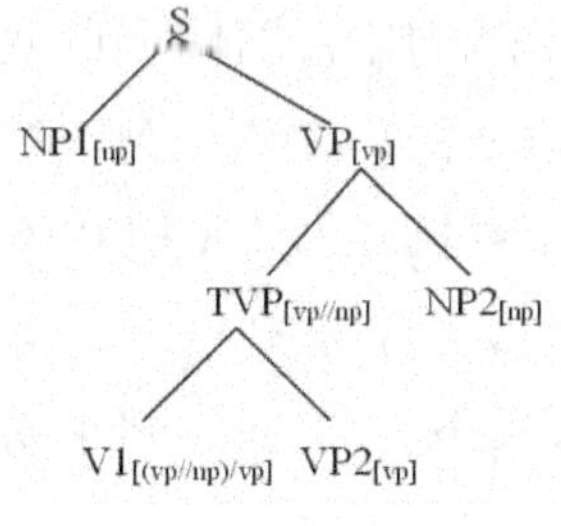

图 3 – 39　三种致使结构的共有生成模式

我们将论证,无论从句法、语义和事件结构哪个方面来看,汉语的“把”字句、一部分“得”字句和兼语句都必须分析为这种模式,同时,这种对轻动词 V1 的处理有别于动词和介词,体现了其自身的独特性。

第六节 汉语非连续TVP结构:“把”字句

一、“把”字句研究的现状及存在的问题

“把”字句研究是现代汉语研究当中一个历久弥新的课题,一直以来都是热点问题之一,可谓“说不尽的‘把’字句”。作为汉语所特有的句法结构,“把”字句之所以“说不尽”,是因为其类型及内部句法、语义的丰富性很难准确、深入而全面地进行概括。综合20世纪90年代以来的“把”字句研究,我们不难发现,“把”字句研究在诸多方面仍然存在很大的争议。

(一)“把”字句的切分及存在的问题

1.“把”字句的二分、三分与四分

综合看来,“把”字句的组成部分有二分、三分和四分这三种说法。

三分说是以介词“把”为标志和界限将“把”字句切分为三个语法成分,表达式分别有“A+把B+C”“A+把B+VP”“(A)把将B+VP”“S(A)+把N(B)+C”等等,三分说对“把”字句主要结构的认识是基本一致的。

四分的说法是近些年随着人们对“把”字句中VP部分复杂性的深入认识而产生的,同时也是从句式语法(或称构式语法)这样一个新的角度研究“把”字句的结果。真正把VP构成方式体现到“把”字句句法结构层面的是张伯江(2000)①,他从句式语法的高度认识到VP构成方式也是句式整体意义的一部分,因此他把“把”字句码化为“A把BVC”,但实际上他并没有说明这个公式是否适用于那些VP部分不是VC结构的“把”字句。叶向阳(2004)②虽然没有明确提出这个公式,但从她的分析来看,是全面而彻底地用这个公式涵盖了各种类型的“把”字句。

三分与四分是我们为了便于说明该句式的句法结构或者语义结构特点

① 张伯江:《论“把”字句的句式语义》,《语言研究》,2000年第1期。
② 叶向阳:《“把”字句的致使性解释》,《世界汉语教学》,2004年第2期。

而做的单层公式化表达。不管是三分也好还是四分也好,在确定“把”字句的句法成分和划分层次的问题上,大家的意见是高度一致的。张致公先生的“把”字介词说一直在汉语教学语法当中占据统治地位并产生了极为深远的影响。在这种观念下,基本“把”字句可以采用完全二分的方法,即“把”字介词短语做状语与 VP 构成谓语部分再与句首名词组成主谓结构。这种划分看起来是十分安全而彻底的,但也不能说完全没有问题。层次分析法曾经批评中心词分析法闹出“老婆是娘”这样的笑话,但它本身也是完全从结构出发,把语义组合关系抛在了一边。具体地说,“把”字句的语义分析当中大家一致公认动词 V 与“把”后 NP 存在着动宾式组合关系,但将“把”分析为介词,而 NP 分析为介词宾语,这个介宾短语作为动词短语的修饰语,那么动词与“把”后 NP 之间的直接组合语义关系就无法体现。

2.“把”字句句法二分存在的问题

从非转换生成语法的角度看,语义由句法衍生而来,一定的句法结构决定了其相应的语义结构。以“他把玻璃打碎了”为例,如果我们把“把玻璃”分析为动词 V 的修饰语,那么我们的生成方式将是这样的:

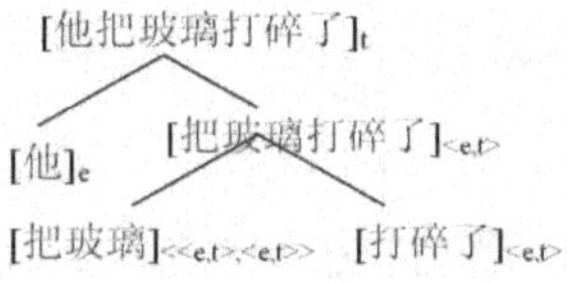

图 3－40　基于二分法的“把”字句生成方式

从这个图示中我们可以看出,V 和“把”后 NP 根本不需要发生直接的句法关系这个句子就生成了,也就是说二者之间的语义关系被省略掉了,“把玻璃”就如同“他飞快地跑了”当中的“飞快地”一样成为 V 的函项,这不能不说是句法结构描写过于粗糙造成的。为了更详细地说明这个问题,我们再从范畴语法的角度重新分析这个问题。

在范畴语法当中,如果要探询 V 与“把”后 NP 之间的关系,我们就得把“NP”在句法中表达出来并使得该 NP 与 V 之间形成运算关系,而在下面例句的范畴描写上我们也尽量把 NP 体现出来,看看“把”后 NP 能否与 V 通过函项——论元关系结合在一起进而生成一个合法的句子:

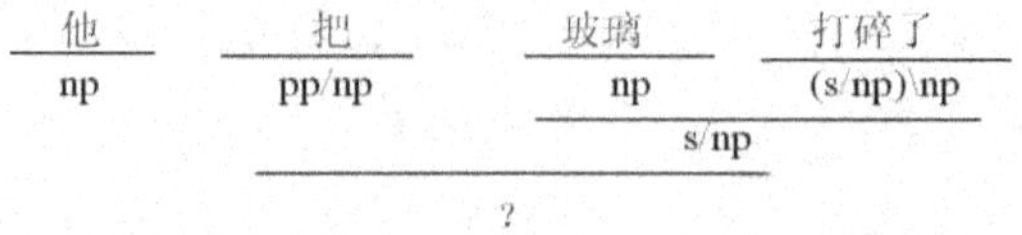

图 3－41　基于二分法的“把”字句的范畴语法推演

可见将“把＋NP”作为修饰语后，即使勉强将“把”后 NP 首先与 V 运算，其结果还是无法计算下去，从而无法生成合格的句子。除非我们干脆不考虑二者之间的语义关系，直接将“把＋NP”的范畴描写为 VP/VP，而动词描写为不及物动词 VP，只有这样才能生成这个句子。这就说明“把＋NP”状语说一方面在句法上把 V 与“把”后 NP 分割开来，另一方面又肯定二者之间的语义关系（动宾或者话题－述题关系），这实际上是把句法和语义割裂开来的做法，与范畴语法的句法、语义同步对应的原则是相违背的。将句法与语义分别放在两个不同的层面进行说明，而不考虑二者之间的直接对应，这种做法带有一定的普遍性，实际上是应该检讨的。袁毓林（2003b）①已注意到这个问题，他认为“不仅应该分清语法的三个不同的平面（指句法、语义和语用），而且应该观察这三个不同平面之间的互动关系”，而在我们看来，只做到对互动关系的观察还不够，更应该在句法分析上体现出语义结构。

讨论现有“把”字句句法切分问题实际上是在谈“把”作为介词的合理性。“把”字介词说相应的结果是“把 NP”成为动词短语的附加成分（状语）而不是必有成分，也就是说它应该是可以省略的，但事实显然不是这样。冯胜利（2000）②认为介词的宾语不能跟它们后边的动词的宾语同指，这应该说是附加语中 NP 的共性，然而“把”后 NP 显然违反了这一共性——它跟后面动词的宾语是一致的，这也对“把”字介词说提出质疑。

（二）“把”后 NP 的句法地位

“把”字句语义特点的复杂性导致了“把”后 NP 与 VP 句法关系——主语和宾语确定上的纠葛。历来对“把”字后面的 NP 句法性质的讨论就有很

① 袁毓林：《走向多层面互动的汉语研究》，《语言科学》，2003 年第 6 期。
② 冯胜利：《汉语韵律句法学》，上海：上海教育出版社，2000 年版。

多。除介词宾语说之外,另一种经典性的传统的观点是"宾语提前说",这种提法更多地考虑到了 VP 与"把"后 NP 之间的语义关系。

薛凤生(1987)[①]认为 B 部分(即"把"后 NP)不是什么宾语提前,而是 VP 的主题,"把字句的 VP 是描述性的,是以 B 为主语的"。李人鉴(1991)[②]则认为"把"的宾语是后面小句的主语,近年来的研究基本上都持这种观点,如沈阳(1997)[③]和郭锐(1999)[④]认为"把"的宾语是"把"字句后结构主语,也就是补语的主语,崔希亮(1995)[⑤]、叶向阳(2004)[⑥]等也采取了这种观点。实际上这种观点直接来源于朱德熙(1982)[⑦],但同时他还是将"把"处理为介词。值得注意的是,这种分析同时把"把"后 NP 分析为介词"把"的宾语和 VP 部分(补足语部分)的主题或者主语,这就使得"把"后 NP 似乎具备了兼语的性质,这也是我们要将"把"字句处理成与兼语式一样的非连续结构的原因之一。

"把"后 NP 为"主题"或"主语"说是基于对"把"字句的语义特点的深入认识的基础上提出来的,虽然在语义关系的观察方面前进了一步,但是并没有自觉地在句法结构分析上体现出这种认识,仍旧认为"把"字短语做状语。

"把"字句中"把"后 NP 语法地位的重要意义还在于它涉及汉语语言类型的问题。海外学者常常把处置式当作汉语中的 SOV 句式。我们在非连续 TVP 结构理论的背景下从句法、语义和事件结构三个方面重新考察"把"字句,希望能够在保证句法、语义对应的前提下对一系列存在争议的问题提出我们的看法。

---

① 薛凤生:《试论把字句的语义特征》,《语言教学与研究》,1987 年第 1 期。

② 李人鉴:《试论"使"字句和"把"字句(续)》,《扬州大学学报》,1991 年第 1 期。

③ 沈阳:《名词短语的多重移位形式及"把"字句的构造过程与语义解释》,《中国语文》,1997 年第 6 期。

④ 郭锐:《现代汉语词类研究》,北京大学博士论文,1999 年。

⑤ 崔西亮:《"把"字句的若干句法语义问题》,《世界汉语教学》,1995 年第 3 期。

⑥ 叶向阳:《"把"字句的致使性解释》,《世界汉语教学》,2004 年第 2 期。

⑦ 朱德熙:《语法讲义》,北京:商务印书馆,1982 年版。

二、"把"字句的句法和语义

(一)"把"后NP的兼语性质

"把"后NP成分主语说应该说最早是由朱德熙先生提出的。朱先生(1982)①认为,"把"字句不涉及"把"后名词词组的提前(宾语提前),进而他提出,跟"把"字句关系最紧密的不是"主-动-宾"句式,而是受事主语句。理由是:绝大部分"把"字句去掉"把"字以后剩下的部分仍然站得住,而这剩下的部分正是受事主语句,例如:

把衣服都洗干净了→衣服都洗干净了

把嗓子都喊哑了→嗓子都喊哑了

我们认为朱先生的观察和判断是正确的,同时我们也认为,"把"后NP能够成为VP的主语是由汉语的作格性质决定的。

我们知道汉语的作格性质。许多语言都存在一个能产性机制使得不及物动词转化为及物的致使性动词,而这种机制就是作格语法手段。作格语言的主语可以再分为及物动词主语A和不及物动词主语S。Keenan(1976)②认为致使结构中的致使者(causer np)表达的是A主语(及物动词的主语)功能,并且可以祈使化。致使结构中,S=O,causer=A,汉语词汇形式致使结构VR句正是这样的情况。例如"我洗干净了衣服"中,致使者"我"是及物动词短语主语A,而在"衣服洗干净了"中原来充当宾语O的"衣服"则实现为不及物动词短语的主语S。Keenan的论述也从另一个侧面告诉我们,如果某个NP不能充当不及物动词短语的主语S,那么它也不能成为表层中的O。比如,我们不能说"*故事听乐了",因而也不能说"*孩子听乐了故事",反之亦然。因此,在汉语中,作格性质与VR结构密切相关,在"把"字句中,情况尤其如此。崔希亮(1995)③考察了大量"把"字句语料后,

---

① 朱德熙:《语法讲义》,北京:商务印书馆,1982年版。

② Edward L. Keenan, Towards a Universal Definition of subject. In *Subject and topic*, edited by Charles N. Li, Academic Press, Inc, 1976.

③ 崔西亮:《"把"字句的若干句法语义问题》,《世界汉语教学》,1995年第3期。

从动词的扩展能力入手得出结论：能够进入“把”字句VP的大部分动词一定能带补语。通过以上分析，我们认为“把”后NP是其后面的VR等动词短语的作格主语，同时考虑到该NP与“把”之间的句法关系，我们认为它具有兼语的性质。

（二）“把”的性质——非终结动词、致使义助动词

张旺熹（2004）①从汉语介词的衍生机制的角度提出了“非终结动词”的概念。所谓非终结动词就是词汇意义不完整而又具有一定句法作用的动词，更直接地说，就是那些不能简单地置入“主－谓－宾”框架的动词。它们往往要求后续或追加一个动词短语，使句子的句法和语义结构得以完整。同时他也指出，汉语非终结动词衍生为介词的过程正好是一个没有改变语言表层形式而使语言结构功能发生变化的重新分析的过程。汉语介词衍生的基础是：一是这些介词在作为动词时的词汇特征——它们在语义上是不完整的，不能表示一个事件的活动有一个完整的语义结构；二是由这种特征所要求的另一个动词短语与之配合——形成连动结构或兼语结构的句法环境（刘坚等1995）②，从而造成句法上多个动词短语共存的复杂局面。这两点互为因果，相互依赖，是促使汉语部分动词向介词演化的重要动因。可以说，非终结动词是典型动词向典型介词过渡的重要桥梁。而我们也可以看到重新分析是在“N1＋V1＋N2＋V2”这样一个句法框架内进行的，这与“把”字句的句法框架完全一致。张旺熹在这篇文章中比较详细地论证了“被”和“叫、让、给、为”这5个非终结动词的语法化过程，并指出这几个动词都具有“使令”的意义，它们都衍生为表示被动的介词。虽然这篇文章没有提到“把”，但是我们从非终结动词的概念、衍生机制及“把”的语法化过程不难看出“把”也是一个非终结动词。关于非终结动词语义的不完整性，张旺熹主要是从非终结动词的遭受义和使令义这两方面来谈的。之所以没有将“把”纳入非终结动词当中，也许是因为“把”没有遭受义，同时其“使令

① 张旺熹：《汉语介词的衍生机制》，《汉语学习》，2004年第1期。

② 刘坚、曹广顺、吴福祥：《诱发汉语词汇语法化的若干因素》，《中国语文》，1995年第1期。

义”也尚待论证。我们认为“把”恰恰是一个表“使令”义的由非终结动词衍生而来的成分。

专门表达“使令义”的一些功能性成分如“把、使、令”及使令动词在转换生成语法当中一律被处理为轻动词(light verb)。从“动词性”着手,司富珍(2002)①提出“介词、轻动词和动词的语类等级有序假说”,认为它们的动词性是递增的。她的假说与张旺熹的“非终结动词”说是一致的,也就是说在介词与动词之间应存在一个中间层次。作为非终结动词,“把”处于介词和动词之间而具有独特的性质,因此将“把”处理为介词或者动词都是不合适的,我们希望TVP非连续结构方案是对这些表达致使义的成分的合适的句法处理方法。

熊仲儒(2003)②总结了关于“把”的句法地位的几种说法,主要有实义动词、介词、空的格位指派者、Cause的填充者、基础生成的虚范畴核心这五种。如果从其致使义出发,在范畴语法的TVP方案中,我们将“把”处理为致使义助动词,它与后面的VP组成非连续的及物性复杂动词短语。

(三)“把”的语法化与致使义

梅祖麟(1990)③、石毓智、李讷(2001)④等人先后对“把”的语法化历程进行了考证,得出的结果基本是一致的,即“把”字句由连谓结构发展而来,其基本结构是:V1 + O + (X) + V2 + (Y)(其中X、Y是可有可无的成分)。这些研究的基本共识是“把”的语法化与唐宋时期动结、动趋、动补等结构大量产生密切相关。而在这种情况下,宾语如果仍然留在动词后则和动词有了间隔,这就违反了语言一个普遍原则——接近原则。“把”字既然已经有了把宾语提前的功用,这时很自然地被用来提前宾语以维护“接近原则”。吕叔湘和屈承熹对此都曾有过论述。

---

① 司富珍:《多重特征核查及其句法影响》,北京语言文化大学博士论文,2002年。

② 熊仲儒:《现代汉语中的致使句式》,北京语言大学博士论文,2003年。

③ 梅祖麟:《唐宋处置式的来源》,《中国语文》,1990年第3期。

④ 石毓智、李讷:《汉语语法化的历程——形态句法发展的动因和机制》,北京:北京大学出版社,2001年版。

在“把”的致使性方面,卫志强(译 1989)①认为“‘把’字句的最初用法含使成的意义,在现代用法中,‘把’字句表现的完整变化过程或有终点的事件也常常具有‘使成’意义”。李人鉴(1991)②则通过“把”大体上能够替换为“使、叫、让”等词论证了“把”的致使性质并由此将“把”分析为动词而非介词。目前关于“把”字结构蕴涵的致使意义基本得到了认同,这体现在许多研究者对“把”字句句式义的概括当中。特别是叶向阳(2004)③,非常明确地提出“把”字句的基本语义是致使,并认为几乎能概括所有“把”字句的语义特点。需要说明的是,“致使性”被所有研究者归结为“把”字句的句式义,而我们则认为“致使性”的语义特征具体而直接地附着在“把”上。

下文中我们将通过“准 VR”的形成再次论及“把”的致使性质。在明确“把”的基本语法化过程及承认其“致使性”的前提下,我们有理由将“把”也归入张旺熹(2004)④提出的非终结动词系列。在“把”的非终结性特征的基础之上,我们可以提出将“把”字句作为一种非连续结构处理的方案。

(四)“把”字句内部成分的语义——VP

关于“把”字句构成要素之间的语义关系的微观分析很多,一直都是语法学者研究的重点。比较典型的如“把”宾语的定指性及施事、受事问题;“把”字句中动词问题;把字句补语的语义指向问题;等等。其中对“把”字句动词短语 VP 部分的讨论是最多的,研究的焦点在于哪些动词或动词短语能够进入“把”字句。通过对能够进入“把”字句的动词或动词短语的语义特点分析,人们试图从总体上掌握“把”字句的语义特征。

正如崔希亮(1995)⑤指出的:“把”字句的结构变化其实就是 VP 的变化,因为“把”字句的其他部分是不变的,因此可以说 VP 是“把”字句的核心,因而我们可以说 VP 的复杂表现在很大程度上决定了“把”字句的语义特

① 卫志强译:《现代汉语中的“把”字结构和“被”字结构》,《国外语言学》,1989 年第 4 期。
② 李人鉴:《试论“使”字句和“把”字句(续)》,《扬州大学学报》,1991 年第 1 期。
③ 叶向阳:《“把”字句的致使性解释》,《世界汉语教学》,2004 年第 2 期。
④ 张旺熹:《汉语介词的衍生机制》,《汉语学习》,2004 年第 1 期。
⑤ 崔西亮:《“把”字句的若干句法语义问题》,《世界汉语教学》,1995 年第 3 期。

点。他对大量语料进行了详尽的分析，最后从动词的扩展能力入手得出结论：能够进入把字句 VP 的大部分动词一定能带补语，V 一定是有动力的动词，“它能够改变 B 部分，使 B 发生变化”，这在某种程度上是对“把”字结构的一种总体上的把握。石毓智、李讷（2001）[①]从语法化的角度证明，包括“把”字结构的连动结构第一动词虚化为介词现象正是由于动补结构的产生而诱发的，这也就从历时发生的角度印证了崔希亮（1995）[②]的观点。动补结构（动结式）是典型的词汇化了的致使结构，我们认为“把”字句的 VP 部分必然是一个致使结构，表达致使事件。即使是单个动词的 V，作为使因仍然强烈蕴涵着某种结果 R。

同时值得注意的还有金立鑫（1997）[③]，他从动词的自主性出发认为进入“把”字句中的动词大多为自主动词，不能进入把字句的是非自主动词。他还从句式转换的角度还得出这样的结论：凡能够进入“V 得”框架的动词都能进入“把”字句。我们认为，这实际上正是“把”字句[+ 致使]特征的一个表现，我们将会讨论“得”字补语句实际上也是一种致使结构，符合“把”字句的语义要求。

对于“把”字句中的 VP 的考察还从其他侧面展开。杨素英（1998）[④]依据[动力，时限，终结，结果]的标准把动词按基本意义分为五类：状态动词、动作动词、有时限动作动词、有结果指向动词、含结果实现动词。这种分类实际上与 vendler 的动词分类有相似之处。然而正如 Dowty 对此提出的批评一样，把动词放到动词短语中甚至整个句子中去考察，这样来确定其归属比较合理些，单独一个动词无所谓状态与达成之分，也无所谓活动与完结之分。因而也很难基于对动词的分类来得出严整的规律。所以她只能认为这几类中，有的进入“把”字句较自由，如含结果实现动词，有的则需要有一定

---

① 石毓智、李讷：《汉语语法化的历程——形态句法发展的动因和机制》，北京：北京大学出版社，2001 年版。

② 崔西亮：《“把”字句的若干句法语义问题》，《世界汉语教学》，1995 年第 3 期。

③ 金立鑫：《“把”字句的句法、语义、语境特征》，《中国语文》，1997 年第 5 期。

④ 杨素英：《从情态类型看“把”字句》，《汉语学习》，1998 年第 2、3 期。

的条件才能进入。杨素英同时认为最重要的是要给这类动词提供终点,使动词有结果,它们都能进入"把"字句,总之它"必须表现一个有确定终结点或时限量化的情状",这也再次说明"把"字句 VP 部分是一个包括"使因"和"结果"的致使性表达。

(五)"把"字句句式义研究

王力(1944)①认为"把"字句表示处置,"把"字句的"处置说"一直广为接受。"处置"常常被认为是人的有意识、有目的的行为,因此一些语法学家认为有些"把"字句不能理解为处置。总的来说,由于"处置"这个概念一方面不能涵盖所有的"把"字句(如我们下文将要讨论的强致使义"把"字句),另一方面又过于宽泛,对"把"字句的语义刻画不够准确,因而近十几年来反对意见越来越多,如金立鑫(1993)②认为处置的说法不够科学,"因为任意一个带宾语的动词都可以说是对宾语的处置"。

尽管如此,汉语学界并没有放弃"处置"这种提法,而是不断地对其进行扩充和泛化。宋玉柱(1979③、1991④)认为应宽泛地理解处置,范晓(1998)⑤对狭义的处置说和广义的处置说分析后认为处置是一种语用意义。王红旗(1999)⑥则提出"表示说话人认为在概念世界里主体对客体施行了处置",沈家煊(2001)⑦则区分了"客观处置"与"主观处置"维护"处置"说。而张济卿(2000)⑧则明确提出处置义是直接由"把"字表达的。

薛凤生(1987)⑨对"把"字句的语义描写是"由于 A 的关系,B 变成了 VP 所描述的状态"。他认为"C(即 VP)必须……描写在某一时刻 B 所处的

---

① 王力:《中国语法理论》,《王力文集》第 1 卷,济南:山东教育出版社,1984 年版。

② 金立鑫:《"把 VO 在 L"的语义及语用分析》,《中国语文》,1993 年第 5 期。

③ 宋玉柱:《"处置"新解——略谈"把"字句的语法作用》,《天津师范学院学报》,1979 年第 3 期。

④ 宋玉柱:《经历体存在句》,《汉语学习》,1991 年第 5 期。

⑤ 范晓:《汉语的句子类型》,上海:书海出版社,1998 年版。

⑥ 王红旗:《动趋式述补结构配价研究》,《语言研究》,1999 年第 1 期。

⑦ 沈家煊:《如何处置"处置式"——论把字句的主观性》,《中国语文》,2001 年第 5 期。

⑧ 张济卿:《有关"把"字句的若干验证与探索》,《语文研究》,2000 年第 1 期。

⑨ 薛凤生:《试论把字句的语义特征》,《语言教学与研究》,1987 年第 1 期。

状态或情形,而不是描写对 B 采取的行动或处置过程”,这一论断基本否定了处置说。崔希亮(1995)[①]基本同意这种观点并作了进一步修正:“VP 是描述性语段,它的作用在于说明 B 在某一动作的作用下所发生的变化或将要发生的变化,这是结果类‘把’字句。而非典型的‘把’字句是 VP 描述动作的情态或动作的矢量,是情态矢量类‘把’字句,这类‘把’字句的语义不是如薛凤生所说的那样。”对于这种“把”字句的句式义描述,金立鑫(1997)[②]提出了反对意见。他认为薛凤生和崔希亮对“把”字句的语义解释并不仅仅只对应“把”字句这一种句法结构,还可以对应其他句法结构,因此这种语义解释并不是“把”字句的充分条件而只是其必要条件。应该说金立鑫的观察是十分准确的,但可惜的是他本人并没有对“把”字句提出更为确切的语义归纳。我们认为,目前对于“把”字句的句式语义描写确实不只适用于“把”字句,同时也适用于 VR 格式及“得”字补语句,这些格式义描述是三者的共性。那么“把”字句的个性语义特征到底是什么?三种句式的区别又在哪里?这还是有待我们进一步探讨的问题。

沈阳(1997)[③]尝试从多重位移的角度对“把”字句的语义作出解释,他认为“名词的多重位移是致使‘把’字句能够用简单一致的形式构造复杂结构类型的一种重要手段”,但也正是由于这种多重移位的使用受到了张伯江(2000)[④]的批评:“在我们看来,也许最需要检讨的恰恰是这种‘把’字句的‘变换观’。因为‘变换观’的一个基本假设就是变换前后句子组成成分之间的语义关系始终维持不变。而从‘句式语法’的观点看,句式的语义不是完全能从组成成分及已有句式的语义自然推导出来的,变换的观点常常引导我们忽略掉一些句式自身的重要特点。”陆俭明(2004)[⑤]也提出并赞同运用构式语法理论从整体上把握汉语特殊句式的语义特征,“把”字句就是这样

① 崔西亮:《“把”字句的若干句法语义问题》,《世界汉语教学》,1995 年第 3 期。

② 金立鑫:《“把”字句的句法、语义、语境特征》,《中国语文》,1997 年第 5 期。

③ 沈阳:《名词短语的多重移位形式及“把”字句的构造过程与语义解释》,《中国语文》,1997 年第 6 期。

④ 张伯江:《论“把”字句的句式语义》,《语言研究》,2000 年第 1 期。

⑤ 陆俭明:《词语句法、语义的多功能性:对构式语法理论的解释》,《外国语》,2004 年第 2 期。

一个典型的例子。但是我们从张伯江从句式角度概括出的“把”字句整体意义仍然看不出“把”字句相对于“S－VR－O”句式和“得”字补语句的个性所在:“由A作为起因的,针对选定对象B的、以V的方式进行的、使B实现了完全变化C的一种行为。”尽管他认为“这样句式整体意义,不是靠动词的支配能力(配价)分析所能得出来的,也不是能够靠施事、受事这样的概念说明的,这是语法分析‘综合观’的结果。”张旺熹(2001)[①]得出相似的结论,他认为:“具有空间位移过程的意象图式是最适合‘把’字句来表现的……‘把’字句是用来凸显一个物体在外力作用下发生空间位移的典型句法形式。”作为移位表达的唯一方式,这的确体现了“把”字句独有的特性,但上面的问题我们仍然需要回答。

三、“把”字句的分类

我们都承认“把”字句的句法和语义的复杂性导致了研究的不透彻,但实际上首先应该考虑的问题是:我们的研究对象是同质的还是异质的?任何语言现象只有基于正确的分类才能说得清楚,尤其像“把”字句这样一种特殊而又复杂的句式。“把”字句显然是一种包容性很强的句式,对“把”字句作出准确的分类无疑能够帮助我们进一步分析“把”字句的句法语义特征并在此基础上提出较为合理的句法分析。

(一)“把”字句的致使性

说到“把”字句的致使语义特征几乎所有的研究者都认为集中在VP部分即动补结构,即通过动作V使得某种结果发生。但是吕叔湘先生(1986)[②]提到了一个“特殊”的句子:

一个春节把孩子们的心都玩野了。

他觉得:“这句话‘循规蹈矩’的说法应该是‘一个春节使得孩子们玩儿得心都野了’吧?”这段引文说明了两个问题:第一,吕先生意识到了这种特

① 张旺熹:《“把”字句的位移图示》,《语言教学与研究》,2001年第3期。

② 吕叔湘:《汉语句法的灵活性》,《中国语文》,1986年第3期。

殊的“把”字句与一般的“处置义”“把”字句不同;第二,这类“把”字句与“使”字句在语义上紧密相关。

李大忠(1996)①发现存在这样一种情况:“同一动词,既可用在‘使’字句作小谓语,又可用在‘把’字句中作谓语。”这就说明两种句式之间除了存在明显的差别之外也还存在着某种共同之处。徐燕青(1999)②通过“把”字句与“使”字句的进一步比较得出这样的结论:“在‘把’字句中,实际上存在着两个不同语义的‘把’字:一个用在处置方式和结果的前头,不含使动意义;另一个用在处置方式与结果之间,含有使动意义。”因此,她以“使动义”为界线将“把”字句分为真“把”字句和准“把”字句两种。应该说这种分类的定位是准确的,但她认为处置义“把”字句“不含使动义”这一论断是尤其值得商榷的。邹洪民(2001)③也提出“致使义‘把’字句”,并指出这类“把”字句的“把”可看作虚化的动词,其理性意义相当于“使”。

对“把”字句的致使性谈得最集中的当数叶向阳(2004)④,她通过把 VP 分解为致使事件的方法来概括“把”字句的致使性。我们能够明显地看到她仍然将“致使”限定在 VP 范围内,并且没有把致使义“把”字句和处置义“把”字句分开来谈,而是把这两种不同质的语料混在一起。

(二)致使义“把”字句与处置式“把”字句的区分

从以往的研究成果当中我们大致梳理出学术界对“把”字句致使性质的认识,我们在这些材料的基础上形成的总体印象是:先前的研究者普遍认为处置式“把”字句的致使性只体现在 VP 部分中 V 与 R 的关系上,而“致使义‘把’字句”的致使性集中在“把”上。我们不妨从“致使性”入手来给“把”字句分类,并从“致使性”的角度,本着句法、语义相对应的原则来探询“把”字句内部各组成部分及相互之间的句法——语义特征,并综合形成该句式的总体特征。

① 李大忠:《“使”字兼语句偏误分析》,《世界汉语教学》,1996 年第 1 期。
② 徐燕青:《“使”字句与“把”字句的异同考察》,《世界汉语教学》,1999 年第 4 期。
③ 邹洪明:《致使义“把”字句的语义分析》,《语言与翻译》,2001 年第 1 期。
④ 叶向阳:《“把”字句的致使性解释》,《世界汉语教学》,2004 年第 2 期。

四、致使义“把”字句

（一）致使义“把”字句的句法特征

邹洪民（2001）①强调致使义“把”字句需要有主语部分，并认为这部分所包含的语义成分一般为受事、工具、处所、时间、凭据等，他所给出的例句也都是十分完整的。但是我们发现，实际上多数表致使义的“把”字句是不完整的，具体地说“把”前 NP 常常是省略或者隐含的，有时无法准确恰当地补出来，我们不妨看下面的例句：

（1）把他美得都不知道姓什么了。

（2）把他高兴得跳了起来。

（3）把他累得气都喘不过来了。

（4）把他吃得肥头大耳的。

（5）把他忙得什么似的。

（6）把我愁得白了头发。

（7）看看！把他哭成什么样了！

（8）瞧！把个好好的孩子病成这样！

（9）硬是把个芦柴棒吃成了个小肥猪！

（10）把饭馊了。

正如上述例句所表明的，这是一类特殊的“把”字句，其结构形式是：

（致事成分）+ 把 + 施事（或感事等）+ 动补结构（一般为组合式动补结构）

（二）致使义“把”字的语义结构

1.“把”直接表达致使义

在致使义的“把”字句中我们可以十分清晰地看到这种“致使义”直接来源于“把”字。特别是绝大部分表致使义的“把”字句都可以将“把”直接替

① 邹洪明：《致使义“把”字句的语义分析》，《语言与翻译》，2001 年第 1 期。

换为使令动词，这也就是"把"字句与兼语句有某些相同之处的原因所在。另外，致使义"把"字句中的"把"不能换作"将"。

2. 致使义"把"字句的"把"前 NP

致使义"把"字句的"把"前 NP 或者隐含或者以小句、名词短语的形式出现。如果补出隐含的"把"前 NP 成分，我们一般只能说"这件事""那件事"或"那条消息""这种情况"等等。不管怎样补，我们都不难看出补出的成分实际上指代一个事件，因此是事件名词。"把"前成分如果是小句那么事件性就更加明显了。至于"把"前出现的 NP 我们不妨看一下邹洪民(2001)①的例句：

这大碗把小莉吃得有些不好意思。

那条阴沟把这好好的孩子摔成了个残疾人。

你们的汽车，你们的跳舞，你们闲在的日子，这两年已经把她的眼睛看迷了。

可是八月九日南口战争把大同变质了。

十几年的离散，真把我和你们的心也离开了。

邹洪民认为上面例句的深层逻辑语义结构分别是：

{[小莉用这大碗吃][小莉吃得有些不好意思]}

{[这孩子摔到了那条阴沟里][这好好的孩子掉成了残疾人]}

{[这两年她看到了你们的汽车，你们的跳舞，你们闲在的日子][她的眼睛已经看迷了]}

{[可是八月九日大同(爆发了)南口战争][大同(从此)变质了]}

{[我和你们离散了十几年][我和你们的心真的也离开了]}

虽然作者并没有意识到这一点，但通过这种分析我们可以十分清楚地看到这些"把"前 NP 都是事件名词。

还有一些例句表明，致使义"把"字句的"把"前 NP 并不全都表达起因，如：

① 邹洪明：《致使义"把"字句的语义分析》，《语言与翻译》，2001 年第 1 期。

化工厂把仓库失火了。

娃娃把门牙掉了。

他把钱包丢了。

他把勺子掉了。

以上例句中的动词都是非自主动词,具有不可控的特点。这些例句中的“把”前 NP 可以用张伯江(2000)①提出的“责任者”来解释。

3. 致使义“把”字句的“把”后成分

实际上致使义“把”字句的“把”后成分是一个语义完整的主谓结构。VP 一般为复杂结构,主要有 VR 和“V 得 R”两种情况。但不管哪种情况,V 和 R 的语义都指向“把”后 NP,即使“得”字补语句中的 Pro 也是如此,因此,这些 VP 都是“把”字宾语控制的 VP。黄正德(James Huang1992)②在考虑现代汉语复杂谓语的同指关系时注意到,一些复杂谓语最好被看作是及物动词。例如下面的例句 a,没有“把”,施事主语控制结果从句当中的 Pro,但是有了“把”,那么“把”后 NP 控制而不是主语控制主要动词了。

a. 张三$_i$哭得[pro$_i$跳了起来]

b. 张三$_i$把李四$_j$哭得[Pro$_j$跳了起来]

在例句 b 中,被“把”所标记的“李四”受到影响而跳了起来,这再次说明了“把”字结构的高及物性(high - transitivity)。但是另一方面,例句 b 中“把”的使用不可能是格分配,因为“哭”是一个不及物动词,所以在词库中不会有一个宾语。这就说明他已经意识到“把”字句作为 TVP 处理更为合适,这和我们的处理方案是非常契合的。

4. 致使义“把”字句的 VP

在上文我们也谈到过与“‘把’ + 施事”句存在转换关系的句式是“动词(形容词) + 得 + 施事 + 补语化成分”。朱德熙先生(1982)早已论证过二者之间的转换关系,如:

---

① 张伯江:《论“把”字句的句式语义》,《语言研究》,2000 年第 1 期。

② James Huang. Complex Predicates in Generalized Control. In J. Higginbotham and R. Larson (eds), *Control Theory*. Dordrecht, Netherlands: Kluwer Academic Press, 1992.

把他美得都不知道姓什么了。→美得他都不知道姓什么了。

把他吃得肥头大耳的。→吃得他肥头大耳的。

把他气得说不出话来。→气得他说不出话来。

两种句式都表达了一种强处置义，具体表现是受影响的施事失去了自控性。致使义“把”字句的“把”后 NP 虽然是施事者或者感事者，但在“把”前 NP 的影响之下失去了自控能力，无法自主地控制 VP 所表达的动作或状态。因此，对致使义“把”字句而言，其 VP 都是不可控的，也就是非自主的，这是句式义所决定的。虽然有些动词可以进入否定祈使句而被判断为自主动词，如哭、笑、跳等，但是在下面的句子中确实表达了不由自主的行为，应该是非自主的：

把他哭得非常伤心。

把他笑得肚子疼。

两个小时把他跳得腿都麻了。

八百米把他跑得腿都要断了。

每天十个小时把他干得头荤眼花。

虽然“跳”“跑”“干”的自主性很强烈，但是在这里却似乎成为迫于某种压力不得不进行的动作。动词的自主性是致使义“把”字句和处置式“把”字句的最大区别——处置式中的主要动词（VR 中的 V）都是自主的。从这一点我们也可以看出，对动词的静态的语义分类是不完全可靠和彻底的，只有放在具体的句子当中进行判断才最准确，因此我们不可能一劳永逸地把某个动词放到某个语义类别当中去。在不同的分布环境和使用条件下，动词的语义呈现动态的特征。

5. 致使义“把”字句的语义表达式

从语义结构上看，致使义“把”字句表达的是一种直接致使结构，这种致使直接导致了某种结果的达成，因此可以用抽象动词 CAUSE BECOME 来描写。英语中只有补足语为形容词或者名词时才能形成直接致使结构，VP 为补足语的只能形成间接致使结构（即未必能够达成某种结果的致使），而汉语“把”字句却能够以 VP 为补足语形成直接致使。

因为“致使义”直接来源于“把”，并且“把”前 NP 是一个事件，所以致使义“把”字句的语义表达式应该是：

∃Q[Q CAUSE BECOME P P(x)]

这个公式的意思是：存在一个命题 Q（这个命题在语形上可能是事件命题短语也可能是一个事件名词），该命题使得个体 x 发生变化而处于 P 状态。在这个语义公式中，谓词 Q 没有论元，只代表一个事件。

6. 致使义“把”字句的事件结构

通过上面的句法和语义分析我们不难发现，致使义“把”字句其实是一个双致使结构。我们不妨从致使关系的角度来分析一些例句：

把他高兴得跳了起来。

把他吃得肥头大耳的。

把我愁得白了头发。

这三个致使义“把”字句的语义可以抽象为一个共同的表达式：

∃Q[Q CAUSE BECOME P[P{x} CAUSE BECOME R(x)]]

其中 Q 表示“把”前的事件命题，P 表示主要动词，R 表示结果动词或者结果补足语部分，那么这个公式就表示：某个事件 Q 使得某个变量产生某个动作 P 或处于某种状态 P，而这个动作或者状态 P 又使这个变量产生了某种结果 R。那么上面这三个例句的语义表达式应该分别是：

∃Q[Q CAUSE BECOME 高兴′[高兴{他} CAUSE BECOME 跳了起来′(他)]]

∃Q[Q CAUSE BECOME 吃′[吃{他} CAUSE BECOME 肥头大耳′(他)]]

∃Q[Q CAUSE BECOME 愁′[愁{他} CAUSE BECOME 头发白了′(他)]]

所以，我们可以把这种句式的意义抽象地概括为：一个致使关系导致另一个致使关系发生。实际上这是一个由三个事件构成的表达双重致使关系的结构。汉语致使义“把”字句表面上看只是 VP 部分的双事件（分别有主要动词和结果部分标识），但其“把”前成分无论是显性的还是隐性的，都指示着一个起因事件，而该事件是第一致使事件（causing event），它导致了另一个致使事件（V →R）的发生，因而我们在下文中也完全可以通过概念整合

（或者事件整合）把这两个致使关系抽象合并为一个综合的致使关系“把……VR”——这也是一个 TVP 分析方案的事件语义学基础。

从致使事件的角度来看，致使义“把”字句是三事件结构，第一事件常常可以隐含或者说这个起因事件可以在句外，第二事件和第三事件的主体一致，如下图所示：

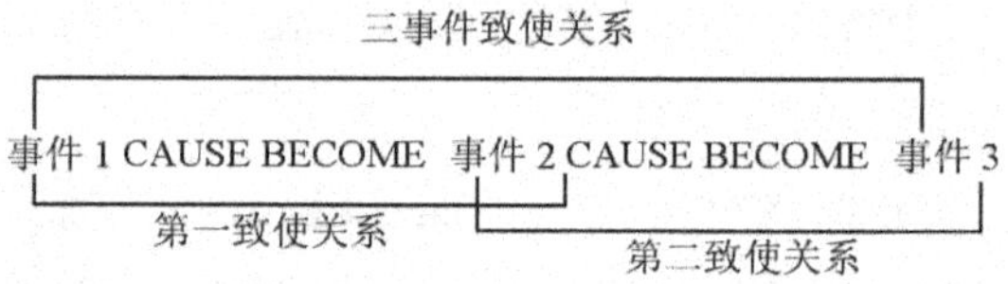

图 3－42　致使义“把”字句三事件致使关系结构

这种双重致使关系我们也可以简单地用下面的公式表示：

“把”前 NP →[V 得 R]$_{[\text{“把”后NP}]}$

“把”前 NP 指称的事件使得致使关系“V 得 R”发生，而“V 得 R”的主体是施事性成分“把”后 NP。

五、处置义“把”字句

将致使义“把”字句单独立类以后，剩余的“把”字句就是我们经常讨论的处置义“把”字句。

在具体讨论处置义“把”字句之前，有两种关系必须考虑：首先是致使义“把”字句和处置义“把”字句有哪些不同；其次是处置义“把”字句和粘合式动补结构、组合式动补结构究竟有什么不同。对于后者的探讨是我们准确描述处置义“把”字句句式义的关键，同时也使我们能对“把”字结构的“高及物性”作出更好的解释。

（一）准 VR 与“把”的共生性

正如我们在上文所总结的，先前对于处置义“把”字句的句式义研究并没有将这种句子与粘合式动补结构（VR）和组合式动补结构（“得”字动补结构）区别开来，同时将处置义“把”字句中的致使关系局限于动词与补足语之间。处置义“把”字句的“把”前 NP 并不是事件名词，这样看来似乎只有 VP

部分是双事件致使结构——“把”前 NP 是致使事件主体而“把”后 NP 是结果事件主体。这两个事件之间的关联有两种：一种是紧密的关联，此时“把”后 NP 是致使事件的参与者或受动者；另一种是宽松关联，“把”后 NP 不是致使事件的参与者，如“他把我哭醒了”。如果处置式“把”字句果然是双重事件结构，那么它就应该与 VR 结构没有什么区别，但所有研究者都不会同意这种看法。

郭继懋、王红旗（2001）①从认知的角度探讨了黏合性补语和组合性补语的表达差异。他们认为，粘合式述补结构（即 VR）表达的是规约性结果，而组合式述补结构表达的是偶发性结果。也就是说前一种因果关系是规约性的、稳定的、紧密的，后一种因果关系是偶发性的、临时的、松散的，我们完全同意这种观点。施春宏（2003）②对动结式（VR）进行了深入、全面的研究。通过语料分析，他区分了自由类动结式与依存类动结式。前者是指能够自由出现在“S－VR－（O）”句中的动结式，而后者是只能出现在“NP＋V＋NP＋VR”句中的动结式。按照他的描述我们认为依存类 VR 是指那些只能出现在重动句中的 VR。但我们也必须注意到，即使是自由 VR，也有很多用例不是那么完全自由的，下面的例子说明许多自由类和依存类 VR 只能存在于“把”字句中，却没有相应的施事主语句（S－VR－O）形式，或者说这些施事主语句（S－VR－O）即使能说，其使用频率也很低，而更多地使用在处置义“把”字句中。以下是马真、陆俭明（1997）③④中的例句，这些例句中的 VR 出现在“把”字句中，虽然作者没有说明这些 VR 是否只能以“把”字句的形式出现，但我们觉得是这样的。例如：

把色儿调绿了→? 调绿了色儿→（色儿调得绿了）

把她画美了→? 画美了她→（画得她美了）

---

① 郭继懋、王红旗：《粘合补语和组合补语表达差异的认知分析》，《世界汉语教学》，2001 年第 2 期。

② 施春宏：《动结式的论元结构和配位方式研究》，北京大学博士学位论文，2003 年。

③ 马真、陆俭明：《形容词作结果补语情况考察（一）》，《汉语学习》，1997 年第 1 期。

④ 马真、陆俭明：《形容词作结果补语情况考察（二）》，《汉语学习》，1997 年第 4 期。

成天关在家里，把我都关闷了→? 成天关在家里，都关闷我了→（关得我都闷了）

把道理说透了→? 说透了道理→（道理说得很透）

你把事情搞复杂了→? 你搞复杂了事情→（搞得事情复杂了）

把事情安排都妥善了心里才踏实→? 安排妥善了事情心里才踏实→（事情都安排得妥善了）

那年月老搞批判，把人都批消极了→? 那年月老搞批判，都批判消极人了→（批得人都消极了）

尽量把问题考虑周到（周密）→? 尽量考虑周到（周密）问题→（问题考虑得周密一些）

把筷子都吃坏了→? 他吃坏了筷子→（吃得筷子都坏了）

那块冬瓜我（已经按照你的要求）把块儿切厚了→? 那块冬瓜我切厚了块→（冬瓜切得块厚了）

上面这些例句中的“得”字句转换是我们自己加上的。此外，我们还观察到下面这些例句：

他把嘴都说干了→? 他说干了嘴→他说得嘴都干了

孩子把鞋跑湿了→? 孩子跑湿了鞋→孩子跑得鞋（都）湿了

这个故事把孩子听笑了→? 这个故事听笑了孩子→这个故事听得孩子（都）笑了

这日子把他们过腻了→? 这日子过腻了他们→这日子过得他们（都）腻了

这地方把我们穷怕了→? 这地方穷怕了我们→这地方穷得我们（都）怕了

他把马都骑累了→? 他骑累了马→他骑得马（都）累了

那门课把老师教烦了→? 老师教烦了那门课→那门课教得老师（都）烦了

他把腿都走酸了→? 他走酸了腿→他走得腿（都）酸了

他把我咳嗽（笑、跳、嚷）醒了→? 他咳嗽（笑、跳、嚷）醒了我→他咳嗽

(笑、跳、嚷)得我(都)醒了

上面这些施事主语 S－VR－O 句即使勉强能说,其使用频率也是相当低的,一般都只能在“把”字句中使用,对“把”有依赖性或者说与“把”有共生性。

观察上面这些例句,我们不难看出,例句中的 VR 与“V 得”处于互补分布的状态。上述例句说明了以下三个问题:第一,这些 VR 并没有完全词汇化,但是 V 与 R 之间有一定的致使关系。从语感上判断,这些致使关系都不是规约性的、稳定的、紧密的。这些 VR 中,很多动词 V 都是不及物动词,即使是及物动词也并不直接作用于宾语上,而只是通过对宾语的影响而产生某种结果,这是这类 VR 与典型 VR 的区别。第二,这类 VR 全部能够以“V 得……R”的形式出现,说明这类 VR 符合组合性述补结构的语义特征——因果关系的偶发性、临时性和松散性,而下面我们马上要说明,典型 VR 一般不能转换成“V 得……R”这种组合补语形式。第三,这类 VR 与“把”具有共生性,或者说是“把”成就了 V 与 R 形成 VR 这样的直接致使形式。同时我们也应该注意到,正是这类 VR 句使得许多国外学者认定“把”字句的高及物性。鉴于这类 VR 的以上特征,我们暂且将它们定名为准 VR。

典型粘合式述补结构(即 VR)与组合式述补结构(“得”字补语句)之间的致使强度差异使得我们可以作出这样的猜测:二者在句法上应该是对立的,即典型 VR 不能用组合式述补结构“V 得……R”来表达,我们再来看下面的例句:

他砸碎了玻璃→＊他砸得玻璃(都)碎了→他把玻璃砸碎了

他洗干净了衣服→＊他洗得衣服(都)干净了→他把衣服洗干净了

他摇醒了赵英→＊他摇得赵英(都)醒了→他把赵英摇醒了

我吃了两碗饭吃饱了→＊我吃了两碗饭吃得(都)饱了→两碗饭把我吃饱了

我们推倒了那面墙→? 我们推得那面墙(都)倒了→? 我们把那面墙推倒了

他踢跑了那条狗→＊他踢得那条狗(都)跑了→他把那条狗踢跑了

他打通了电话→＊他打得电话(都)通了→他把电话打通了

以上例句证实了我们的预测。这样我们用下面这个表格来总结一下准VR与典型VR的句法分布环境：

表3-2　准VR与典型VR的句法分布环境

	S-VR-O	“得”子补语句	“把”字句
典型VR	+	—	+
准　VR	—	+	+

这样，两种VR的句法分布异同就很清楚了。显然，“把”字句对两种VR都是包容的。再深步考虑，为什么准VR只能在“把”字句环境下形成？原因只能有一个：“把”使得准“VR”这种致使关系发生，使其由偶发的、临时的、松散的因果关系变为稳定的、紧密的VR词汇性致使形式。这样，“把”字句就是一种与VR这种词汇手段不同的句法致使手段。我们先来看词汇致使形式与句法致使形式之间的关系。

(二)处置义“把”字句——能产的句法致使手段

Masayoshi Shibatani(1976)①发现，句法致使手段表达一个一般性的致使情境(general causative situation)，而词汇形式的致使则表达一个特定的致使情境(他称之为处置式的致使，即直接的、规约性的致使)，从语义范围上看，二者是包含与被包含关系：

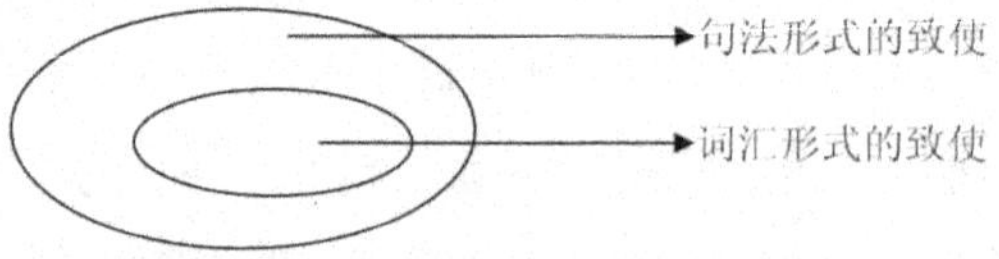

图3-43　句法形式致使与词汇形式致使之间的关系

并不是每个非致使性动词都有相应的词汇致使形式，或者说词汇致使

① Masayoshi Shibatani . The Grammar of Causative Construction: A Conspectus. In *Syntax and Semantics* 6: *The Grammar of Causative Construction.* Edited by Masayoshi Shibatani. Academic Press, Inc. NewYork, 1976.

形式只能包含有限的被使成分(causee),此时语言会允许一个能产性的形式(即句法致使手段)用以表达规约性致使(manipulative causative)。同时他也指出,如果一种语言既有句法能产形式又有词汇形式,那么句法能产形式只表达一般致使情境(如英语中的 cause、make、have 等,再如汉语中的兼语式),而词汇形式表达规约性致使。如果只有能产形式,那么句法能产形式表达两种致使情景。当一个能产性的形式没有相应的词汇致使形式时,可以用来表达规约性致使。

我们认为 Masayoshi Shibatani 的论述恰好反映了汉语的情况。VR 是一种表达规约性致使的词汇致使形式,而"把"字句则是一种表达一般致使情境的句法致使手段。准 VR 不能出现在施事主语句 S - VR - O 中,就是说它没有相应的词汇致使形式,此时句法致使手段"把"使得准 VR 中的 V 与 R 成为规约性致使——也就是说,准 VR 在"把"字句中形成了词汇形式的致使表达 VR。更确切地说,"把"致使 V 与 R 之间的直接致使关系发生,而这也同样适用于典型 VR。这样,我们就会自然地推出这样一个结论:处置式"把"字句与致使义"把"字句一样表达双重致使关系。在表达效果上,双重致使关系当然要比单层致使关系 VR 来得更为强烈,这也就是人们语感上的"处置"意味。处置义"把"字句的"把……VR"是基于 VR 的操作,因此我们能够断定前者蕴涵后者:"把……VR"$\rightarrow$VR,由此我们应该能够推出其否定命题之间也应该存在着蕴涵关系$\neg$(VR)$\rightarrow\neg$("把……VR"),我们来看下面的例句:

他没把玻璃打碎$\rightarrow$他打玻璃了 他没打碎玻璃$\rightarrow$他可能打玻璃了也可能没有打

他没把椅子踢翻$\rightarrow$他踢椅子了 他没踢翻椅子$\rightarrow$他可能踢椅子了也可能没有踢

他没把孩子打哭$\rightarrow$他打孩子了 他没打哭孩子$\rightarrow$他可能打孩子了也可能没有打

我没把老张叫醒$\rightarrow$我叫老张了 我没叫醒老张$\rightarrow$我可能叫老张了也可能没有叫

他没把老张摔倒→他摔老张了 他没摔倒老张→我可能摔老张了也可能没有摔

当然涉及VR结构的否定是比较复杂的，一般认为在S－VR－O句式中，否定一般是指向R的，但并不能排除指向V的可能性，这与重音结构相关：句重音在否定词上时，否定指向V；句重音在R上时，否定指向R。同时我们也不能完全肯定在“把”字句中VR的否定就一定指向R，但基本上是这样。尽管情况比较复杂，我们还是可以从上面的例句中得出两个结论：第一，“把”字句的否定和S－VR－O句的否定并不等值，也就是说VR的否定形式与“把……VR”的否定形式之间没有严格的蕴涵关系，但这并不能否定我们提出的“‘把……VR’蕴涵VR”的说法，只能说语言现象与逻辑规律并不完全对应，而是要复杂得多。第二，无论是肯定形式还是否定形式，“把”字句中的V一定是肯定的。如果一个句子的肯定形式和否定形式都有一个相同的蕴涵，那么这个蕴涵就是这两个句子的预设。这些蕴涵恰恰就是处置式“把”字句的语义特点：“实施了一种行为”是该句式的预设。

（三）处置义“把”字句的语义描写

我们论述了作为能产形式的句法致使结构“把”字句表达一般的致使情境而非特定的致使情境。“一般”与“特殊”的区别在于是否以某种具体的方式导致某种结果，“把”的语义就如同使令动词“使”一样。实际上，在“把”后NP为V的受事、R的施事的“A把NP VR”结构当中，如果将“把”换成“使得”，我们完全可以说“A使得NP VR了”。如：

我把玻璃打碎了。→我使得玻璃打碎了。

我把饭弄洒了。→我使得饭弄洒了。

我把衣服洗干净了。→我使得衣服洗干净了。

也就是说致使义“把”字句中的“把”和处置义“把”字句中的“把”语义是同一的。

我们只是从致使事件的角度说明处置义“把”字句中“把”的致使义，而并不是否认现有的“处置说”。实际上沈家煊(2001)①已经给“处置说”找到了很好的解释。他从语法的主观性与主观化的角度区别了“客观处置”和“主观处置”这两个不同的概念并论证“把”字句的语法意义是表达“主观处置”。客观处置是指甲(施事)有意识地对乙(受事)作出某种实在的处置,而主观处置是指说话人认定甲(不一定是施事)对乙(不一定是受事)作出某种处置(不一定是有意识的和实在的)。同时他还认为,“主观处置”的概念不同于“宽泛意义上的处置”,“主观处置”的核心是“说话人认定”,即便是“狭义的处置”,说话人仍然可以不认定有处置。我们同意沈家煊先生将“把”字句的形成诉诸主观化过程,我们也可以用“主观化”概念将致使义“把”字句和处置义“把”字句统一在“主观处置”之下,但“主观性”的强弱在“把”字句中是有差异的——致使义“把”字句的主观性要远远强于处置义“把”字句和“将”字句。

综合以上论证分析,处置式“把”字句的句式义就应该是:事件参与者一致事成分(causer)A 使得致使关系“V—R”发生,而词汇形式 VR 的主体是役事成分(causee)B。我们可以把这一句式义码化为:

$A \rightarrow VR_{(B)}$

考虑到组合式述补结构,这个公式还可以添加一条:

$A \rightarrow [V 得 R]_{(B)}$

A、B 分别代表“把”前 NP 和“把”后 NP,而相应的包含 VR 的施事主语句的语义形式则为:

$VR_{(A,B)}$

(四)处置义“把”字句的语义表达式

蒋严、潘海华(1998)②尝试采用λ转换的方法解决汉语中的一些疑难现象,包括话题句、焦点句、“被”字句和“把”字句等等。“把”字句的例子是:

关羽把文丑斩了。

① 沈家煊:《如何处置“处置式”——论把字句的主观性》,《中国语文》,2001 年第 5 期。

② 蒋严、潘海华:《形式语义学引论》,北京:中国社会科学出版社,1998 年版。

“把文丑斩了”这个语言片段的λ语义表达式是：

λx[斩′(x)](文丑′)：$e \rightarrow t$

这个公式可以还原为：

(斩′(文丑′))(关羽′)：t

作者表示：这里对“把”字的处理方法是取最简单的方法，即将其看成是一个程序指示词。“把”右边的论元一般可以处理为宾语论元。“把”字结构(即“把”加其宾语)由此间接触发λ抽象，使“把”的宾语可以随时加入组合过程。在这个处理过程当中，我们没有看到对“把”的最直接的语义刻画。正如作者所言：“‘把’的更全面准确的句法语义处理则需要留待更专门的文章去论述。”上面的语义公式可以解读为：存在这样一个x的集合，x被斩了，x是文丑。应该说这个描写是不甚清晰的，没有把“把”字句、“被”字句和话题句区分开来，表达的是一种宽泛的基本的命题意义。

按照上一小节的语义分析，我们可以将“把”作为非逻辑常项来描写它的语义：

$\lambda R\ \lambda V\ \lambda x$[(把′(VR))(y)](x)

这个语义式进行λ-还原之后蕴涵下面这个语义式：

VR′(x, y)

从公式之间的蕴涵关系我们可以看出，“A-把-B-VR”和“A-VR-B”这两种句式之间的关系是前者蕴涵后者。

六、“把”字句的TVP处理方案

(一)“把”字句的非连续分析

综合对致使义“把”字句和处置义“把”字句的句法、语义分析，我们发现，在句法上，“把”后NP具有兼语的性质——它与“把”和VP都具有语义组合性，因此只有将“把……VP”分析为非连续的及物动词短语、将“把”后NP分析为及物动词短语的宾语才能同时满足这种语义的组合性。从事件语言学的角度来看，将“把……VP”分析为一个整体也是合理的，而且是必然的。事件结构告诉我们，这两种“把”字句都是双重致使结构。近年来，认知语义学发展出的概念整合语义学要求这两个事件整合为一个事件，即“把……VP”，“把”前 NP 和“把”后 NP 是这个整合事件的两个参与者。句法为语义解释提供基础，语义组合性必须由语法的组合性提供，因此，对于“把”字句的非连续分析符合非连续 TVP 结构的根本原则。

我们以下面这个句子为例说明“把”字句的 TVP 分析方案：

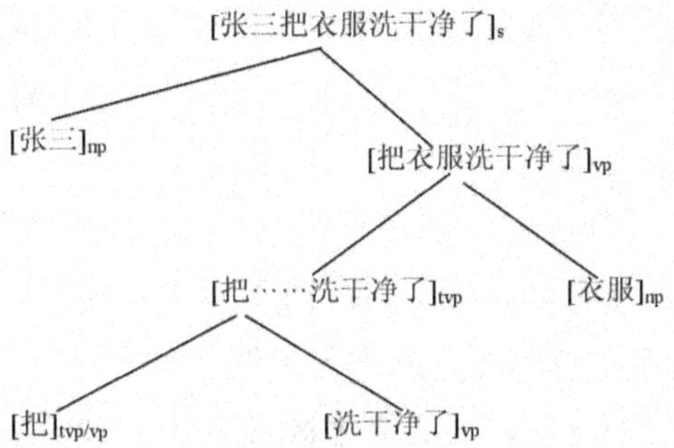

图 3 -44　“把”字句的 TVP 分析方案

从这个树形图我们也能看出相应的层次分析。范畴语法借鉴了转换生成语法的树形图模式，但却与转换生成语法的自上而下的分解式不同，它是自下而上的组合模式。

TVP 与“致使”是紧密相关的，由于这种致使关系，非连续 TVP 方案将 VP 分析为“把”的论元，实际上这种分析是将“把”处理为中心词。“把”的范畴是 tvp/vp，与宾语结合才能成为 vp 范畴，因此，准确地说其范畴应该是 (vp/vp)/np，或者 $(vp/_{w}np)/vp$，其中斜线右侧的角标 w 代表内包操作 (wrapping)。这个公式表明，“把”字结构是一个非连续的及物性动词短语。单从函项构成的角度来看，“把”后 NP 既是“把”的论元也是 VP 的论元，也就是说“把”与 VP 都是它的函项。而由于致使关系的存在，“把”又是 VP 的函项，这样，我们只有将“把”和 VP 这两个函项归并为一个函项才能同时满足三者之间的函项 - 论元关系，从而符合组合语义学的要求。

（二）“把”后 NP 的直接宾语性质

1. “把”字句的宾语控制特征

“把”后 NP 分析为直接宾语以后我们能够适用“宾语控制”来说明它与

VP 中的 NP 的领属关系或者与 VP 中的反身代词的照应关系。

(1)"把"后 NP 与 VP 内 NP 的领属关系

从领属关系上看,与 VP 内名词有领属关系的只能是"把"后 NP,这一点是没有疑义的。这也从另一个角度说明语义上控制 VP 内 NP 的是"把"后 NP 而不是主语,再如:

他把张三打断了胳膊。

我把苹果削了皮。

他把纸门踢了一个洞。

如果将"把张三"分析为介词短语充当的状语,那么"胳膊"必然应该是主语控制的,也就是说应该是"他"的,而不是"张三"的,这显然是错误的。TVP 方案则可以从宾语控制的角度进行说明。

Thompson (1973)[①]认为,类似的例句如"他把纸门踢了一个洞",由于"纸门的一个洞"在"踢"之前是不存在的,因此无法将"纸门"和"一个洞"分析为复杂名词短语。她的解决办法是认为"踢了一个洞"的句法作用相当于一个及物动词,可以带一个直接宾语,然后由转换规则在衍生过程中将"把"加进去,其底层结构如下图:

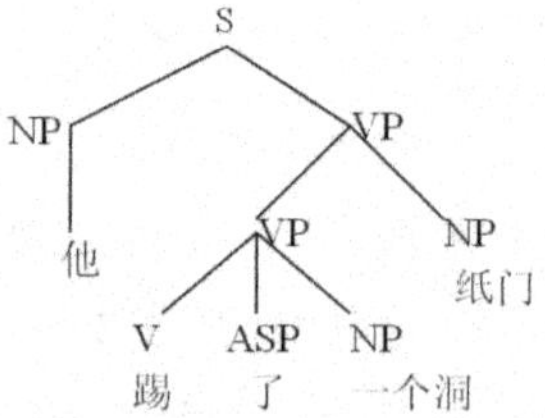

图 3-45 "他把纸门踢了一个洞"的底层结构

这种分析方案也是将"把"后 NP 分析为直接宾语,通过宾语控制说明"把"后 NP 与 VP 中 NP 的领属关系。

(2)"把"后 NP 与 VP 内反身代词的照应关系

非连续 TVP 结构中的照应关系很复杂,往往会出现主语和宾语都可以

① Thompson, Sandra. Transitivity and the BA Construction in Mandarin Chinese. In *Journal of Chinese Linguistics* 1, 1973.

与 VP 内反身代词照应的情况。由于这种现象在同属 TVP 结构的兼语句中尤为典型,因此我们将在分析兼语句时深入探讨这个问题,本小节我们只对“把”字句中的长距离照应现象略作说明。

非连续 TVP 分析使得 TVP 谓语句有可能被分解为两个主谓结构:“NP1 + [VP1……VP2]”和“NP2 + VP2”。如果 VP2 内有反身代词,这两个主谓结构都能成为这个反身代词的照应域,根据约束第一原则就可能产生两种照应现象。“把”字句的情况也是如此,例如:

张三$_i$把李四$_j$送回了自己$_{i/j}$的家。

张三$_i$把孩子$_j$放在自己$_{i/j}$的床上。

上面例句的照应域分别是[张三把……送回了自己的家]、[李四(送)回了自己的家]和[张三把……放在自己的床上]、[孩子(放)在自己的床上]。VP2 中的反身代词指向主语(“把”前 NP)时被称为长距离照应。

主语照应与宾语照应都可能被阻断,例如:

张三$_i$把衣服$_j$放在自己$_{i/*j}$的柜子里。

汽车$_i$把李四$_j$的货物拉回自己$_{*i/j}$的老家。

这种阻断效应是由 NP 的[—有生性]导致的。

从上面的简单说明中我们可以看到,非连续 TVP 分析为“把”字句中的长距离照应现象提供了解释。

2.“把”后 NP 的话题化

“把”后 NP 可以话题化,但必须出现占位代词标明语法关系,例如:

张三,李四把他赶走了。

张三,李四把他的胳膊打断了。

能够话题化是宾语的一个主要特征,说明其相对独立性。“把”后 NP 不但能够整体话题化,而其修饰语同样可以话题化。

3.“把”字句的被动形式

“被”与“把”的连用形式“被……把”一般被认为是两种平行结构的套

用或结合(如李珊 1994①、曾常红 2004②)。李珊(1994)认为:"'把'字后的宾语通常是谓语动词的受事,'被'字前面的主语通常也是谓语动词的受事。这两个受事在语义上有某些共同点(它们都是语用上的主题),可以发生语义联系,因此,这两种句式也可以合并在一个句子里,构成'被……把'式,以表达复杂的意思。"这种说明大致是不错的,原因是绕开了被动化的句法要求而只从语义上解释了"被……把"式的形成。在将"把"字句处理为非连续TVP结构后,我们完全可以认为"被……把"式就是"把"字TVP短语的被动形式,而并不是两种句式的合并。这种被动化与主谓宾句的被动化一样——原来的宾语成为被动结构的主语。但"把"字句的被动化仍有自身的特点,我们看下面的例句:

"把"后NP中心语占位(李珊 1994 例)

被人把喉咙都看清了。

可是他刚刚张嘴,就被"罗锅"队长把话打断了。

宝玉……被袭人将手推开。

我到底被那木打把头碰破了。

张三被(李四)把胳膊打断了。

那张桌子被(孩子)把一条腿弄断了。

"把"后代词占位(曾常红 2004 例)

那对青年被日本人从电车上把他们捉下来。

她已被战争把她压倒在地。

她会被一条哈巴狗或者一只小花猫把她领到地狱里去。

观察上面两组例句我们有两点发现:首先,能够被动化的"把"字TVP结构都是处置义"把"字句而不能是致使义"把"字句。我们认为原因是"被"后NP应为有指称的施事或者致事名词,而致使义"把"字句的"把"前NP是事件名词,因此这种"把"字式不能被动化。其次,这些能够被动化的"把"字

① 李珊:《现代汉语被字句研究》,北京:北京大学出版社,1994年版。

② 曾常红:《现代汉语"被"字与"把"字套用的格式》,《语言研究》,2004年第1期。

句有两种情形：第一，"把"后NP(语)都是领属关系的复杂名词短语，这个复杂名词短语的限定语被动化为主语，而中心语留在原位。第二，"把"后有代词占位。我们认为，占位成分是"把"字式被动化的一个必要条件。原因是"把"与VP不能以连续的形式而只能以间断的非连续形态出现，只有在保证非连续的前提下才能被动化。这也是为什么不能出现代词占位的简单宾语"把"字句不能被动化的原因。如果被动化形式中"把"后没有占位成分，那么就可以直接用VR的被动形式来表达，因而"把"字句的被动化只限于带复杂宾语的处置式或者有占位代词的"把……VP"。

七、"把"字句TVP分析的语言类型学意义

将"把"字句处理为非连续TVP结构的重大意义还在于帮助我们澄清汉语的语言类型。从李讷等(1973)[①]开始，"把"字句一直作为一项重要的证据说明汉语正在走向SOV型语言。虽然反对的人很多，但由于没有给"把"字句提出合理的解决方案，因此对这种观点的反驳一直是从侧面展开的。非连续分析以最直接的方式说明"把"后NP并不是VP的宾语提前，而是插入非连续及物动词短语"把……VP"的直接宾语。TVP结构是一种具有普遍性的语言现象，英语中大量存在这种结构，但并没有人因此而提出英语正在走向SOV型语言，因此，我们不能就"把"字句的情况得出"汉语正在走向SOV型语言"这种结论。

第七节　汉语非连续TVP结构："得"字句

正如前面所述"致使义"与非连续结构密切相关，后者是前者的句法表达形式。本节我们将要论证，"NP1 + V1得 + NP2 + VP2"形式的"得"字补语句中，只有一部分是非连续的TVP结构，而另一部分是不及物的IVP结构，

① Li, Charles N. & Sandra Thompson. An explanation of word order change from SVO to SOV. *Foundations of Language*, 1973.

并对两种结构分别进行描述。

一、词汇规则生成“V 得”

同“把”“被”一样，“得”也经历了从实意动词到语法标记的演变过程。在10世纪左右，作为V2的“得”语义已经相当丰富了，它作为V1的一个黏着性成分已经真正成为标引V1事件所导致的结果的一个功能性范畴，这种结构已经开始表达结果意义。可以写成“V—得”，语义如下：

V1 +（获得、达到、可能、完成、（被动）） +结果

我国汉语语法学史研究中早已提出类似的观点，如王力先生（1980）①指出：“这三种性质的动词词尾‘得’字是同一来源的，就是由原来的‘获得’意转化为‘达成’，由‘达成’的意义更进一步的虚化，而成为动词的词尾。”

（一）“得”的性质

就“得”的性质而言，不管称它为后附号、动词词尾、动词后缀、结构助词还是补语助词，有两点可以肯定，那就是“得”的后附性与黏着性。因此，“动词词尾”说和“动词后缀”说也许更为贴切。转换生成语法的研究中也是这样处理的，如黄正德（1988）②采用上移动词法，将补语助词“得”首先附属动词成为“V 得”然后上移到 INFL 给 NP2 指派格位。尽管这种提法很贴切，但也会带来一些问题，那就是“V 得”后成分的语法地位。由于“V 得”整合为一个表达致使义的新动词，那么后边的 NP 就有可能是它的宾语或者兼语，许多转换生成语法分析方案也是这样处理的，这个问题我们将在下文论述。

“V 得”分析导致的另外一个问题即它是不是由词库生成的。首先我们应该明确，如果采取“词库生成”说，那就意味着“V 得”是一个及物性的动词短语。熊仲儒（2003）③提出这方面的顾虑，他认为也许这种方法会带来一些句法分析上的便利，但是不符合人们的语感，从直觉上很难把它们当作词库

---

① 王力：《汉语史稿》，北京：中华书局，1980 年版。

② 黄正德：《汉语正反问句的模组语法》，《中国语文》，1988 年第 3 期。

③ 熊仲儒：《现代汉语中的致使句式》，北京语言大学博士论文，2003 年。

中本有的词项，因为它们的生成有很大的预见性而非一种“例外”。在他的处理方案中，“得”是由一种功能范畴——达成范畴（Bec）生成的，这也就意味着“V 得”是由句法派生而来的。转换生成语法是一种自上而下的语法，这样分析没有什么错——由于词汇规则的不完善，构词规则由句法规则代劳是转换生成语法的常见做法。

（二）范畴语法中“V 得”的生成

范畴语法的构建方式与转换生成语法恰恰相反，它是一种自下而上的语法，对于词汇规则的足够重视也使得“V 得”词库生成成为可能。我们在这里所说的“词库生成”并不是说每个具体的“V 得”在词库中都是原生的，而是说它们是在词库中由词汇规则派生的。“V 得”生成的可预见性正是我们设立该条词汇规则的基础，反过来说也是词汇规则的作用。我们赞同“词尾”或者“后缀”这种说法也表明，在范畴语法当中，我们不认为“得”是一个单独的词类，因为“V 得”是由词汇规则生成的。我们可以设定这样一条词汇规则来生成“V 得”，操作名称是“附加后缀‘得’”。

规则 I：

$< F_{(v+de)1}, < IV >, IV/t > (\_de\ \text{Rule}).\ F_{(v+de)1}(a) = a + de.$

语义解释：$\lambda P\ \lambda x\ [a'(x)\ \text{CAUSE BECOME}\ P(x)]$

规则 Ⅱ：

$< F_{(v+de)2}, < TV >, IV/t > (\ de\ \text{Rule}).\ F_{(v+de)2}(a) = a + de.$

语义解释：$\lambda P\ \lambda x\ \lambda y\ [(a'(x))(y)\ \text{CAUSE BECOME}\ P(x)]$

这两条规则是说，规则名称都是“_de Rule”，操作方法是动词后加词缀“得”，词汇范畴输入分别是不及物动词 IV 或者及物动词 TV，输出范畴都是以小句 t 做补语的不及物动词短语 IV，并分别对产生的新词“V 得”进行了语义刻画。语义解释部分表明，在我们的处理方案中，具有致使性质的不是动词 V，而是动词短语“V 得”。

这两条词汇规则由 V 生成“V 得”，使其具备了带小句结果补语的能力，从本质上说，类似动词 V 具备带结果补语 R 形成动结式动词短语 VR 的能力,也就是朱德熙(1982)[1]所说的与黏着性补足语相对应的组合式补足语或者李临定(1986)[2]认为的那样,“得”字句式是相应的“动补”格句(VR)的扩展式。在转换生成语法的轻动词处理方案中(如沈阳等2001[3]、张璐2003[4])将“得”处理为表达致使意义的轻动词,它在句法中通过移位与谓语动词成为并入结构。张璐(2003)明确提出“……因此而抑制了谓词本来的论元指派,主要表现为取消谓词指派宾语补足语的能力,使‘V得’的补足语变成一个动词性或者小句性VP,所以汉语‘得’字句的句法结构应该是述补结构而不可能是其他。”可见轻动词分析方案中的“得”字句句法结构与我们的分析是一致的。

这两条词汇规则的确立表明了我们这样一种立场:在“NP1 + V1得 + NP2 + VP2”句式中,“得”后成分“NP2 + VP2”是小句补语。这种立场的连锁反应是:NP2不可能是“V1得”的宾语或者兼语,这也意味着:不管动词V1是不及物动词还是及物动词,“V1得”总是不及物的。为了便于更好地论证这个问题并在此基础上甄别出非连续TVP结构“得”字句,我们首先对“NP1 + V1得 + NP2 + VP2”这种形式的“得”字句进行分类。

二、两类不同事件结构的“得”字补语句

(一)前人的分类方法

先前对于“得”字句的分类一般是从结构、结构加名词的施受语义特征、转换生成语法中补语的句法地位或者与各句型的转换关系等角度进行的。本节,我们将从一个新的角度——致使事件的结构差异来给“NP1 + V得 + NP2 + VP2”式“得”字句进行分类。上一节对“把”字句的分析告诉我们——非连续形态很有可能是一种句法致使手段,因此,我们预计TVP结构的“得”

---

① 朱德熙:《语法讲义》,北京:商务印书馆,1982年版。

② 李临定:《现代汉语句型》,北京:商务印书馆,1986年版。

③ 沈阳、何元建、顾阳:《生成语法理论与汉语语法研究》,哈尔滨:黑龙江教育出版社,2001年版。

④ 张璐:《现代汉语“得”字补语句研究》,北京大学博士论文,2003年。

字句也会与致使关系密切相关。

李临定(1963)[1]根据充当“得”字句各个成分的语法单位的性质把“得”字句分为12类。其中与我们的“NP1 + V1 得 + NP2 + VP2”式“得”字句相对应的是“[名] + 动/形 + 得 + 名$_{受}$ + 动/形”这一类。其中,“得”后的名$_{受}$也包含名$_{施}$,他之所以取名$_{受}$是基于他对“得”后NP句法地位的个人主张,对此我们将有详细论述。由于他的分类为我们的进一步研究提供了很好的基础,因此我们的论证在他的分类之上进行。为论述的方便起见,我们引用他的分类及例句如下:

1. 名$_{施}$ + 动 + 名$_{受}$。前段是及物动词。

痛苦折磨得他吃不好饭,睡不好觉。

口中的热气吹得班长的耳朵怪痒痒的。

2. 名$_{施}$ + 动 + 名$_{非施非受}$。前段常是不及物动词,也可以是及物动词。前段是不及物动词,如:

有时(她)整夜地哭,哭得他忍不住生气。

非施非受的名词指身体的一部分,属于名施

她哭得眼睛都红了。

前段是及物动词的:

吃得小孩这么肥大。

老孙头说得老万笑起来。

3. 名$_{受}$ + 动 + 名$_{施}$。前段是及物动词。

豌豆吃得人腿发软。

啊,辛先生,你望得我好苦啊。

这一番话听得我凄然又悚然。

木椅上坐得他屁股发酸。

4. 名$_{受}$ + 动 + 名$_{非施非受}$。前段是及物动词。

这句话又说得大家笑了起来。

---

① 李临定:《带“得”字的补语句》,《中国语文》,1963年第5期。

5. ( ) + 动 + 名$_{施}$。前段常是“累、急、疼、忙、高兴、激动”等形容词。

疼得小伙子直流汗。

累得五婶直喘气。

高兴得我一夜没睡着。

激动得他几乎流出眼泪来。

哭得他浑身像散了架似的没有劲。

前段是不及物动词的，如：

哭得他浑身散了架似的没有劲。

6. ( ) + 动 + 名$_{受}$，前段是及物动词。如：

惹得大家哈哈大笑。

吓得她马上没有答上话来。

逗得满院子人大笑。

7. ( ) + 动 + 名$_{非施非受}$。前段是及物动词或不及物动词

村子里更是满天的云雾，说得她不像个人。

吃得胸口比下巴还高哪！

弄得他失掉了领导权。

热得旷野里柳树上的蝉竟然在半夜里叫了起来。

以上 7 类例句都可以转换为相应的“把”字句。

(二)“NP1 + V1 得 + NP2 + VP2”式“得”字句中的致使关系

李临定的这种分类兼顾了形式和语义两个方面，后者体现在 NP1 和 NP2 与 V1 之间的施受关系上。但从致使(或者使动)性质上来看，我们发现根据能否转换成“NP1 + 使 + NP2 + V1 得 + VP2”形式又可以将他们分为两类，能够进行这种转换的是第 3 类、第 5 类的全部例句，例如：

豌豆使人吃得腿发软。

这一番话使人听得凄然又悚然。

使小伙子疼得直流汗。

使五婶累得直喘气。

使他哭得浑身散了架似的没有劲。

使我高兴得一夜没睡着。

使她吓得没有答上话来。

而其他例句则不能做这种转换。“使”表达的是致使关系，这种差别的存在说明两种“得”字句之间存在着致使关系方面的差别。同时，也只有第3类和第5类例句能够转换为致使义“把”字句，例如：

豌豆把人吃得腿发软。

这篇话把人听得凄然又谏然。

把小伙子疼得直流汗。

把五婶累得直喘气。

把我高兴得一夜没睡着。

这一点李临定(1963)[①]、朱德熙(1982)[②]等也早就提到过，这也再次说明这类“得”字句比其他“得”字句多了一层致使关系。

第3类和第5类不同于其他类别之处还在于NP2(即“得”后NP)都是施事性(含感事)的，但在“把”字句中却成为被处置的对象，这也就是致使义“把”字句中的“把”后NP对于动作的非意志性及这个NP后的VP的不可控性，这就说明在第3类和第5类“得”字句中，NP2是非意志性的，而VP2是不可控的。这两种特性都说明一个问题：作为VP2的施事成分，NP2的动作行为是不由自主发生的被使(或被迫使)行为，因此NP1蕴涵某一事件迫使NP2发出VP2动作或行为。我们不妨来考察一下这两种“得”字补语句的事件结构。

(三)三事件的“得”字句与二事件的“得”字句

1. 表达双重致使关系的三事件“得”字句

能够转换为“NP1 + 使 + NP2 + V1得 + VP2”形式及相应致使义“把”字句的“得”字补语句中，许多例句的句首为空位，正如李临定(1963)[③]所指出

① 李临定：《带“得”字的补语句》，《中国语文》，1963年第5期。

② 朱德熙：《语法讲义》，北京：商务印书馆，1982年版。

③ 李临定：《带“得”字的补语句》，《中国语文》，1963年第5期。

的那样:“观察这几类句子的上下文,往往是表示由于某件事或某种动作行为而引起的某种结果。因此,这些句子的前边有时可以添上‘这’、‘这件事’、‘这种情况’等词语。”这种情况说明:NP1 位置为空位的第 5 类“得”字结构的句首隐含着一个事件,或者说是一个事件名词。事件名词与一般名词的不同在于后者指称一个客体,而前者则是一个事件的表征,例如:

这件事高兴得我一夜没睡。

这次获奖激动得他几乎流出眼泪来。

正如我们在上一小节中分析的那样,这两个句子中的 NP2“我”和“他”作为被使成分不由自主地“高兴”和“激动”,进而造成不可控结果“一夜没睡”和“几乎流出眼泪来”。因此,这两个句子之前都隐含一个致使事件。正是这种事件导致 V1 的发生,而 V1 的发生又导致了 V2 的结果。第 3 类“得”字句的句首虽然不是事件名词,但同样是致使成分,整个句子也隐含着一个致使事件。例如:

豌豆吃得人腿发软。

这一篇话听得我凄然又悚然。

例句中的 NP2 被某事件迫使发出动作“吃”和“听”,具有不可控的特点。可见,第 3 类和第 5 类“得”字句与表致使义的“把”字句一样属于包含双重致使关系的三个事件结构,其致使类型完全相同,这种双重致使关系我们可以用下图表示:

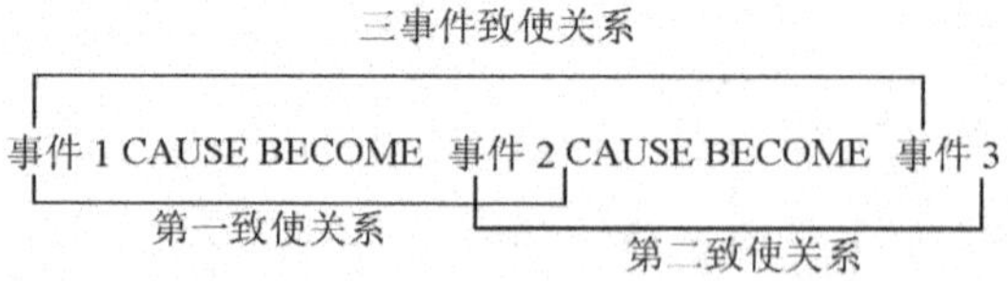

图 3-46 致使义“得”字句的三事件致使关系结构

上图中事件 1 是隐含的事件,事件 2 由 V1 代表,事件 3 由 VP2 代表。

2. 表达单层致使关系的二事件“得”字补语句

(1)二事件“得”后成分的类别

除三事件“得”字补语句外,其他的类型的“得”字句表达的是两个事件构成的单层致使关系。这种"得"字句又分为 V1 为不及物动词和 V1 为及物动词两种类型。例如：

甲类：V1 为不及物动词

他哭得眼睛都红了。

他笑得我心里发毛。

他唱得我心烦。

乙类：V1 为及物动词

他打得孩子大哭。

张三骂得爱人很伤心。

那条狗咬得他直冒汗。

以上例句中的"得"字句表达的都是致使事件和被使事件这两个事件形成的单层致使关系。甲类中的"唱"虽然是及物动词，但是在句中与 NP2 没有施受关系，是不及物动词的用法。从事件结构的描写上，甲类和乙类可以描写为：

致使事件(V1)→被使事件(VP2)

这些句子的句法结构和成分之间的语义组合是相对应的，不是非连续结构。乙类的情形有些复杂。

(2)从重动句看二事件"得"字句中 V1 的及物性特征

乙类的事件结构描写存在这样一个问题：NP2 应该出现在致使事件中还是被使事件中？也就是说我们应该采取下面哪种事件结构？

a. 他打孩子→孩子大哭
   张三骂爱人→爱人很伤心
   那条狗咬他→他直冒汗

b. 他打→孩子大哭
   张三骂→爱人很伤心
   那条狗咬→他直冒汗

换言之就是上述 V1 是及物的还是不及物的，实际上是一个非常值得考虑的问题，因为它关系到"得"后成分的句法定位问题。

仔细琢磨，乙类句子实际上是歧义的。我们不妨将这类“得”字句恢复为重动句形式来摸清施受关系：

a′. 他打孩子打得孩子大哭

张三骂爱人骂得爱人很伤心

那条狗咬他咬得他直冒汗

b′. 他打那只猫打得孩子大哭

张三骂孩子骂得爱人很伤心

那条狗咬别人咬得他直冒汗

从句法与语义的完整性上来讲，重动句形式是这类“得”字句最完整的表达，也可以说这类“得”字句实际上是一种省略的，或者说是存在隐含成分的句子。石毓智、李讷(2001)①从语法化角度对重动句的出现进行了解释，认为重动句(动词拷贝句)的产生是由于“V(得)OC”的消失需要一种新的结构来引进宾语。“V(得)OC”格式在明代已经大幅度萎缩，可以作补语的形容词只限于少数的几个，比如“干净、整齐、光鲜”等，例如：

收入家伙去，揩抹得桌儿干净。(《金瓶梅词话》第四十五回)

这样我们就发现，我们正在论述的乙类句子实际上是古、近代汉语在现代汉语中的遗留形式。实际上这种句式的不完全能产性也能够说明这一点。为什么同样的句法形式、同样的语义关系，我们却不能说“*他擦得桌子很干净”“*他洗得衣服很干净”呢？因此，这类句子理应归于重动“得”字句。如果V1与NP2之间的动宾关系是一种常规的隐含，那么这个句子就可以不用重动句前小句表明这种语义关系，整个句子可以以非重动句形式的“得”字句出现，但我们仍然不能将V1分析为及物动词。这样，这类句子的事件结构应该是上面的b式而不是a式。从词汇规则的角度来看，“V得”同动词的被动化操作、及物动词的不及物化、及物动词短语的作格化一样适用于词汇削减规则——由及物性动词成分转换为不及物动词成分。

① 石毓智、李讷：《汉语语法化的历程——形态句法发展的动因和机制》，北京：北京大学出版社，2001年版。

刘维群(1982)[①]认为,重动句之所以产生,是由于现代汉语的宾语和补语一般都位于动词之后,而且在很多情况下都要求直接与动词结合,尤其是补语,通常是不允许被别的成分隔开的。因此,当一个动词同时带有宾语和补语时,就常常将这一动词重复使用一次,让宾语和补语都能够直接跟在动词后面,这样就形成了重动句格式。徐枢(1985)[②]、石毓智和李讷(2001)[③]也持同样的主张,这在汉语语法学界已成公认。但关键是重动句的前成分即"NP + V + O"的句法地位问题分歧较大,有"状语"说、"连动式"说、"主谓短语做主语"说、"主谓谓语说"等等,较近的研究如黄正德 1991[④]将其处理为附加语(adjunct),而熊仲儒(2003)[⑤]将其处理为致事动词短语的指示语。句法地位我们暂且不谈,从语义上看,一般认为重动句的补语部分是句子的语义重心,而"NP + V + O"部分的动词 V 表意功能弱化。刘维群(1982)[⑥]认为这一部分的主要作用是适应汉语结构的需要,把宾语引入重动句中来。项开喜(1997)[⑦]参照沈家煊(1995)[⑧]将重动句前结构定位为无界的背景信息无疑是正确的。在此基础上,我们进一步认为,重动"得"字句的"NP + V + O"部分中的 V 起的是引介宾语、标引语法关系的作用。既然及物性关系已得到表明和引介,那么,"V 得"是否还是及物性的就值得重新考虑了。

郭锐(2000)[⑨]区分了词性的层面,他把对应于内在表述功能的词性叫作词汇层面的词性,而把对应于外在表述功能的词性叫作句法层面的词性。词汇层面的词性就是词语固有的词性,需要在词库中标明;句法层面的词性

① 刘维群:《论重动句的句法特点》,《南开学报》,1982 年第 2 期。

② 徐枢:《宾语和补语》,哈尔滨:黑龙江人民出版社,1985 年版。

③ 石毓智、李讷:《汉语语法化的历程——形态句法发展的动因和机制》,北京:北京大学出版社,2001 年版。

④ Huang, James, C. - T. Modularity and Chinese A - not - A Questions. in Carol Georgeopoulous and Roberta Ishihara (eds) *Interdisciplinary Approaches to Languages: Essays in Honor of S - Y. Kuroda Kluwer*, Dordrecht. 1991.

⑤ 熊仲儒:《现代汉语中的致使句式》,北京语言大学博士论文,2003 年。

⑥ 刘维群:《论重动句的句法特点》,《南开学报》,1982 年第 2 期。

⑦ 项开喜:《汉语重动句的功能研究》,《中国语文》,1997 年第 4 期。

⑧ 沈家煊:《"有界"和"无界"》,《中国语文》,1995 年第 5 期。

⑨ 郭锐:《表述功能的转化和"的"字的作用》,《当代语言学》,2000 年第 1 期。

是词语在使用中产生的，需要由句法规则控制。两个层面的词性一般情况下一致，个别情况下不一致。他从这个角度来说明动名词的产生。实际上这种词性的变化不仅仅体现在不同词类之间的变化上，同一词类的动词又分为及物和不及物两个次类，在词性不变的情况下，次类之间也可以互相转化，例如关系削减规则使得及物动词转换为不及物动词。而根据关系扩展规则，及物动词也可以扩展为双及物动词（双宾动词）。这些变化不是跨词性的，而是在同一词类中的次类之间的转化。转换生成语法的轻动词分析方案的结论是“词汇性谓词加了‘谓词结果’义的‘得’后谓词会出现减元化现象，‘V 得’相当于一元谓词，一般构成一个不及物性非宾格结构”（张璐 2003）①，这种对句子自上而下的分析与我们自下而上的组合性生成方式得出的结论是一致的。

（3）二事件“得”字句的“得”后成分

重动句的前小句表达的是背景信息，及物动词 V1 的及物性在这一部分得到表达，而带有粘着后缀“得”的动词性成分“V1 得”是不及物动词。在这样的“得”字句中，尽管 NP2 在语义上与 V1 是动宾关系，但在句法处理上不可能是“V1 得”的宾语或者兼语。这样，我们只能认定“得”后成分是小句补语或者主谓短语补足语，徐枢（1985）②就采取了这种观点，他认为，“当结构和语义不相一致的时候，应以结构为标准”，另外，为了“尽量避免出现成分间不相连续的情况”。持这种见解的人认为，“他哭得肩膀抖动”与“你逼得爹没有一点路可走了”本质是相同的，尽管后者“爹”是“逼”的对象，而前者“肩膀”不是“哭”的对象。我们的分析说明，这种分析方法并不是在“结构和语义不相一致的时候”的权宜之计，而是句法和语义相对应的。表达二事件单层致使关系的“得”字句中句法结构以连续的形态提供了语义的组合性解释，因此，不是非连续 TVP 结构，其“V1 得 + NP2 + VP2”是连续状态的不及物动词短语 IVP。

---

① 张璐：《现代汉语“得”字补语句研究》，北京大学博士论文，2003 年。

② 徐枢：《宾语和补语》，哈尔滨：黑龙江人民出版社，1985 年版。

(4)IVP“得”字句结果事件的离散化

我们在前面已论证了,当 V1 为及物动词并且与 VP2 有 VR 形式时,这种 VR 不能用组合式述补结构“V 得……R”来表达,但一种例外的情况是,当 VP2 带状语或者重叠时,这种转换却可以进行。例如:

他砸碎了玻璃→*他砸得玻璃(都)碎了→他砸得玻璃粉碎

他洗干净了衣服→*他洗得衣服(都)干净了→他洗得衣服洗干干净净的

他摇醒了赵英→*他摇得赵英(都)醒了→他摇得赵英一下子就醒了

原因是如果两个动词结构有 VR 形式,那么二者只就存在直接致使关系,并且结果是唯一的,与“得”字句的弱致使义不吻合,因而不成立。而当 VP2 前有状语或重叠时,此时结果范畴被离散化,成为离散的范畴,结果就不再是唯一的或者单一的,因而能够进入“得”字句,例如:

张三打得李四到处跑。(*张三打得李四跑。张三打跑了李四。)

张三摔得桌子支离破碎。(*张三摔得桌子碎。张三摔碎了桌子。)

张三擦得地板能照见人影。(*张三擦得地板干净。张三擦干净了地板。)

许多研究者论述了“得”字补语句必须是复杂形态的 VC 结构,其实是复杂形态使得结果范畴离散化而满足其句式义要求,这是真正的语义方面的原因。这个结论有两种例外情况:一种例外的情况是 NP2 为及物动词 VP1 的工具类斜格宾语或者 NP1 与 NP2 有领属关系时,VP2 可以没有状语等附加成分,并能够被动化。例如:

张三哭得嗓子(都)哑了。(张三的嗓子被哭哑了。)

我笑得肚子疼。(我的肚子都被笑疼了。)

斧子用得断了把儿。(斧子把儿被用断了。)

另一种情况是 VP1 为及物动词,NP2 为 VP1 的受事并且 VP1 在语义上蕴涵 VP2 时。例如:

你逼得爹无路可走了。

他劝得我有点动心了。

他说得我不好意思了。

这类 VP1 以致使动词(兼语动词)居多。

除以上两种情形之外,即使 VP1 为及物动词,NP2 在语义上也只能优先理解为 VP1 的斜格宾语,即受影响的成分,也就是说 VP1 的动作不直接作用于 NP2。这种情况可以使用重动句形式,例如:

他唱得我很烦。→他唱歌唱得我很烦。

他打得我很生气。→他打孩子打得我很生气。

他学得我都觉得累。→他学英语学得我都觉得累。

张三骂得李四很烦。→张三骂孩子骂得李四很烦。

需要注意的是,这类句子即使能变成被动句,其语义也发生了变化,使得斜格宾语变为直接宾语了。如:“李四被张三骂得很烦”蕴涵着“张三骂李四”,那么语义就改变了。实际上这个被动句是重动句“张三骂李四骂得李四很烦”的被动形式。

(四)TVP“得”字句与 IVP“得”字句的分野

我们可以这样总结上面的分析:表达二事件单层致使关系的“得”字句其线性句法关系与其成分之间的语义组合性相吻合,其谓语部分不是非连续 TVP 结构,而是不及物性的 IVP 结构(intransitive verb phrase)。相应地,表达三事件双重致使关系的“得”字句是 IVP“得”字句的致使形式,是一种非连续的及物动词短语 TVP 构造。所有的 TVP 都来源于相应的 IVP 形式,非连续形式是获得致使义的手段,是一种句法致使。下面我们来论证这种三事件的“得”字句是非连续 TVP 结构。

三、非连续 TVP“得”字句

(一)句法组合性与语义组合性的对应

陆俭明(1992)[①]曾以我们分析出的三事件双重致使关系的“得”字句为例讨论补语在结构分析上的困惑并提出这样一个问题:“得”后的 NP 是连后

① 陆俭明:《现代汉语补语研究资料》序言,北京:北京语言学院出版社,1992 年版。

的还是中嵌的？他给出了两种不同的分析模式：

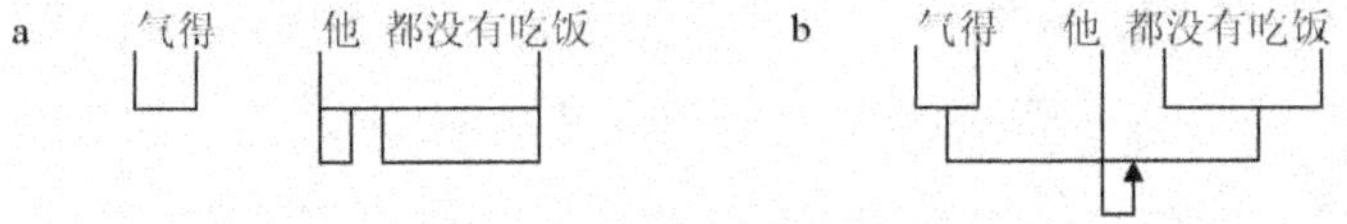

图 3－47　“得”后 NP 的两种分析模式

实际上 a 式结构是 IVP 结构分析方法，而 b 式分析是 TVP 结构分析方法。后一种分析模式将“得”后名词性成分“他”作为中嵌成分，这也就意味着将述补性动词短语分析为非连续结构。提出这种分析的可能性表明我国学者意识到了这种“得”字补语句的非连续性质。

按照我们上文的分析，这类“得”字补语句同“使”字句和致使义“把”字结构一样，应该是一个非连续结构。只有这样，才能够表达“使……气得都没有吃饭”这一语义组合性质，在这种语义组合当中，“气得都没有吃饭”必须被整合为一个事件成为“使”或者“把”的被使事件。具体地说，如果将这里的“V1 得＋NP2＋VP2”作为一个连续形态，那么这只能是一个 IVP 结构，只能表达 V1 与 VP2 之间的单层致使关系，可以由词汇形式“使”或者致使性“把”字句表达的更大的致使关系则无从表达。为了体现这种更大的致使关系，只有在结构上将其分析为非连续的 TVP 结构，而两个动词（或形容词）之间的名词性成分 NP2 则是这个 TVP 的宾语。这是句法组合性与语义组合性相对应这一根本原则的要求。

（二）TVP“得”字补语句

根据上文论述我们发现，三事件“得”字句表达的双重致使关系是通过非连续形式这种句法手段表达出来的。按照句法与语义相对应的原则，我们也可以理解为非连续形态衍生出致使关系，这种“得”字句因此与 IVP“得”字句相区别。因此，从语义考察入手我们得出的结论是这类“得”字句必然是非连续 TVP 结构。

1. NP2 的直接宾语特征

TVP“得”字句中的 NP2 分别与 VP1 和 VP2 都有语义关系，而且 NP2 是两个动词性成分 VP1 和 VP2 的施事或感事，但由于该句式的强致使的语义特点导致该施事成分失去了其作为施事的最典型的特征——自主性（或者自控性），VP1 和 VP2 都成为一种不由自主、无法控制的行为，NP2 成为被强加某个动作的客体，因而从语义上看具备做宾语的条件。TVP 分析方案中 NP2 被分析为非连续及物动词短语“VP1 得……VP2”的直接宾语，我们也能够看到，TVP“得”字句中的宾语 NP2 具有直接宾语的特征。虽然因这类句子的 NP2 为感事或施事而没有相应的被动形态，但我们看到 NP2 可以被“把”提取，也可以话题化。

2. 宾语控制反身代词化

TVP 分析能够说明这类“得”字句的宾语控制特点——VP2 后面所带的反身代词与 NP2 有照应关系、如果 VP2 后另有 NP3，那么 NP3 与 NP2 有领属关系，如：

这首歌听得他忘记了自己所有的烦恼。

高兴得他直咬自己的手。

痛苦得他掉了三斤肉。

3. TVP“得”字句的连续形态

我们已经提到，每个 TVP“得”字结构都来源于相应的 IVP“得”字结构这种连续形态，前者是后者的致使形式。李临定（1986）[①]中的第 3 类和 5 类例句中的名$_{施}$都可以前移，形成 IVP，“V1 得”与 V2 也同样形成了连续形态，例如：

人们吃豌豆吃得腿发软。

我听这番话听得凄然又悚然。

小伙子疼得直流汗。

五婶累得直喘气。

我高兴得一夜没睡着。

尽管二者能够互相转换，但它们的语义特征并不完全相同。

4. 内包操作

① 李临定：《现代汉语句型》，北京：商务印书馆，1986 年版。

对于非连续 TVP 结构的处理同样需要内包规则把“V1 得……VP2”和宾语 NP2 联结起来，具体操作方式如下图：

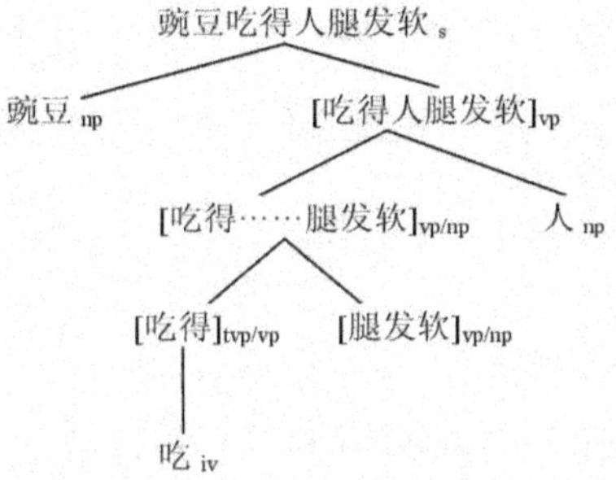

图 3－48　非连续 TVP“得”字句的处理

虽然没有直接提出“V1 得”与 VP2 是非连续结构而 NP2 是该非连续结构的宾语这样的提法，但是李临定(1963)①已经十分明确地提出：“……这种句型的特点是，‘得’后有一个名$_{受}$，这个成分不只是和前段动词(或形容词)发生关系的，而是和前段加后段这个组合发生关系，也就是说它是一个插在中间的一个成分……就是说‘得’后边的这个名$_{受}$是和前段加后段这个组合发生关系的，因此它才可以用‘把’提前。”在那个时期的相关研究中，李临定对于 NP2 的句法定位显得格外与众不同。按照我们的分析，这种论断对 TVP“得”字句来说的确是适用的，但不适用于 IVP“得”字句，因而概括过宽。

同样提出 NP2 是非连续结构“V1 得……VP2”的宾语的是 shu－ing sheu (1990)②，她将“张三哭得很伤心”处理为连续性的 IVP“得”字结构，而将“张三哭得李四很伤心”处理为非连续的 TVP 结构。按照我们的分析，第二个句子同第一个句子一样是连续性的 IVP“得”字结构，她显然没有注意到非连续结构与致使语义之间的对应关系——句法形式上的变异必然导致语义解释的差别，如果语义上没有变化，那么句法结构上的非连续处理是没有必要的，也是不准确的。

① 李临定：《带“得”字的补语句》，《中国语文》，1963 年第 5 期。

② Shu－ing sheu. *Topics on a Categorical Theory of Chinese Syntax*, Ph. D. Dissertation of Ohipstate University, 1990.

四、IVP“得”字句与 TVP“得”字句的歧义及语义差别

(一)IVP“得”字句与 TVP“得”字句的歧义

朱德熙曾指出“这孩子追得我直喘气”有三种不同的理解:

a. 追孩子,我喘气

b. 孩子追我,我喘气

c. 孩子追我,孩子喘气

Y. Li(1988)①认为相同格式的句子只有两种歧义:

友友追得滔滔抬不动腿

a. 滔滔追友友,滔滔抬不动腿

b. 友友追滔滔,滔滔抬不动腿

c. * 友友追滔滔,友友抬不动腿

以上两个句子确实是歧义的——其中的“V1 得……VP2”既可以作 IVP 结构理解,又可作 TVP 结构理解。作为 TVP 结构,这两个句子的意思为 a,即“这孩子使得我追得直喘气”和“友友使得滔滔追得抬不动腿”;作 IVP 理解时,这两个句子恢复重动句为“孩子追我追得我直喘气”和“友友追滔滔追得滔滔抬不动腿”,而意义 c 在这两个句子的歧义解读中是不存在的,该意义的表达方式是“孩子追我追得直喘气”和“友友追滔滔追得抬不动腿”。在 TVP 解读中,NP2 既是 V1 的施事成分(或感事成分)又是 VP2 的施事成分(或感事成分);在 IVP 解读中,NP2 为 V1 的受事成分,同时也是 VP2 的施事成分,不可能既是 V1 的施事成分又是 VP2 的施事成分。如果 NP1 既是 V1 的施事成分又是 VP2 的施事成分,那么只能也必须采用“NP1 + V1 + NP2 + V1 得 + VP2”这种重动句的形式表达。

IVP“得”字句与 TVP“得”字句可能造成的歧义还表现在相应的“把”字句上。我们的问题是诸如下面的这些“把”字句是从 IVP“得”字句转换来的

① Li, Yen - hui Audrey. Argument Determiner Phrases and Number Phrases. *Linguistic Inquiry*29, 1998.

还是从 TVP“得”字句转换来的，例如：

把他高兴得跳了起来。

把他吃得肥头大耳的。

把我愁得头发都白了.

这组“把”字句可能是由 TVP“得”字句转换来的，也可能是 IVP“得”字句转换来的，如：

TVP“得”字句

高兴得他跳了起来。

吃得他肥头大耳的。

愁得我头发都白了。

IVP“得”字句

他高兴得跳了起来。

他吃得肥头大耳的。

我愁得头发都白了。

按照我们的分析，TVP“得”字句中的 NP2 是非连续 TVP 动词短语“V1 得……VP2”的直接宾语，因此，致使义“把”字句显然是对这一宾语的提取。也就是说致使义“把”字句是由 TVP“得”字句转换而来的。如果假设致使义“把”字句是由 IVP“得”字句转换而来，那么转换手段就只能是句首添加“把”字，但我们知道“把”字句并不是通过添加“把”字而形成的，因此致使义“把”字句不是由 IVP“得”字句而来。

当然，“把”字句本身就是一个非连续 TVP 结构，正如上文所说的“把”后 NP 是“把……VR”的宾语，其中“VR”包括“V 得”形式。当然我们也仍然可以认为“把”的作用是将宾语提前了。根据上面的例句分析，我们发现其实致使义“把”字句与 TVP“得”字句相对应，并且是通过“把”将这类 TVP 结构中的宾语提前了。那么我们就得出这样两个结论：实际上致使义“把”字句后面的 NP 虽然是施事成分，但仍然是宾语，所以在这里“把”的作用仍然是“提宾”，这与处置式是一样的。在这里我们沿用了“提宾”的说法，所指是通过“把”字，宾语的位置发生了改变，但我们认为这种改变不是“把”单独能够完成的，而是通过“把”与 VR 构成非连续 TVP 结构，通过内包的操作方式使得宾语处于较之 S－VR－O 句式更为靠前的位置。

（二）IVP“得”字句与 TVP“得”字句的语义差别

TVP“得”字句有相应的 IVP 连续形式，即每个 TVP 结构“得”字句都可以转换成 IVP 形式，但反之则不然。转换必然导致语义的变化，传统语法对“转换”所下的经典定义是“转换一个句子是改变句子的语法形式而不改变句子的意义”，胡明扬（2000）[①]指出：“这里的‘不改变句子的意义’应该理解为‘不改变句子的命题意义’，因为实际上语法形式方面的任何变化都会引起语义内容不同性质和不同程度的变化，或者是语用方面的变化，或者是修辞方面的变化等等，仅仅是命题意义基本上没有重大变化而已。”从朱德熙提出的“变换矩阵”中的“低层语义关系”和“高层语义关系”至今，这种观点已在汉语语法学界形成共识，这也是西方词汇主义的一个基本出发点。那么 IVP 与 TVP 形式之间存在着什么样的语义差别呢？

我们通过对下面这组例句的语义分析来说明三者之间的关系。

a. 把他吃得肥头大耳的。

b. 吃得他肥头大耳的。

c. 他吃得肥头大耳的。

以上三个例句代表了三种不同的句法形式：a 句是致使义“把”字句、b 句是 TVP“得”字句、c 句是 IVP“得”字句。c 句的动词是自主的，没有什么事件使得他去吃，而完全是一种可控的行为，“吃”的结果是导致自己“肥头大耳的”。b 句表达某种事件使得他“吃”并导致“肥头大耳”的结果，句中的动词“吃”具有不可控的特点。a 句则从“处置”的角度（主观处置）表达一种“迫使”性，用这种手段表达“他”“不得不吃”的处境，显然与语义强度要强于 b 句。这样我们就看到，这三种不同的句法结构在致使性强度上形成了一个连续统。

① 胡明扬：《基本句式和变式》，《汉语学习》，2000 年第 1 期。

第八节 汉语 TVP 结构:兼语短语

在现代汉语动词谓语句中,兼语式一直被当作一种特殊的结构。王力(1944)①把它叫作递系式,取“递相联系”之意。黎锦熙(1924)②则注意到 NP 成分兼有主语和宾语两种资格,称之为“兼格”。赵元任(1952)③正式提出 NP 兼任 VP1 的宾语和 VP2 的主语,开创了“兼语式”的提法。朱德熙(1985)④则认为“兼语”之说不能成立,N 在语义上是 V1 的受事和 V2 的施事,但在结构形式上只做 V1 的宾语,不做 V2 的主语。在“连谓结构”中,有许多做谓语动词 V1 宾语的名词 N 都可以与 V2 构成各种语义关系,却不被看作“兼语”,所以也不必另设一类,因此他把“兼语式”也归入“连谓结构”。关于兼语式最新也是最全面的研究是邢欣(2004)⑤,她从深层结构入手,假设 VP2 前有一个与 NP2 所指相同的空语类,通过这样的手段拆分 NP2 的双重语法关系。

需要特别注意的是马庆株(1998)⑥提出的“谓词性配价成分”这一概念,在如“派你到常熟城里采购嫁妆”这样的兼语句中,兼语动词后的 NP 和 VP 都是动词的直接配价成分,因此 VP 应该分析为宾语。这样一来,兼语格式就不宜于再分析为兼语式,相应地形成句子的词组、短语、结构也就不宜再分析为兼语词组、兼语短语、兼语结构了。马庆株认为,其实这些格式都可以分析为远宾语是谓词性成分的双宾构造,其中充当远宾语的动词性成分各不相同。充当述语核心的“安排/放/通知/托付/约”一类的动词有控制义,在后面充当其宾语的动词性成分是内容宾语,可以是而且常常是表示没

---

① 王力:《中国语法理论》,《王力文集》第 1 卷,济南:山东教育出版社,1984 年版。

② 黎锦熙:《新著国语文法》, 北京:商务印书馆,1924 年版。

③ 赵元任:《北京口语语法(李荣编译)》,北京:开明书店,1952 年版。

④ 朱德熙:《语法问答》,北京:商务印书馆,1985 年版。

⑤ 邢欣:《现代汉语兼语式》,北京:北京广播学院出版社,2004 年版。

⑥ 马庆株:《动词的直接配价和间接配价》,《现代汉语配价语法研究》第 2 辑,袁毓林、郭锐主编,北京:北京大学出版社,1998 年版。

有实现的动作。充当述语核心的“报告/抱怨/表扬/称赞/批评”一类的动词表示态度和言语行为,在后面充当宾语的动词性成分则表示已经实现的动作或者变化;表示态度和言语行为的动词后面充当宾语的动词性成分中动词范围很大。兼语动词的“谓词性配价成分”这一概念的提出直接体现了兼语式中 VP1 与 VP2 之间直接而紧密的语义关系,为我们对兼语结构的非连续 TVP 分析提供了支持和佐证。

按照前人研究的惯例,我们在下文的讨论中将兼语句公式化为:NP1 + VP1 + NP2 + VP2。

一、兼语句在语法分析上存在的问题

(一)兼语式分析面临的困境

兼语式之所以成为汉语语法研究中一个难处理的问题,其原因在于 NP2 与两个 VP 之间是一种非线性关系或者说是一种重叠式关系。如果采用中心词分析法,则难于找到一个中心词,如果两部分被分析成两个动词中心词构成的复杂谓语,这与中心词分析法的基本观点相左;而如果采用直接成分分析法,兼语结构无法二分。按照目前对兼语句的研究,即使两个动词都做谓语,两者处于同一层次,却不具备直接成分的关系,两者之间的关系无法确定,也解决不了问题。正如伍铁平(1981)①所说:“汉语中的连动式和兼语式都有双边关系”,“对这种结构硬要按照直接成分的方法逐次进行对切,必然破坏它的双边关系,将人们引入歧途”。

总结前人的研究,我们觉得兼语式面临的困境主要集中在两点:首先,兼语句的句法分析,也就是如何把兼语的句法分析与其双重语义身份对应起来,不割裂其“双边关系”;其次,VP1 与 VP2 之间的语义关系和句法关系,二者是否真如人们所说的不具备直接成分关系。

① 伍铁平:《二分法和直接成分说》,《现代英语研究》,1981 年第 1 期。

（二）关于兼语式的“空代词”分析

邢欣（2004）①以专著的形式对兼语式问题进行了深入的研究，其核心思想是提出空代词理论来解决兼语式研究中的一系列问题。她认为兼语式当中的 NP2 与 VP2 之间存在一个空代词 e，如下面的例句：

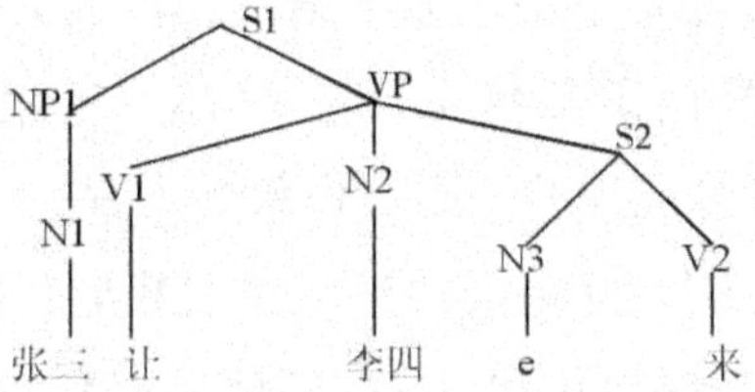

图 3－49 兼语式的“空代词”分析

这种分析的好处是使我们摆脱了 NP2 双重身份的困扰，在转换生成语法理论的框架内如作者所说也符合题元角色理论的规定，她将空代词 e 当作 PRO 对待这也是没有错的，但是这种分析毕竟不够精细——我们看到树形图中 VP 不是理想的双分支结构而是三分支结构。其实转换生成语法早已将兼语动词处理为轻动词，这样做既能保持双分支结构，又能很好地说明兼语动词的致使性质及宾语控制特征。另外，空代词 e 的出现使得上面这个兼语句表达的致使事件出现了三个参与者“张三”“李四”和“e”，这是有悖我们的直觉的。

转换生成语法约束和控制理论的提出就是为了解决照应等语义解释问题。这种理论实际上是把语义解释转向表层结构的具体体现，使得语义介入到句法分析当中来。我们知道转换生成语法的特点是句法的自治性，也就是用发达的句法学减轻语义学的任务，即用句法手段的方式说明语义方面的内容，但是这样做往往使得句法结构层次过多，因此我们也称其为多层次或者多策略的分析方案。为了说明语义内容，句法分析就被复杂化了。我们认为语义性质的空代词的介入反而破坏了句法的完整性，因而这种分析方法是可以商榷的。

① 邢欣：《现代汉语兼语式》，北京：北京广播学院出版社，2004 年版。

范畴语法认为,句子的表层结构完全可以作为语音形式与语义组合的接口。这也就是说,尽管语言表达的表层结构形式在所有的语言当中都被批评为在表义层面是无序的、难以把握的,但是我们还是相信,从表层结构能够直接构建一致的语义表达,而不需要任何中间层次的介入。所谓范畴语法是单一层次的语法或者单一策略的语法说的就是这一点。按照这种理论,句法纳入了语音结构而语义纳入了信息结构,二者之间的关系正是 Bach (1979)①所提出的规则对规则的原则。也就是说,每一条句法规则都有一个相应的语义解释规则。因此从范畴语法的角度我们认为表层结构(或者"谓词-论元"结构)完全能够提供语义解释,而不必借助空代词之类的形式。以下我们要证明兼语式是一种典型的非连续 TVP 结构并给以句法和语义相对应的分析。

二、兼语句的分类

(一)致使与役使

Dowty(1982)②中把致使结构分为两类来描述,一类是致使结构(factitive constructives),另一类是迂回的致使结构(periphrastic causatives),实际上我们可以将其理解为直接的致使结构和间接的致使结构。二者的主要区别体现在语义表达式中抽象动词 BECOME 的有无,也就是说是否一定能够导致某种结果的发生。正如邹崇理(1995)③中所理解的那样,间接致使表达的致使行为不知最终能否获得结果。直接致使结构的补足语是形容词(如 John hammered metal flat)或者名词(如 Mary appointed Bill chairman);而间接致使结构的补足语是动词性成分并且是包含"中性"(neutral)致使动词 make、have、cause 的结构。需要注意的是间接致使结构还可以分为两类:光杆动词

---

① Bach, Emmon. Control in Montague Grammar. In *Linguist Inquiry*, 10, 1979.

② Dowty, David R. Grammatical Relations and Montague Grammar. In *The nature of syntactic presentation*, edited by Pauline Jaconson & Geoffery K. Pullum, D. Reidel Publishing Company: London : England, 1982.

③ 邹崇理:《逻辑、语言学和蒙太格语法》,北京:社会科学文献出版社,1995 年版。

或动词短语作补足语的被称为引导型致使结构(directive),而其他动词类型做补足语的不是。例如:

Mary had John visit her every day.

Mary had John visiting her every day.

第一个例句表示 Mary 命令 John 每天来看她(但 John 来不来不能肯定),而第二例句的所表达的役使手段是十分含蓄和间接的。光杆动词或动词短语补足语结构中的直接宾语一定是有感知的个体(sentient being),一般都是人,而非光杆动词致使结构则没有这个限制。由于引导型致使结构的 NP2 一般为人,且其致使动词都是自主性动词并有“命令”“差遣”“致使”“役使”的意味,因此我们将其称为役使动词。

(二)致使类兼语式与役使类兼语式

带有使令意义的动词一般被分为两小类:(1)单纯使令义;(2)多义使令义。而前者一般指“使、令、让、叫”四个动词,我们认为还可以加上“要”。所谓“单纯”与“多义”完全是从词汇意义出发而并没有考虑到句式义的特点。

我们在这里对使令动词的分类实际上依据句式义或者说是词汇蕴涵义的特征,分类的标准是:该使令动词是否一定能够导致某种结果出现。我们发现,从这个角度出发,只表“致使义”的使令动词只有“使、令”两个及“致使、导致”等双音节使令动词,相应的兼语式也叫作致使义兼语式;“要”和多义使令动词全部表示役使义,相应的兼语式可以叫作役使义兼语式;“让、叫”既可以构成致使义兼语式也可以构成役使义兼语式。邓守信(1994)[①]区分了“让 1”与“让 2”,但分别对应于“施事 1 授权施事 2 从事某事”和“施事 1 对施事 2 的意愿让步”,这只是对役使义“让”的再分类而并不是致使义“让”和役使义“让”的分类。以下我们分别讨论“致使”与“役使”两种不同的兼语式。

1. 致使义兼语式

① 邓守信:《汉语使成式的语义》,《功能主义与汉语语法》,戴浩一,薛凤生主编,北京:北京语言学院出版社,1994 年版。

只能表达致使义的使令动词 V1（即兼语式中的第一个动词）有“使、令”，“叫、让”也能表达致使义。孟琮等（1987）①认为“第一个动词带有使令意义，第二个动词是第一个动词引起的结果”，准确地说这实际上概括的是致使义兼语式的语义特点而不是役使义兼语式的语义特点。致使义兼语式的语义特征是 V1 使得 N2 处于某种状态 V2，而 V2 是不可控的。V2 为形容词、心理动词或其他形容词性质的成语性表达，因而 V1 的范畴是：$P_{TV/ADJ}$。其致使关系应该用 CAUSE BECOME 来表达，语义公式是：

$\lambda P\ \lambda x\{y[\exists Q[Q\{x\}\text{CAUSE BECOME } P\{y\}]]\}$

其中致使义兼语动词用 Q 来表达，需要注意的是 Q 并未直接作用于 y 即 N2 之上，而 P 表达状态性 V2。这个公式的意思是：存在一个谓词 Q，其论元为 x，x 通过 Q 的方式使得 y 转变为某种状态 P。比如“我让他很生气”，按照语义公式的解释是：我通过某种行为或动作方式使得他转变为生气的状态。这种行为或动作方式必然存在，但句子中没有体现出来。我们也可以把它补出来，比如“我在房间里抽烟让他很生气”，可以说，致使义兼语句中的主语是一个事件性成分。我们再来看下面的例句：

她让我非常着迷。

她让我很紧张。

这个孩子真令人头疼。

他使我非常生气。

进入 V2 位置的动词具有不可控的特征，如：

他的暴躁使好几个女孩儿离开了他。

他的精彩表演让很多观众都哭了。

那碗面叫他吃了一头汗。

那个实验叫他做了整整一个晚上。

那篇文章让他改了一个下午。

需要注意的是，致使义兼语动词不能带体貌成分，上面两个句子末尾的

---

① 孟琮：《动词用法词典》，上海：上海辞书出版社，1987 年版。

"了"是 V2 所带的时体成分。

由于 V2 的不可控性,使得带有表达不可控性质的双重否定形式"不得不、不能不"等动词短语也能够进入 V2 的位置,如:

他的幽默滑稽使人不能不笑。

他的诚恳让我不能不帮助他。

2. 役使义兼语式

役使义兼语式是由使令动词"让、叫、要"或者多义使令动词作 V1、V2 为动词短语的兼语结构。这种句式的语义特点是兼语动词 V1 并不必然导致某种结果 V2 的发生,例如:

我让张三来了。(但是张三可能不来)

他派老张去修电脑了。(但是老张可能没有去。)

我催他快点走。(但是可能他还是走得很慢)

上面我们之所以选择了两个句尾带时体成分"了"的例句是为了说明即使句尾带"了"也不一定表示达成了结果,"我让张三来了"仍然不能表达张三确实来了。VP2 所表达的不是一种结果,而是 Searle(1989)①所说的"满足性条件"(conditions of satisfaction)——只有 V2 得以实现才能够满足 V1 所表达的"祈使"言语行为。

石毓智、李讷(2001)②等通过语法化考察论证了连动式、兼语式的 V1 有弱化的倾向,不能带时体成分,邢欣(2004)③更明确提出框架的一体性对 V1 的定类有一定影响,使 V1 体貌特征弱化甚至消失而强化 V1 的[+致使]语义特征。框架的整体性对 V2 的时态性有所限制,限制 V2 为非时态动词但允许 V2 后带有表示体貌信息的词语,以此体现框架的有界、无界性。但是从例句的情况来看,句尾"了"只是表达役使行为已然发生,而并不能确定结果已经达成,因与 V1 有更为密切的关系。如果需要强调结果确已发生,一

① Searle, John R. How Performatives work . *Linguistics and Philosophy* 12, 1989.

② 石毓智、李讷:《汉语语法化的历程——形态句法发展的动因和机制》,北京:北京大学出版社,2001 年版。

③ 邢欣:《现代汉语兼语式》,北京:北京广播学院出版社,2004 年版。

般使用“把”字句。役使义兼语式的这种语义特点使V1与V2之间的语义关系只能用抽象动词CAUSE来表达而不能用CAUSE BECOME：

λP λx{y[[役使′(y)(x) CAUSE P{y}]]}

N1与N2的关系我们直接用“役使”来表达，这种“役使”作用使得y即N2做某事P，因为没有抽象动词BECOME，因而不能保证动作P确实发生。由于V2只能是动词，因而役使义兼语动词的范畴是TV/IV。

3. 逆序兼语式

我们所说的“逆序兼语式”是指兼语动词为心理动词的句子。一般认为这种句子的V1不含致使义，并且V2的出现并不是V1的结果。这类动词的典型例句是：

我喜欢他老实。

我嫌他慢。

如果从事件结构分析入手，我们发现这类句子蕴涵着致使义，但却是一种逆向关系，即结果事件在前，致使事件在后，呈现一种逆序关系：

结果事件(我喜欢他)←致使事件(他老实)

因此可以说这是一种逆序致使事件。实际上李临定(1986)[①]已经指出，这类句子的动1和动2之间有一种因果关系，如：

他原谅我小=他原谅我+因为我小。

从分类上看，这类兼语句属于致使义兼语句，原因使表达结果的心理动词V1具有不可控的特点。

三、兼语式的TVP分析

从两类兼语式的语义公式我们可以看到，它们表达的都是双重事件结构——致使事件(或起因事件)和结果事件，而概念整合使得这两个有致使关系的事件整合为一个综合事件，这个综合事件的参与者是NP1和NP2。

① 李临定：《现代汉语句型》，北京：商务印书馆，1986年版。

马庆株(1998)[①]将 VP2 分析为 VP1 的远宾语也就是直接宾语——第一配价成分,也正是这种事件整合的反映。同时,致使义兼语动词"使""令"的抽象意义很难让我们将 NP2 分析为它的第一配价成分,倒是与 VP2 的语义关系更为直接。从这种事件语义结构出发,加上句法上 NP2 是典型的兼语,因此我们完全可以将汉语兼语句分析为一种典型的 TVP 结构。这样的分析既能充分、准确地表达兼语句的语义特点,又能解释兼语动词宾语控制的特点,同时也能够解决句法分析上的尴尬。以下我们来考察 TVP 方案下将 NP2 处理为非连续及物动词"VP1……VP2"的直接宾语的合理性。

(一)NP2 的直接宾语特征

NP2 能够话题化,并且一般在原位置有一个占位代词与其同指,特别是 VP1 和 VP2 没有连用形式的情况下。例如:

李四,张三劝他考研究生。

李四,张三派他去修理机器了。

张三,李四喜欢他老实。

这个地方我嫌脏。

兼语句是否有相应的"被"字句和"把"字句一般取决于 VP1,VP1 是反映主体(即 NP1)动作性强的使令动词时一般有相应的"把"字句和"被"字句;如果 VP1 是纯致使概念动词如"使、令"或者表达致使义的"叫、让"则没有相应的"把""被"转换形式。也就是说致使义兼语句不能转换成"把"字句和"被"字句。例如:

他被派到北京大学进修英语。

他被逼出家了。

他被推举为这个选区的候选人。

*他被让玩电子游戏了。

*这件事把他使生气。

---

① 马庆株:《动词的直接配价和间接配价》,《现代汉语配价语法研究》第 2 辑,袁毓林、郭锐主编,北京:北京大学出版社,1998 年版。

逆序兼语句由于 VP1 是心理动词，因而没有相应的“把”字句与“被”字句形式。

（二）VP1 与 VP2 的连续形态

兼语式的 VP1 与 VP2 连用的形式很多，甚至成为一种造词方式。这就涉及兼语省略的问题。一般说来，兼语是不能省略的，但戚晓杰（1996）[①]总结了大量兼语省略的情况，这种省略只发生在兼语前动词即 VP1 含有使令意义的兼语句中。兼语的省略有以下三种情况：

（1）语句用于言传他人对言谈者自己或自己一方施加影响，兼语所指为交谈主体的第一人称。例如：老郭叫（我）问问你能不能参加。你得请（我）吃一顿。你爸爸让（我）用吗？

（2）语句用于陈述他人对第三者施加影响，兼语所指为表示第三者的第三人称。例如：王光明叫（他们）等一等。接着又让（他）讲武松打虎。

（3）兼语句用于表述某一事物使某一处所产生存现变化，兼语为表示处所的词语。例如：促使产生出经纪人、买办等。

从构词角度看，有的词内部结构也是通过兼语的省略而构成的。任学良先生（1987）[②]论述“兼语式”造词法时指出：“句子格式有兼语式，构词形式也有，如‘讨人嫌’就是例子（‘人’是兼语）。不过，兼语式的词就一般情况来看，‘兼语’并不出现，而是隐含着的，只有仔细分析才能看出来。”如“讨嫌、讨厌、召见、召集、召开、引见、请示、逼供、劝进、诱降”。词内部兼语的省略，从另一方面看，它也印证了句子内部存有兼语省略的可能性。

史有为（1992）[③]也注意到这样的现象，并指出下面的例子用兼语很难得出完满解释：

在企业整顿验收中，（机电一局）不再请吃高标准客饭。（《文汇报》，1983 年 11 月 14 日）

---

① 戚晓杰：《谈兼语的省略及其条件限制》，《世界汉语教学》，1996 年第 2 期。

② 任学良：《汉语造词法》，北京：中国社会科学出版社，1987 年版。

③ 史有为：《呼唤柔性——汉语语法探异》，海口：海南出版社，1992 年版。

在现在，上帝请吃糖果的事，是当然无人相信了。（鲁迅）

老师让买白球鞋。（电影《人到中年》）（史有为，1992）

这种现象恰恰说明了 VP1 与 VP2 在语义上具有连贯性或者说是直接组合性，是一个非连续 TVP 构造，而作为宾语的 NP2 有时是可以省略的。

四、TVP 分析对兼语句中反身代词长距离约束的解释

汉语反身代词“自己”的约束是一个十分棘手的问题，在兼语式中，这个问题是也是比较复杂的。请看下面的例子：

张三让李四洗洗自己的衣服。

张三命令李四打自己两下。

张三让李四住在自己的房间。

张三劝李四回自己的宿舍。

张三催李四寄回自己的简历。

上面的例句都是有歧义的，其照应对象可能是宾语李四，也可能是主语张三，后者就是所谓汉语反身代词长距离约束（long - distance binding）。在分类的基础上我们再回过头来讨论兼语式的反身代词约束问题。

汉语中的“自己”的分布和指称与英语等西方语言中的反身代词有许多不同。它除了可以接受长距离约束（long - distance binding）外，在寻求先行语时还表现出英语反身代词回指时所不具有的主语倾向（subject - orientation）。再加上影响“自己”进行长距离约束的阻断效应（blocking effect）的存在，使“自己”的约束问题成了一个剪不断理还乱的难题。程工（1994）①等人从历时角度挖掘“自己”的异质性来解决问题，而其他学者如胡建华（1998）②等则区分了照应语“自己”和语内传递语“自己”，指出“自己”的长距离约束现象是一种述谓结构扩展的结果，并认为如果述谓结构能够顺利

① 程工：《从汉语“自己”一词的历史性演变看新格赖斯主义语用照应理论》，《解放军外语学院学报》，1994 年第 6 期。

② 胡建华：《约束、述谓与特征核查——最简方案框架内的反身代词化研究》，《外国语》，1998 年第 5 期。

扩展,“自己”就成了一个语内传递语,而语内传递语与约束理论毫无关系,因此它并不对 Chomsky 的约束原则构成反例。

上文中我们看到汉语兼语式当中确实存在着反身代词的长距离约束,应该说这种现象看起来似乎和我们的非连续结构分析是相违背的,因为我们的 TVP 方案要求宾语激发反身代词化而不是主语,因此,从 TVP 分析的角度,我们必须对反身代词的长距离约束问题进行考察并做出解释。

(一)致使义兼语句中的反身代词照应

在对兼语句进行分类的基础上,我们发现在致使义兼语句中只存在反身代词的域内约束,而没有长距离约束的情形,例如:

张三的话使李四想到自己的处境。

赵英的眼泪令李四非常痛恨自己。

张三的事迹让每个人都会反思自己的行为。

这一结果与 TVP 结构的“宾语激发反身代词化”论断完全吻合。这样,我们可以说,兼语句中的反身代词的长距离约束问题只局限在役使义兼语句当中。

(二)役使义兼语句中的反身代词照应

从 V1 的角度看,致使义兼语句中的 V1 已经高度抽象化为一种致使的符号。与此相比,役使义兼语句的 V1 保留了更多的动词语义特征,比如我们上文所说的致使兼语动词完全不能带时体成分,而役使义兼语句句尾的时体成分实际上是和 V1 而不是 V2 有一定的呼应性。

反身代词的长距离照应(主语照应)似乎不利于我们对役使义兼语句进行 TVP 分析。但是这种现象恰恰反映了役使义兼语句作为非连续结构的语义特征,或者说是非连续的句法结构特征造成了役使义兼语句中的反身代词的“长距离”约束现象。除反身代词化以外,根据 TVP 其他判定标准我们基本可以将兼语句判定为非连续结构,这样我们就可以对这种句子采用内包的方法进行分析。范畴语法对此的分析是采用内包的方法使得两个谓词性成分 VP1 和 VP2 首先结合,然后再把体词性成分 NP 内包进这个非连续的及物动词短语。至于两个谓词性成分组合的语法地位，范畴语法将这种形式定义为基本表达式(basic expression)(再如 * He look up it, He look it up等)，从而与词相区分，这种结合属于形态操作，确切地说是词汇和句法的接口层面，也可以称为超级形态词。内包的方法是句法学和形态学共同的分析方法，也可以叫作共同分析，其具体操作如下：

劝((vp/$_{w}$np)/vp)　　　他(np)　　　离开(vp)

劝离开(vp/$_{w}$np)　　　他(np)

劝他离开 vp

图 3－50 兼语式的“内包”分析

“劝”在范畴分配当中就注定要先与“离开”组成超级形态词，然后再把“他”内包进来。采用同样的方式，我们对包含反身代词的役使义兼语句做如下分析：

NP1 + VP1 + NP2 + VP2 →[NP1 + (VP1……VP2) + NP2]

张三让李四洗洗自己的衣服→[张三 + (让……洗洗自己的衣服) + 李四}

从这种句子结构来看，这个句子的主语是“张三”，谓语动词是 TVP 短语“让……洗洗自己的衣服”，根据第一约束原则，“自己”为域内约束，因此与主语“张三”照应。但同时我们不得不注意到，在兼语句中，NP2“李四”是 TVP“让……洗洗自己的衣服”的宾语，但由于 NP2 的兼语性质使得 NP2 在语义上是 VP2 的主语。虽然李临定(1986)①指出 N2 不是 V2 的主语，但是在形式和语义(施事是原型主语的语义特征)两方面确实构成了一个具有区域性(locality)的小句，也就是一个域：

[NP2 + VP2]

[李四洗洗自己的衣服]

同样根据约束第一原则，反身代词“自己”指向了“李四”。由此可见，兼

① 李临定：《现代汉语句型》，北京：商务印书馆，1986 年版。

语句中的反身代词存在两个先行词的现象都在反身代词域内约束的原则下得到了解释，这就从兼语句的角度对汉语中是否真的存在所谓反身代词“长距离”约束提出了质疑。同时，我们的分析方法是基于范畴语法语言片段（fragment）的概念，也就是说动词短语可以首先和主语组合然后再和宾语组合，当动词短语先与主语组合时，产生所谓的“长距离约束现象”，当动词短语先与宾语组合时，就是域内照应。

上面的分析我们借用了转换生成语法的约束三原则的域内照应次则，这种做法在我们的非转换理论框架内似乎不妥，但其实是可以的。原因是 Steedman（2000）①明确提出的在“谓词－论元”内确定照应关系，这与转换生成语法的小句照应域的本质是基本相同的。不同点在于转换生成语法使用句法的概念，而范畴语法使用了句法－语义接口的概念。

（三）兼语句中反身代词的长距离约束阻断效应

1. 致使义兼语句中的阻断效应

虽然解释了役使义兼语句中反身代词的双先行语现象，但是我们还必须回过头来再考虑这样一个问题，为什么致使义兼语句中没有这种现象？例如：

张三的话使李四想到自己的处境。

赵英的眼泪令李四非常痛恨自己。

张三的事迹让每个人都会反思自己的行为。

从例句上看，致使义兼语句反身代词域内约束的原因与致使义兼语句的事件结构有关，这种兼语句的 V1 前 NP 是事件名词而不是指人的名词性成分，自然在认知上阻断了与反身代词的照应关系。即使 N1 是指人名词，也蕴涵着一个事件，例如：

他让我觉得自己很龌龊。

在这个例句当中致使者并不是“他”这个自然人，而是他的某些方面如

① Mark Steedman. *The Syntactic Process.* Cambridge, Massachusetts: A Bradford Book, The MIT Press, 2000.

品行或他做的一些事情,如热心助人等,因而是一个事件名词。这样致使义兼语句的事件结构是:

致使事件(N1)——V1(致使)——被使事件(N2 + V2)

而役使义兼语句的事件结构是:

致使事件(N1 + V1 + N2)——被使事件(N2 + V2)

可见两种兼语句的事件结构是完全不同的。

基于上面的分析,我们发现,其实说"致使义兼语句中不存在反身代词的长距离照应"是比较片面的。从句法结构上讲,致使义兼语句在句法上具备了反身代词长距离照应的条件,但是其特殊的事件结构阻断了这种长距离照应,成为认知上的过滤器。致使义兼语句中 VP2 后所带的反身代词只能与 NP2 形成照应关系,这也是典型的 TVP 结构所具备的特征,也是我们判定 TVP 结构的基本标准之一。

2. 役使义兼语句中的阻断效应

尽管在役使义兼语句当中发现了反身代词照应双先行词的现象,但是我们同时也注意到,这在役使义兼语句当中并不是普遍现象,这与汉语使用者对于 V1 动词语义的认知有关。尽管在句法分析提供了反身代词双先行语的可能,但在语言认知上这种现象绝大部分被过滤掉了。虽然我们认为"张三让李四洗洗自己的衣服""张三命令李四洗洗自己的衣服""张三催李四洗洗自己的衣服"等这样的 V1 为命令类、催逼类动词导致了这种现象,但很多因素会阻断这种双先行词照应现象,比如在 N1 的数的方面:我们让他洗洗自己的衣服。在 N2 方面:他让电脑演示了一下自己设计的程序。V1 方面:张三劝李四洗洗自己的衣服、张三派李四修修自己的电脑。可见,反身代词的双先行语现象在句法可能的前提下最终要经过认识的过滤。而在更为复杂的非连续嵌套结构当中可能会出现反身代词三个甚至更多先行语的情况,如"张三让李四告诉王五洗洗自己的衣服"。

以上分析表明,非连续 TVP 分析方案为兼语句的反身代词长距离照应现象的出现提供了句法解释,使得两种照应都在"域内照应"原则下得以解决,因而,我们完全没有必要像胡建华(1998)[①]那样通过区分照应语“自己”和语内传递语“自己”来解决问题。

五、TVP 方案下的宾语小句中反身代词的“长距离约束”及阻断效应

正如程工(1998)[②]所指出的那样,“80 年代以后,生成汉语研究随着原则与参数模型的诞生而相应进入了一个新的时期。其中对逻辑式性质和运行方式的研究占了很重要的地位,汉语疑问词和汉语反身代词(主要是‘自己’一词)构成了这一研究的中心”。主要针对“自己”一词进行分析的汉语指称约束关系的研究很早就开始了(如 James Huang 1982)[③],汉语反身代词的特殊性质——“长距离约束”是研究的中心问题。

由非连续 TVP 方案对反身代词“长距离照应”现象的解决我们想到这样一个问题——TVP 方案能否为兼语句以外的其他“长距离照应”现象提供解释呢?因此,本小节我们并不是要证明小句宾语句是一种非连续 TVP 结构,而是为这类句子中的反身代词的长距离约束及阻断效应提供一种可行的解决方案。

(一)内涵义小句宾语动词

返观这些研究中的例句,我们不难发现一个共同的特征:这些句子具有递归扩展性,而正是这种扩展使得反身代词“自己”的所指获得延伸。句子的扩展性是小句宾语造成的,胡建华(1998)[④]称之为主谓关系的扩展。我们不妨先观察从前人文献中搜集到的例句:

张三$_i$说李四$_j$知道王五$_k$常批评自己$_{i/j/k}$。

---

① 胡建华:《约束、述谓与特征核查——最简方案框架内的反身代词化研究》,《外国语》,1998年第5期。

② 程工:《生成语法中的汉语研究:课题与问题》,《当代语言学》(试刊),1998年第2期。

③ James Huang. Logic Relation in Chinese and the Theory of Grammar. Ph. D. diserration, MIT, 1982.

④ 胡建华:《约束、述谓与特征核查——最简方案框架内的反身代词化研究》,《外国语》,1998年第5期。

老王$_i$知道小李$_j$喜欢自己$_{i/j}$。

张三$_i$认为李四$_j$知道王五$_k$喜欢自己$_{i//j/k}$。

张三$_i$说自己$_i$是傻瓜。

我们不难发现V1都是小句宾语动词的次类,它们共同的语法特点是一般不能带体词性宾语,但是能带谓词性宾语和小句宾语。在语义上这些动词或者直接表达心理活动或估价、引述意义,如“认为、希望、觉得”等等;或者表示通过言语行为间接表达估价、引述等意义,如“说、告诉、宣布”等等。实际上这种语义类型的动词具有共同的特点,在内涵语义学理论当中被称为内涵动词。内涵动词最早由古希腊的斯多阿学派发现,提出了著名的“厄勒克拉特”悖论,Frege在语言表达式的分析中也涉及类似问题,提出“晨昏星推论”:

哥白尼知道晨星是一颗行星;

晨星与昏星为同一颗星;

所以哥白尼知道昏星是一颗行星。

我们都知道这两个前提条件不能推出最后的结论,这是由内涵不同造成的。Montague语义学发展了内涵语义学,很好地解决了这个问题。“知道”“认识”“相信”等动词涉及的宾语子句是内涵语境,而这类激发内涵语境的动词也被称为内涵动词。当然除这些例词以外汉语中还有“寻找”“探索”等内涵动词,但是我们要集中讨论的是能够激发反身代词“长距离约束”的这些例词。

(二)长距离约束及阻断效应

1. 长距离约束现象的产生

在TVP方案内,反身代词的长距离约束问题是基于内包操作解决的。以“老王$_i$知道小李$_j$喜欢自己$_{i/j}$”为例:

a. 老王知道……喜欢自己。

b. 小李喜欢自己。

由a句知“自己”照应“老王”,由b句知“自己”照应“小李”。

2. 长距离约束阻断效应的认知过滤

现在我们来考虑阻断效应。胡建华(1998)[①]在最简方案的理论框架下分析反身代词的"长距离"约束,并从句法规则的角度来考虑阻断效应。我们无意评价这种方法的优劣,但是我们仍然坚持上文中的看法,即:反身代词的"长距离约束"首先要基于句法结构的可能性,然后再经过认知的过滤。除了上文指出了N1、V1、N2的语义均可以阻断"自己"的"多重约束",比较受人关注的是代词"我"的阻断效应,例如:

张三知道我喜欢自己。

我知道张三喜欢自己。

不管"我"出现在N1还是N2的位置,"自己"都只照应N2不会照应N1。而把"我"换成"他",则反身代词的多重约束现象就又恢复了。

胡建华(1998)[②]认为:当"自己"被指派给结构上的宾格并且没有述谓结构的扩展(或者这一扩展被阻断)时,它便是照应语,并认为在汉语中只有宾语位置上的反身代词才是强制性的照应语,例如:

张三$_i$说我$_j$知道李四$_k$常批评自己$_{*i/*j/k}$。

上面这个例句述谓结构的扩展被阻断了,所以"自己"仍然是一个照应语。当述谓结构得到扩展时,照应语的特征就被减弱了,如:

张三$_i$说他$_j$知道李四$_k$常批评自己$_{i/j/k}$。

我们认为,反身代词约束的认知性很强,从句法上我们可以得到一些解释,但同其他句法现象一样,反身代词约束在汉语中也是会出现歧义的,也许有句法上的解释,但转换生成语法也要从LF这样一个句法与语义接口的层面来解释,但同时我们也许可以直接从认知方面入手直接排除歧义。我们的探讨就从"我"与"他"的区别开始。

"我"代表了第一人称叙事体,而"他"则代表第三人称叙事体。从叙事者与读者的关系上看,二者是合一的,第三人称叙事体决定了读者作为旁观

① 胡建华:《约束、述谓与特征核查——最简方案框架内的反身代词化研究》,《外国语》,1998年第5期。

② 胡建华:《约束、述谓与特征核查——最简方案框架内的反身代词化研究》,《外国语》,1998年第5期。

者的地位,因而除了上下文语境以外,叙事者无法帮助读者排除歧义因素;而第一人称的叙事者则意味着读者既是旁观者又是小说中的主人公,对自我与他者的关系认知是十分确定而没有歧义的,所以在出现第一人称"我"的句子中,虽然反身代词从句法上讲有两指或多指的可能,但是第一人称自我认知的确定性使得其指向只能是唯一的,这是认知上的要求。但另一个问题是,在反身代词照应必须确定的前提下,为什么反身代词要选择 N2 作为先行词?当然我们可以说这是域内照应原则决定的,但从范畴语法的角度我们还有如下理由。

按照我们的分析,作为非连续结构的 TVP 结构,其谓语动词是"V1……V2",作为宾语的 N2 首先与这个 TVP 组合 IV,这个 IV 再与 N1 并联成为句子。从组合的次序来看,"自己"与最先组合的 NP 发生照应关系。这也是范畴语法自下而上的生成性所决定的。而转换生成语法是自上而下的,因而不适用这种解释。

通过上面的分析,我们认为反身代词的长距离照应现象是与非连续结构相关的一种认知过程。胡建华(1998)[①]提出的"主谓关系的扩展"只有通过非连续结构这样的方式才能够简捷地实现。

第九节　汉语连动句和复杂谓词并列结构

汉语是意合性语言,很多时候并列的结构之间不需要使用连接词,而是借助于语序、词性等信息就能够传达成分之间的并列关系,如汉语连动句和复杂谓词并列句中的谓词与谓词之间往往省略并列联结词。具有汉语言文化背景的人理解这样的语句时,根据一种言语习惯和语言常识自然就能明白其意义和关系。但是对于把汉语作为第二语言能力的人或者在计算机识读时, 无疑会产生困难,这就需要我们借助范畴语法的手段来进行分析和解

① 胡建华:《约束、述谓与特征核查——最简方案框架内的反身代词化研究》,《外国语》,1998 年第 5 期。

读。采用 CCG 处理汉语连动句和复杂谓词并列结构句，我们认为有必要对原生态 CCG 进行扩展，即增加下面一条规则，我称之为谓词合并规则：

$X : g \quad X : f \Rightarrow \varnothing^n \quad X : \lambda\cdots(f\cdots)\wedge(g\cdots)$（这里 X 是谓词范畴）

假定谓词的元数至多为四，那么这个合并运算的语义列举如下：

$\varnothing^0 xy \equiv x \wedge y$

$\varnothing^1 fg \equiv \lambda x.\ (fx)\wedge(gx)$

$\varnothing^2 fg \equiv \lambda x.\ \lambda y.\ (fxy)\wedge(gxy)$

$\varnothing^3 fg \equiv \lambda x.\ \lambda y.\ \lambda z.\ (fxyz)\wedge(gxyz)$

$\varnothing^4 fg \equiv \lambda x.\ \lambda y.\ \lambda z.\ \lambda w.\ (fxyzw)\wedge(gxyzw)$

一、汉语连动句

汉语中存在大量非连续现象，也包括连动句，句子中一个主语和多个动词构成形成主谓关系，主语一般只出现一次。多个动词共用一个主语时，后面动词根据承前省略原则，在形式上都省去了主语，它们是按事理顺序进行线性排列而成；并且动词和动词之间往往不使用连接词，如“小李走出去开门”。“走出去”和“开门”并列且共用主语，但是未出现联结词。在原生态 CCG 中，我们无法处理这个语句，但是使用上面的谓词合并规则，基于原生态 CCG，很容易给出它们的范畴推演。

连动句“小李走出去开门”中的两个动词都共用同一个主语，我们可以认为该语句是“小李走出去 < 小李 > 开门”即两个动词分别有一个主语，因为相同而进行了删略；也可以把它看作是两个动词短语并列共用一个主语。针对目前对原生态组合范畴语法的扩展，我们采取后一种解读方式，并给出“小李走出去开门”的推演如下：

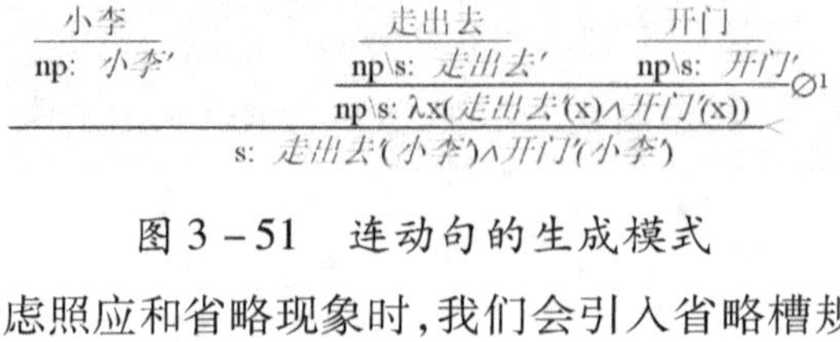

图 3－51　连动句的生成模式

在下一章考虑照应和省略现象时，我们会引入省略槽规则，借助省略槽规则，我们就可以针对连动句实施前一种解读的推演。

二、汉语复杂谓词并列结构

所谓复杂谓词就是由两个及以上的动词联结而成的谓词短语，它们不一定是连动句的谓语，这些组成部分之间往往没有联结词，比如语句“他提出了意见、阐明了理论、总结了规律”“专家们深入研究分析了这个方案”“小型木材加工厂忙着制作各种木制品”等。在原生态 CCG 中，我们无法处理这样的语句，但是使用上面的谓词合并规则，基于原生态 CCG，很容易给出它们的范畴推演。

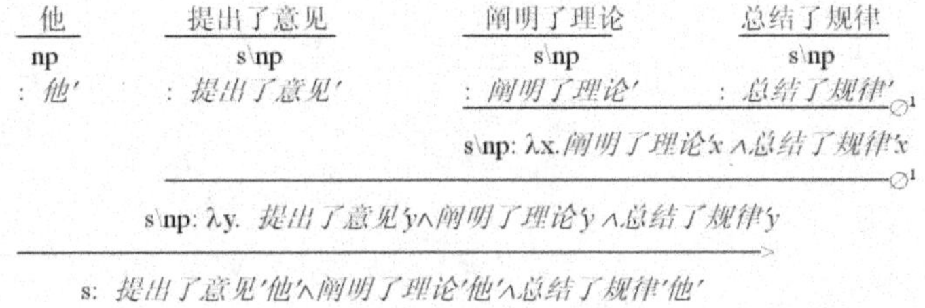

图 3－52　复杂谓词并列结构句推理一

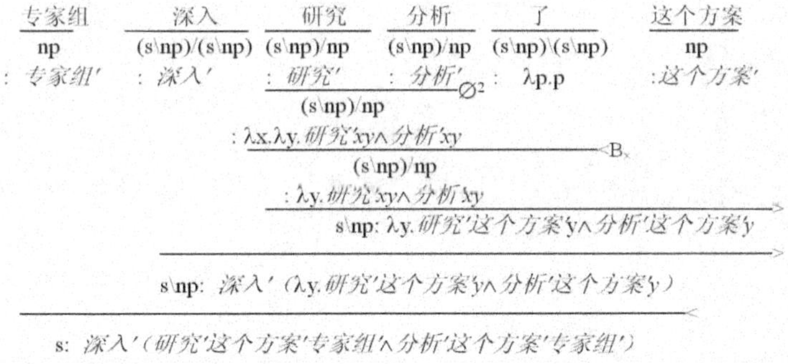

图 3－53　复杂谓词并列结构句推理二

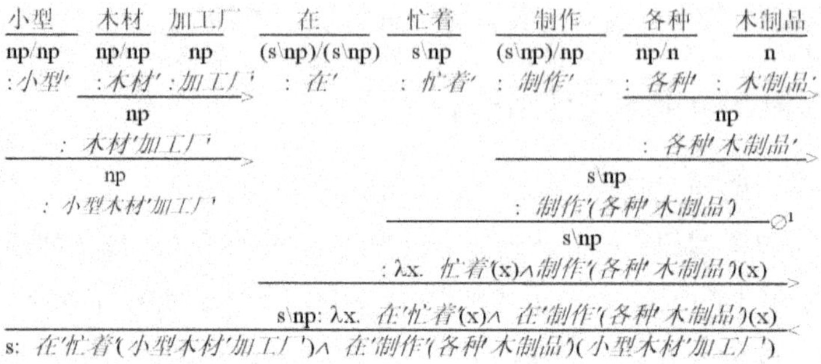

图 3－54　复杂谓词并列结构句推理三

第四章　组合范畴语法与汉语照应及省略现象

第一节　概述

在过去的二十年间，如何处理好照应回指现象，一直是范畴语法所关注的重点和难点，Jäger 将以往的相关工作总结为两个方面的努力：一种是词汇方法，即认为回指含义由特定的语词激发，照应词条的语义表达式包含一个 λ－算子，约束一个变元的多次出现，如 Anna Szabolsci①②，Moortgat③，Morrill④；另一种是句法方法，即认为照应操作在句法中进行，承认词条之间具有线性性质，允许语词资源的重复使用，如 Jacobson⑤，Jäger⑥ 的做法。

---

① Szabolsci, Anna. Bound variab les in syntax (are there any ?). In *Semantics and Contextual Expressions*, Foris,1989. pp . 295 – 318.

② Szabolsci, Anna. Combinatory grammar and projection from the lexicon. In *Lexica l Matters*, CSLI, 1992.

③ Moortgat, Michael. Generalized quantification and discontinuous type constructors. In *Discontinuous Constituency*. De Gruyter, 1996. pp . 181 – 208.

④ Morrill, Glyn. *Type – logical an aphora.* Report de Recerca LSI – 00 – 77 – R, Department de Llenguatges I Sistemes Informàtics, Universitat Politècnica de Catalunya, 2000.

⑤ 参见参考文献中列出的 Jacobson(1990 – 1999)的文章。

⑥ Jäger, G. *Anaphora and Type Logical Grammar.* Springer. 2005.

在对照应和省略现象的研究上，国内主要是语法规律方面的探索。满海霞[①]基于 Jäger 构造的 LLC 系统，从类型逻辑语法的角度对汉语中代词、反身代词、动词省略中的“是”字结构和助动词结构等现象做了比较系统的分析；同时在 LLC 系统中增加受限的强缩规则 W′，为引入照应假设提供了理论依据，得到系统 LLCW′，有效地处理了汉语中广泛存在的空代词现象和动词省略中的动词结构现象。

本章将针对汉语的代词照应现象、空代词及其照应现象，以及动词省略和照应现象，模拟 LLC 和 LLCW′，使用合适的规则对原生态组合范畴语法 CCG 进行扩展，得到包含照应算子的组合范畴语法 CCG |（|表示照应算子）；尝试使用由此得到的组合范畴语法 CCG |处理汉语的代词照应、空代词及其照应、动词省略及其照应现象。

第二节 包含照应算子的组合范畴语法 CCG |

CCG |就是在原生态组合范畴语法的基础上，增加照应算子|、照应范畴以及涉及照应的一些推理规则而得到的 CCG 的扩展。

定义 4.1 CCG |范畴

（1）s 和 np 是范畴；

（2）如果 A 和 B 是范畴，那么 A/B，B\A，A •B，A |B 也是范畴。

其中，“\”“/”与“•”与 CCG 中的定义相同，对自然语言中的相邻成分进行运算；“|”是 Jäger 在 Jacobson 的 VFS 基础上系统化的照应算子，其句法功能与 VFS 中的右上角标记十分相似。但是，竖线算子的功能更强大，可以直接处理通常为不连续结构的照应现象，直接寻找可以匹配的先行词：一个范畴为 A|B 的语词若向后（或向前）找到一个范畴为 B 的先行词，生成的词项就具有 A 范畴词项的性质。

① 满海霞：《汉语照应省略的类型逻辑研究》，《外国语言文学》，中国社会科学院研究生院博士论文，2010 年。

定义 4.2 CCG |的规则

CCG |的规则集是在原生态 CCG 规则的基础上增加如下规则而生成。注意,在下面的表述中,“:”前面是范畴,后面是语义λ项。

1. 照应标记增删规则$[\ ]_i$

(1) $A: M \quad \Rightarrow_{[\ ]i} \quad [A]_i: M$

(2) $[A]_i: M \quad \Rightarrow_{[\ ]i} \quad A: M$

规则(1)表明,在推演的过程中,根据照应运算的需要给照应先行语范畴添加一元算子$[\ ]_i$;规则(2)表明,在照应运算后,可以把照应先行语范畴上的一元算子$[\ ]_i$删去。

2. 照应类型提升规则 |T

(1) $np: x \quad \Rightarrow_{|T} \quad np|np: \lambda x.x$

(2) $vp: P \quad \Rightarrow_{|T} \quad vp|vp: \lambda P.P$

(3) $tv: P \quad \Rightarrow_{|T} \quad tv|tv: \lambda P.P$

规则(1)表明,在推演的过程中,可以把代词的范畴 np 提升为照应范畴 np |np;规则(2)表明,在推演过程中,可以把指称不及物动词短语的助动词范畴(如“是”“应该”“要”等)提升为照应范畴 vp |vp;规则(3)表明,在推演过程中,可以把指称及物动词短语的助动词范畴(如“做”等)提升为照应范畴 tv |tv,这里 $tv = (s\backslash np)/np$。

3. 照应算子应用规则(< |和 > |)

(1) $[A]i: M \cdots B|A: N \quad \Rightarrow_{|,i} B: N(M) \qquad (<|,i)$

(2) $B|A: N \cdots [A]_i: M \quad \Rightarrow_{|,i} B: N(M) \qquad (>|,i)$

规则(1)表明,在推演的过程中,一个范畴 B |A 的照应语向后遇到一个范畴为 A 的先行语之后,转换成范畴为 B 的词项;规则(2)表明,在推演的过程中,一个范畴 B |A 的照应语向前遇到一个范畴为 A 的先行语之后,转换成范畴为 B 的词项。省略号表明两个词项(范畴)可以不相邻。

4. 照应算子抽象规则 |λ

$np: x \cdots s: M \Rightarrow_{|\lambda} s|np: \lambda xM \qquad (|\lambda)$

这条规则规定:有代词没有先行词而生成范畴为 s 的开语句时,需要在结论中引入照应算子，反映照应槽，同时使用λ算子对语义表达式中的自由变元进行约束。

5. 省略槽(ellipsis slot)规则(el)

A：M　C：N $\Rightarrow_{el}$ A：M　(B |B：λx. x　C：N)

显然，这个新的推演工具的直观功能就是在两范畴之间添加第三个范畴，给出其命名 el，表示向省略间隙引入范畴的规则，el 代表省略槽 ellipsis slot 的缩略。需要指出，补出范畴的运算顺序是：其相邻贴合优先右侧的范畴，在规则中用括号加以体现。

第三节　CCG |对汉语代词照应现象的处理

一、CCG |对汉语人称代词处理

第一、二人称代词的指代对象与说话人及其听众相对，取决于语用因素，不在本研究讨论范围之内。在此将第一、第二人称的代词处理为有固定所指、不需要在上下文中寻找指称的表达式，其范畴和 λ－项的序对类似专名，如(1)所示：

(1)我/你 ├np：我'/你'

在三种人称中，只有第三人称代词需要回指上文出现的某个个体，如(2)乙句中代词“他”回指甲所提到的“小张”，生成过程如图 4－1 所示。

(2)甲：小张$_i$今天没来上班。

乙：什么呀，我刚才还看见他$_i$坐在办公室。[①]

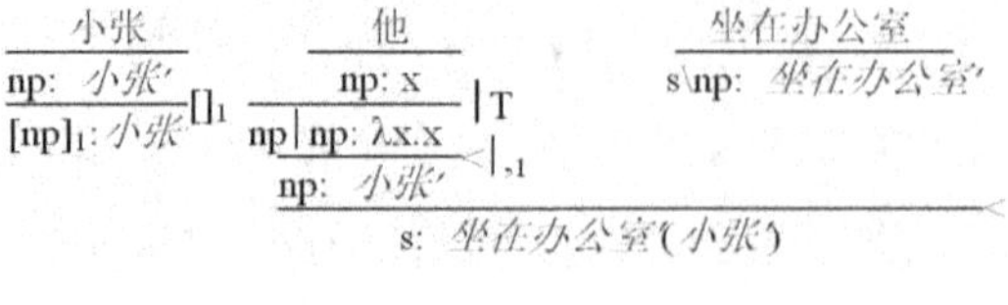

图 4－1　乙句“他”回指“小张”的生成图

① 韩蕾：《“人称代词＋称谓”序列的话题焦点性质》，《汉语学习》，2009 年第 10 期。

如果(2)乙中的“他”在上文中没有找到先行词,则“他”指示一个假设,这时就不需要使用照应类型提升规则提升“他”的词库范畴。

二、CCG |对汉语反身代词“自己”的处理

汉语的反身代词照应语包括两类:一个是代词+“自己”类,如“他自己”“我们自己”等等;另一类是单独使用的“自己”。一般把“自己”的这两种用法称为“自己”的反身代词用法。[①] 除了做反身代词,“自己”还有做副词、动词等用法。本节只讨论作反身代词的“自己”。

(一)“自己”作为反身代词

(3)a. 张三$_i$喜欢自己$_i$。

b. 李四$_i$知道张三$_j$喜欢自己$_{i/j}$。

c. 张三$_i$觉得你$_j$对自己$_{*i/j}$没信心。

d. 他$_i$不得不承认经济已经崩溃,自己$_i$无法收拾这个局面。[②]

如(3)a 中的“自己”受局部小句主语 NP 的约束;但是,(3)b 中的“自己”不但可以指示局部小句的主语,还可以主句主语为先行词,实现长距离约束;(3)d 则表明“自己”可以跨过局部小句,直接做跨句回指;而在(3)c 中,“自己”受到局部小句第二人称“你”的阻断,只能指示“你”,不能越过“你”指示主句主语“张三”。

“自己”的用法千头万绪、纷繁复杂,如果想在其中捋出头绪,给出合理的解释,恐怕还是一项十分艰巨的任务。利用 CCG |系统来处理照应回指的一个优势,就在于它旨在形式刻画,而非对现象的解释。所以,在刻画照应词的过程中,避开了这些复杂的讨论,可以对代词、反身代词一视同仁,均看成作用在个体上、可转换成具有照应范畴 np|np 的恒等函项。这样做的目的在于生成相关语句的所有正确解读。

① Pan, Haihua. *Constraints on Reflexivization in Mandarin Chinese*. Garland Publishing, Inc. 1997. p. 37.

② Pan, Haihua. *Constraints on Reflexivization in Mandarin Chinese*. Garland Publishing, Inc. 1997. p. 37.

以(3)组语句为例,(3)a 句可以直接使用“ <|,i”得到。

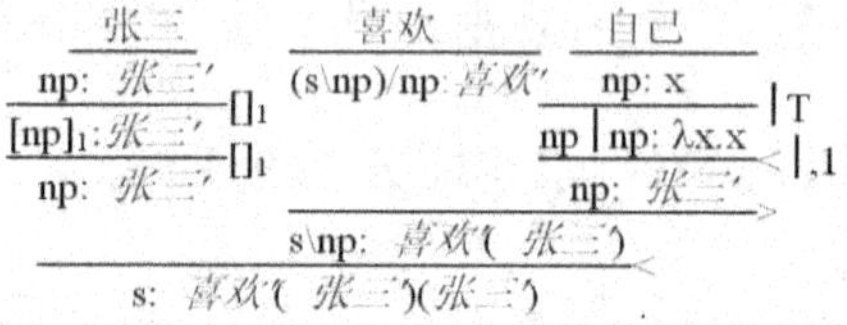

图 4 - 2　(3)a 句在 CCG |中的逻辑生成图

由于照应算子不要求照应范畴只可以寻找局部小句内的短语作先行词,所以(3)b 的长距离约束解读可以直接由“自己”以“李四”为先行词得到。如下图所示。另一个解读“李四知道张三喜欢张三”的生成与(3)a 类似,只需“自己”对 j 标 np 做照应消去即可。

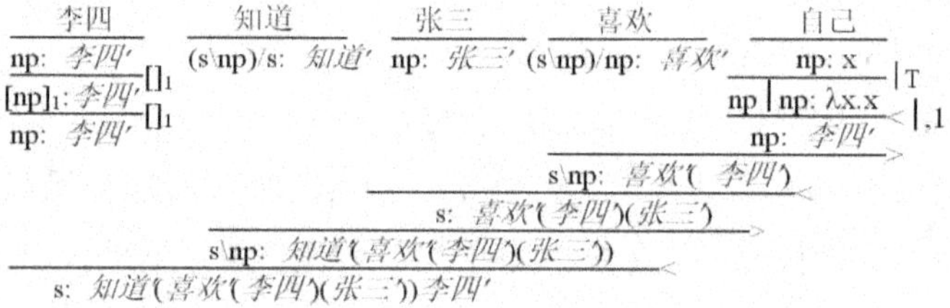

图 4 - 3　(3)b 句在 CCG |中的逻辑生成图

(3)c 的生成与(3)a 类似。(3)d 是“自己”跨句回指的情况,在目前的系统中,只需要先令代词“他”做“自己”的先行词即可。但由于“他”没有先行词,所以在整个生成树都生成结束后,还需要使用规则“|λ”进行照应抽象,在范畴中显示照应槽,并使语义表达式中的自由变元变成约束变元。

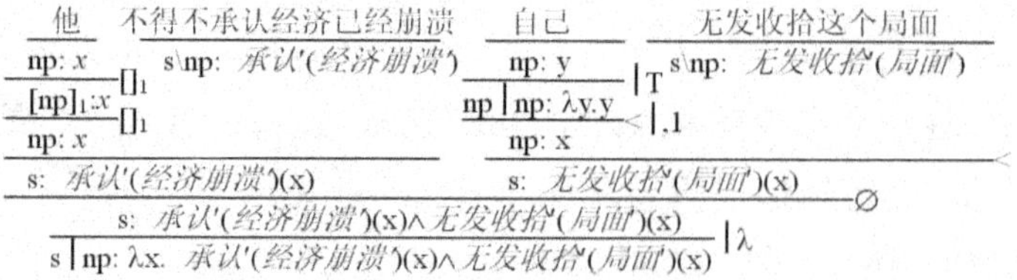

图 4 - 4　(3)d 在 CCG |中的逻辑生成图

从以上讨论可知,“自己”的特殊性并没有影响它在 CCG |系统中的生成,不管“自己”照应局部小句内的 NP、主句主语 NP,还是跨句照应其前小句的主语 NP,都可以用关于算子|的规则得到想要的结果。

（二）“代词＋‘自己’”

（4）a. 张三$_i$喜欢他自己

b. 李四$_i$知道张三$_j$喜欢他自己$_{*i/j}$。

c. 张三$_i$说那本书$_j$害了他自己$_{i/*j}$。

d. 飞机刚起飞不久，张三$_i$独自一人，坐在靠窗口的位子上，就忍不住地鼻子一阵发酸，眼泪往下流。连他自己$_i$都纳闷，四十好几的汉子，哭个什么？[①]

我们在（4）中给出了“他自己”平行于“自己”在（3）中的几种用法，（4）中所有出现的“他自己”都可以对应“自己”的范畴和λ－项。以（4）c 为例：

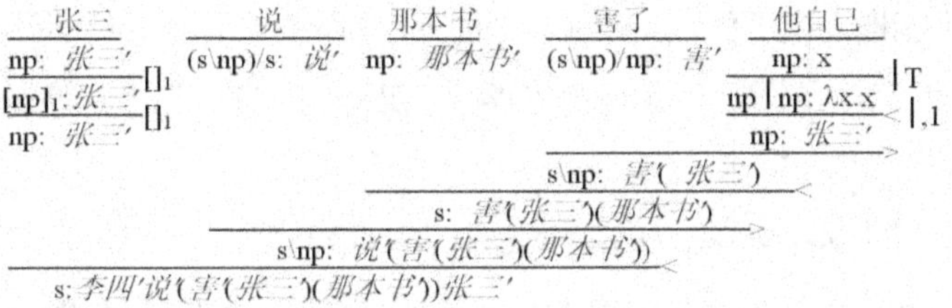

图4－5　（4）c 在 CCG｜中 的逻辑生成图

（5）他自己 $\vdash$np：x $\Rightarrow_{|T}$ np|np：λx. x（|T）

上句中的“他自己”不能与 j 标的 NP 同指，因为“他自己”要指人。以上思路想说明的是，用类似处理光杆“自己”的方法处理“代词＋‘自己’”结构不够理想，它要面临以下一些问题：

朱德熙指出，“自己”不仅可以放在代词之后，还可以放在指人的名词后面组成同位性偏正结构，[②]如（6）a：

（6）a.（收音机坏了，）张三$_i$自己$_i$会修。

b.（收音机坏了，）张三会自己修。

（6）a 与（6）b 用法不同，a 是朱先生所说的同位性偏正结构，（6）b 是

---

① Pan，Haihua. Constraints on Reflexivization in Mandarin Chinese. Garland Publishing，Inc. 1997. p. 32.

② 朱德熙：《语法讲义》，北京：商务印书馆，2007 年版，第 83 页。

“自己”做副词的情况，本书不做讨论，我们所讨论的“NP ＋‘自己’”情况不受“自己”做副词用法影响。

既然整体处理“代词/NP＋‘自己’”结构的做法不够明智，那就尝试分开运算。还以（6）a 为例，如果将“张三”和“自己”简单的分开来计算，则得到不合格的生成：

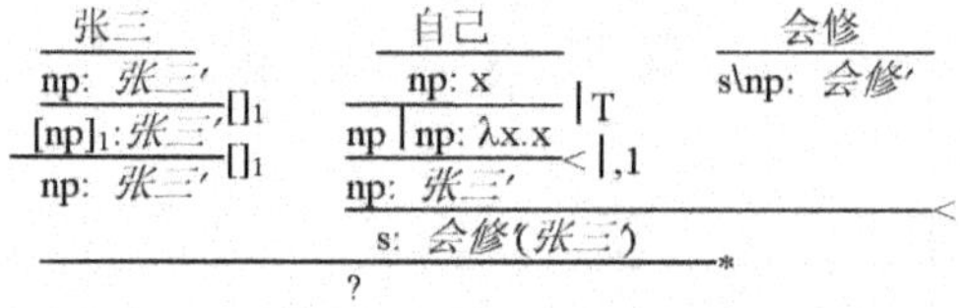

图 4－6　(6)a 的第一种生成尝试

如何才能既不将“代词/NP＋‘自己’”看作一个词、还能不让其中的“代词/NP”成为冗余成分呢？我们的出路是，仍保持“自己”的恒等函项语义，但赋给它一个新的范畴如下：

(7) 自己$_2$ $\vdash$np：x $\Rightarrow_{\backslash T}$ np\np：λx. x　(\T)

这不但可以保证“代词/NP＋‘自己’”不是一个范畴整体，各自有各自的范畴和 λ－项，“自己”与其前面的代词或者 NP 还可以在一个生成模块上运算，得到的指称与代词或 NP 的指称相同。(6)a 的生成图 如下：

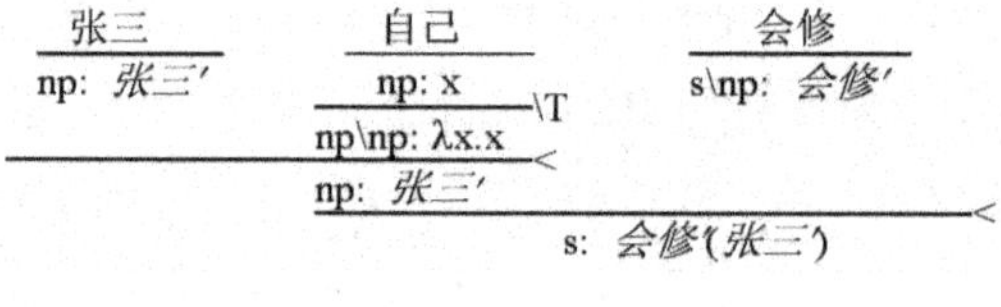

图 4－7　(6)a 的第二种生成尝试

这种方法仅向词库增加了一个“自己$_2$”[①]，或向 CCG 规则集中针对“代词/NP＋‘自己’”的“自己”增加一个斜线类型提升规则\T。不但可以处理所有“代词＋‘自己’”“NP ＋‘自己’”的情况，还可以进一步推广处理其他

① 本书因涉及“自己”的几种用法，且几种用法之间的句法范畴和 λ－项都有差别，故自此在文章讨论提及时加注下标以示区别。从本质上讲，范畴为 np\np 的“自己”已经不是照应词了。对于“自己”在这种用法中到底应该归于什么词性，在语法学界也多存在争议。这里我们不做纯语法方面的讨论，只从范畴语法角度考虑它们的刻画方案。

类似结构,如“代词+‘本人’”“代词/NP +‘本身’”“代词/NP +‘自身’”,甚至“NP + 代词”和“人家NP”等结构。

(8)a. 张三他是个好人。

b. 他张三是条汉子。

c. 人家小红个子高(,穿这件衣服当然好看了)。①

(8)a 中对“他”的处理类似“自己$_2$”,但是(8)b 中的“他”和(8)c 中的“人家”要向右结合np,所以应该变换范畴结合的方向,赋予其范畴np/np,或者通过特定的句法规则把它的范畴转换成np/np。具体生成如图4-8a、4-8b和4-8c所示。

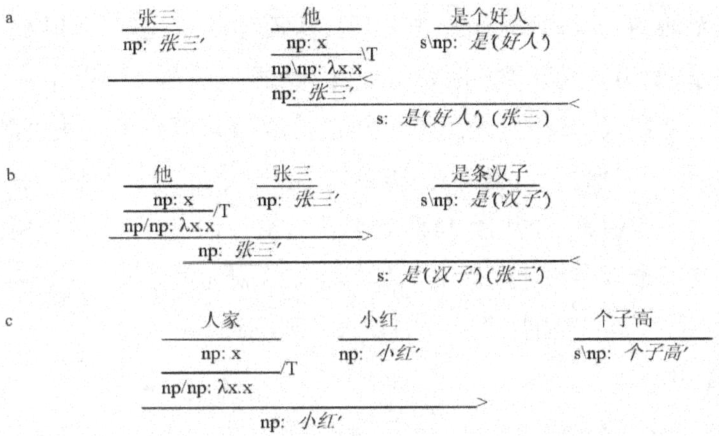

图4-8　(8)组语句在CCG中的逻辑生成图

第四节　CCG对汉语空代词及照应现象的处理

早在20世纪80年代,生成语法学派就注意到,自然语言中经常会使用零型代词,即这些代词在句法上为空、没有语音语形表现,但在语义上非空。空代词的使用情况因语言而异。英语中的空代词只能用在无时态从句的主语位置,即只能在不定式和动名词结构中使用,而汉语中的空代词几乎可以

① 王冬梅:《指代词“人家”的句法、语义考察》,《汉语学习》,1997年第4期。

出现在代词所能出现的任何合法位置。①

以“张三说看见李四了”为例,在 CCG |中的生成图如下:

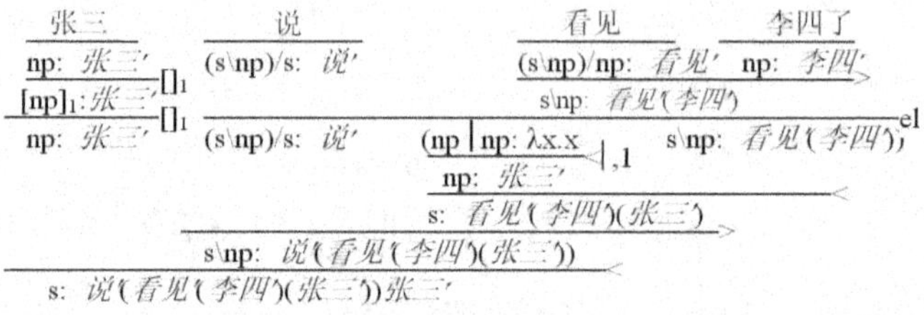

图 4-9“张三说看见李四了”在 CCG |下的逻辑生成图

使用规则 el 为“看见′”引入 λx. x:np|np 作其主语,然后依据[ ]$_i$规则为这个照应范畴的先行词张三的范畴编码,从而建立起先行词和照应词之间的照应关系,使用竖线算子的向后应用规则为照应范畴获得指称。

给定一个空代词现象,我们要区分它是由语义资源重复使用而造成的删略②(哪怕是对语用、语境上语义资源的重复),还是属于因移位而造成的语词空缺。只有前者才能用省略槽规则补出空代词,做照应的应用操作,否则生成的句子难以合法。以传统上存在歧义的施受关系句(a)为例,两种歧义解读(b)和(c)可以用补足成分的方法分别得到。

a. 鸡不吃了。

b. 鸡$_i$ <我>不吃<e$_i$>了。

c. 鸡不吃<食>了。

显然,(b) 和(c)中宾语空位的生成途径是不同的。(b)是将“吃”的宾语“鸡”从“吃”后移位出来形成的话题句;而(c)至少是在说话者和听者双方的共同背景中有“鸡在吃食”这件事儿,在说出(c)时省略了重复的语义资源“食”。如果用 el 规则补出照应范畴来计算(b)的语义,得到的就是图 4-

① Huang, C. -T. James. On the Distribution and Reference of Empty Pronouns. In *Linguistic Inquiry*, Vol 15, 1984. pp. 531-574.

② 由于汉语没有主谓一致、从句是否含有时态等因素的干扰,汉语中主语空代词语句的情况也可以做类似考虑,把嵌入从句主语位置的空代词看作是因为重复使用了主主语的语言资源而被省略。

10a。

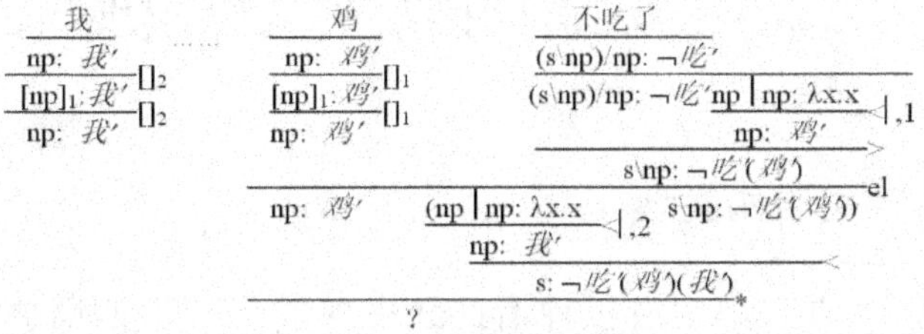

图 4－10a　不正确地使用省略槽规则为(b)做逻辑生成

显然不能推出“鸡$_i$ < 我 > 不吃 < e_i > 了”的合法性,“鸡”是一个多余成分。究其原因,(b)中缺省的宾语部分是移位留下的空缺、而非因语义资源重复使用被删略的结果,所以当我们使用照应算子找到前面的名词当作先行词处理时,就产生了问题。仔细分析,(b)是一个无占位代词的宾语提取话题句,其中主语也因语境上语义资源重复使用被删略。所以这个推演既要运用 CCG |的省略槽规则,又要运用 CCG 中的话题化规则,具体推演如下:

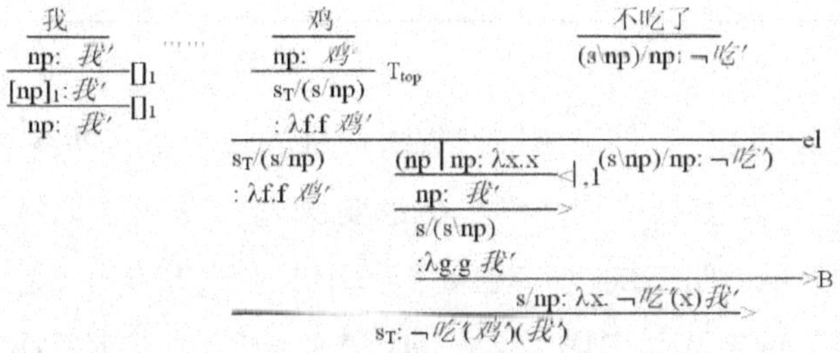

图 4－10b　在 CCG |中为(b)做逻辑生成

空宾语语例(c)的生成则可以借助 el 规则,如下图:

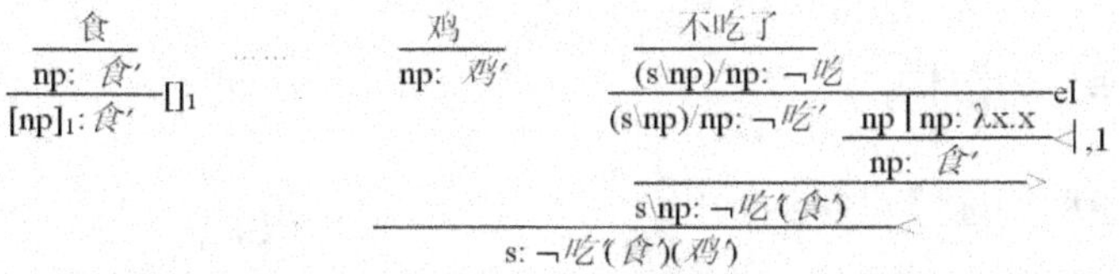

图 4－10c　在 CCG |中为(c)做逻辑生成

第五节 CCG 对汉语谓词缺失与照应现象的处理

一、谓词缺失结构类型

李艳惠提到，在汉语中有三种谓词缺失现象，①三类谓词缺失结构均由各自结构的中心语类别命名，在目标从句中，由该部分的中心语选择方括号中被省略的部分。

表 4－1 汉语中的三类谓词缺失结构

例句	类别	结构特征
a. 小赵送小明礼物了，妈妈也送了。	动词结构	主语＋动词＋[宾语]
b. 小明不应该来，小赵也是。	“是”字结构	主语＋是＋[曲折短语]
c. 小赵要探望小明三次，小李也要。	助动词结构	主语＋助动词＋[谓语动词短语]

从上表可以看出，三种类别在对省略成分的选择上有所区别。对于 c 句来说，如果把“小李也要”替换为“小李也要探望”，变成动词结构，补全语句得到“小赵要探望小明三次，小李也要探望小明三次”；至于“是”字结构和助动词结构，对比 b 句及其变形“小明不应该来，但小赵应该”：b 句中的“是”选择了整个谓语部分[不应该来]，而变形句中助动词选择的只是助动词后面的动词短语[来]。

二、“是”字结构

谓词缺失中的“是”字结构以“是”字代替缺失动词的结构：

(1)小明不应该来，小赵也是。

① 李艳惠：《省略与成分缺失》，《语言科学》，2005 年第 3 期。

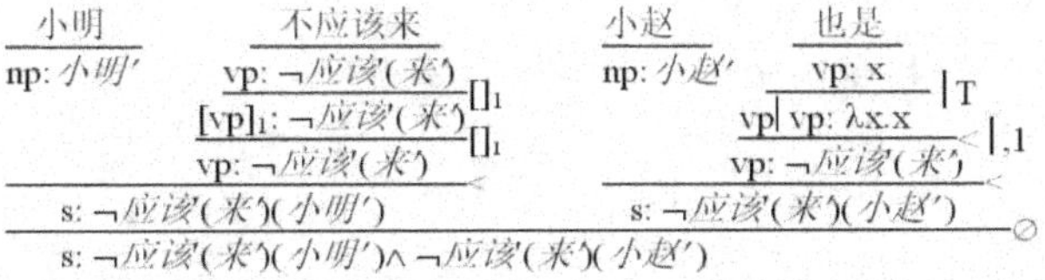

图 4-11 (1)在 CCG|中的逻辑生成图

三、“是”字结构与代词相互作用

在“是”字结构的目标从句中,由于“是”要拷贝源从句中的 VP,所以“是”字句的整体解读其实受源从句中 VP 语义的影响。当源从句 VP 含有代词时,两个具有照应功能的语词撞在一起,就会导致歧义。如语句“张三看见了他的妈妈,李四也是”。[①]它有三种解读:

(2)a. 张三$_i$看见了他$_k$的妈妈,李四$_j$也看见了他$_k$的妈妈。

b. 张三$_i$看见了他$_i$的妈妈,李四$_j$也看见了他$_i$的妈妈。

c. 张三$_i$看见了他$_i$的妈妈,李四$_j$也看见了他$_j$的妈妈。

◆一种是张三、李四都看见第三个人的妈妈,这个“他”在句中没有先行词,或者说从域外求先行词,即(2)a,生成方法如下图:

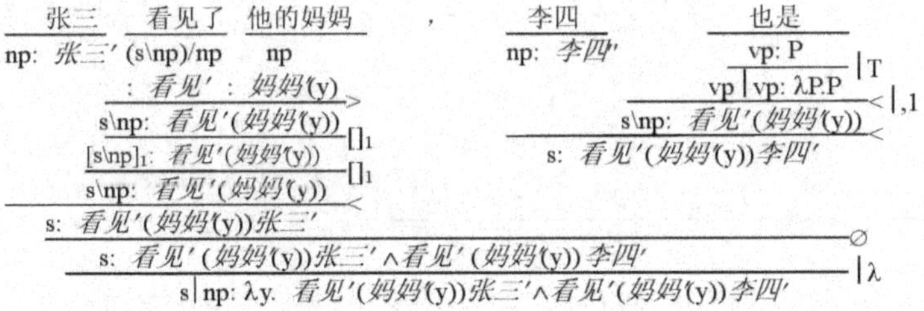

图 4-12a 解读(2)a 在 CCG|中的逻辑生成图

◆第二种解读是第一种解读的特殊情况,源从句的代词和目标从句省略的代词在句中的先行语都是源从句的主语,推演如下:

① 刘丽萍:《汉语截省句》,北京语言大学博士论文,2006 年。

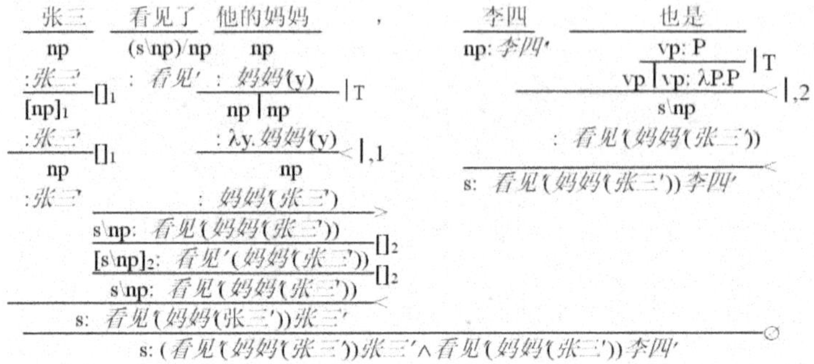

图 4 - 12b　解读(2)b 在 CCG |中的逻辑生成图

♦如果源从句中的代词以源从句的主语为先行词,目标从句中省略的代词以目标从句的主语为先行词,那就得到上述解读 c。具体推演如下图所示:

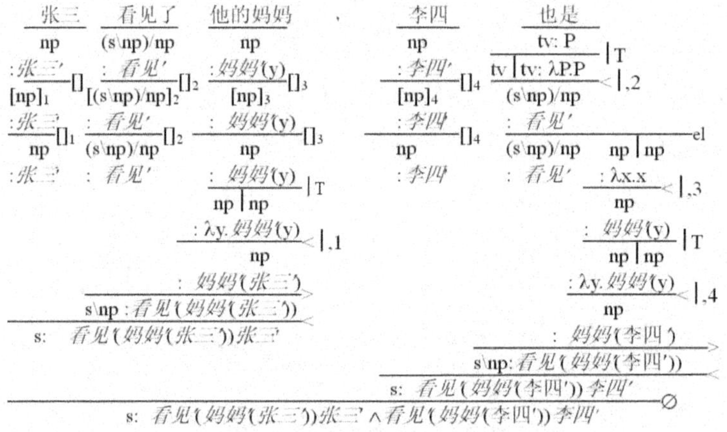

图 4 - 12c　解读(2)c 在 CCG |中的逻辑生成图

四、助动词结构

仿效"是"字结构的分析,可以得出助动词结构的合理解读。以表 4 - 1 中的 c 句为例,使目标从句中的助动词"要"的范畴也被提升为 vp|vp,为作用在集合上的恒等函项,该句的生成于是为:

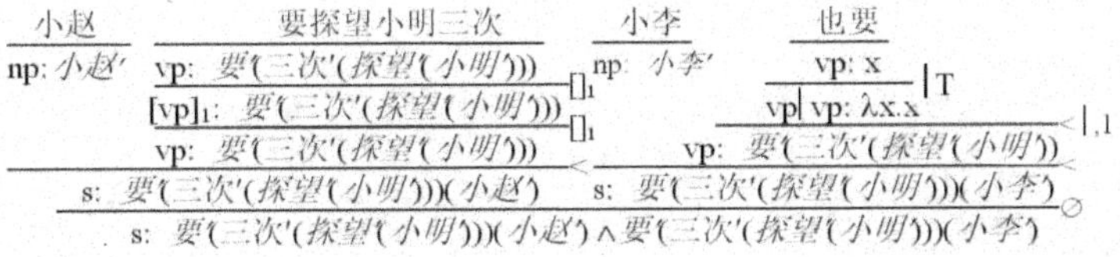

图 4－13　表 4－1 的例句 c 在 CCG |中的逻辑生成图

五、动词结构

对表 4－1 的例句 a 来说，可以认为在目标从句的 VP“送”之后存在着两个省略语词的槽位，在做语义生成时需要将省略的语词补充出来。

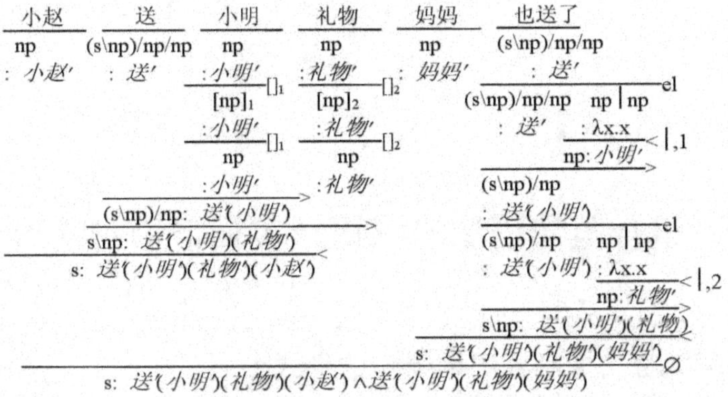

图 4－14　表 4－1 的例句 a 在 CCG |中的逻辑生成图

第五章　组合范畴语法对汉语形容词谓语句和主谓谓语句的逻辑分析

第一节　组合范畴语法对汉语形容词谓语句的形式刻画

一、CCG 对光杆形容词谓语句的形式刻画

(一)主语是专名或限定摹状词

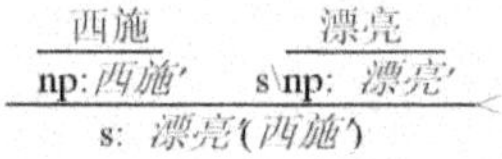

图 5－1　CCG 对主语是专名的光杆形容词谓语句的逻辑生成图

可以看到,因为形容词作谓语,所以给其指派范畴 s\np,而不是指派名词修饰语范畴 n/n 或 np/np。

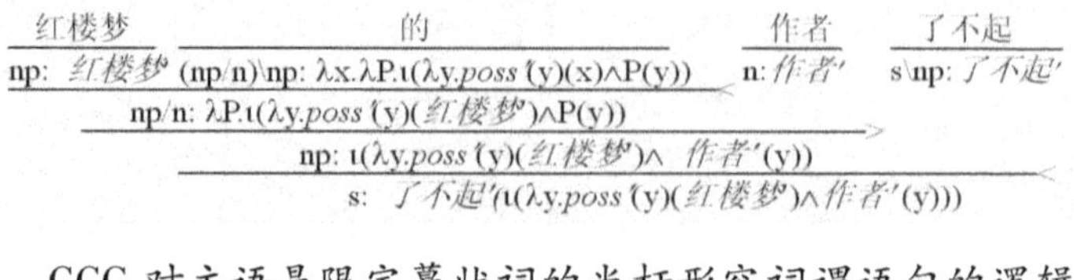

图 5－2　CCG 对主语是限定摹状词的光杆形容词谓语句的逻辑生成图

限定摹状词做主语，不仅给谓语形容词指派范畴 s\np，还给主语词组中表示所有格的“的”指派词条如下：

np/n：λP. ι(λy. *poss* ′(红楼梦′)(y)∧P(y)

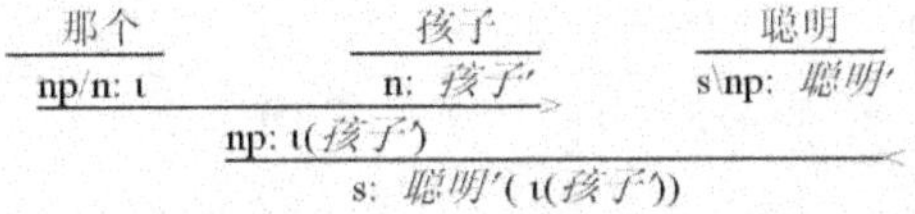

图 5－3　CCG 对主语是数量摹状词的光杆形容词谓语句的逻辑生成图

这里指示代词和普通名词构成限定摹状词，指示代词被指派词条如下：np/n：ι

（二）主语是受存在量词修饰的名词短语

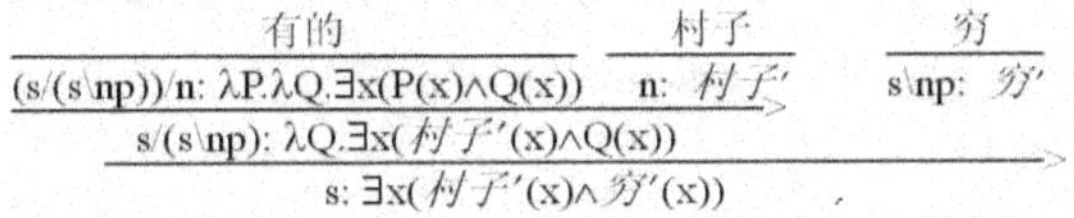

图 5－4　CCG 对主语是存在名词短语的光杆形容词谓语句的逻辑生成图

（三）主语是受全称量词修饰的名词短语

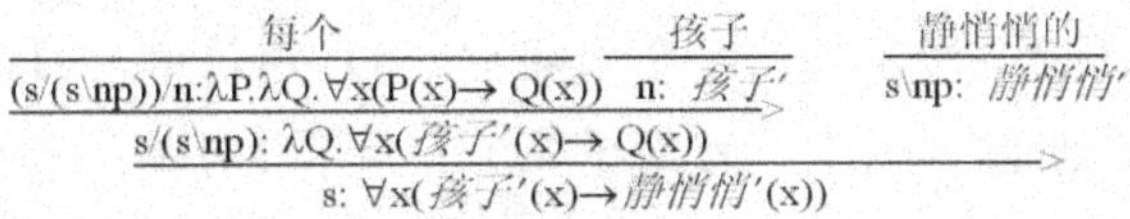

图 5－5　CCG 对主语是全称名词短语的光杆形容词谓语句的逻辑生成图

二、CCG 对复杂形容词谓语句的形式刻画

（一）“副词＋形容词”充当谓语

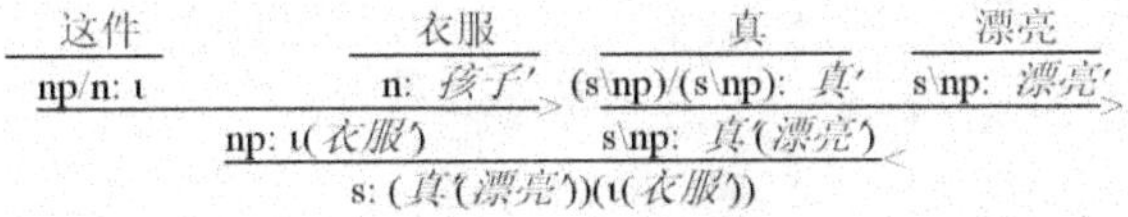

图 5－6　CCG 对“程度副词＋形容词”的形容词谓语句的逻辑生成图

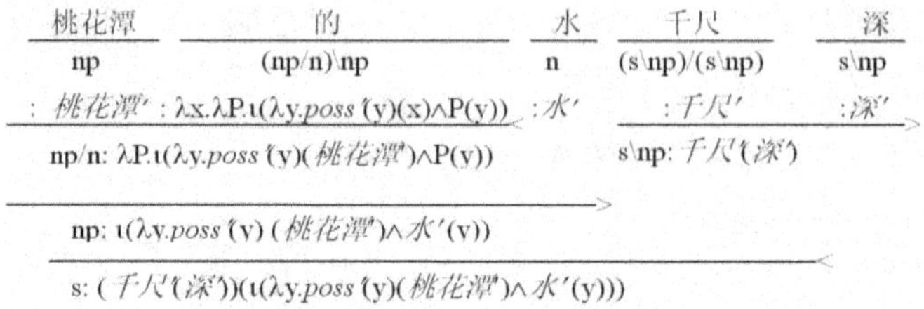

图 5－7 CCG 对“数量词组＋形容词”的形容词谓语句的逻辑生成图

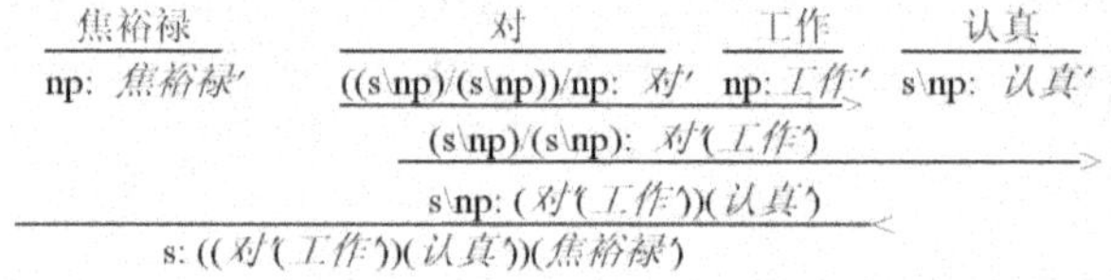

图 5－8 CCG 对“介词短语＋形容词”的形容词谓语句的逻辑生成图

（二）“形容词＋补语”充当谓语

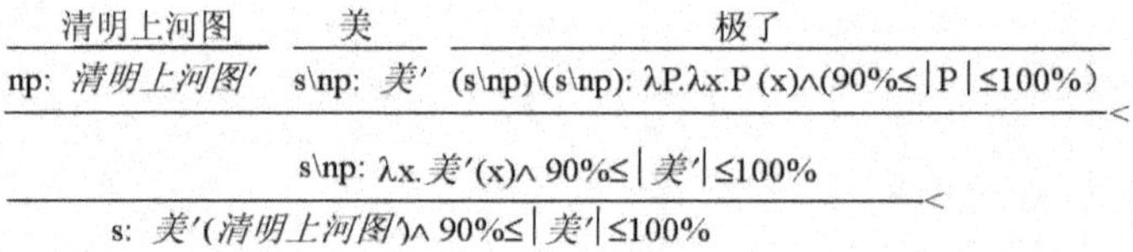

图 5－9 CCG 对“形容词＋单个副词”的形容词谓语句的逻辑生成图

此例要准确刻画“极了”。假定 100 为最大值，对美的程度进行数字化分级：“有点美”表示程度不深，表示为 $|美|<30\%$；程度一般表示为 $30\% \leqslant |美|<60\%$；程度较好表示为 $60\% \leqslant |美|<80\%$；“很美”表示为 $80\% \leqslant |美|<90\%$；“美极了”表示为 $90\% \leqslant |美| \leqslant 100\%$。“极了”词条如下：

极了 $\vdash (s\backslash np)\backslash(s\backslash np): \lambda P.\ \lambda x.\ P(x) \wedge 90\% \leqslant |P| \leqslant 100\%$

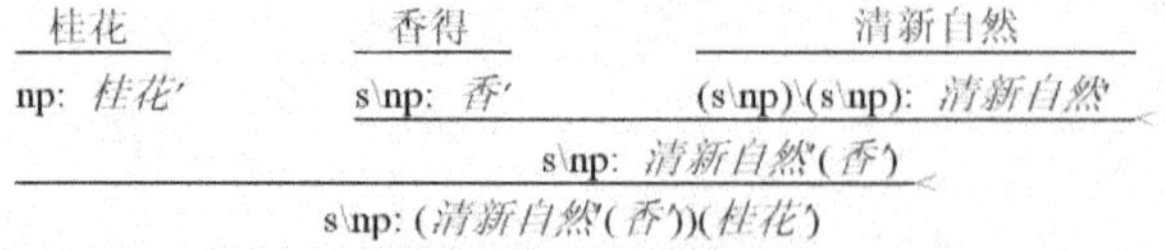

图 5－10 CCG 对形容词短语作补语的形补谓语句的逻辑生成图

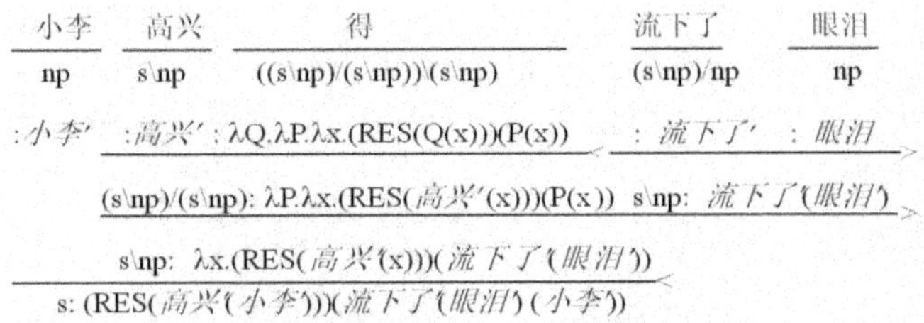

图 5－11a　CCG 对动词短语作补语的形补谓语句的逻辑生成图

“小李”是整个语句的主语，“高兴”是整个语句的谓语，“得”是补语标记语，“流下了眼泪”是动词短语作补语，而“高兴”是“流下眼泪”的致使事件。在 CCG 中刻画致使关系，给予“得”字词条为：

得$_1$ ⊢ ((s\np)/(s\np))\(s\np)：$\lambda Q_{<e,t>}.\ \lambda P_{<e,t>}.\ \lambda x_e.(RES(Q(x)))(P(x))$

可以在 CCG |框架内处理该语句。这时给予“得”字词条为：

得$_2$ ⊢ ((s\np)/(s\np))\(s\np)：$\lambda Q_{<e,t>}.\ \lambda p_t.\ \lambda x_e.(RES(Q(x)))(p))$

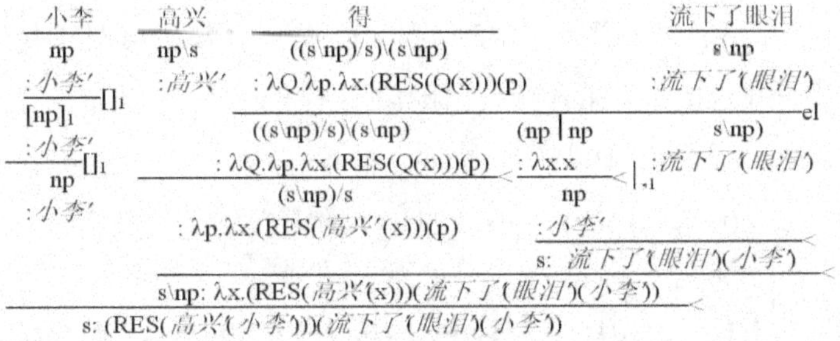

图 5－11b　CCG |对动词短语作补语的形补谓语句的逻辑生成图

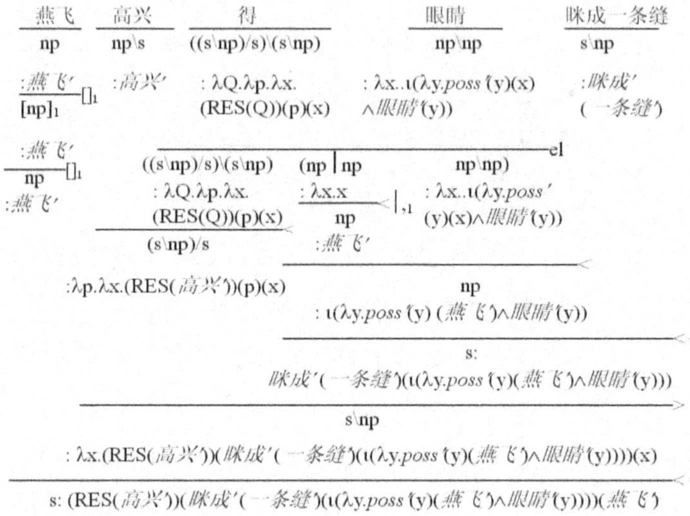

图 5－12　CCG 对小句作补语的形补谓语句的逻辑生成图

补语"眼睛眯成一条缝"是在描述主语"燕飞"的情况，是她的眼睛眯成一条缝，而不是描述谓词"高兴"的。但是，这是由于她高兴而形成的一种结果，因而是对"高兴"的情况的补充说明。这里特别要注意对于像"眼睛"这样的身体某一部位的名词的词条指派，使这样的名词可以与一个具体的人或物联系起来。我们给"眼睛"指派词条如下：

眼睛 ├np\np：λx.. ι(λy. *poss* ′(y)(x)∧眼睛′(y))

第二节　组合范畴语法对汉语主谓谓语句的逻辑分析

一、大主语 S_1 和小主语 S_2 是领属关系的主谓谓语句

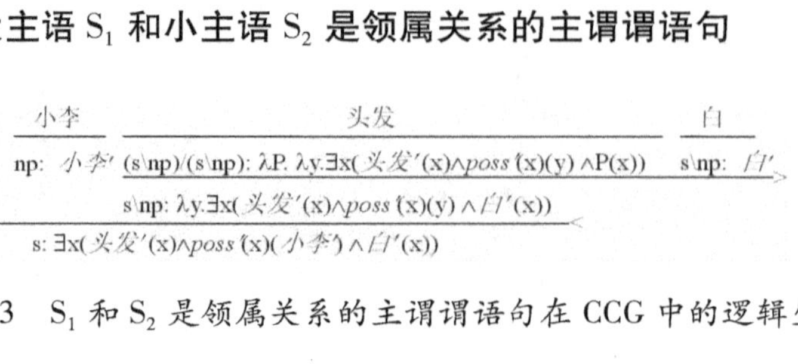

图 5－13　S_1 和 S_2 是领属关系的主谓谓语句在 CCG 中的逻辑生成图

这是一个大主语和小主语有领属关系的主谓谓语句，因此这个语句的语义为：小李有头发，且头发白。“头发”是类名词，涉及存在量词的使用。该语句语义的逻辑形式应该为：$\exists x(P(x) \wedge poss'(x)(a) \wedge Q(x))$。其中，“P”解释为“是头发”，a = 小李，“*poss'*”解释为二元关系“领有”，“Q”解释为“白”。这样整个公式解释为：存在 x，x 是头发，且小李有头发，且小李的头发是白的。

怎么在词库中给“头发”和“白”进行词条指派需要进行仔细推敲。既然主谓短语“头发白”共同充当句子的谓语，那么“头发白”的范畴就应该为“s\np”；又因为“头发”这个小主语 S_2 与“小李”这个大主语 S_1 具有领属关系，所以“头发白”语义的逻辑形式应该为：$\lambda y.\ \exists x(头发'(x) \wedge poss'(x)(y) \wedge 白'(x))$。所以“头发白”的词条如下：

头发白 $\vdash$ s\np：$\lambda y.\ \exists x(头发'(x) \wedge poss'(x)(y) \wedge 白'(x))$

现在的问题是，如何指派“头发”和“白”的词条，以及给谁的范畴指派函项范畴，给谁的范畴指派论元范畴。我们知道“头发”这个小主语 S_2 与“小李”这个大主语 S_1 具有领属关系，同时“头发”这个小主语 S_2 还与小谓语“白”具有谓述关系，所以以“头发”这个小主语 S_2 为函项范畴容易建立这两个关系；如果以小谓语“白”的范畴为函项范畴，则不容易建立起“头发”这个小主语 S_2 与“小李”这个大主语 S_1 之间具有的领属关系。因为给“白”指派的范畴是“s\np”，那么“头发”的范畴指派就可以为“(s\np)/(s\np)”。如何构造它们的语义表达式呢？特别是，不仅“头发”这个小主语 S_2 与小谓语“白”具有的谓述关系要通过语义表达式表达出来，而且“头发”这个小主语 S_2 与“小李”这个大主语 S_1 具有的领属关系更要通过语义表达式表达出来。使用回溯方法，因为“头发白”的语义表达式为“$\lambda y.\ \exists x(头发'(x) \wedge poss'(x)(y) \wedge 白'(x))$”，而$\lambda y.\ \exists x(头发'(x) \wedge poss'(x)(y) \wedge 白'(x)) = \lambda P.\ \lambda y.\ \exists x(头发'(x) \wedge poss'(x)(y) \wedge P(x))(白')$，所以“头发”和“白”的词条分别如下所示：

头发 $\vdash$ (s\np)/(s\np)：$\lambda P.\ \lambda y.\ \exists x(头发'(x) \wedge poss'(x)(y) \wedge P(x))$

白 $\vdash$(s\np)：(白')

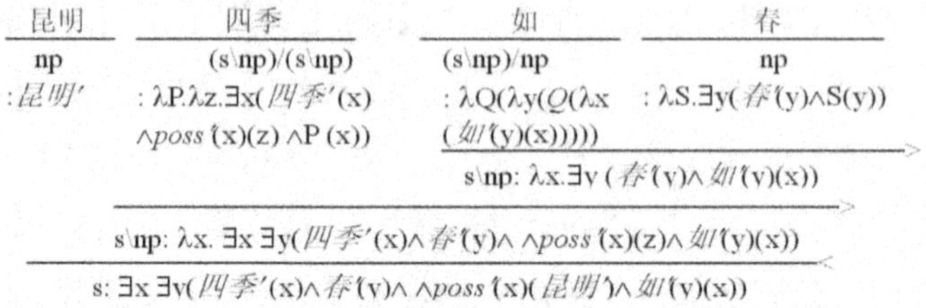

图 5-14　S_1 和 S_2 是领属关系的主谓谓语句在 CCG 中的逻辑生成图

“昆明”和“四季”之间是领属关系，表达“昆明的四季”之意。其中，“昆明”为大主语 S_1，“四季”为小主语 S_2，而“如春”则是小谓语 P。由于“昆明”和“四季”之间是领属关系，我们用 *poss* '表示领属关系，即昆明有四季，且四季如春。又由于“四季”和“春”都是类名词，在逻辑中处于谓词的位置，因此还要涉及存在量词的使用，即存在 x，x 是四季；存在 y，y 是春。这个语句的语义结构应该为：∃x ∃y(P(x)∧Q(y)∧*poss* '(x)(a)∧R(y)(x))。其中，谓词“P”解释为“四季”，“Q”解释为“春”，*poss* '表示领有关系，a = 昆明，“R”解释为“如”。整个公式解释为：存在 x，x 是四季，存在 y，y 是春，昆明有四季，且昆明的四季如春。它们的词条如下：

昆明 ⊢np：昆明'

四季 ⊢ (s\np)/(s\np)：λP. λy. ∃x(四季'(x)∧*poss* '(x)(y) ∧P (x))

如 ⊢ (s\np)/np：λQ(λy(*Q*(λx(如'(y)(x)))))

春 ⊢np：λS(∃y(春'(y)∧S(y)))　（语义上，已把“春”转换成专名了）

二、大主语 S_1 和小主语 S_2 是施受关系的主谓谓语句

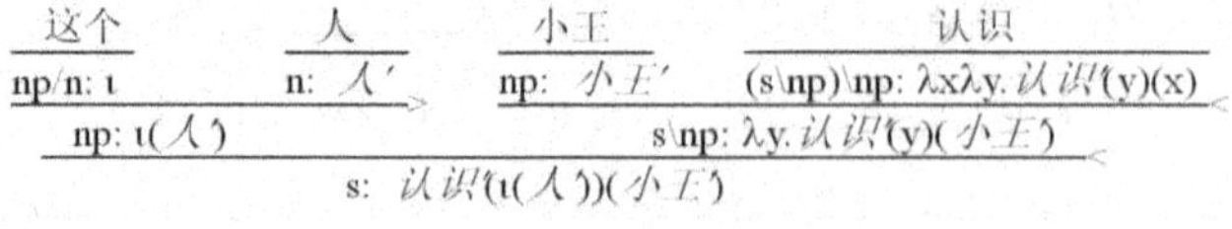

图 5-15　S_1 为受事、S_2 为施事的主谓谓语句在 CCG 中的逻辑生成图

大主语“这个人”为受事，小主语“小王”是施事，而“认识”则为小谓语，是个及物动词。“小王认识”是这个语句的大谓语，所以它的范畴为 s\np，现在就是对于“小王”和“认识”而言，究竟应该以谁的范畴为函项范畴，以谁的

范畴为论元范畴,从而可以得到"小王认识"的范畴为 s\np,我们可以看到大小主语都与小谓语相联系,因此给"认识"指派函项范畴更容易建立这样的两个联系,这里给"认识"指派范畴"(s\np)\np",给"小王"指派专名范畴"np"。

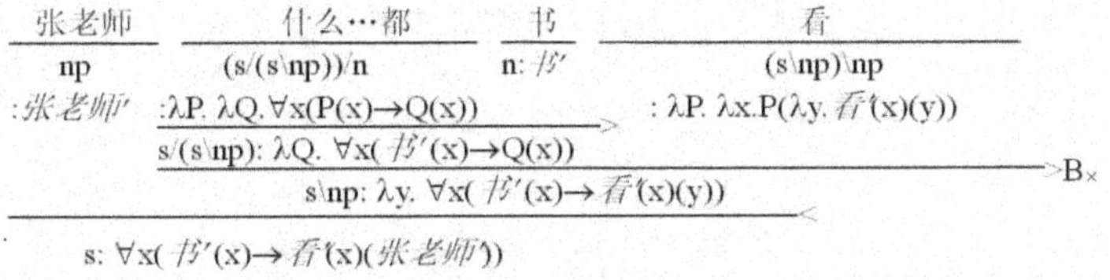

图 5-16　S_1 为施事、S_2 为受事的主谓谓语句在 CCG 中的逻辑生成图

此句中,"什么…都"是不连续量词,表全称,词条指派如下:

什么…都 ├(s/(s\np))/n: λP. λQ. ∀x(P(x)→Q(x))

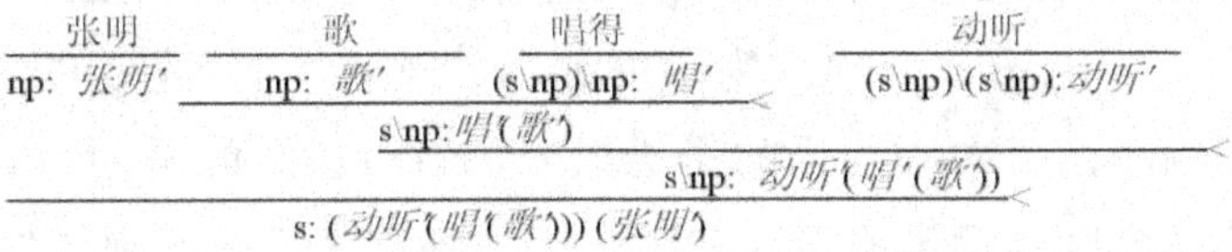

图 5-17　S1 为施事、S2 为受事且带补语的主谓谓语句的在 CCG 中生成图

三、大主语 S_1 同谓语是复指关系的主谓谓语句

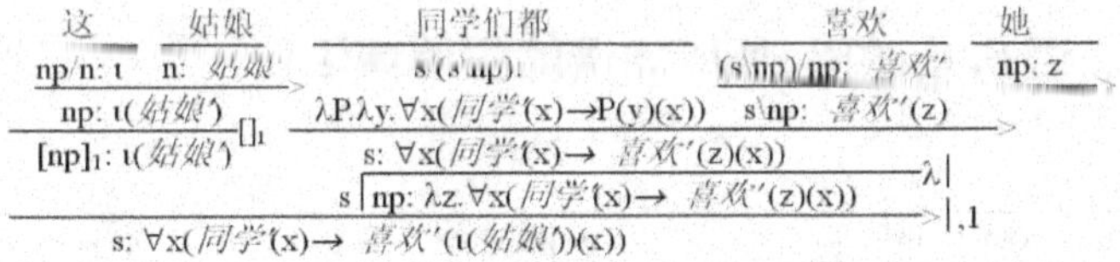

图 5-18　P 的受事与 S_1 构成复指关系的主谓谓语句在 CCG 中的逻辑生成图

这个语句中,"这姑娘"是大主语 S_1,"同学们都喜欢她"是主谓谓语句的谓语部分。其中,"这姑娘" 与"她"有复指关系。"同学们都"是小主语,这里把"同学们都"直接作全称量词短语处理,指派词条如下:

同学们都 ├s/(s\np): λP. λy. ∀x(同学′(x)→P(y)(x)).

四、谓语是主谓短语的主谓谓语句

图 5－19　谓语是主谓短语的主谓谓语句在 CCG 中的逻辑生成图

这个语句中,“杨过和小龙女”为大主语 S_1,“心连着心”是主谓谓语句的谓语部分。其中,第一个“心”为小主语 S_2,“连着”为小谓语的中心动词,第二个“心”为小谓语中心动词的宾语成分。值得注意的是,此句中的两个“心”与大主语之间是领属关系,前者领属于“杨过”,后者领属于“小龙女”。“连着”的词条如下:

连着 $\vdash$(((s\np)\np)\n)/n: $\lambda P.\ \lambda Q.\ \lambda w.\ \lambda v.\ \forall x\ \forall y(x \neq y \wedge P(x) \wedge Q(y) \wedge poss'(x)(w) \wedge poss'(y)(v) \rightarrow$ 连$'(x)(y))$

五、大主语 S_1 是时间、处所词语的主谓谓语句

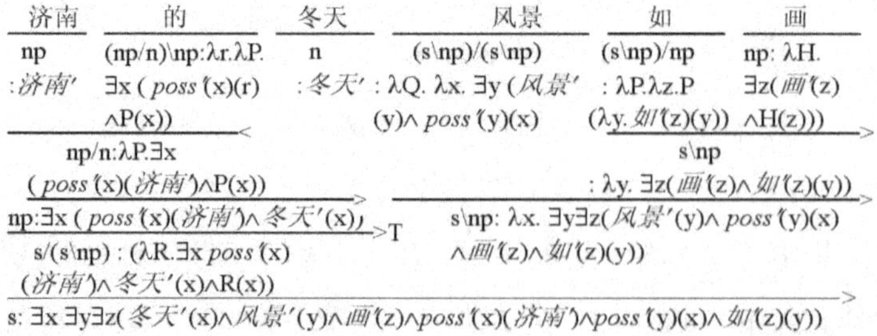

图 5－20　S_1 是时间词语的主谓谓语句在 CCG 中的逻辑生成图

这个语句的大主语 S_1 是“济南的冬天”,表时间;而“风景如画”是主谓

谓语部分,整体来描述“济南的冬天”的状况。其中,“风景”为小主语 S_2,而“如”为小谓语中心词,“画”是“如”的宾语部分,“如画”是小谓语 P。整句的语义表述为:∃x ∃y ∃z(P(x)∧Q(y)∧H(z) ∧*poss* ′(x)(a) ∧*poss* ′(y)(x)∧R(z)(y))。其中,谓词“P”解释为“冬天”,“Q”解释为“风景”,“H”解释为“画”,*poss* ′表示领有关系,a = 昆明,“R”解释为“如”。整个公式意为:存在 x,存在 y,存在 z,x 是冬天,y 是风景,z 是画,济南有冬天,冬天有风景,且风景如画。各成分的词条如下:

济南 ⊢np: 济南′;的 ⊢ (np/n)\np: λr. λP. ∃x (*poss* ′(x)(r)∧P(x));冬天 ⊢n:冬天′;　风景 ⊢ (s\np)/(s\np): λQ. λx. ∃y (风景′(y)∧*poss* ′(y)(x) ∧Q (y));

如 ⊢ (s\np)/np: λP. λz. P(λy. 如′(z)(y));

画 ⊢np: λH. ∃z(画′(z)∧H(z)))　(语义上,已把“春”转换成专名了。)

六、大主语 S_1 是 P 的工具、材料、与事等的主谓谓语句

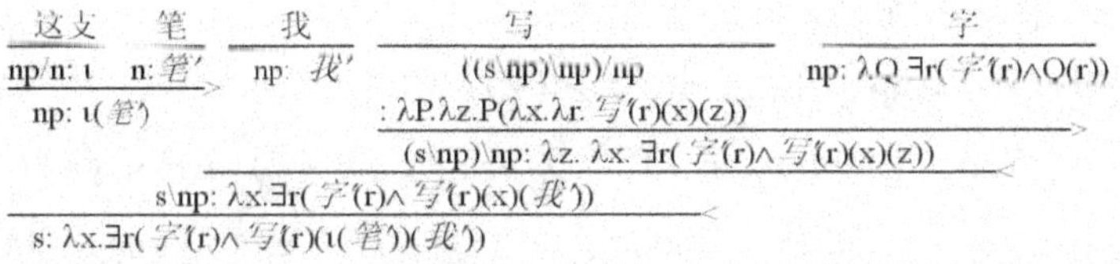

图 5－21　S_1 是 P 的工具的主谓谓语句在 CCG 中的逻辑生成图

在这个语句中,“这支笔”是大主语,“我写字”做该语句的谓语部分。由于“这支笔”是“我写字”的工具,“写”将不同于以前分析的谓词,我们将其分析为三元谓词。该语句各成分的词条如下:

这支 ⊢np/n: ι;笔 ⊢n: 笔′;我 ⊢np: 我′;

写 ⊢((s\np)\np)/np: λP. λz. P(λx. λr. 写′(r)(x)(z))　(写′(r)(x)(z)指 z 用 x 写 r)

字 ⊢np: λQ. ∃r(字′(r)∧Q(r))　(“字”在语义上已被转换成 np 范畴)

七、谓语是计量关系的主谓谓语句

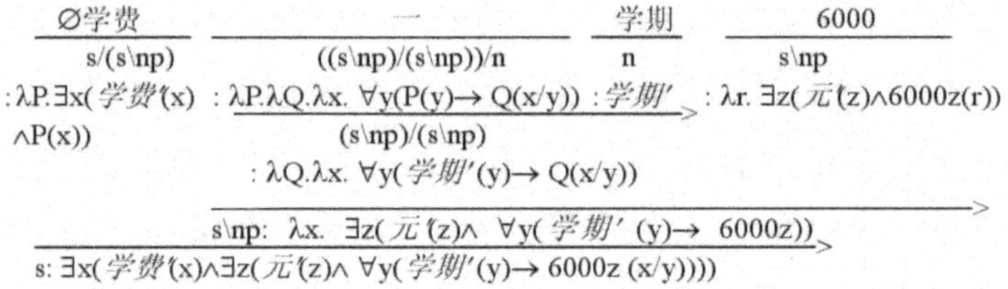

图 5－22　谓语是计量关系的主谓谓语句在 CCG 中的逻辑生成图

在这个主谓谓语句中，大主语 S_1 为“学费”，大谓语“一学期 6000 元”用具体的计量方式来说明“学费”的情况。其中，“一学期”是小主语 S_2，“6000 元”是小谓语 P。该语句的逻辑结构可以刻画为：$\exists x \exists z(Fx \wedge Yz \wedge \forall y(K(y) \rightarrow (6000z)(x/y))$。其中，“F”解释为“是学费”，“Y”解释为“元”，“K”解释为学期。“/”表达了该句中的“一”，表示“每…”。整个公式解释为：存在 x，z，x 是学费，z 是元，对于所有的 y 来讲，如果 y 是学期，那么每学期的学费是 6000 元。这个语句各成分的词条如下：

∅学费 ⊢ $s/(s\backslash np)$：$\lambda P.\ \exists x(学费'(x) \wedge P(x))$

一 ⊢ $((s\backslash np)/(s\backslash np))/n$：$\lambda P.\ \lambda Q.\ \lambda x.\ \forall y(P(y) \rightarrow Q(x/y))$

学期 ⊢ n：$\lambda y.$ 学期′(y)；6000 元 ⊢ $s\backslash np$：$\lambda r.\ \exists z.(元'(z) \wedge 6000z(r))$

八、大主语 S_1 是谓语部分的关涉对象的主谓谓语句

对于语句“这个问题，小王、小明有不同看法”，“这个问题”为大主语 S_1，“小王、小明有不同看法”为大谓语，来说明主语的有关情况。这句话的语义其实是：小王和小明对这个问题有不同的看法。这儿需要用到三元谓词 R，即“……对……有……”。我们把“看法”作为通名处理。该语句的语义可以刻画为：$\exists z_1 \exists z_2(G(z_1) \wedge G(z_2) \wedge R(\iota(c))(z_1)(a) \wedge R(\iota(c))(z_2)(b) \wedge z_1 \neq z_2$。其中问题“$\iota(c)$ = 这个问题”，“G”解释为“看法”，a = 小王，b = 小明。整个公式解释为：对那个唯一的问题 $\iota(c)$ 而言，小王对它有看法 z_1，小明对它有看法 z_2，且 $z_1 \neq z_2$。这个语句的各成分的词条如下：

这个 $\vdash np/n$：ι；问题 $\vdash n$：问题′；小王 $\vdash np$：小王′；小明 $\vdash np$：小明′

……对……有…… $\vdash ((s\backslash np)\backslash np)\backslash np$：$\lambda b\ \lambda a.\ \lambda x$ 有′$(x)(z_1)(a) \wedge$有′$(x))(z_2)(b) \wedge z_1 \neq z_2$

不同看法 $\vdash (((s\backslash np)\backslash np)\backslash np)\backslash(((s\backslash np)\backslash np)\backslash np)$：$\lambda P.\ \lambda b.\ \lambda a.\ \lambda x.\ \exists z_1 \exists z_2$(看法′$(z_1) \wedge$看法′$(z_2) \wedge P(x)(z_1)(a) \wedge P(x))(z_2)(b) \wedge z_1 \neq z_2)$

有不同看法 $\vdash ((s\backslash np)\backslash np)\backslash np$：$\lambda b.\ \lambda a.\ \lambda x.\ \exists z_1 \exists z_2$(看法′$(z_1) \wedge$看法′$(z_2) \wedge$有′$(x)(z_1)(a) \wedge$有′$(x)(z_2)(b) \wedge z_1 \neq z_2)$

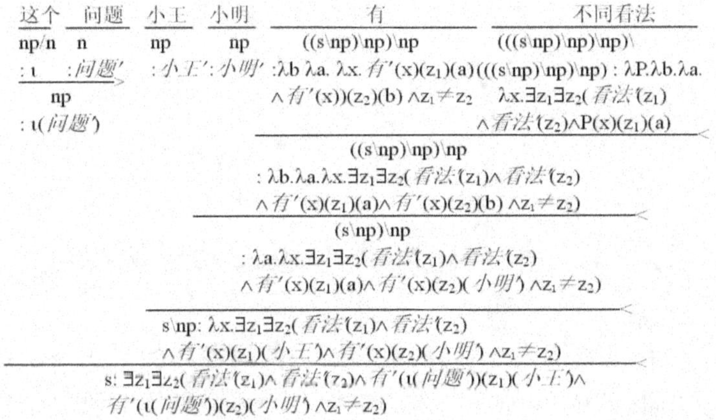

图 5－23　S_1 是谓语部分的关涉对象的主谓谓语句在 CCG 中生成图

第六章　混合范畴类型逻辑与汉语的形式处理

第一节　混合范畴类型逻辑的思想缘起

范畴语法由逻辑构成，不同的范畴语法使用逻辑的区别在于在演绎中对语料使用的限度上，和随之而来的它们对于那些具体的语料结构的敏感性。根据逻辑在使用语料时允许的自由性产生了子结构逻辑层级。

给出四个模态词，分别是：n（非结合的，非交换的），a（结合的，非交换的），c（交换的，不结合的），b（结合且交换的）。与任一模态词 $i \in \{n, a, c, b\}$ 相对应的积联结词记作 oi，蕴含联结词记作 $\xrightarrow{i}$ 和 $\xleftarrow{i}$，先给出如下规则：

(1-1) $A \Rightarrow A$　　$\dfrac{\Phi \Rightarrow B \quad \Gamma[B] \Rightarrow A}{\Gamma[\Phi] \Rightarrow A}[cut]$

(1-2) $\dfrac{(B,\Gamma)^{oi} \Rightarrow A}{\Gamma \Rightarrow B \xrightarrow{i} A}[\xrightarrow{i} R]$　　$\dfrac{\Phi \Rightarrow C \quad \Gamma[B] \Rightarrow A}{\Gamma[(\Phi, C \xrightarrow{i} B)^{oi}] \Rightarrow A}[\xrightarrow{i} L]$

$\dfrac{(\Gamma, B)^{oi} \Rightarrow A}{\Gamma \Rightarrow A \xleftarrow{i} B}[\xleftarrow{i} R]$　　$\dfrac{\Phi \Rightarrow C \quad \Gamma[B] \Rightarrow A}{\Gamma[(B \xleftarrow{i} C, \Phi)^{oi}] \Rightarrow A}[\xleftarrow{i} L]$

$\dfrac{\Gamma \Rightarrow A \quad \Phi \Rightarrow B}{(\Gamma, \Phi)^{oi} \Rightarrow A^{oi}B}[o_iR]$　　$\dfrac{\Gamma[(B, C)^{oi}] \Rightarrow A}{\Gamma[B^{oi}C] \Rightarrow A}[o_iL]$

(1-3) $\dfrac{\Gamma[(B, (C, D)^{oi})^{oi}] \Rightarrow A}{\Gamma[((B, C)^{oi}, D)^{oi}] \Rightarrow A}[A]$　　$\dfrac{\Gamma[(B, C)^{oi}] \Rightarrow A}{\Gamma[(C, B)^{oi}] \Rightarrow A}[P]$

具有规则 1 - 1 和 1 - 2 的系统是非结合性的 Lambek 演算(非交换性),记作 NL,它的联结词集是{o_n,$\xleftarrow{n}$,$\xrightarrow{n}$};在 NL 基础上加上[A]是结合性的 Lambek 演算(非交换性),记作 L,它的联结词集是{o_a,$\xleftarrow{a}$,$\xrightarrow{a}$};在 NL 基础上加上[P]是交换性的 Lambek 演算(非结合性),记作 NLP,它的联结词集是{o_c,$\xleftarrow{c}$,$\xrightarrow{c}$};在 NL 基础上加上[A]和[P]是结合且交换的 Lambek 演算,记作 LP,它的联结词集是{o_b,$\xleftarrow{b}$,$\xrightarrow{b}$}。每一个子系统提供了一种语言描述模式。对于这四个系统的联结词来说,一般不用这样的记法,而用下表记法:①

表 6 - 1　四个 Lambek 演算系统的联结词定义

结合	交换	联结词	对应系统
-	-	$\odot$　$\oslash$　$\obslash$	非结合性 Lambek 演算 NL
-	+	$\ominus$　$-\!\ominus$　$\ominus\!-$	交换性 Lambek 演算 NLP
+	-	$\bullet$　$\backslash$　$/$	结合性 Lambek 演算 L
+	+	$\otimes$　$\multimap$　$\multimapinv$	线性逻辑 LP

大多数范畴系统处于一个单一的子结构层面上,即恰好只有一个单一的语料描述模式。完全解释某一语言内的现象需要使用多个语言描述模式,比如严格的拟树结构(NL 系统)适合解释某一类现象(如某些约束),然而更灵活的结构(如 L 系统)适合解释另一类现象(如一些非成分并列组合)。跨语言变化的处理强化了对多样化描述模式的需要。② 因此,使用任何一个子系统分析语言都只具有有限的价值,这样的局限性暗示了需要一个单一的系统拥有不同的语言描述模式,允许我们为任意语言现象选择一个描述层面,该层面仅仅编码了与处理该现象相关的语言结构。实现这个目标的一个方法是直接把子结构逻辑合并成一个单一的多模态系统,这样

① Hepple, M. *A general framework for hybrid substructural categorial logics*. Ms, IRCS, Upenn. Available as IRCS Report 94 - 14, 1993.

② Hepple, M. *Mixing Modes of Linguistic Description in Categorial Grammar*. Proceedings EACL - 7, 1995.

的多模态系统允许类型变化，而类型变化显示了在不同层面之间的转换（即某个子结构层面的一个算子可以重写成另一个子结构层面的一个相对应的算子），这样的逻辑称为混合范畴类型逻辑。

第二节　混合范畴类型逻辑系统的构造方法

现在来看如何把多个子结构逻辑系统合并成一个混合范畴类型逻辑系统。假设我们有一个系统，它包含上面多个系统的联结词，可以自由地使用逻辑规则（1-1）和（1-2），结构规则（1-3）的使用要受到一定的限制，如（2-1）所示。

(2-1) $\dfrac{\Gamma[(B,(C,D)^{\circ})^{\circ}] \Rightarrow A}{\Gamma[((B,C)^{\circ},D)^{\circ}] \Rightarrow A}[A]\ (\circ \in \{\bullet, \otimes\})$

$\dfrac{\Gamma[(B,C)^{\circ}] \Rightarrow A}{\Gamma[(C,B)^{\circ}] \Rightarrow A}[P]\ (\circ \in \{\ominus, \otimes\})$

使用规则（1-1）、（1-2）和（2-1），我们仅仅得到一个不同子结构共存但不相互联系的系统。层面之间的这个联系由规则（2-2）（包含规则）产生。注意，这个规则的附加条件使用了积算子上的一个关系 <，它根据结构的自由度把不同层面连接起来。这里，对于任意的积算子 $\circ'$ 和 $\circ$，$\circ' < \circ$ 当且仅当后者的系统比前者的系统展示了更大的语料使用自由度，即对于 $\circ', \circ \in \{\odot, \bullet, \ominus, \otimes\}$，$\circ' < \circ$ 当且仅当 $<\circ', \circ> \in \{<\odot, \bullet>, <\odot, \ominus>, <\odot, \otimes>, <\bullet, \otimes>, <\ominus, \otimes>\}$。这个规则使得 $A^{\circ i}B \Rightarrow A^{\circ j}B\ (oj < oi)$ 成立，如（2-3）所示，该定理揭示了不同层面的积联结词之间的关系。使用这个结构规则，我们可以推出不同层面的蕴涵联结词之间的关系：$A \leftharpoondown B \Rightarrow A \leftharpoondown B\ (o_j < o_i)$，正如推演（2-4）所示。更一般地说，类似于（2-3）和（2-4）的转换对于任意两个具有 < 关系的联结词都是可以推出的。例如，$A \ominus B \Rightarrow A \odot B$ 和 $A \o B \Rightarrow A/B$。联系不同子结构层面的进一步规则是交互规则，如（2-5）所示。

(2-2) $\dfrac{\Gamma[(B,C)^{\circ j}] \Rightarrow A}{\Gamma[(B,C)^{\circ i}] \Rightarrow A}[<]$
$(^{\circ j} < ^{\circ i})$

$$(2\text{-}3)\ \dfrac{\dfrac{\dfrac{B\Rightarrow B\quad A\Rightarrow A}{(A,B)^{o_j}\Rightarrow A^{o_j}B}[{}^{o_j}R]}{(A,B)^{o_i}\Rightarrow A^{o_j}B}[<](o_j<o_i)}{A^{o_i}B\Rightarrow A^{o_j}B}[{}^{o_i}L]$$

$$(2-4)\ \dfrac{\dfrac{\dfrac{B\Rightarrow B\quad A\Rightarrow A}{(A\overset{j}{\leftarrow}B,B)^{o_j}\Rightarrow A}[\overset{o_j}{\leftarrow}L]}{(A\overset{j}{\leftarrow}B,B)^{o_i}\Rightarrow A}[<](o_j<o_i)}{A\overset{j}{\leftarrow}B\Rightarrow A\overset{j}{\leftarrow}B}[\overset{j}{\leftarrow}R]$$

$$(2-5)\ \dfrac{\Gamma[(B,\ (C,\ D)^{o_i})^{o_j}]\Rightarrow A}{\Gamma[((B,\ C)^{o_j},\ D)^{o_i}]\Rightarrow A}\text{a.}\ ({}^{o_j}<{}^{o_i})$$

$$\dfrac{\Gamma[((B,\ C)^{o_i},\ D)^{o_j}]\Rightarrow A}{\Gamma[(B,\ (C,\ D)^{o_j})^{o_i}]\Rightarrow A}\text{b.}\ ({}^{o_j}<{}^{o_i})\qquad \dfrac{\Gamma[((B,\ C)^{o_i},\ D)^{o_j}]\Rightarrow A}{\Gamma[((B,\ D)^{o_j},\ C)^{o_i}]\Rightarrow A}\text{c.}\ ({}^{o_j}<{}^{o_i})$$

咱们考虑混合系统的一些其他定理。注意,尽管复合运算(2 -6)a 在一个非结合层面内是不允许的,但是,假定结果处于结合层面,相同的类型是可以复合的,正如(2 -6)b 所示,其证明见(2 -7)a。(标记[< *]的推理步骤对应了[<]的多重使用)同样地,两个反方向的论元在一个非结合系统中不可重新排序,如(2 -6)c 所示,但是如果结果处于一个具有结合性的子结构层面上,它们就能重新排序,例如(2 -6)d,证明见(2 -7)b。

(2 -6)a. * (AøB, BøC)$^{\odot}$ ⇒AøC　　b. (AøB, BøC)$^{\bullet}$⇒A/C

c. * (BøA)øC ⇒Bø(AøC)　　d. (BøA)øC ⇒B\(A/C)

$$(2-7)\ \text{a.}\ \dfrac{\dfrac{\dfrac{\dfrac{\dfrac{\dfrac{\Rightarrow C\quad B\Rightarrow B}{(B/_{\odot}C,\ C)^{\odot}\Rightarrow B}[/_{\odot}L]\quad A\Rightarrow A}{(A/_{\odot}B,\ (B/_{\odot}C,\ C)^{\odot})^{\odot}\Rightarrow A}[/_{\odot}L]}{(A/_{\odot}B,\ (B/_{\odot}C,\ C)^{\bullet})^{\bullet}\Rightarrow A}[<*]}{((A/_{\odot}B,\ B/_{\odot}C)^{\bullet},\ C)^{\bullet}\Rightarrow A}[A]}{(A/_{\odot}B,\ B/_{\odot}C)^{\bullet}\Rightarrow A/C}[/R]}{}$$

$$\text{b.}\ \dfrac{\dfrac{\dfrac{\dfrac{\dfrac{C\Rightarrow C\quad \dfrac{B\Rightarrow B\quad A\Rightarrow A}{(B,\ B\backslash_{\odot}A)^{\odot}\Rightarrow A}[\backslash_{\odot}L]}{(B,((B\backslash_{\odot}A)/_{\odot}C,\ C)^{\odot})^{\odot}\Rightarrow A}[/_{\odot}L]}{(B,\ ((B\backslash_{\odot}A)/_{\odot}C,\ C)^{\bullet})^{\bullet}\Rightarrow A}[<*]}{((B,\ (B\backslash_{\odot}A)/_{\odot}C)^{\bullet},\ C)^{\bullet}\Rightarrow A}[A]}{(B,\ (B\backslash_{\odot}A)/_{\odot}C)^{\bullet}\Rightarrow A/C}[/R]}{(B\backslash_{\odot}A)/_{\odot}C\Rightarrow B\backslash(A/C)}[\backslash R]$$

到此为止,我们有了构造一个混合范畴类型逻辑需要的所有部分。有时不需要把这四个子结构系统组合起来,假定我们把两个子结构系统 L 和 LP 合并成一个混合范畴类型逻辑,那么这个混合系统的联结词集是{•,\,/,⊗,—o,o—},它的规则就有(1-1)、(1-2)、(2 -9)、(2-10)和 (2-11)。

(2-8) $\dfrac{\Gamma[(B,(C,D)^{\circ})^{\circ}] \Rightarrow A}{\Gamma[((B,C)^{\circ},D)^{\circ}] \Rightarrow A}[A]$ $(\circ \in \{\bullet, \otimes\})$ $\dfrac{\Gamma[(B,C)^{\otimes}] \Rightarrow A}{\Gamma[(C,B)^{\otimes}] \Rightarrow A}[P]$

(2-9) $\dfrac{\Gamma[(B,C)^{\bullet}] \Rightarrow A}{\Gamma[(B,C)^{\otimes}] \Rightarrow A}[<]$

(2-10) $\dfrac{\Gamma[(B,(C,D)^{\otimes})^{\bullet}] \Rightarrow A}{\Gamma[((B,C)^{\bullet},D)^{\otimes}] \Rightarrow A}a.$ $\dfrac{\Gamma[((B,C)^{\otimes},D)^{\bullet}] \Rightarrow A}{\Gamma[(B,(C,D)^{\bullet})^{\otimes}] \Rightarrow A}b$

$\dfrac{\Gamma[((B,C)^{\otimes},D)^{\bullet}] \Rightarrow A}{\Gamma[((B,D)^{\bullet},C)^{\otimes}] \Rightarrow A}c.$

前一节我们提到 $A \otimes B \Rightarrow A \bullet B$ 和 $A/B \Rightarrow A \multimapinv B$ 应该是某个混合逻辑的合适定理，在这个混合系统中很容易给出它们的证明，见(2-11) a 和(2-11) b，这两个定理揭示了 $A \otimes B$ 与 $A \bullet B$ 之间、A/B 与 $A \multimapinv B$ 之间的一些自然关系。

(2-11) a. $\dfrac{\dfrac{\dfrac{A \Rightarrow A \quad B \Rightarrow B}{(A,B)^{\bullet} \Rightarrow A \bullet B}[\bullet R]}{(A,B)^{\otimes} \Rightarrow A \bullet B}[<]}{A \otimes B \Rightarrow A \bullet B}[\otimes L]$ (2-11) b. $\dfrac{\dfrac{\dfrac{B \Rightarrow B \quad A \Rightarrow A}{(A/B,B)^{\bullet} \Rightarrow A}[/L]}{(A/B,B)^{\otimes} \Rightarrow A}[<]}{A/B \Rightarrow A \multimapinv B}[\multimapinv R]$

尽管结合性的 Lambek 演算 L 具有复合运算性质，但是像(2-12) a 一样的不同向复合是不允许的。然而，如果结果处于具有交换性的线性子系统层面，这样的类型是可以复合的，如(2-12) b 所示，其证明见(2-13)。

(2-12) a. $*(A/B,\ C\backslash B)^{\bullet} \Rightarrow C\backslash A$ b. $(A/B,\ C\backslash B)^{\otimes} \Rightarrow A \multimapinv C$

(2-13) $\dfrac{\dfrac{\dfrac{\dfrac{\dfrac{\dfrac{\dfrac{C \Rightarrow C \quad B \Rightarrow B}{(C, C\backslash B)^{\bullet} \Rightarrow B}[\backslash L] \quad A \Rightarrow A}{(A/B, (C, C\backslash B)^{\bullet})^{\bullet} \Rightarrow A}[/L]}{(A/B, (C, C\backslash B)^{\otimes})^{\otimes} \Rightarrow A}[<*]}{(A/B, (C\backslash B, C)^{\otimes})^{\otimes} \Rightarrow A}[P]}{((A/B, C\backslash B)^{\otimes}, C)^{\otimes} \Rightarrow A}[A]}{(A/B, C\backslash B)^{\otimes} \Rightarrow A \multimapinv C}[\multimapinv R]$

我们知道，$(\,,\,)^{\otimes}$ 也允许各种不如人意的推演矢列，例如：

$(A/B,\ C\backslash B)^{\otimes} \Rightarrow C \multimap A$，$(C\backslash B,\ A/B)^{\otimes} \Rightarrow A \multimapinv C$，$(C\backslash B,\ A/B)^{\otimes} \Rightarrow C \multimap A$)。

正如我们所知，对于标准的范畴语法常规来说，假设的序映射词序。为此，我们应该重新定义交叉范畴语法所识别的语言，使该语法仅仅考虑这样的推演：在推演的结论$\Gamma \Rightarrow s$ 中，Γ通常不能使用$(,)^{\otimes}$，（2-13）可修改如下：

(2-14)

$$\cfrac{\cfrac{\cfrac{\cfrac{\cfrac{\cfrac{\cfrac{C \Rightarrow C \quad B \Rightarrow B}{(C, C\backslash B)^{\bullet} \Rightarrow B}[\backslash L] \quad A \Rightarrow A}{(A/B, (C, C\backslash B)^{\bullet})^{\bullet} \Rightarrow A}[/L]}{((A/B, C)^{\bullet}, C\backslash B)^{\bullet} \Rightarrow A}[A]}{((A/B, C)^{\otimes}, C\backslash B)^{\bullet} \Rightarrow A}[<*]}{((C, A/B,)^{\otimes}, C\backslash B)^{\bullet} \Rightarrow A}[P]}{(C, (A/B, ,C\backslash B)^{\bullet})^{\otimes} \Rightarrow A}[(2\text{-}11b)]}{(A/B, C\backslash B)^{\bullet} \Rightarrow C \multimap A}[\multimap R]$$

这个结论有两个特征。一方面，它排除了$(,)^{\otimes}$的使用；另一方面，它等同于 CCG 的向前的交叉复合规则 $>B_X$。这个实例意味着混合系统中的线性蕴含也许允许对非外围提取的处理，例如，给关系代词指派范畴 $rel/(s \multimap np)$，这就消除了对交换结构模态词的需要。

第三节　混合范畴类型逻辑系统的应用

一、NL + L 对汉语话题句和非成分毗连的处理

首先，我们构建一个仅包括 NL 和 L 子结构的系统。这个混合逻辑的联结词集合{{$\bullet, \backslash, /, \odot, \oslash, \varnothing$}}，它的规则包括 1－1、1－2、3－1、3－2 和 3－3。

(3-1) $\dfrac{\Gamma[(B, (C, D)^{\circ})^{\circ}] \Rightarrow A}{\Gamma[((B, C)^{\circ}, D)^{\circ}] \Rightarrow A}[A](\circ \in \{\bullet\})$

(3-2) $\dfrac{\Gamma[(B,C)^{\odot}] \Rightarrow A}{\Gamma[(B,C)^{\bullet}] \Rightarrow A}[<]$

(3-3) $\dfrac{\Gamma[(B, (C, D)^{\bullet})^{\odot}] \Rightarrow A}{\Gamma[((B, C)^{\odot}, D)^{\bullet}] \Rightarrow A}$a.　　$\dfrac{\Gamma[((B, C)^{\bullet}, D)^{\odot}] \Rightarrow A}{\Gamma[(B, (C, D)^{\odot})^{\bullet}] \Rightarrow A}$b.

$\dfrac{\Gamma[((B, C)^{\bullet}, D)^{\odot}] \Rightarrow A}{\Gamma[((B, D)^{\odot}, C)^{\bullet}] \Rightarrow A}$c.

这个 NL 层面可以作为描述词汇的主要层面，给予语言分析的各种优势。例如，对某个非结合函子类型（如具有 $A\oslash B$ 或 $B\obslash A$ 形式）的补语进行词汇子范畴化，可以确定所采用的补语是某个词汇中心语的自然投影，而不是通过复合运算构造出来的成分。另一方面，需要自由地使用具有结合性的组合规则的地方，这一要求仍然可得到满足，因为我们有 $X\oslash Y \Rightarrow X/Y$。一些非成分并列组合的范畴处理关键依赖于结合性，比如允许主语和及物动词合并，使得语句“约翰喜欢而史密斯不喜欢喝啤酒”中的非成分并列组合处理成为可能。在一个纯非结合系统中，如 NL，这样的分析是被排斥的。然而，假定并列组合是在结合性的层面上进行的，即使它们被指派非结合词汇范畴，这个处理仍然是可能的，如下所示：

（3-4）

$$np \Rightarrow np \quad s \Rightarrow s \quad [\obslash L]$$
$$np \Rightarrow np \quad (np, np\obslash s)^{\odot} \Rightarrow s \quad [\oslash L]$$
$$(np,((np\obslash s)\oslash np, np)^{\odot})^{\odot} \Rightarrow s \quad [<*]$$
$$(np,((np\obslash s)\oslash np, np)^{\bullet})^{\bullet} \Rightarrow s \quad [A]$$
$$((np,(np\obslash s)\oslash np)^{\bullet}, np)^{\bullet} \Rightarrow s \quad [/R]$$
$$(np, \quad (np\obslash s)\oslash np)^{\bullet} \Rightarrow s/np$$

约翰　　喜欢

史密斯　不喜欢

在语句“约翰经常而史密斯很少喝啤酒”中，我们可以推出它的合取支具有类型 $s/(np\obslash s)$，如下所示，这里涉及主语和状语并列组合。

（3-5）

$$np \Rightarrow np \quad s \Rightarrow s \quad [\obslash L]$$
$$np\obslash s \Rightarrow np\obslash s \quad (np, np\obslash s)^{\odot} \Rightarrow s \quad [\oslash L]$$
$$(np,((np\obslash s)\oslash(np\obslash s), np\obslash s)^{\odot})^{\odot} \Rightarrow s \quad [<*]$$
$$(np,((np\obslash s)\oslash(np\obslash s), np\obslash s)^{\bullet})^{\bullet} \Rightarrow s \quad [A]$$
$$((np,(np\obslash s)\oslash(np\obslash s))^{\bullet}, np\obslash s)^{\bullet} \Rightarrow s \quad [/R]$$
$$(np, (np\obslash s)\oslash(np\obslash s))^{\bullet} \Rightarrow s/(np\obslash s)$$

约翰　　经常

史密斯　很少

在语句“小红喝红牛很快而啤酒很慢”中，我们可以推出它的合取支具有类型 $((np\obslash s)\oslash np)\backslash(np\obslash s)$，如下图所示，涉及宾语和状语并列组合。

（3-6）

np ⇒ np　s ⇒ s　[⦸L]
np⦸s ⇒ np⦸s　(np, np⦸s)$^{\odot}$ ⇒ s　[øL]
np ⇒ np (np, (np⦸s,(np⦸s)⦸(np⦸s))$^{\odot}$)$^{\odot}$ ⇒ s　[øL]
(np, (((np⦸s)ønp,np)$^{\odot}$,(np⦸s)⦸(np⦸s))$^{\odot}$)$^{\odot}$ ⇒ s　[⦸R]
(((np⦸s)ønp,np)$^{\odot}$,(np⦸s)⦸(np⦸s))$^{\odot}$ ⇒ np⦸s　[<*]
(((np⦸s)ønp,np)$^{\bullet}$, (np⦸s)⦸(np⦸s))$^{\bullet}$ ⇒　[A]
((np⦸s)ønp,(np, (np⦸s)⦸(np⦸s))$^{\bullet}$)$^{\bullet}$ ⇒ np⦸s　[\R]
(np, (np⦸s)⦸(np⦸s))$^{\bullet}$ ⇒ ((np⦸s)ønp)\(np⦸s)

水　　很快
啤酒　很慢

要给出语句“妈妈给了女儿一块糖和儿子一块饼干”的合取支的类型，先要看看从范畴 np 可推出什么范畴，如下：

（3-7）

np ⇒ np s ⇒ s　[øL]
(sønp，np)$^{\odot}$ ⇒ s　[⦸R]
np ⇒ (sønp)⦸s

np ⇒ np sønp ⇒ sønp　[øL]
(sønp)ønp,np)$^{\odot}$ ⇒ sønp　[⦸R]
np ⇒ ((sønp)ønp)⦸(sønp)

因为 np ⇒(sønp)⦸s 和 np ⇒((sønp)ønp)⦸(sønp)是定理，所以我们可给名词短语指派范畴(sønp)⦸s 和((sønp)ønp)⦸(sønp)，假定给直接宾语指派前者，间接宾语指派后者，现在我们可以推出上述语句的合取支的类型是(sønp)ønp\s，因为(((sønp)ønp)ø(sønp)，(sønp)øs)$^{\bullet}$⇒(sønp)ønp\s 是定理，如下图所示，它涉及直接宾语和间接宾语的并列组合。

（3-8）

(sønp)ønp ⇒ (sønp)ønp　sønp ⇒ sønp　[⦸L]
((sønp)ønp,((sønp)ønp)⦸(sønp))$^{\odot}$ ⇒ sønp　s ⇒ s　[⦸L]
(((sønp)ønp ,((sønp)ønp)⦸(sønp))$^{\odot}$, (sønp)⦸s)$^{\odot}$ ⇒ s　[<*]
(((sønp)ønp ,((sønp)ønp)⦸(sønp))$^{\bullet}$, (sønp)⦸s)$^{\bullet}$ ⇒ s　[A]
((sønp)ønp , (((sønp)ønp)⦸(sønp), (sønp)⦸s)$^{\bullet}$)$^{\bullet}$ ⇒ s　[\R]
(((sønp)ønp)⦸(sønp), (sønp)⦸s)$^{\bullet}$ ⇒ (sønp)ønp\s

女儿　一块糖
儿子　一块饼干

话题化是 Steedman 在 Ades and Steedman(1982)及 Steedman(1985)的函项复合规则基础上提出的一种句法操作规则，Steedman 的话题化表达式是：

T_{top}：X →S_T/(S/X)。

通过这个规则给话题成分指派适当的范畴之后，就可以实现一些简单的话题句推演，比如无占位代词的宾语提取话题化。但是汉语除了无占位代词的宾语提取话题化语句外，还有像“小龙女杨过爱她”这样的有占位代词的宾语提取话题化语句、像“雷锋他将永垂不朽”这样的有占位代词的主语提取话题化语句、像“那个乞丐我给他五块钱”这样的有占位代词的间接宾语提取话题化语句、像“五块钱我给那个乞丐了”这样的无占位代词的直接宾语提取话题化语句、像“那个乞丐我给了五块钱”这样的无占位代词的间接宾语提取话题化语句、像“这件衣服布料不错”这样的复杂主语的修饰成分话题化语句、像“你们班我最喜欢杨凡”这样的复杂宾语修饰成分话题化语句、像“孩子他们的听话”这样的复杂主语中心成分话题化语句、像“香烟我喜欢抽湖南的”这样的复杂宾语中心成分话题化语句和像“软件我是门外汉”这样的斜格(oblique)成分(除主宾语之外的其他名词短语成分)话题化语句等。如果给这些语句中的被提取的名词短语一律指派范畴 $s_T/(s/np)$,不一定都能得出正确的推理。Steedman 的处理方法很具有启发性,但是我认为有两点不太令人满意:一是这种处理方法增加了一条句法规则,这样似乎与 CCG 规则的“跨语言不变性”有所出入;二是话题化语句有好几种类型,此条规则对许多其他类型的话题句无能为力。想到 CCG 规则是跨语言不变的,它将不同语言的区别仅仅保留在词库中,因此可以从词项的范畴指派上寻找出路。本研究舍弃 Steedman 的话题化规则,根据话题化语句的不同类型直接在词库中给话题成分指派不同的范畴:

①无占位代词的宾语提取话题句:$s_T/(s/np)$;

②有占位代词的主、宾语提取话题句和间接宾语提取话题句:s_T/s;

③无占位代词的双宾语提取话题句:$s_T/(s/np)$;

④复杂主语修饰成分话题化:$s_T ø((np ø np)\backslash s)$、$(s_T/((np/np) \multimap s)$或$s_T/((np/np)\backslash s)$;

⑤杂宾语修饰成分话题化:$s_T/((np/(np) \multimap s)$;

⑥杂主语中心成分话题化:$s_T/(s/np)$;

⑦杂宾语中心成分话题化:$sTø(s/np)$、$sT/(s \multimapinv np)$或 $sT/(s/np)$;

⑧格成分话题化:$sTø(s/((np \oslash s) \oslash (np \oslash s)))$。

使用混合范畴类型逻辑系统可处理所有这些话题句,先在 NL + LP 系统中处理几个代表性例子,先看复杂主语修饰成分话题化语句的推演:

(3-9)

$$np \Rightarrow np \quad s \Rightarrow s$$
$$np \Rightarrow np \qquad (np, np\upharpoonleft s)^{\odot} \Rightarrow s \quad [\upharpoonleft L]$$
$$((np\upharpoonright np, np)^{\odot}, np\upharpoonleft s)^{\odot} \Rightarrow s \quad [\upharpoonright L]$$
$$((np\upharpoonright np, np)^{\bullet}, np\upharpoonleft s)^{\odot} \Rightarrow s \quad [<]$$
$$(np\upharpoonright np, (np, np\upharpoonleft s)^{\odot})^{\bullet} \Rightarrow s \quad [(3\text{-}3b)]$$
$$(np, np\upharpoonleft s)^{\odot} \Rightarrow (np\upharpoonright np)\backslash s \quad [\backslash R] \qquad s_T \Rightarrow s_T$$
$$(s_T\upharpoonright((np\upharpoonright np)\backslash s), (np, np\upharpoonleft s)^{\odot})^{\odot} \Rightarrow s_T \quad [\upharpoonright L]$$

这件衣服　　布料　不错

再来看看复杂宾语中心成分话题化语句的推演：

(3-10)

$$np \Rightarrow np \quad s \Rightarrow s$$
$$np \Rightarrow np \qquad (np, np\upharpoonleft s)^{\odot} \Rightarrow s \quad [\upharpoonleft L]$$
$$np \Rightarrow np \qquad (np, ((np\upharpoonleft s)\upharpoonright np, np)^{\odot})^{\odot} \Rightarrow s \quad [\upharpoonright L]$$
$$(np, ((np\upharpoonleft s)\upharpoonright np, (np\upharpoonright np, np)^{\odot})^{\odot})^{\odot} \Rightarrow s \quad [\upharpoonright L]$$
$$(np, ((np\upharpoonleft s)\upharpoonright np, (np\upharpoonright np, np)^{\bullet})^{\odot})^{\odot} \Rightarrow s \quad [<]$$
$$(np, (((np\upharpoonleft s)\upharpoonright np, np\upharpoonright np)^{\odot}, np)^{\bullet})^{\odot} \Rightarrow s \quad [(3\text{-}3a)]$$
$$((np, ((np\upharpoonleft s)\upharpoonright np, np\upharpoonright np)^{\odot})^{\odot}, np)^{\bullet} \Rightarrow s \quad [(3\text{-}3a)]$$
$$((np, (np\upharpoonleft s)\upharpoonright np)^{\odot}, np\upharpoonright np)^{\odot} \Rightarrow s/np \quad [/R] \qquad s_T \Rightarrow s_T$$
$$(s_T\upharpoonright(s/np), ((np, (np\upharpoonleft s)\upharpoonright np)^{\odot}, np\upharpoonright np)^{\odot})^{\odot} \Rightarrow s_T \quad [/L]$$

酒　　　我　喜欢喝　　贵州的

再来看看斜格成分话题化语句的推演：

(3-11)

$$np \Rightarrow np \quad s \Rightarrow s$$
$$np\upharpoonleft s \Rightarrow np\upharpoonleft s \qquad (np, np\upharpoonleft s)^{\odot} \Rightarrow s \quad [\upharpoonleft L]$$
$$(np, (np\upharpoonleft s, (np\upharpoonleft s)\upharpoonleft(np\upharpoonleft s))^{\odot})^{\odot} \Rightarrow s \quad [\upharpoonleft L]$$
$$((np, (np\upharpoonleft s, (np\upharpoonleft s)\upharpoonleft(np\upharpoonleft s))^{\bullet})^{\odot} \Rightarrow s \quad [<]$$
$$((np, np\upharpoonleft s)^{\odot}, (np\upharpoonleft s)\upharpoonleft(np\upharpoonleft s))^{\bullet} \Rightarrow s \quad [(3\text{-}3a)]$$
$$(np, np\upharpoonleft s)^{\odot} \Rightarrow s/((np\upharpoonleft s)\upharpoonleft(np\upharpoonleft s)) \quad [/R] \qquad s_T \Rightarrow s_T$$
$$(s_T\upharpoonright(s/((np\upharpoonleft s)\upharpoonleft(np\upharpoonleft s))), (np, np\upharpoonleft s)^{\odot})^{\odot} \Rightarrow s \quad [\upharpoonright L]$$

软件　　　　　　我　是门外汉

二、L + LP 对汉语话题句和非成分毗连的处理

接下来考虑一个包括 L 和 LP 两个层面的混合系统，这个系统的结构在前一节已给出，这里不重复。这个混合系统可以处理汉语话题句，如下面对无占位代词的宾语提取话题句的处理：

```
(3-12)
                                                   np ⇒ np    s ⇒ s
                                                   ----------------------[\L]
             (np\s)\(np\s)⇒ (np\s)\(np\s)    (np , np\ s)• ⇒ s
             -------------------------------------------------------[/L]
np⇒np        (np,((np\s)/((np\s)\(np\s)), (np\s)\(np\s))• )•⇒s
---------------------------------------------------------------------[/L]
(np, ((((np\s)/((np\s)\(np\s)))/np, np)•,(np\s)\(np\s))•)•⇒s
---------------------------------------------------------------------[A]
(np,(((np\s)/((np\s)\(np\s)))/np, (np,(np\s)\(np\s)) •)• )•⇒ s
---------------------------------------------------------------------[<]
(np,(((np\s)/((np\s)\(np\s)))/np,(np,(np\s)\(np\s) )⊗)• )•⇒ s
---------------------------------------------------------------------[P]
(np, (((np\s)/((np\s)\(np\s)))/np, ((np\s)\(np\s), np)⊗)• )•⇒ s
---------------------------------------------------------------------[(2-11a)]
(np, ((((np\s)/((np\s)\(np\s)))/np,(np\s)\(np\s))•,np)⊗ )•⇒ s
---------------------------------------------------------------------[(2-11a)]
((np,(((np\s)/((np\s)\(np\s)))/np,(np\s)\(np\s))•)•,np)⊗⇒s
---------------------------------------------------------------------[○—R]
(np,(((np\s)/((np\s)\(np\s)))/np, (np\s)\(np\s))•)•⇒s○—np        sT ⇒ sT [/L]
(sT/(s○—np), (np, (((np\s)/((np\s)\(np\s)))/np, (np\s)\(np\s))•)• )•⇒ sT
   那个苹果 张三              吃                    了
```

再看复杂主语修饰成分话题化语句的推演：

```
(3-13)
                   np ⇒ np   s ⇒ s
                   ------------------[\L]
np ⇒ np            (np, np\s)• ⇒ s
-------------------------------------[/L]
((np/np, np)•, np\s)• ⇒ s
---------------------------[A]
(np/np, (np, np\s)•)• ⇒ s
---------------------------[<]
(np/np, (np, np\s)•)⊗ ⇒ s
---------------------------[—○R]
(np, np\s)• ⇒ (np/np)—○s              sT ⇒ sT
------------------------------------------------[/L]
   (sT/((np/np)—○s), (np,   np\s)•)• ⇒ sT

      这件衣服          布料  不错
```

下面是一个复杂宾语修饰成分话题化语句的推演：

```
(3-14)
                                np ⇒ np   s ⇒ s
                                -----------------[\L]
              np ⇒ np        (np, np\s)• ⇒ s
              --------------------------------[/L]
               (np, ((np\s)/np, np)•)• ⇒ s
               ----------------------------[A]
np ⇒ np        ((np, (np\s)/np)•, np)• ⇒ s
-------------------------------------------[/L]
    ((np, (np\s)/np)•, (np/np,np)•)• ⇒ s
    ------------------------------------[<]
     ((np,(np\s)/np)•,(np/np,np)⊗)•⇒ s
    ------------------------------------[P]
    ((np,(np\s)/np)•, (np, np/np)⊗)• ⇒ s
    ------------------------------------[a]
    (((np, (np\s)/np)•,np)•, np/np)⊗ ⇒s
    ------------------------------------[P]
   (np/np, ((np, (np\s)/np)• ,np)•)⊗ ⇒ s
    ------------------------------------[—○R]
    ((np, (np\s)/np)• ,np)•⇒ np/np—○s              sT ⇒ sT
    ---------------------------------------------------------[/L]
      sT/((np/np)—○s), ((np, (np\s)/np)• , np)•) •⇒ sT
          你们班的          我        首选    杨凡
```

下面是复杂主语中心成分话题化语句的推演：

(3-15)

$$np \Rightarrow np \quad s \Rightarrow s$$
$$(np,\ np\backslash s)^{\bullet} \Rightarrow s \qquad np \Rightarrow np \quad [\backslash L]$$
$$((np/np,\ np)^{\bullet},\ np\backslash s)^{\bullet} \Rightarrow s \quad [/L]$$
$$(np/np,\ (np,\ np\backslash s)^{\bullet})^{\bullet} \Rightarrow s \quad [A]$$
$$(np/np,(np,\ np\backslash s)^{\otimes})^{\otimes} \Rightarrow s \quad [<*]$$
$$(np/np,(np\backslash s,\ np)^{\otimes})^{\otimes} \Rightarrow s \quad [P]$$
$$((np/np,np\backslash s)^{\otimes},\ np)^{\otimes} \Rightarrow s \quad [A]$$
$$s_T \Rightarrow s_T \qquad (np/np,np\backslash s)^{\otimes} \Rightarrow s \circ\!\!- np \quad [\circ\!\!-R]$$
$$(s_T/(s \circ\!\!- np),\ (np/np,\ np\backslash s)^{\otimes})^{\bullet} \Rightarrow s_T \quad [/L]$$

孩子 他们的 听话

再来看看复杂宾语中心成分话题化语句的推演：

(3-16)

$$np \Rightarrow np \quad s \Rightarrow s$$
$$(np,\ np\backslash s)^{\bullet} \Rightarrow s \qquad np \Rightarrow np \quad [\backslash L]$$
$$np \Rightarrow np \qquad (np,\ ((np\backslash s)/np,\ np)^{\bullet})^{\bullet} \Rightarrow s \quad [/L]$$
$$(np,\ ((np\backslash s)/np,\ (np/np,\ np)^{\bullet})^{\bullet})^{\bullet} \Rightarrow s \quad [/L]$$
$$(((np,(np\backslash s)/np)^{\bullet},np/np)^{\bullet},np)^{\bullet} \Rightarrow s \quad [A*]$$
$$(((np,(np\backslash s)/np)^{\bullet},np/np)^{\bullet},\ np)^{\otimes} \Rightarrow s \quad [<]$$
$$((np,\ (np\backslash s)/np)^{\bullet},\ np/np)^{\bullet} \Rightarrow s \circ\!\!- np \qquad s_T \Rightarrow s_T \quad [\circ\!\!-R]$$
$$(s_T/(s \circ\!\!- np),\ ((np,\ (np\backslash s)/np)^{\bullet},\ np/np)^{\bullet})^{\bullet} \Rightarrow s_T \quad [/L]$$

酒 我 喜欢喝 贵州的

我们在这个混合系统中考虑一个重块头 NP－移位的例子。

(3-17)

$$np \Rightarrow np \quad s \Rightarrow s$$
$$(np,\ np\backslash s)^{\bullet} \Rightarrow s \qquad np\backslash s \Rightarrow np\backslash s \quad [\backslash L]$$
$$(np,\ (np\backslash s,\ (np\backslash s)\backslash(np\backslash s))^{\bullet})^{\bullet} \Rightarrow s \qquad np \Rightarrow np \quad [\backslash L]$$
$$(np,\ (((np\backslash s)/np,\ np)^{\bullet},\ (np\backslash s)\backslash(np\backslash s))^{\bullet})^{\bullet} \Rightarrow s \quad [\backslash L]$$
$$(np,\ (((np\backslash s)/np,\ np)^{\otimes},\ (np\backslash s)\backslash(np\backslash s))^{\bullet})^{\bullet} \Rightarrow s \quad [<]$$
$$(np,(((np\backslash s)/np,\ (np\backslash s)\backslash(np\backslash s))^{\bullet},np)^{\otimes})^{\bullet} \Rightarrow s \quad [(2\text{-}11c)]$$
$$((np,\ ((np\backslash s)/np,\ (np\backslash s)\backslash(np\backslash s))^{\bullet})^{\bullet},\ np)^{\otimes} \Rightarrow s \quad [(2\text{-}11a)]$$

张三 吃 了 饭

推演结论矢列的前件包括一个交换性的算子,因此还有一种可能性：

(3-18)

$$np \Rightarrow np \quad s \Rightarrow s$$
$$(np,\ np\backslash s)^{\bullet} \Rightarrow s \qquad np\backslash s \Rightarrow np\backslash s \quad [\backslash L]$$
$$(np,\ (np\backslash s,\ (np\backslash s)\backslash(np\backslash s))^{\bullet})^{\bullet} \Rightarrow s \qquad np \Rightarrow np \quad [\backslash L]$$
$$(np,\ (((np\backslash s)/np,\ np)^{\bullet},\ (np\backslash s)\backslash(np\backslash s))^{\bullet})^{\bullet} \Rightarrow s \quad [\backslash L]$$
$$(np,\ (((np\backslash s)/np,\ np)^{\otimes},\ (np\backslash s)\backslash(np\backslash s))^{\bullet})^{\bullet} \Rightarrow s \quad [<]$$
$$(np,\ (((np\backslash s)/np,\ (np\backslash s)\backslash(np\backslash s))^{\bullet},np)^{\otimes})^{\bullet} \Rightarrow s \quad [(2\text{-}11c)]$$
$$((np,\ ((np\backslash s)/np,\ (np\backslash s)\backslash(np\backslash s))^{\bullet})^{\bullet},\ np)^{\otimes} \Rightarrow s \quad [(2\text{-}11a)]$$
$$(np,\ (np,\ ((np\backslash s)/np,\ (np\backslash s)\backslash(np\backslash s))^{\bullet})^{\bullet})^{\otimes} \Rightarrow s \quad [P]$$

饭 张三 吃 了

这种词序汉语是完全认可的。这个例子涉及及物动词和助词并列组合,不通过规则[<]转换到 LP 层面是不可推出这类句子的。

上面的语言使用的简单例子使我们感觉到混合方法支持的一般性语言模型特征,也就是,使用可得到的最弱逻辑的蕴含联结词,对丰富的句法信息进行词汇编码,同时混合系统中的较强逻辑允许描述语言对象的较少信息(因此也是更加灵活的描述)。除了上面给出的应用之外,混合范畴类型逻辑也解决了人称代词和反身代词的约束现象,并且还可以用来解释量化现象。

第七章　CCG 树库

组合范畴语法(CCG)是一种类型驱动的语法,可高度词汇化,同时兼顾句法和一定程度上的语义表达,并为深层次的文本分析提供有效支持。将 CCG 用于真实文本分析需要编制大规模的词库,为了避免为此付出的昂贵资源代价,一个经济有效的解决方案是利用现有的短语句法树自动生成 CCG 树库。本章第一节将给出在宾州英文树库基础上自动生成英文 CCG 树库的方法;本章第二节介绍在清华中文树库基础上自动生成 CCG 树库的方法。

第一节　英语 CCG 树库[①]

一、英语 CCG 树库概述

英文 CCG 树库是宾州华尔街日报树库的一个版本,由宾州华尔街日报树库的标准树映射到组合范畴语法的标准形式推演而产生。开发 CCG - bank 旨在获得一个提取 CCG 语法(特别是覆盖面广的 CCG 词库)和统计型

---

① 本节主要参考:Hockenmaier, J., Steedman, M. CCGbank: User's Manual. http://www.inf.ed.ac.uk/groups/ccg.

的中心语依存关系模型的资源库，将其应用于一系列基于 CCG 的分析程序之中，并把 Collins(1999)[①]等人为上下文无关的短语结构语法开拓的方法应用于这个表达力更强的形式语法系统。CCG 树库的使用旨在提供更加精确的覆盖面广的分析程序，此程序可以构造解释结构（标准的上下文无关树库语法通常不能做到），这些解释结构可应用于问答和总结这样的应用程序。可用一个常规的方式把 CCG 范畴映射到其他词汇主义形式语法系统的词汇范畴类型上，如词汇化的树嫁接语法的初等树、中心语驱动的短语结构语法和词汇功能语法的符号等。因此，与初始树库相比，把 CCG 树库理解为在语法提取和分析程序发展中使用的其他形式语法框架可能更便利。特别是，为提取 CCG 语法和词库，解决好原始树库中的许多不一致性和较小错误是必要的。因此，用语言学的术语来说，CCG 树库是一个有些改进的资源库。

在 CCG 中，一个（最右边的）标准形式推演可以非形式地表述成这样的一个推演：仅当没有复合和类型提升组合规则就不可获得由它们生成的解读时方使用这两个规则。对于许多语句来说，这样的标准形式推演在结构上与标准的树库树同构，除了宾州语类标记集中的 48 个非终端标记被一个更大的、信息量更多的包含大约 1300 个 CCG 范畴类型的集合所取代。然而，一些语句，尤其是那些涉及话题化、关系化和在并列组合下的各类约简的语句具有非标准树，有时是很不标准的，因为 CCG 不使用经典的移位和删除规则进行运算。在双宾语动词、宾语控制动词和“特殊格标记”中，补语“小句”分析被更加表面的“宾语 XP”分析所取代。因为在这些结构中假定的主语可提取，这一事实使它们不像真正的主语，假定小句存在会导致词库规模扩大。

CCG 树库是一个典范的 CCG 推演语料库，该语料库是通过一个自动翻译程序从宾州树库转换而来。它实现了坚定的、准确的和覆盖面广的 CCG 分析程序的创造，这个分析程序不仅仅返回了句法推演，与其他覆盖面广的

---

① Collin, M. Head - Driven Statistical Models for Natural Language. Ph. D. thesis, Computer and Information Science, University of Pennsylvania, 1999.

Penn Treebank 分析程序不同，它还返回了表现底层谓词 - 论元结构的词 - 词依存关系。尽管这些谓词 - 论元结构仅仅近似于真正的语义解释，但是它们对问 - 答和摘要这些任务是有用的。因为 CCG 具有一个透明的句法 - 语义接口，CCG 树库可看作通向创造用语义解释标注的树库的第一步，Bos（2005）①证明了在 CCG 树库上训练的一个分析程序的输出实际上可以成功地翻译成 Kamp & Reyle（1993）②的会话表征理论结构。

把句法注释的语料库自动翻译成不同的语法系统（如 CCG、TAG、HPSG 或 LFG）背后的一个基本假设是作为初始注释基础的分析可以直接映射到目标系统中的合意的分析。只有当在初始语料库中用类似方式处理的所有结构在目标系统中也可以用类似的方式加以处理，这个假设方可成立。Xia（1999）③等表明这样的对应在大多数情况下存在。尽管当前宾州树库分析程序的输出在语言学上是贫乏的，但是宾州树库注释本身在语言学上不是贫乏的，恰好是其他分析程序忽略的在零元素和功能标记中呈现的额外信息使得 CCG 树库的创造成为可能。

然而，把宾州树库树翻译成 CCG 推演树仍然存在很多障碍。

平坦的名词短语结构是其中之一：尽管引入一个独立的名词层面是可能的，复合名词仍然有一个平坦的内部结构，这在语义上是不合意的，并且导致 CCG 假定了一个严格的右分支分析（但是常常是不正确的）。树库标记也使得同位语很难与名词短语区分开来。另外，名词后修饰成分总是连接在 NP 层面，从语义学视角来看，这也是不合意的。

在动词短语层面，存在其他问题。例如，所获得的 CCG 词库对于短语动词没有一个准确的分析。补语和辅助成分也很难区分出来，特别是用 CLR

---

① Bos, J. Towards wide - coverage semantic interpretation. In *Proceedings of Sixth International Workshop on Computational Semantics* IWC - 6, pages42 - 53, Tilburg, The Netherlands, 2005.

② Kamp, H. and Reyle, U. From Discourse to Logic. Kluwer. Dordrecht, 1993.

③ Xia, F. Extracting Tree Adjoining Grammars from bracketed corpora. In Proceedings of the 5th Natural Language Processing Pacific Rim Symposium(NLPRS - 99), 1999.

-tag 标记的成分，这样的成分在语料库中的用法很不一致。Kinyon & Prolo (2002)①描述了一个探试程序集，用之区分补语和辅助成分。CCG 树库的未来版本可能利用隐含在宾州树库语义功能标记中的补语-辅助成分的区别。目前正在命题库项目中开发宾州树库语义功能标记②。

还有一些结构，如缺空，宾州树库和 CCG 分析之间的对应性不成立。这些结构变化大，也很少，使得手工注释更适合于对它们的分析。

还如片段和多词表达式等语言现象，CCG 树库缺乏充分的句法分析。

CCG 树库是通向创造包含逻辑形式的语料库的第一步。然而，为获得合意的句法推演，需要做更多的工作。比如，生成解释和谓词-论元结构的方法是有瑕疵的，因为它假定相同句法范畴使用相同的共指机制表征论元之间的依存关系。这显然是不正确的，主语控制动词和宾语控制动词具有相同的句法范畴。将来的研究应该解决这个问题。尽管有这些缺点，隐含在 CCG 树库中的语法覆盖了范围广泛的句法和语义现象，CCG 树库是一个宝贵的资源，它具有广泛的用途。

特别指出，遵循 CCG 树库的原貌，用大写英文字母书写范畴。

二、CCG 的规则

（一）CCG 的组合规则

（1）复合规则

a. 向前复合

$X/Y:f \quad Y/Z:g \Rightarrow_B \quad X/Z:\lambda x.f(g(x))$

b. 向前交叉复合

$X/Y:f \quad Y\backslash Z:g \Rightarrow_B \quad X\backslash Z:\lambda x.f(g(x))$

---

① Kinyon, A. and Prolo, C. Identifying verb arguments and their syntactic function in the Penn Treebank. In *Proceedings of the third International Conference on Language Resources and Evaluation* (LREC), pp. 1982-1987, Las Palmas, Spain. 2002.

② Palmer, M., Gildea, D., and Kingsbury, P. The Pcoposition Bank: An annotated corpus of semantic roles. *Computational Linguistics*, 2005, 31(1), pp. 71-105.

c. 向后复合

$Y\backslash Z: g \quad X\backslash Y: f \Rightarrow_B X\backslash Z: \lambda x. f(g(x))$

d. 向后交叉复合

$Y/Z: g \quad X\backslash Y: f \Rightarrow_B X/Z: \lambda x. f(g(x))$

(2)类型提升规则

a. 向前类型提升

$X: a \quad \Rightarrow_T T/(T\backslash X): \lambda f. f(a)$

这里 T\X 是那个语言参数许可的范畴。

b. 向后类型提升

$X: a \quad \Rightarrow_T T\backslash(T/X): \lambda f. f(a)$

这里 T/X 是那个语言参数许可的范畴。

复合和类型提升相互作用,从而刻画了提取、右节点提升、论元聚点并列组合以及其他语言结构涉及的各类长距离依存关系。事实上,在 CCG 中,所有的有界和无界依存关系都是从词库中投射的,这一特征通过下面的两个原则表达出来①:

词汇中心语管辖原则:有界和无界句法依存关系都是由它们的中心语的词汇句法类型指定。

中心语范畴唯一性原则:一个已知结构的中心语的唯一无选择性词汇范畴决定了有界依存关系和无界依存关系。有界依存关系是当中心语的补语处于典范位置时产生的,无界依存关系是当中心语的补语在关系化、并列组合等情况下引起移位时产生的。

\$约定 已知一个范畴α,α\$(分别为α/\$和α\\$)表示一个集合,这个集合包含α和所有映射到α\$(分别为α/\$和α\\$)中某一范畴的函项。

(3)广义复合规则

a. 广义向前复合

$X/Y: f \quad (Y/Z)/\$_1: \ldots\lambda z. gz\ldots \Rightarrow_B{}^n (X/Z)/\$_1: \ldots\lambda z. f(g(z\ldots))$

① Mark Steedman. *The Syntactic Process*. MIT Press, 2000, p. 32.

b. 广义向前交叉复合

X/Y: f　(Y\Z) $\$_1$: ...λz. gz... $\Rightarrow_B^n$(X\Z) $\$_1$: ...λz. f(g(z...))

c. 广义向后复合

(Y\Z)\ $\$_1$:...λz. gz... X\Y: f $\Rightarrow_B^n$ (X\Z)/ $\$_1$: ...λz. f(g(z...))

d. 广义向前交叉复合

(Y/Z) $\$_1$:...λz. gz... X\Y:f $\Rightarrow_B^n$ (X/Z) $\$_1$:...λz. f(g(z...))

(4)置换规则

a. 向前交叉置换:

(X/Y)\Z: f　Y\Z: g　$\Rightarrow_S$　X\Z: λx. fx(gx)

b. 向后置换:

Y\Z: g　(X\Y)\Z: f $\Rightarrow_S$　X\Z: λx. fx(gx)

c. 向后交叉置换

Y/Z: g　(X\Y)/Z: f　$\Rightarrow_S$　X/Z: λx. fx(gx)

d. 向前置换:

(X/Y)/Z: f　Y/Z: g　$\Rightarrow_S$　X/Z: λx. fx(gx)

Vijay – Shanker & Weir(1994)①证明 CCG 和树嫁接语法(TAG, Joshi et al. 1975)②都弱等价于线性索引语法(LIG),属于同一簇语言,他们鉴别了这簇语言具有中度的上下文敏感的生成能力。因此,CCG 比 AB 范畴语法表达力更强,Bar – Hillel et al. (1960)③证明后者是上下文无关的。组合逻辑本身没有对这些组合规则的生成力量强加任何限制。然而,为了让语法的生成力量保持在可控范围内,Steedman(2000)提出了组合规则必须遵守的如下原则④:

---

① Vijay – Shanker, K. and Weir, D. The equivalence of four extensions of context – free grammar. *Mathematical SyntemsTheory*, 1994(27): pp. 511 – 546.

② Joshi, A., Levy, L., and Takahashi, M. Tree – adjunct grammars. *Journal of Computer Systems Science*, 1975(10): pp. 136 – 163.

③ Bar – Hillel, Y., Gaifman, C., and Shamir, E. On categiorial and phrase structure grammars. In Y. Bar – Hillel, editor, *Language and Information*, 1960, pp. 99 – 115.

④ Mark Steedman. *The Syntactic Process*. MIT Press, 2000, p. 54.

毗连性原则——组合规则只能应用于有穷多个语音上表现出来的字符串邻接实体。

一致性原则——所有的句法组合规则都要与主要函项的方向性一致。

继承性原则——如果运用组合规则生成了一个函项范畴,那么在那个范畴中定义一个已知论元的方向性的斜线同一于在输入范畴中定义相对应的论元的方向性的斜线。

(二)CCG 的非组合规则

(1)针对并列关系的非组合规则

•conj X ⇒ X[conj]

• , X ⇒ X[conj]

•X X[conj] ⇒ X

(2)针对谓词的一元类型改变规则

•S[dcl]/NP ⇒NP\NP

•S[pass]/NP ⇒NP\NP

•S[pss]\NP ⇒NP\NP

•S[adj]\NP ⇒NP\NP

•S[ng]\NP ⇒NP\NP

•S[ng]\NP ⇒(S\NP)\(S\NP)

这些规则适用于谓词做辅助成分的情况,即一个补语范畴转变成一个辅助成分范畴。

(3)针对名词的一元类型改变规则

•N ⇒NP

(4)针对 NP 的二元类型改变规则

•NP , ⇒ S/S

•, NP ⇒ S\S

•, NP ⇒ (S\NP)\(S\NP)

只要一个没有函项标记(如 - TMP)的 NP 辅助成分出现在一个语句或动词短语的外围,并且前或后紧接一个逗号,就要使用这些规则。这些规则仅仅处理同位语与逗号毗连出现的情况。

(5)非标准规则

•conj　N ⇒N

(6)对 UCP(unlike coordinate phrase)的并列组合规则

conj　Y ⇒　X[conj]

(7)处理缺空的特殊的并列组合规则

S　conj　S\X ⇒　S

三、合一

合一这个概念来自计算语言学。所谓合一就是把两个词提供的不完整的信息合并在一起。合一的原则是这样的：两个变元合一时，得到的是一个变元；一个变元跟一个常元合一时，得到的是一个常元；两个不同的常元是不可合一的①。更直观地说，它是一个运算，这个运算使相容的表达式或项进行合并，而不相容的表达式或项不能合并。两个相容的项合并的结果就是最一般的项，它是两个原始项的一个实例。例如，下面的每对项进行合一运算后产生的结果如下：

(1)x　　a′　　⇒　　a′

f′(g′a′)　　x　　⇒　　f′(g′a′)

f′x　　f′(g′y)　⇒　　f′(g′y)

f′a′x　　f′yy　　⇒　　f′a′a′

下面的每对项不能合并：

(2)a′　　b′　　⇒　fail

f′x　　g′y　⇒　fail

f′a′b′　f′yy　⇒　fail

通过使用上撇号把这些项中的常量和变量区分开来②。合一运算是执

① 方立:《范畴语法》,《外国语言文学》,2003 年第 3 期。

② Mark Steedman, *Surface Structure and Interpretation*, The MIT Press,1996, p. 11.

行 CCG 的规则不可缺少的，它定义在范畴对象上。

（一）范畴对象

先把范畴（定义语法使用的抽象类型）和范畴对象（分析程序运算使用的数据结构）区分开来。然而，当那个差异是清晰的时候，这个区分被省略，因此一个符号如 S[dcl]\NP 可以既指一个抽象范畴也指一个数据结构。

原子范畴是没有论元的范畴，例如．S[dcl]（断定句），NP（名词短语），等等。我们假设了一个简单的特征系统，在这个系统中，如果相同类型（如 S）的两个原子范畴的特征相匹配的话，它们能够合一。两个原子范畴的特征相匹配指的是，两个原子范畴具有相同的特征（例如．S[dcl]和 S[dcl]）或只有一个原子范畴具有一个特征。因此，S[dcl]和 S 匹配，但是 S[b]和 S[dcl]不匹配。

复杂范畴是具有一个或多个论元的函子范畴，比如．NP[nb]/N，(S[dcl]\NP)/NP，(NP\NP)/(S[dcl]/NP)。复杂范畴的论元从 1 到 n 计数，起始于最内层的论元，这里 n 是函子的元数，比如．(S[dcl]\NP$_1$)/NP$_2$，(NP\NP$_1$)/(S[dcl]/NP)$_2$。论元自身可以是复杂范畴。例如，(NP\NP$_1$)/(S[dcl]/NP)$_2$的第二个论元是 S[dcl]/NP。相同类型的两个复杂范畴相匹配，如果它们的每一个相对应的论元相匹配的话。

范畴对象是分析程序运算的数据结构，它们描述了句法范畴和与这些范畴相对应的谓词－论元依存关系。

一个原子范畴对象 C 有三个领域：<CAT, HEADS, DEPS>

- 一个范畴符号 CAT
- 一个词汇中心语的名单 HEADS
- 一个（没填充的）依存关系的名单 DEPS

HEADS 和 DEPS 可以是空的或者没有例示的。DEPS 是一个依存关系名单，其中的依存关系对 HEADS 名单中的每个元素成立。当两个名单由非空名单例示时，DEPS 每个元素指出了对 HEADS 的所有元素 X 成立的一个关系（X 是词汇中心语 Y 的第 i 个论元）。词汇函子范畴例示了它们的论元的 DEPS 属性。当 DEPS 属性和 HEADS 属性都被例示成非空名单时，DEPS

属性常被略去；当 DEPS 属性是空集时，它也有时被略去。

下面是一个原子范畴对象，表征了 NP John。这个范畴的词汇中心语是 < NP, John >，没有指定依存关系。

```
┌CAT:     NP            ┐
│DEPS:    < >           │
└HEAD:    <<NP, John>>  ┘
```

图 7 - 1　原子范畴对象

一个复合范畴对象 < CAT, HEADS, DEPS, RES, ARG, DIR > 描述了一个带有论元范畴 ARG 和结果范畴 RES 的函子。DIR 指出了论元的方向性：FW(向前/)或 BW(向后\)。

下面是不及物动词 resigned 的复合范畴对象：

```
┌CAT:   S[dcl]\NP                                  ┐
│DIR:   BW                                         │
│HEAD:  <<S[dcl]\NP, John>>①                       │
│       ┌CAT:  NP                                  ┐│
│ARG:   │DEPS: <Arg(1, <S[dcl]\NP, John>)>         ││
│       └HEAD: < >                                 ┘│
│       ┌CAT:    S[dcl] ┐                          │
│RES:   │DEPS:   < >    │                          │
└       └HEAD:   ①      ┘                          ┘
```

图 7 - 2　复合范畴对象

它的词汇中心语是 < S[dcl]\NP, resigned >。NP 论元的中心语是空的；然而，NP 和这个范畴的词汇中心语之间的一个依存关系被确立。结果的中心语与整个范畴的中心语相同（用标记①指明）。

原则上，这个描述可以扩展；特别地，可以提供与句法范畴相对应的语义解释（或逻辑形式）。然而，由于 CCG 树库没有描述逻辑形式，所以在当前的描述中省略逻辑形式。

词库$\mathscr{L}$是一个范畴 - 词汇序对（词条）< c, w > 集。如果 < c, w > 是一个词条，那么 c 就是 w 的词汇范畴。我们把词汇看作是完全曲折的，如 buys，shares。一个导出范畴是一个范畴对象，它是把组合规则运用到词汇范畴后产生的。每个导出范畴有一个词汇中心语集合。一个词汇中心语是一个序对 < c, w >，这里 w 是一个词汇，c 是 w 的词汇范畴。

如果一个单词的词汇范畴是复杂的，词库指定在词汇范畴的论元的中心语和词汇范畴本身的中心语之间成立的依存关系。我们把一个依存关系描述成一个三元组 < <c,w>,i, <c′,w′> >，这里 c 是一个元数大于或等于 i 的函子范畴，<c′,w′> 是 c 的第 i 个论元的词汇中心语。

一个依存关系 < <c,w>,i, <c′,w′> > 对于一个导出范畴 C 成立，如果 <c′,w′> 是 C 的词汇中心语，C 是 <c,w> 的第 i 个论元。属性 DEPS 是对这个具体范畴成立的所有依存关系的集合。我们将使用缩写 Arg(i, <c,w>) 表示这个范畴的词汇中心语是 <c,w> 的第 i 个论元。如果 HEADS 的元素不止一个，那么依存关系对它的每个元素成立。

如果一个词汇范畴的论元是复杂的，词库也可以指明复杂论元与同一个范畴的其他论元之间的同一关系。存在两类同一关系：范畴同一表示一个修饰成分 X/X 或 X\X 结果范畴和论元范畴相同；而中心语同一表示一个函子 X/Y 的结果 X 的中心语与函子本身的中心语相同。因此，每个范畴对象有两个标记：中心语标记和范畴标记。具有相同范畴标记的对象一定具有能相同的中心语标记，但是反之不然。中心语同一关系也编码一些类型的（有界和无界的）非局部依存关系。例如，在宾语提取关系代词的词汇范畴 $(NP\backslash NP_i)/(S[dcl]/NP_i)$ 中，第一个论元的中心语与第二个论元的 NP 论元的中心语同一。通过范畴上的标记指明这个同一性。

（二）合一运算

我们可以在范畴对象上定义合一运算如下 unify：C，C →C 如下：

定义 1　如果 CAT′和 CAT″的值相匹配的话，两个原子范畴对象 C′ = <CAT′, HEADS′, DEPS′> 和 C″ = <CAT″, HEADS″, DEPS″> 能够合一。结果范畴 C = <CAT, HEADS, DEPS> 定义如下：

- CAT：合一 CAT′和 CAT″
- HEADS：毗连 HEADS′和 HEADS″
- DEPS：毗连 DEPS′和 DEPS″

如果 CAT′和 CAT″之一带有某个特征（比如 S[dcl]），那么合一的结果也带着这个特征。如果 HEADS 和 DEPS 都非空，那么所有 dep ∈DEPS 一定对所有 h ∈HEADS 成立。因此，由该合一运算填充的依存关系是 HEADS 和 DEPS 的笛卡尔积的元素。

定义 2　如果 CAT′和 CAT″的值相匹配的话，两个复合范畴对象 C′= < CAT′, HEADS′, DEPS′, ARG′, RES′> 和 C″= < CAT″, HEADS″, DEPS″, ARG″, RES″> 能够合一。结果范畴 C = < CAT, HEADS, DEPS, ARG, RES > 定义如下：

◆CAT：合一 CAT′和 CAT″

◆HEADS：毗连 HEADS′和 HEADS″

◆DEPS：毗连 DEPS′和 DEPS″

◆ARG：合一 ARG′和 ARG″

◆RES：合一 RES′和 RES″

使用常规方式定义两个列表 L_1 和 L_2 的毗连：如果 L_2 是空的，得到 L_1。否则，把 L_2 接在 L_1 的末尾，得到结果。

有了合一运算的定义之后，函项应用定义如下：

定义 3　如果 Y′和 Y″合一成 Y，那么一个函子范畴 X′/Y′可被应用到一个论元范畴 Y″。如果 X′/Y′可被应用到 Y″，合一 Y′和 Y″从而产生一个范畴 X/Y，这里，除了通过 Y′和 Y″的合一可能发生的任意可能的变元例示外，X 和 X′同一。输出 X/Y 的结果 X。

有了合一运算之后，类型提升定义如下：

定义 3 把一个范畴为 X 和词汇中心语为 Hx 的成分类型提升为范畴 T/(T\X)，结果范畴的中心语为 Hx。两个 T 范畴合一，且与论元 T\X 具有相同的中心语。向后类型提升用类似的方式进行定义。

函项复合与函项应用的定义方式是类似的。这里我们只给出向前复合的定义，因为向后复合与交叉复合的定义是类似的。

定义 4　如果 Y′和 Y″合一成 Y，那么一个（主要的）函子范畴 X′/Y′可与一个（从属的）函子范畴 Y″/Z″进行复合运算。如果 X′/Y′与 Y″/Z″进行复合运算，合一 Y′和 Y″从而产生范畴 X/Y 和 Y/Z，这里，除了通过 Y′和 Y″的合一可能发生的任意可能的变元例示外，X 和 X′同一，Z 和 Z″同一。

这个复合运算的结果是一个范畴 X/Z。

在置换规则的定义中，两个 Y 和两个 Z 都要合一，如下：

定义 5　如果 Y′和 Y″合一成 Y，并且 Z′和 Z″合一成 Z，那么一个函子范畴 Y′/Z′可与一个函子范畴(X″\Y″)/Z″通过置换进行组合运算。如果 Y′/Z′与(X″\Y″)/Z″通过置换进行组合运算，合一 Y′和 Y″及 Z′和 Z″，从而产生范畴 Y/Z 和(X\Y)/Z，这里，除了通过 Y′和 Y″及 Z′和 Z″的合一可能发生的任意可能的变元例示外，X 和 X″同一。这个置换运算的结果是一个范畴 X/Z。

并列组合的操作如下：

定义 6　当并列具有相同范畴的两个成分 X 和 X′时，结果 X″是如上定义的 X 和 X′的合一。X″的中心语是 X 的中心语和 X′的中心语的毗连，X″的依存关系是 X 的依存关系和 X′的依存关系的毗连。

四、翻译算法

宾州树库是可以得到的用手工进行句法标注的最大的英语语料库，并被用作英语统计分析的标准考试材料和培训材料。本部分描述了如何把一个宾州树库树翻译成标准形式的 CCG 推演树，最后的语料库(CCG 树库)可被用来检测和培训统计分析程序。从这个语料库(CCG 树库)中可得到一个大的 CCG 词库(lexicon)，该词库可被任意的 CCG 分析程序使用。还因为 CCG 推演有一个对应的语义解释，创造 CCG 推演的语料库可被看作是迈向用逻辑形式标注的语料库的第一步。

(一)宾州树库

宾州树库的华尔街日报子语料库包含了 1989 年收集的被解析和标注的华尔街杂志文本中的 100 万个单词。树库标记把成分放入括号中，使用一个标签指明词类或句法范畴。典型的例子如下：

```
(S (PP-TMP (IN In)
        (NP (DT the) (NN past) (NN decade)))
   (, ,)
   (NP-SBJ(JJ Japanese)(NNS manufacturers))
   (VP (VBD concentrated)
       (PP-CLR (IN on)
           (NP (NP (JJ domestics) (NN production))
               (PP (IN for)
                   (NP (NN export))))))
   (. .))
```

图 7－3　宾州树库树例示

下面,在给出例子时将会省略词类和树的其他不相关的细节。

设计树库标记使得补语和辅助成分一般地可以区分出来,除了某些困难的情况——比如介词短语——之外。然而,补语和辅助成分的区别不一定总是明确地标记出来。CCG 树库使用探试程序进行区别,该探试程序依赖于一个节点及其母节点的标记。句法中心语也不总是明确地指出,但是可以修改已经存在的寻找中心语程序使之适合我们的目的。

树库标记使用不同类型零元素编码由并列组合和提取产生的长距离依存关系。这些零元素的存在使得关系子句、wh－问句和右节点提升这样的并列关系结构的树库树翻译成相应的 CCG 推演成为可能。

(二)基本算法

把宾州树库翻译成 CCG 推演的基本算法由三步组成,每一步都是一个简单的由上到下的递归程序,并且这个算法假定了原来的树的成分分析与期望的 CCG 分析相合:

(1) foreach tree τ

determineConstituentType(τ)

makeBinary(τ)

assignCategories(τ)

首先使用探试程序确定每个节点的成分类型(head(h)、complement(c)、adjunt(a)):

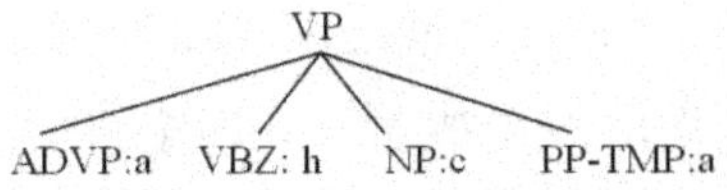

图 7－4　确定成分类型

然后把平坦树转换成二叉树:

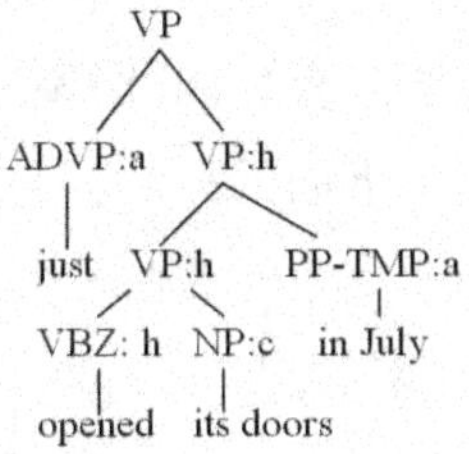

图 7－5　构造二叉树

这个二叉化过程就是在树中插入虚设的节点使得中心语左边的所有孩子以一个右分支树的形式岔开,然后使得中心语右边的所有孩子以一个左分支树的形式岔开。

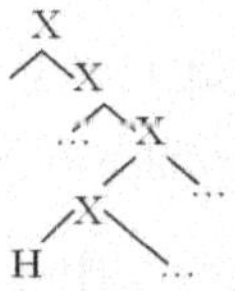

图 7－6　二叉化解析

最后用下列方式把范畴指派给一棵二元树的节点:

根节点——每棵树以一个标记为 TOP 的节点为根。这个节点有一个子节点,其范畴由该树根节点的树库标记确定(例如.{S SINV,SQ}→S,{VP}→S\NP)。

补语节点——一个补语子节点的范畴由一个从树库标记到范畴的拟映射定义。

辅助成分节点——已知一个母节点范畴 X,如果一个辅助成分子节点是左边的子节点,那么该辅助成分子节点的范畴为 X′/X′;如果一个辅助成分子节点是右边的子节点,那么该辅助成分子节点的范畴为 X′\X′。

范畴 X′由母节点的范畴 X 确定。为了避免范畴类型增生,辅助成分范畴不会携带任意的形态特征。这意味着,VP 辅助成分都具有范畴(S\NP)\

(S\NP)或(S\NP)/(S\NP)——也就是说,我们不会区分辅助成分是出现在断定句中、不定式中,还是出现在被动的动词短语中。Quickly 的范畴为(S\NP)\(S\NP),不管它是修饰 buys、bought 或 buying。在没有复合规则的范畴语法版本中,X ′等同于不带特征的当下的中心语范畴。然而,在辅助成分的辅助成分的情况下,这会导致范畴的增生。但是,在 CCG 中,使用(广义)复合规则,辅助成分可以与中心语组合。因此,X ′就是拆离了最外层论元的当下的中心语范畴。因此,采用了下面的战略:使用(广义的)向前的非交叉复合规则,一个左辅助成分,X ′/X ′,可与中心语组合。

因此,在向前搜索论元的(左)辅助成分(X ′/X ′)的情况下,X ′就是母节点减去所有最外层的向前搜索的论元。使用(广义)向前的非交叉复合规则,X ′/X ′能够与当下的中心语范畴进行组合运算。如果任意的向后搜索的论元被拆离(X ′就是母节点减去向后搜索的论元、或者说是拆离了向后搜索的论元的当前中心语范畴),X ′/X ′仅仅能够通过向前交叉复合规则与中心语范畴进行组合运算。

适合英语的 CCG 语法不仅允许非交叉复合规则,还允许向后交叉复合规则。因此,在向后搜索论元的(右)辅助成分(X ′\X ′)的情况下,与最后的一个论元同向的所有最外层论元从母节点范畴中被拆离,从而获得 X ′——也就是说,如果当下中心语范畴的最外层论元是向前搜索的论元,那么所有最外层的向前搜索的论元从母节点范畴中被拆离(与广义的向后交叉复合相对应)。如果当下中心语范畴的最外层论元是向后搜索的论元,那么所有最外层的向后搜索的论元从母节点范畴中被拆离(与广义的向后非交叉复合相对应)。

然而,在 VP - 辅助成分的情况下,我们假定不超出 S\NP 层面,因为我们想把动词辅助成分与语句辅助成分区分开来。例如,考虑辅助成分 *in july*。因为它的母节点范畴是 S\NP,并且它出现在中心语动词的右边,所以它的范畴为(S\NP)\(S\NP)。

标点符号 一般说来,一个标点符号的范畴就是指派给标点符号的 POS(词类)标签。

中心语节点 范畴为 X 的母节点的中心语子节点也具有范畴 X 如果非

中心语子节点是一个辅助成分或者标点符号。如果非中心语子节点是一个范畴为 Y 的补语，且中心语子节点的在非中心语子节点的左边，那么中心语子节点的范畴为 X/Y；中心语子节点的在非中心语子节点的右边，那么中心语子节点的范畴为 X\Y。

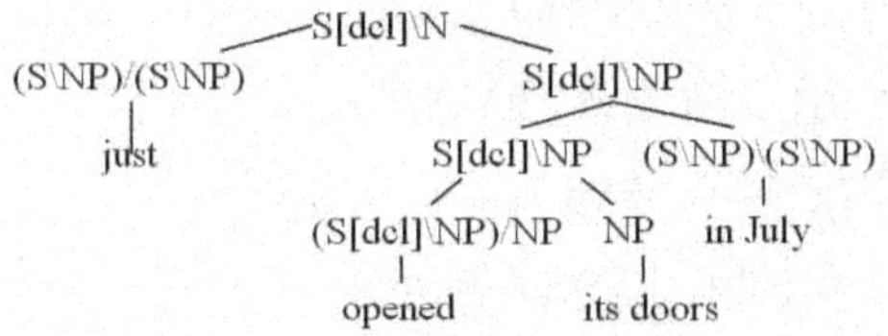

图 7－7　指派范畴

（三）CCG 树库中的原子范畴和特征

我们假定原子范畴为 S，NP，N，和 PP，使用特征区分断定句（S[dcl]）、wh－问句（S[wq]）、是否疑问句（S[q]）、嵌入断定句（S[emb]）和嵌入问句（S[qem]）. 我们也区分了不同类型的动词短语（S\NP），比如光杆不定式、to－不定式、一般过去式中的过去分词、现在分词、被动动词短语中的过去分词。这个信息作为原子特征编码在范畴上，比如 S[pass]\NP 表示被动动词短语 VP 的范畴，S[dcl]是断定句的范畴，谓述形容词具有范畴 S[adj]\NP。

语句特征如下所示：

a. S[dcl]：表示断定句

b. S[wq]：表示 wh－疑问句

c. S[q]：表示是否疑问句（Does he leave?）

d. S[qem]：表示嵌入问句（worry [whether he left]）

e. S[emb]：表示嵌入断定句（he says [that he left]）

f. S[bem]：表示虚拟语气中的嵌入句（I demand [that he leave]）

g. S[b]：表示虚拟语气中的语句（I demand that[he leave]）

h. S[frg]：表示从树库标记 FRAG 推出的语句片段。

i. S[for]：表示由 for 引导的小子句（[for x to do sth]）

j. S[intj]：表示插入成分

k. S[inv]:表示省略倒装((as)[does President Bush])

下面是动词短语特征:

a. S[b]\NP:表示光杆不定式、虚拟语气形式、祈使语句形式

b. S[to]\NP:表示 to - 不定式

c. S[pass]\NP:表示被动方式中的过去分词

d. S[pt]\NP:表示主动方式中使用的过去分词

e. S[ng]\NP:表示现在分词

f. S[adj]\NP:表示性质形容词短语

这些特征的主要目的是指定子范畴信息—例如动词 doubt 取嵌入断定句(doubt that)和嵌入问句(doubt whether)为论元,而 think 仅仅取嵌入断定句为论元。补语连词取一个断定句为论元,得到一个嵌入断定句:that ⊢S[dcl]/ S[emb]。这些特征被看作是原子的,没标示完整的形态句法信息。例如,在 to give 和 to be given 中,不定式助词 to 的范畴为(S[to]\NP)/(S[b]\NP),因为它取一个光杆不定式(S[b]\NP)作论元,得到一个 to - 不定式动词短语(S[to]\NP)。因为在推演中可以得到动词短语是主动还是被动的信息,不需要独立的词条。特征[dcl]、[b]、[ng]、[pt]和[pass]可以由中心语动词的词类标签和被动语迹的存在确定。[em]、[qem]、[q]、[frg]和[tpc]由树的非终结符标签确定。除形容词修饰语之外的辅助成分不携带特征。这个特征系统是从宾州树库的词类标签中推导而来的,故相当粗糙。例如,它没有编码动词的语气的不同:虚拟语气和祈使语气都以光杆不定式动词形式出现,条件句和陈述句都以断定句的形式出现。

像 the 这样的限定词是从名词到名词短语的函项:NP[nb]/N。填补语 it 的范畴为 NP[expl],填补语 there 的范畴为 NP[thr]。数字的范畴为 N[num],它表示某一货币的数量(如, 在 500000000 美元中的 500000000)或某月的一天(如在 10 月 30 日中的 30)。在第一种情况下,货币符号取 N[num]为论元;在第二种情况下,月取天为论元。

对于特殊功能单词和多词表达式,有一些特征,如 S[as],以及 at least 和 at most 中表示 least 和 most 的范畴 S[asup]\NP。

(四)基本子句结构

本节展示如何从基本子句类型(范畴)的树库注释得到相应的标准 CCG 分析,依次为简单断定句,不定式动词短语、分词动词短语、动名词,被动式,控制和提升,小子句,是否疑问句,倒装句,省略,片段。

◆简单断定句

在树库中,断定句用 S 标注。标注是平坦的,修饰成分和标点符号与主语名词短语和主动词短语出现在同一层面:

```
(TOP (S (NP - TMP Today)
        (, ,)
        (NP - SBJ PC shipments)
        (ADVP - TMP annually)
        (VP (VBP total))
            (NP some  $38.3 billion)
            (ADVP - LOC word - wide)
        (. .)))
```

图 7 - 8　简单断定句的宾州树库树

因为语句末尾的标点符号修饰整个语句,需要插入一个独立的语句层面,该层面包含除语句末尾的标点符号之外的每个成分:

```
(TOP (S (S (NP - TMP Today)
           (, ,)
           (NP - SBJ PC shipments)
           (ADVP - TMP annually)
           (VP (VBP total))
               (NP some  $38.3 billion)
               (ADVP - LOC word - wide)
           (. .)
```

图 7 - 9　简单断定句的宾州树库树的修改

不这样的话,二元化程序会把句号分析成 S\NP 的一个修饰成分。为提高可读性,在范畴推演树中,句末标点符号通常被省略。

如果一个语句的中心语动词具有下面的词类标记 VBZ(第三人称单数现在时)、VBP(非第三人称单数现在时)和 VBD(过去式)之一,则该语句带有特征[dcl]。

♦不定式动词短语、分词动词短语、动名词

在树库中,使用带有*零主语(可与语句中的另一 NP 共指,依赖结构而定)的语句标记分词短语、动名词、祈使动词短语和不定式动词短语,而助词和模态词取一个 VP 论元。

```
a. (NP (NP the policy)
       (S (NP - SBJ ( - NONE - *))
           (VP (TO to)
             (VP (VB seduce)
               (NP socialist nations)
               (PP - CLR into the capitalist sphere)))))
b. (S (NP - SBJ - 1 the banks)
     (VP (VBD stopped)
         (S (NP - SBJ ( - NONE - * - 1))
           (VP (VBG promoting)
             (NP the packages))))))
c. (S (NP - SBJ both sides)
     (VP (VBP are)
         (VP (VBG taking)
           (NP action))))
```

图 7 - 10　不定式动词短语、分词动词短语、动名词的宾州树库树

具有零主语的任何语句 S 都具有范畴 S\NP,这也是 VP 论元的范畴。特征[b]被用来表示光杆不定式,它也用来表示祈使式和虚拟式动词短语,因为这些动词短语不能与光杆动词短语区分开来。现在分词携特征[ng]。

♦被动式

被动句的表层主语与出现在过去分词后面直接宾语位置的*零元素共指,例如:

```
(S (NP - SBJ - 1 John)
   (VP (VBD was)
       (VP (VBN hit)
           (NP ( - NONE - * - 1)
           (PP (IN by)
               (NP - LGS a ball))))))
```

图 7 - 11　被动句的宾州树库树

在这种情况下,零元素没有指示一个应该在分词的范畴中得到显示的论元。取而代之的是,was 的合适词汇范畴是(S[dcl]\NP)/(S[pss] \NP),hit 的词汇范畴是 S[pss]\NP。那个算法使用*零元素把被动动词短语的过去分词与主动动词短语的过去分词区分开来,如下例所示:

```
(S (NP-SBJ-1 John)
        (VP (VBN has)
            (VP (VBN hit)
                (NP the ball))))
```

图 7-12　主动句的宾州树库树

在这种情况下,hit 的范畴为(S[pt]\NP)/NP。

我们把被动动词短语中的 by-PP 分析成一个辅助成分,而不是被动式过去分词的论元。这样做的原因是 by-PP 是任意的,并非所有的被动式动词都一定取得范畴(S[pss]\NP)/PP[by]。

像 pay for 这样的动词具有一个子范畴 PP,零元素出现在 PP 里面:

```
(S (NP-SBJ-30 (PRP$ Its)
              (NN budget)
   (VP (VBZ is)
       (VP (VBN paid)
           (PP-CLR (IN for)
                   (NP (-NONE-*-30)))
           (PP (IN by)
                   (NP-LGS (PRP you)))))
           (. .)))
```

图 7-13　动词为 pay for 的被动句的宾州树库树

在这个例子中,is 的合适的词汇范畴是(S[dcl]\NP)/(S[pss]\NP),paid 的词汇范畴是(S[pss]\NP)/(PP/NP),for 的词汇范畴是 PP/NP。

注意,介词有它通常的范畴 PP/NP,过去分词仅仅有介词子范畴,而没有饱和的介词短语子范畴 PP。这意味着,在被动式动词短语中,在 PP 的宾语位置有被动语迹,被动语迹一定要被视为介词的论元,但是被动语迹也要贯穿到 PP 层面以便为过去分词指派合适的范畴。

◆控制和提升

在树库中,提升和主语控制在嵌入小句的主语位置都有一个被共指的* - 语迹,例如:

```
a. (S (NP - SBJ - 1 Mr. Stronach)
        (VP (VBZ wants)
            (S (NP - SBJ ( - NONE - * - 1))
               (VP (TO to)
                   (VP (VB resume)
                       (NP a more influential role))))))
b. (S (NP - SBJ - 1 Every Japanese under 40)
      (VP (VBZ seems)
          (S (NP - SBJ ( - NONE - * - 1))
             (VP (TO to)
                 (VP (VB be)
                     (ADJP - PRD fluent in Beatles lyrics))))))
```

图 7 - 14　主语控制和提升结构的宾州树库树

因为含有空主语 NP 的语句 S 的范畴是 S\NP,我们得到 seems 和 wants 的合适范畴为(S[dcl]\NP)/(S[to]\NP)。

在宾语控制(图 7 - 15a)的情况下,被控制的宾语作为动词的一个独立论元而出现,并且与补语的主语位置的一个* - 语迹共指。宾语提升(图 7 - 15b)被分析成一个小子句,其中动词取一个语句补语:

```
a. (S (NP - TMP Last week)
      (, ,)
      (NP - SBJ housing lobbies)
      (VP (VBD persuaded)
         (NP - 1 Congress)
         (S (NP - SBJ ( - NONE - * - 1)
            (VP (TO to)
               (VP raise the ceiling to $124.875))))
b. (S (NP - SBJ Czechoslovakia)
      (ADVP - TMP still)
      (VP (VBZ wants)
         (S (NP - SBJ - 1 the dam)
            (VP (TO to)
               (VP (VB be)
                  (VP (VBN built)
                     (NP ( - NONE - * - 1))))
```

图 7 – 15　宾语控制和提升结构的宾州树库树

然而,这些结构的 CCG 分析假定小子句的两个元素都是动词的论元,CCG 树库修改树 15b 使得可给两个动词指派相同的词汇范畴((S[dcl]\NP)/S[to]\NP))/NP。

◆小子句

树库对下面的结构采用了一个小子句分析:

```
a. (S (NP - SBJ The country)
      (VP (VBZ wants)
         (S (NP - SBJ - 2 half the debt)
            (VP (VBZ forgiven)
               (NP ( - NONE - * - 2)))))
b. (S (NP - SBJ that volume)
      (VP (VBZ makes)
         (S (NP - SBJ it)
            (NP - PRD (NP the largest supplier))
                  (PP of original TV programming)
                  (PP - LOC in Europe))))
```

图 7 – 16　小子句的宾州树库树

如果这些动词出现在被动式中,它们被分析成取一个小子句为论元,该小子句有一个被动的 NP 零元素主语。

```
(S (NP-SBJ-1 The refund pool)
      (VP (MD may) (RB not)
         (VP (VB be)
            (VP (VBN held)
               (S (NP-SBJ (-NONE-*-1))
                  (NP-PRD (NN hostage)))))))
```

图 7-17 被动句中小子句的宾州树库树

Steedman(1996)基于像"what does the country want forgiven"这样的提取反驳了小子句分析,建议这些情况更应该处理成涉及两个补语。因此,我们消除小子句,转换它的树库树使得动词把小子句的孩子当作补语:

```
a. (S (NP-SBJ The country)
      (VP (VBZ wants)
         (NP-SBJ-2 half the debt)
         (VP (VBZ forgiven)
            (NP (-NONE-*-2)))))
b. (S (NP-SBJ that volume)
      (VP (VBZ makes)
         (NP-SBJ it)
         (NP-PRD (NP the largest supplier))
               (PP of original TV programming)
               (PP-LOC in Europe)))
c. (S (NP-SBJ-1 The refund pool)
      (VP (MD may) (RB not)
         (VP (VB be)
            (VP (VBN held)
                  (NP-SBJ (-NONE-*-1))
               (NP-PRD (NN hostage))))))
```

图 7-18 小子句的宾州树库树的修改

树库中使用小子句的另一种情况是独立结构,该结构被分析成副词性的 SBAR:

```
a. (S (SBAR - ADV (IN With)
                  (S (NP - SBJ the limit)
                     (PP - PRD in effect)))
      (, ,)
      (NP - SBJ members)
      (VP would be able to execute trades at the limit price)
      (.  .))
b. (S (SBAR - ADV (IN Though)
                  (S (NP - SBJ ( -NONE - * - 1))
                     (ADJP - PRD (JJ modest))))
      (, ,)
      (NP - SBJ - 1 the change)
      (VP (VBZ reaches)
          (PP - LOC - CLR beyond the oil patch)
          (, ,)
          (adv too))
      (. .)))
```

图 7－19　独立结构的宾州树库树

对这些例子使用相同的方法，假定从属连接词取小子句中的单个成分作补语。在上述的例子中，这就给出了下面的词汇范畴：

a. with ⊢((S/S)/PP)/NP

b. though ⊢(S/S)/(S[adj]\NP)

◆是否疑问句

树库给予是否疑问句（标记为 SQ）一个平坦结构，其中被倒装的助词\系动词是主语 NP 和 VP/谓述 NP 的姊妹节点：

```
a. (SQ  (VBZ Did)
        (NP - SBJ I)
        (VP  (VB  buy)
             (NP  it)
        (.  ?))
b. (SQ  (VBZ Is)
        (NP - SBJ this)
        (NP - PRD the future of chamber music)
        (. ?)))
```

图 7－20　是否疑问句的宾州树库树

这个平坦结构对应于 Carpenter(1992)给出的对是否疑问句的范畴分析。下面是与图 7 – 20a 相对应的 CCG 推演：

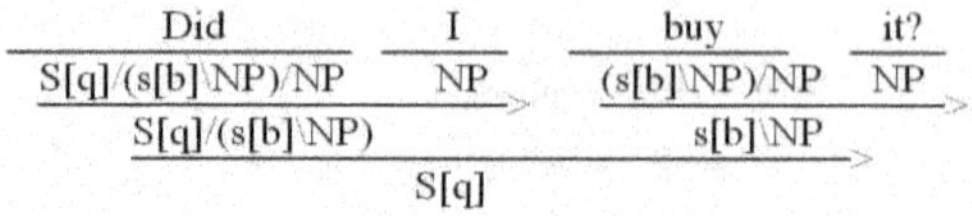

图 7 – 21　是否疑问句的 CCG 推演

♦倒装句

树库把许多没有遵循英语正常模式 SVO 的结构分析成 SINV，包括动词提前、谓词提前、局部倒装、否定倒装、省略倒装、条件倒装、直接引语倒装等。

动词提前——树库根据移位分析谓词提前和动词提前：

```
(SINV (VP - TPC - 1 (VBG Following)
                    (NP the feminist and population - control lead))
      (VP (VBZ has)
          (VP   (VBN been)
                (VP   ( - NONE - *T * - 1))))
      (NP - SBJ a generally bovine press)
      (.   .))
```

图 7 – 22　动词提前语句的宾州树库树

然而，这里标记 NP – SBJ 的名词短语实际上具有宾格形式：

a. *Following the lead has been I.

b. Following the lead has been me.

因此，我们假定 NP 是一个宾语，动词短语是主语。改变原树库树使得名词短语成为最内层动词的宾语，并且除去 VP – 语迹：

```
(SINV (VP - TPC - 1 (VBG Following)
                    (NP the feminist and population - control lead))
  (VP   (VBZ has)
      (VP   (VBN been)
            (NP a generally bovine press)
  (.   .))
```

图 7 – 23　动词提前语句的宾州树库树的修改

下面是该语句的 CCG 推演：

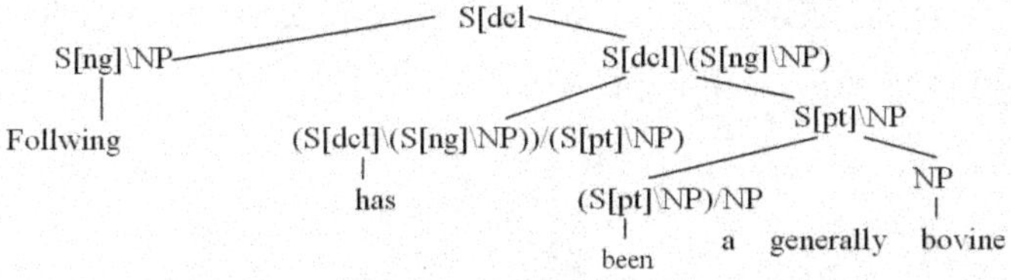

图 7－24　动词提前语句的 CCG 树库树

谓词倒装——围绕系动词的谓词倒装分析为 SINV 内部的话题化：

```
(SINV  (PP－LOC－PRD－TPC－1  (IN  Among)
                                (NP  the leading products)))
       (VP  (VBZ  is)
            (PP－LOC－PRD  (－NONE－*T*－1)))
       (NP－SBJ  (NP  a flu shot)
                 (PP  for horses)
       (.  .)
```

图 7－25　谓词倒装语句的宾州树库树

被提前的副词和主语都是动词的论元。因为这个结构主要出现在现在时和简单过去时，不需要对树执行像动词提前那种情况一样的修改：

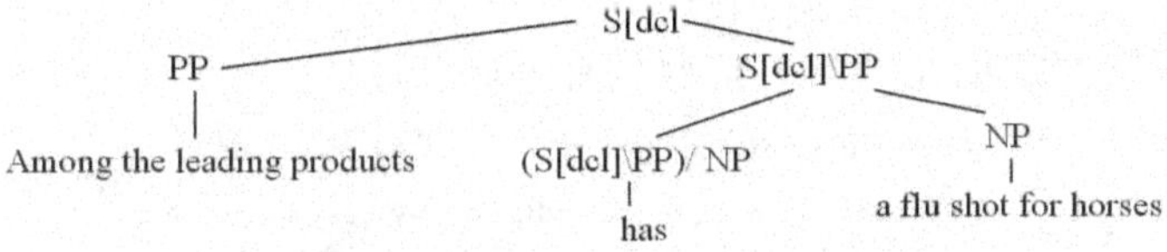

图 7－26　谓词倒装语句的 CCG 树库树

局部倒装——如果动词左边有一个修饰成分，那么通过特定的动词移位，主语可以出现在那个动词的右边：

```
(SINV  (ADVP－TMP  Then)
       (VP  came)
       (NP－SBJ  (NP  the  earthquake))
                 (CC  and)
                 (NP  (NP  a  damaging  delay)
                      (PP  of  11  days)
                 (.  .)
```

图 7－27　局部倒装语句的宾州树库树

在这些情况下，副词和主语都应该是动词的论元。这将需要对辅助成分和补语的区分进行修改，这个区分目前还没有实施。因此，在上面的语句中，came 应该被指派范畴 S[dcl]/NP：

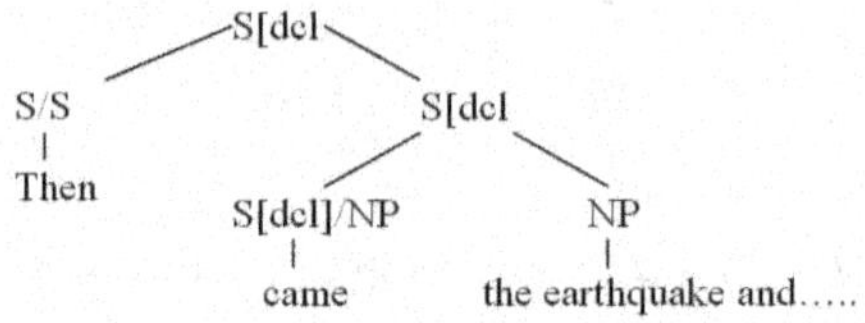

图 7－28　局部倒装语句的 CCG 树库树

否定倒装——否定倒装的否定元素通常是一个语句的修饰部分，故很难识别：

```
(SINV  (ADVP-TMP  Never  once)
       (VBD  did )
       (NP-SBJ  (PRP  she))
       (VP  (VP  gasp for air)
            (CC  or)
            (VP  mop her brow))
    (.  .))
```

图 7－29　否定倒装语句的宾州树库树

容易识别否定倒装的唯一情况是在 nor 之后：

```
(S  (S  (NP-SBJ  Michael)
        (VP won't confirm the identities of any Easy Egg customers))
(,  ,)
(CC  nor)
(SINV  (MD  will)
       (NP-SBJ  (PRP  it))
       (VP  (VB  say)
            (NP  much of anything else)))
(.  .)))
```

图 7－30　具有 nor 的否定倒装语句的宾州树库树

否定词后面的次序如同是否疑问句。在 CCG 中，可以通过让否定词范畴具有一个是否疑问句子范畴来刻画这个倒装句。

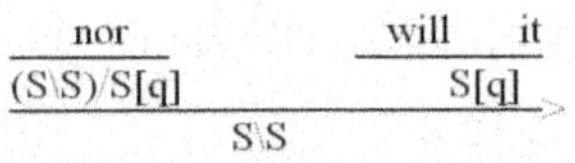

图 7 - 31 具有 nor 的否定倒装语句的 CCG 树库树

这个分析仅仅适用于具有 nor 的否定倒装，因为在其他情况下，根据树库标签，否定词很难查出。

省略倒装——某些词，如 so、than、as，取一个倒装的省略句作论元，所得的成分或者是一个断定句，或者是一个辅助成分。例如：

I attend, and so does a television crew from New York City。

树库注释是平坦的：

```
(SINV  (ADVP - PRD - TPC - 1  (RB  so))
       (VP  (VBZ does)
            (ADVP - PRD  ( - NONE - *T * - 1)))
       (NP - SBJ  a television crew from New York City))
```

图 7 - 32 省略倒装语句的宾州树库树

然而，我们修改这棵树，使之包括一类特殊的倒装句：

```
(SINV  (ADVP - PRD - TPC - 1  (RB  so))
   (SINVERTED  (VP  (VBZ  does)
                    (ADVP - PRD  ( - NONE - *T * - 1)))
               (NP - SBJ  a television crew from New York City)))
```

图 7 - 33 省略倒装语句的宾州树库树的修改

这个倒装的省略句由 do - 形式的助词或模态词和紧跟其后的主语组成。在 CCG 范畴上使用一类特殊的特征[INV]把这些结构与普通的断定句区分开来：

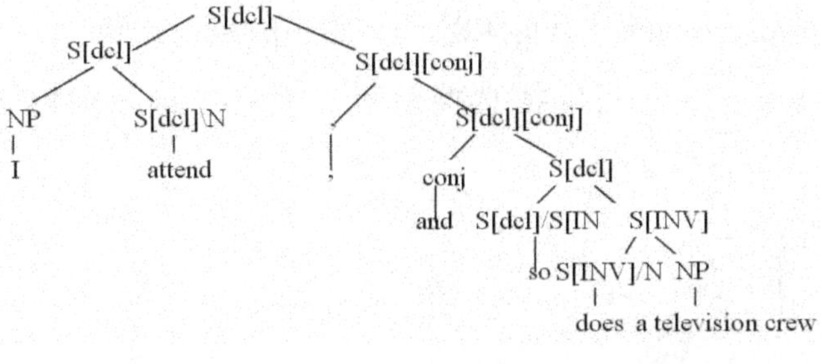

图 7 - 34 省略倒装语句的 CCG 树库树

条件句倒装——某些助词和模态词(had, should, etc.)能够引入一个倒装句,该倒装句起着条件句的作用:

```
(S  (PP  On the other hand)
    (,  ,)
    (SBAR - ADV  (SINV  (VBD  had)
                        (NP - SBJ  (PRP  it))
                        (VP  (VBN  existed)
                             (ADVP - TMP  (RB  then)))))
         (,  ,)
         (NP - SBJ  Cray  Computer)
         (VP  (MD  would)
              (VP  (VB  have)
                   (VP  (VBN  incurred)
                        (NP  a $20.5 million loss))))
         (.  .)
```

图 7 - 35　条件句倒装的宾州树库树

因为这个结构由助词引起,我们把助词处理成辅助成分的中心语,这就导致了下面的推演:

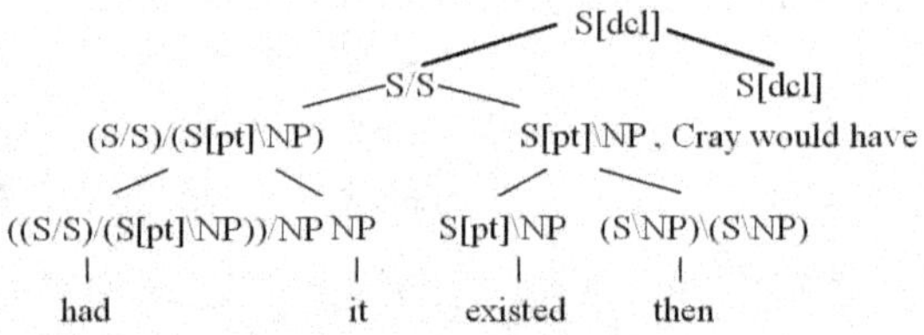

图 7 - 36　条件句倒装的 CCG 树库树

想起我们的语法特征无法将条件语气和陈述语气区分开来,因此我们不能编码这样的一个事实,即此结构需要主句中的条件。

直接引语倒装——树库把直接引语出现在动词之前的语句分析为 SINV:

```
(SINV  ("   ")
        (S - TPC - 1   This conforms to the 'soft landing' scenario)
        ("   ")
        (VP  (VBD   said)
              (S   ( - NONE - *T * - 1)))
          (NP - SBJ   Elliott Platt)
          (.   .)))
```

图 7 - 37　直接引语倒装的宾州树库树

然而,这明显是一个仅仅使用直接引语动词才可能出现的词汇现象,相对应的 CCG 分析把这个词序处理成由词库决定的现象,而不是由话题化规则引起的现象:

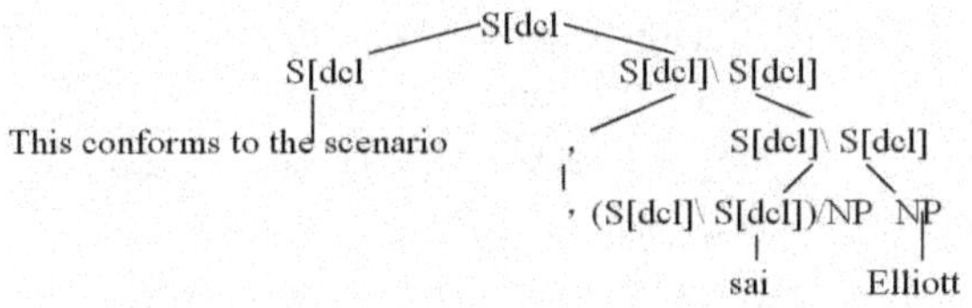

图 7 - 38　直接引语倒装的 CCG 树库树

事实上,取直接引语为论元的动词至少有三个范畴,一个是非话题化情况,两个是话题化情况,话题化情况又分为主语倒装和不倒装。例如:

a. Elliott Platt said: "This conforms to the 'soft landing' s cenario."

b. "This conforms to the 'soft landing' scenario", Elliott Platt said.

c. "This conforms to the 'soft landing' scenario", said Elliott Platt said.

◆省略

树库使用零元素*? *作为缺少的谓语或其中一部分的占位符(Marcus et al., 1993)①。*? *用来表示 VP 省略,也可和代动词 do 一起出现,或出现在比较级形式中:

① Marcus, M. P., Santorini, B., and Marcinkiewicz, M. Building a large annotated corpus of English: the Penn Treebank. *Computational Linguistic*, 1993(19): pp. 313 - 330.

```
a. (S  (NP-SBJ  No one)
        (VP  (MD  can)
            (VP  (VB  say)
                (SBAR  (-NONE-*?  *))))
        (.  .))
b. (S  (NP-SBJ  The total of 18 deaths)
        (VP  (VBD  was)
            (ADJP-PRD  (ADJP  far higher)
                (SBAR  (IN  than)
                    (S  (NP-SBJ  (-NONE-*))
                        (VP  (VBN  expected)
                            (S  (-NONE-*?  *))))))))
c.  (S  (S  (NP-SBJ  You)
            (RB  either)
            (VP  (VBP  believe)
                (SBAR  Seymour can do it again)))
        (CC  or)
        (S  (NP-SBJ  you)
            (VP  (VBP  do)
                (RB  n't)
                (VP  (-NONE-*?  *)))))
```

图 7-39　省略结构的宾州树库树

尽管零元素*? *指出了含有*? *的那个 VP 的中心语(上例中的 expected 或 do)的语义论元,但是我们没有在中心语的句法范畴上反映出这个论元。我们遵循了 Steedman(2000)[①]给出的对并列关系下 VP 省略的分析,主张在像图 7-39c 这样的例子中,两个合取支都是完全句。因此,do 的句法范畴是 S\NP,不是(S\NP)/VP。

◆片段

树库把不能给予合适分析的任意成分标记为 FRAG(表示片段之意)。它可能是一棵完整的树,也可能是一个成分的某一部分。

① Mark Steedman. *The Syntactic Process*. MIT Press, 2000.

a.　(FRAG　(NP　The next province)　(.　?))

b.　(SBAR　(WRB　how)　(RP　about)　(FRAG　(NP　the New Guinea Fund))　(.　?))

c.　(TOP　(FRAG　(FRAG　(IN　If)
(RB　not)
(NP - LOC　(NNP　Chicago))
(,　,)
(RB　then)
(PP - LOC　(IN　in)　(NP　New York)
(;　;)
(FRAG　(IN　if)
(RB　not)
(NP - LOC　(the U. S)
(,　,)
(RB　then)
(NP - LOC　overseas)))
(.　.)))

图 7 - 40　语句片段的宾州树库树

这些成分通常是很难分析的,注释也不是很一致。

如果一个节点标记为 FRAG,并且只有一个子节点(如果这个节点是整棵树的根,加上一个任意的标点符号),我们用它的子节点的标签标记这棵树。

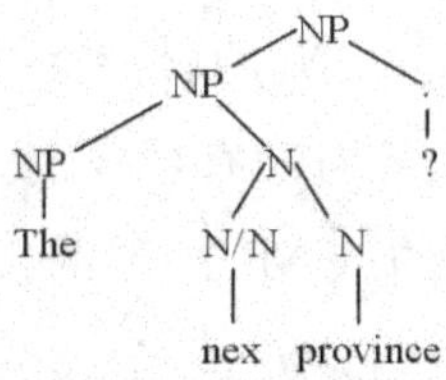

图 7 - 41　语句片段的 CCG 树库树

如果一个 FRAG 的第一个子节点是一个连接词,我们将这个连接词分析成中心语,整个成分是一个片段(S[frg])。

```
(TOP (FRAG (CC And)
           (ADVP (RB perhaps))
           (PP (IN with)
               (NP (JJ good)
                   (NN reason)))
           (. .)))
```

图 7－42　连接词开头的语句片段的宾州树库树

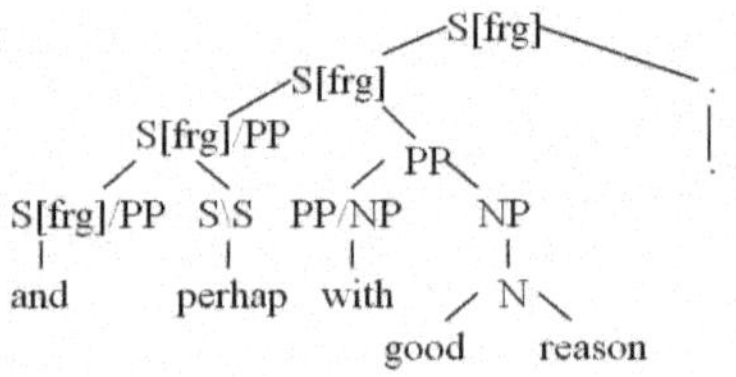

图 7－43　连接词开头的语句片段的 CCG 树库树

（五）基本名词短语结构

♦名词短语和名词

树库使用非独立名词层面假定了一个平坦的内部结构：

(NP (DT the) (NNP Dutch) (VBG publishing) (NN group))

图 7－44　名词短语的宾州树库树

我们把名词短语（NP）和名词 N 区分开来。限定词，比如 the，是从名词到名词短语的函项：the ⊢NP[nb]/N。其他名词前修饰成分是从名词到名词的函项，例如：Dutch ⊢N/N。名词没有数字标记（nouns are not marked for number）。语法包含一个一元的从 NP 到 N 的投影映射，使得动词或其他元素不用具体指定它们的名词短语论元是光杆名词短语。代词（this, you）和量化名词短语（something, anything, nothing, somebody, etc）被指派范畴 NPs。

♦复合名词

在树库中，复合名词一般没有内部结构：

(NP (JJR lower) (NN rate) (NNS increases))

(NP (JJ only) (JJ French) (NN history) (NNS questions))

图 7－45　复合名词的宾州树库树

为了得到合适的分析，需要重新进行手工标注，但是手工标注在目前的项目中被认为是行不通的。因此,复合名词被简单地翻译成严格的右分支树。对于复合名词内部的连接词来说,这是很有问题的。

```
(NP (DT this)
    (NN consumer)
    (NNS electronics)
    (CC and)
    (NNS appliances)
    (NN retailing)
    (NN chain)
```

图 7-46　内含连接词的复合名词的宾州树库树

CCG 语法包括下面的非标准规则:

conj　N ⇒N

这个规则允许我们翻译上面的树如下:

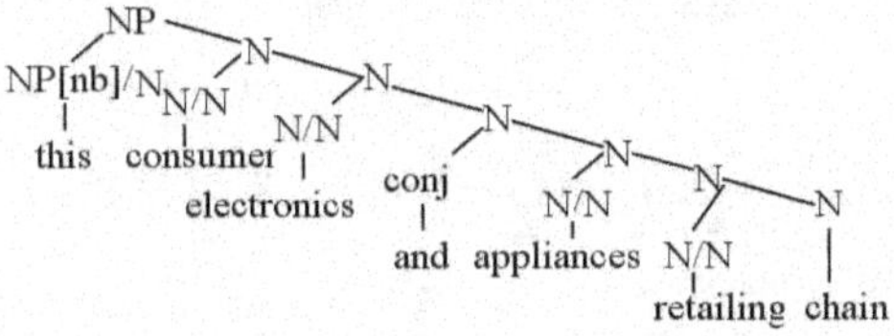

图 7-47　内含连接词的复合名词的 CCG 树库树

◆同位语

就同位语本身而论,它在词库中未被标记出来:

```
(NP (NP Elsevier N. V. )
    (, ,)
    (NP the Dutch publishing group))
(NP-SBJ-1 (NP his son)
    (, ,)
    (NP Zwelakhe)
    (, ,)
    (NP a newspaper editor)
    (, ,))
```

图 7-48　同位语的宾州树库树

同位语标记与下图 NP 并列关系标记不可区分:

(NP－SBJ (NP Government press releases)
(, ,)
(NP speeches)
(, ,)
(NP briefings)
(, ,)
(NP tours of military facilities)
(, ,)
(NP publications))

图 7－49 NP 并列短语的宾州树库树

因此,我们的 CCG 没有把 NP 并列关系和 NP 同位语关系区分开来,即使同位语事实上应该分析为修饰成分。

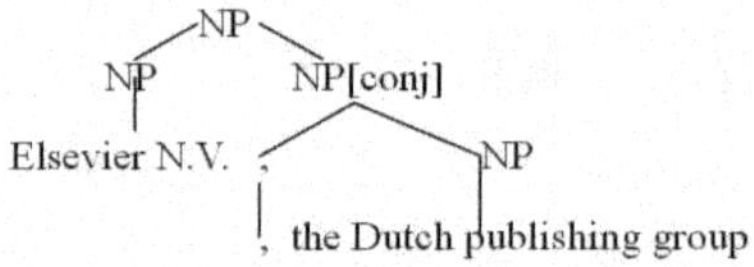

图 7－50 同位语的 CCG 树库树

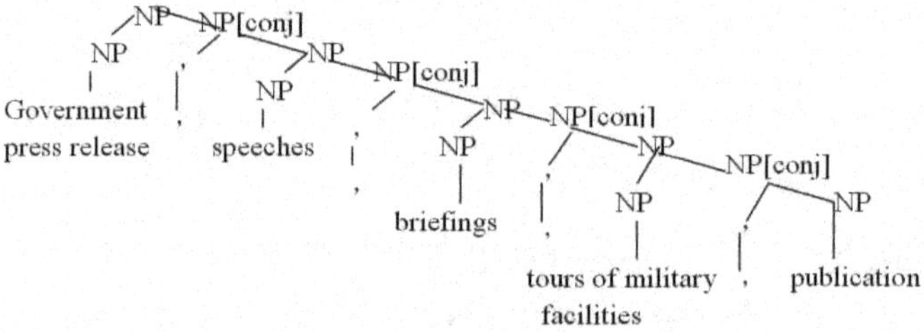

图 7－51 NP 并列短语的 CCG 树库树

这虽导致了语法中歧义的减少,但是语义上是不合意的。

♦所有格's

在树库中所有格 NP 有一个平坦结构,其中所有格's 或'是最后一个子节点。

(NP (NP (DT the) (NN company) (POS's))
(NN return))

图 7－52 所有格's 结构的宾州树库树

在 CCG 中,所有格's 和'被分析成从 NP 到限定词的函子。为了得到这个分析，我们插入了一个新成分 POSSDT，它由最里面的 NP 和所有格's 或'本身组成，使得最后的结构（在指派范畴前）如下所示：

(NP (POSSDT (NP the company)
(POS'))
(NOUN return))

图 7－53　所有格's 结构的宾州树库树的修改

在一个 POSSDT 内部，POS 是中心语，NP 是它的论元；在其他方面，POSSDT 就像一个普通的限定词：

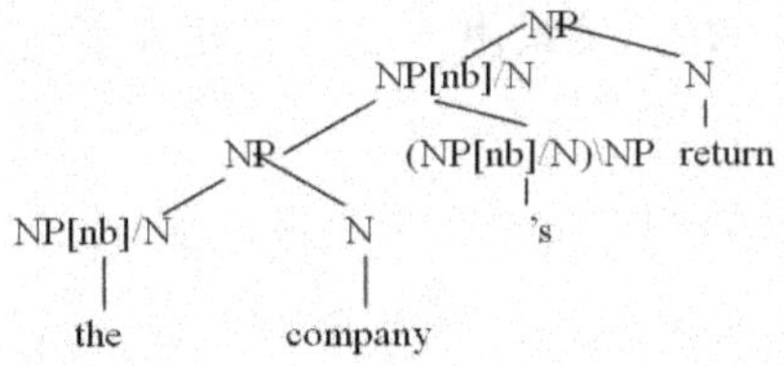

图 7－54　所有格's 结构的 CCG 树库树

◆量词短语

树库给 QPs（量词短语）假定了一个平坦的内部结构。

(QP (IN between) (CD 3) (NN %) (CC and) (CD 5) (NN %))

图 7－55　量词短语结构的宾州树库树

我们使用了很多探试程序确定这些成分的内部结构，例如去查明合取支和介词。上面的例子重新括号化如下：

(QP (IN between)
(QP (QP (CD 3) (NN %))
(CC and)
(QP (CD 5) (NN %))))

图 7－56　量词短语结构的宾州树库树的修改

（六）其他结构

◆并列关系

在并列关系结构中，不止一个中心语子节点，我们需要相应地修改翻译算法。并列关系结构被转换成严格的二元右分支树。我们假定，在那样的情况中，所有的中心语子节点具有相同的范畴。被插入的虚设节点与两个合取支具有相同的范畴,但是额外带有一个特征[conj]。范畴为X[conj]的节点总有一个处于右边的范畴为X的中心语子节点,左边的子节点或者是一个连接词,或者是一个标点符号,如逗号或分号。

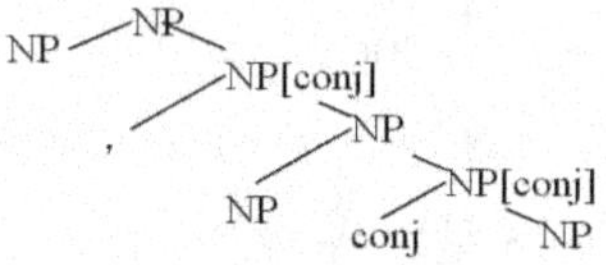

图7-57 并列关系结构的CCG树库树模式

因此,在CCG库中,并列关系由下面的二元规则模式所刻画:

a. conj X ⇒X[conj]

b. , X ⇒X[conj]

c. X X[conj]⇒X

◆"Unlike"并列关系结构

树库把合取支的句法范畴不同的并列关系结构标注为UCP(unlike coordinate phrase),例如:

```
(NP (DT a)
    (UCP (NN state)
         (CC or)
         (JJ local)
    (NN utility)
```

图7-58 "Unlike"并列关系结构的宾州树库树

UCP作为一个修饰成分的中心语不是一个问题,因为修饰成分的CCG范畴仅仅依赖于中心语的CCG范畴:

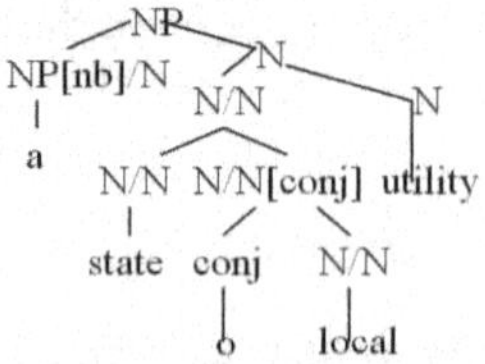

图7-59 "Unlike"并列关系结构的CCG树库树

仅仅当UCP作为论元时才给翻译算法带来了一个问题,因为论元的

CCG 范畴由它们的树库标记确定：

```
(S  (NP-SBJ  Compound yields)
    (VP  (VBP  assume)
         (UCP  (NP  reinvestment of dividends)
               (CC  and)
               (SBAR  (IN  that)
                      (S  (NP-SBJ  the current yields)
                          (VP  continues for a year)
         (.  .))
```

图 7-60　UCP 作论元的并列关系结构的宾州树库树

为了说明这些情况，我们稍微修改语法，增加了如下形式的特殊的并列组合规则：

conj　Y ⇒　X[conj]

这个规则使我们可以分析前面的一个语句：

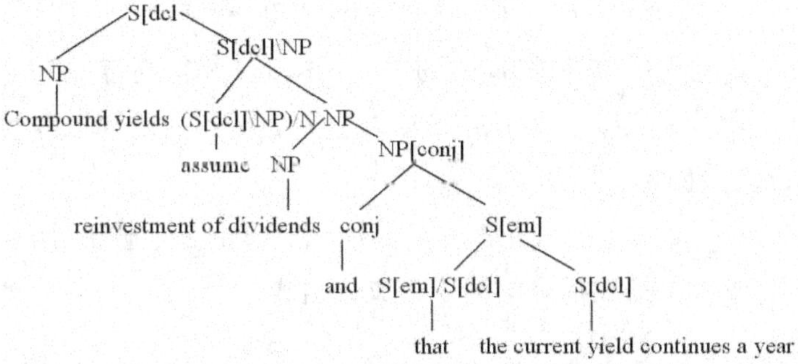

图 7-61　UCP 作论元的并列关系结构的 CCG 树库树

◆填补语 it 和 there

如果 it 由一个填补语语迹*EXPT *注释，或者是一个分裂句的主语，那么它的范畴是 NP[expl]，并且动词具有一个子范畴 NP[expl]。

```
(TOP  (S  (NP-SBJ  Japan's management system)
          (VP  (VBZ makes)
               (S  (NP-SBJ  (NP  (PRP  it)
                                 (S  (-NONE- *EXP*-1)))
                   (ADJP-PRD  (JJ  hard))
                   (S-1  (NP-SBJ  (-NONE-*)
                         (VP  to impose a single system corporatewide))))
          (.  .)))
```

图 7-62 填补语结构的宾州树库树

语迹*EXPT *被删除,形成了下面的 CCG 推演:

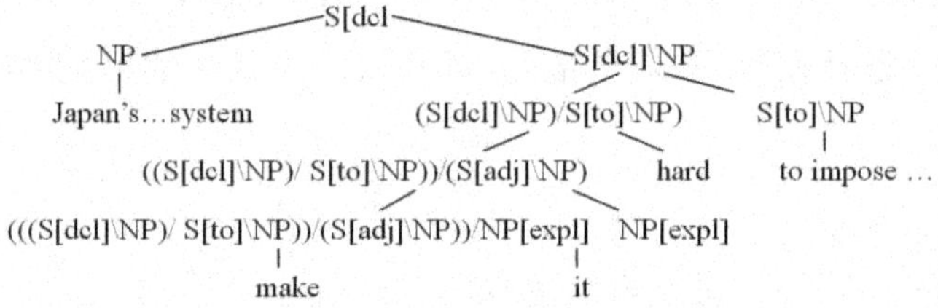

图 7-63 填补语结构的 CCG 树库树

同样地,我们使用填补语 there 的 POS-标记 EX 得到特征 NP[thr]。取 NP[expl]或 NP[thr]为论元的词汇范畴与具有其他论元的词汇范畴不共指。

◆插入成分(附加说明语)

标记 PRN 指示一个插入元素。许多插入成分由一个破折号和一个紧跟的成分组成,或者由括在括号中的一个成分组成,例如:

```
(PRN  (:  --)
      (NP  (NP  the third-highest)
           (PP-LOC  (IN  in)
                    (NP  the developing world))))
```

图 7-64 插入成分的宾州树库树

我们把左括号、破折号或冒号处理成一个函子,它取紧随的成分为论元,生成一个修饰语:

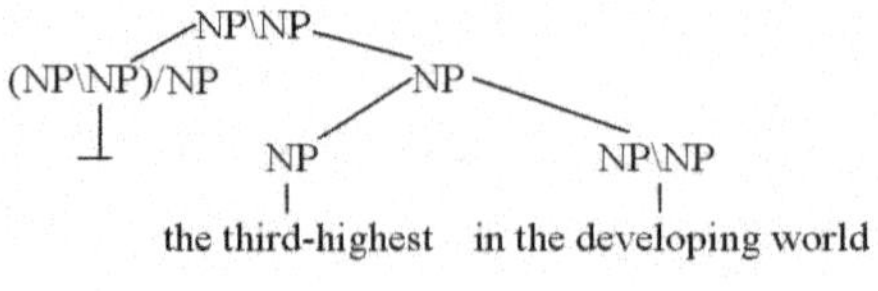

图 7-65 插入成分的 CCG 树库树

这是一个稍微有点简单的分析，因为它没有考虑破折号的平衡问题。然而，如果括号里的成分在包含 PRN 的那棵局部树中是一个修饰成分，那么这个成分就是插入成分的中心语，并且与其不出现在 PRN 下被指派的范畴相同：

```
(PRN  (:   -)
      (PP  (IN   as)
           (NP  (NN   translator))))
```

图 7－66　插入成分作修饰语的宾州树库树

这里，PP 是一个修饰语范畴；因此，相对应的 CCG 推演如下：

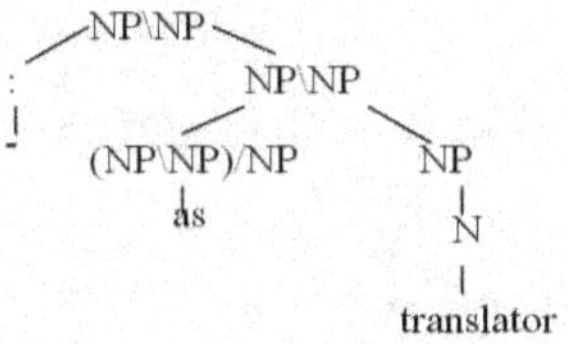

图 7－67　插入成分作修饰语的 CCG 树库树

破折号就像一个普通的标点符号一样处理，它的范畴由其词类（POS）标记（:）确定。

◆同位语的移位

同位语名词短语可以移到一个语句或动词短语外面。然而，在书面英语中，同位语的前面或者后面需要一个逗号：

(21) a. *No dummies*, the drivers pointed out they still had space.

b. factory inventories fell 0.1% in September, *the first decline since February* 1987.

使用特殊的二元类型改变规则分析这些结构，这些规则仅仅处理同位语与逗号毗连出现的情况：

(22) NP　,　$\Rightarrow$　S/S

,　NP $\Rightarrow$　S\S

,　NP $\Rightarrow$　(S\NP)\(S\NP)

树库分析通常不把名词短语和逗号放在一起，例如：

(S (S - ADV (NP - SBJ (- NONE - * - 1))
(NP - PRD No dummies))
(, ,)
(NP - SBJ - 1 the driver)
(VP pointed out they still had space…)

图 7 - 68 同位语移位结构的宾州树库树

因此,我们插入一个新成分 XNP,该成分包含 NP 和逗号:

(S (XNP (S - ADV (NP - SBJ (- NONE - * - 1))
(NP - PRD No dummies))
(, ,))
(NP - SBJ - 1 the driver)
(VP pointed out they still had space…)

图 7 - 69 同位语移位结构的宾州树库树的修改

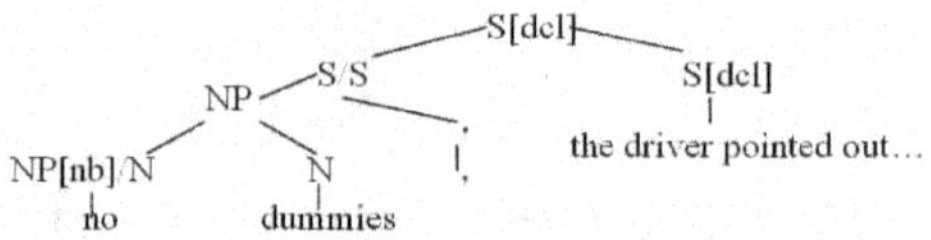

图 7 - 70 同位语移位结构的 CCG 树库树

♦多词表达式

多词表达式对一个词汇框架造成了特别的问题。除了下面给出的一些特例外,对多词表达式的一个分析目前还没有尝试过。这包括短语动词,它很难放到树库的某个特定位置,因为小品词可能标记为 PRT、ADV - CLR 和 ADVP。因此,在我们的语法中,短语动词没有小品词子范畴。对一些普通表达式试图作一个分析,这些普通表达式或者经常出现,或者其中的多词表达式与表达式的中心语具有不同的子范畴化行为。

because of…, instead of…我们把 because 分析成这个表达式的中心语,紧跟 because 的由 of 引导的介词短语是 because 的论元。当 instead of 出现在一个 PP 内部时,对它的分析同于 because of 的分析。

as if…, as though 对这种结构的处理使用了两个特殊的范畴 S[as]和 S[poss]。指示符为 if 或 though 的 SBAR 具有范畴 S[poss];指示符为 as、并且包含另一个范畴为 S[poss]的 SBAR 的 SBAR 被指派范畴 S[as]。

so X that…在形如“so ADJ that…”的形容词短语中，我们把 so 分析成形容词的一个修饰成分，并且还取嵌入子句为论元：

```
(ADJP-PRD (ADJP (RB so)
                (JJ expensive)
          (SBAR (IN that)
                (S (,…,)
                   (PP at best)
                   (,…,)
                   (NP-SBJ only the largest exchanges)
                   (VP can afford it)))))
```

图 7-71 so…that 表达式的宾州树库树

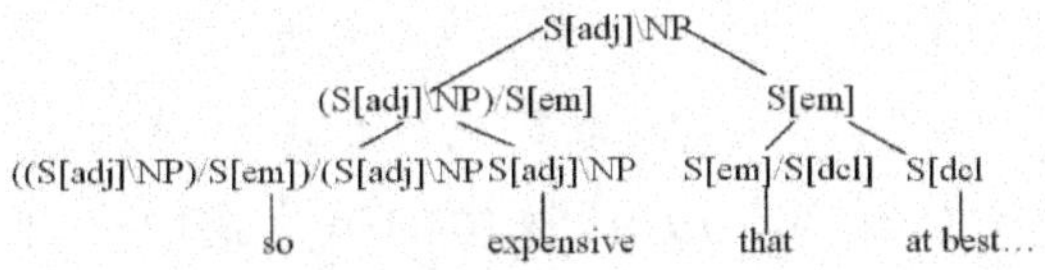

图 7-72 so…that 表达式的 CCG 树库树

too ADJ to 对形容 too ADJ to 的结构来说，在树库中 to-VP 是 too 的一个姊妹节点，要变成 too 取 to-VP 为论元：

```
(ADJP (RB too)
      (VBN removed)
      (S (NP-SBJ (-NONE-*))
         (VP to glean psyllium's new sparkle in the West))))
```

图 7-73 too…to 表达式的宾州树库树

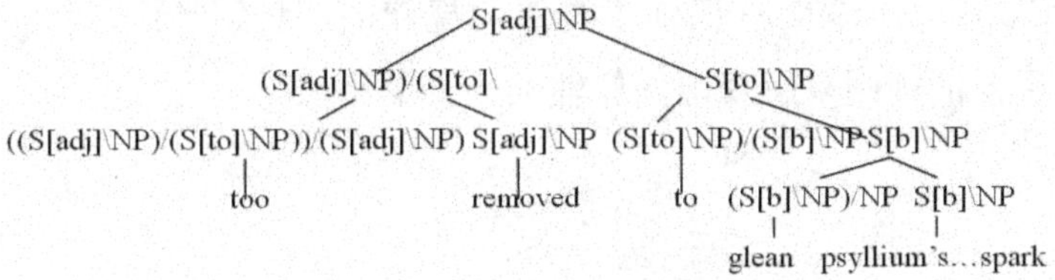

图 7-74 too…to 表达式的 CCG 树库树

这个修改预设一个假定：如果 to-VP 是形容词的论元，那么 to-VP 嵌入在 ADJP 中，ADJP 依次被 too 修饰。

at least/most X 在这个结构中，at 被分析成取最高级形容词（范畴为 S

[asup]\NP)为论元。

货币表达式　货币数量(如￥1.5billion,￥3.85)是华尔街杂志中最常见的多词表达式类型。然而,它们的内部结构是完全有规律的:总是一个货币符号紧跟一串数字(标记为CD),句法上,它们像一个词项。在CCG库的早期版本中,我们使用符号串DOLLARS取代这些表达式。在现在的版本中,我们假定,符号￥取数字15亿作论元。我们给1.5billion指派了一个特殊的范畴N[num],并且假定billion是中心语,被1.5修饰:

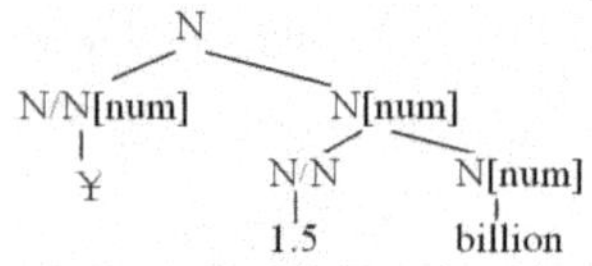

图7-75　货币表达式的CCG树库树

日期　在形如"Oct. 30, 1989"这样的表达式中,我们假定月的名字(Cct)取该月的那一天(30)为论元。我们给30指派范畴N[num]。

(七)针对小句辅助成分的类型转换规则

下图例示了前面描述的基本算法怎么导致了辅助成分范畴的扩散。例如,像used这样的过去分词依据它是在缩略关系子句还是在主动词短语中而接收不同的范畴指派。结果,used的修饰成分依赖于它们所修饰的used的出现语境而接收不同的范畴指派。这是不合意的,因为如果分词(和它们的所有修饰成分)出现在所有可能的表层位置,我们仅仅保证获得一个完全的词库。Carpenter(1992)①识别了类似的规律,并且给予了一个范畴分析,他提倡使用词汇规则来解释谓词作辅助成分的用法。

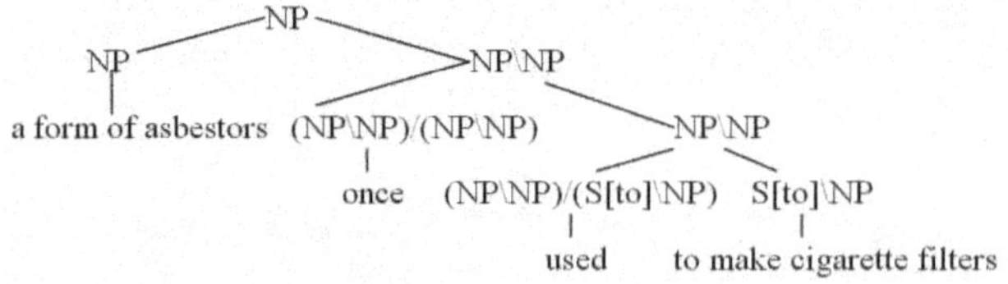

① Carpenter, B. Categorial grammars, lexical rules, and the English predicative. In R. Levine, editor, *Formal Grammar: Theory and Implementation*, charper 3, Oxford University Press, 1992.

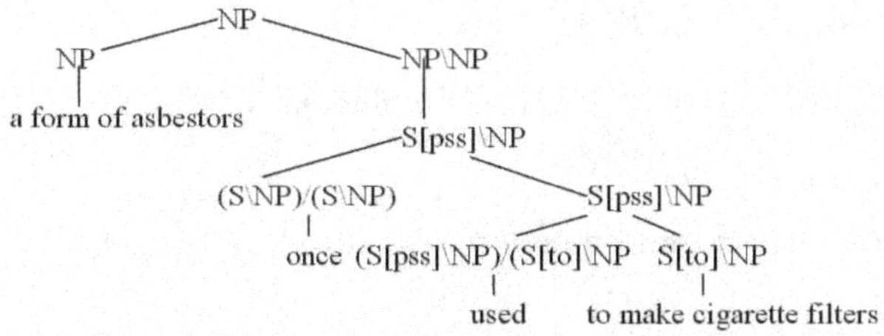

图 7－76 小句辅助成分的 CCG 树库树

在语法中使用这样的类型改变规则更经济。Aone 和 Wittenburg（1990）使用这样的方法编码词形规则，处理缩略关系子句和其他句法结构①。Aone 和 Wittenburg 指出这些类型改变规则可以从语法中的零元素推出来。Carpenter（1991）②证明，一般来说，词汇规则可能导致生成能力从上下文无关性转向递归可枚举性。然而，如果这些词汇规则不能在它们自己的输出上进行运算，并因此生成一个无穷的范畴类型集，这个结论不成立。像 Aone 和 Wittenburg 一样，我们仅仅考虑有穷个这些类型转换规则例示，即用下面的方式扩展范畴指派程序而产生的类型转换规则：对任何语句或动词短语修饰语——一个辅助成分带有标记 S、SBAR（含有零补语连词）或 VP，原始的算法给它们直接指派范畴 X |X，反过来应用下面的类型转换规则（已知由底向上的记法）：

（23）S $ ⇒X |X

这里 S $ 是这样的一个成分范畴，该成分由基本算法作为一个中心语节点来处理。S $ 具有合适的动词特征，可能是 S\NP 或 S/NP。一些最常见的类型转换规则是：

（24）a. S[pss]\NP ⇒NP\NP

“workers [exposed to it]”

① Anoe, C. and Wittenburg, K. Zero morphemes in Unification－based Combinatory Categorial Grammar. In Proceedings of the 28th Annual Meeting of the Association for Computational Linguistics, Pittsburgh, PA. 1990, pp. 188－193.

② Carpenter, B. The generative power of the Categorial Grammars and Head－driven Phrase Structure Grammar with lexical rules. *Computational Linguistics*, 1991, 17(3): pp. 301－314.

b. S[adj]\NP ⇒NP\NP

"a forum [likely to attention to the problem]"

c. S[ng]\NP ⇒NP\NP

"signboards [advertising imported cigarettes]"

d. S[ng]\NP ⇒(S\NP)\(S\NP)

"become chairman, [succeeding Ian Butler]"

e. S[dcl]/NP ⇒NP\NP

"the millions of dollars [it generate]"

在书面英语中，某些 NP 外置时需要在其前或后加一个逗号：

(25) Factories booked $236.74 billion in orders in September, [$_{NP}$ nearly the same as the $236.79 billion in August]

在下面的二元类型转换规则中，我们使用了这个事实：

(26) NP , ⇒ S/S

, NP ⇒ S/S

, NP ⇒ (S\NP)/(S\NP)

只要一个没有函项标记（如 - TMP）的 NP 辅助成分出现在一个语句或动词短语的外围，并且前或后紧接一个逗号，就要使用这些规则。

（八）通过提取的长距离依存关系

树库根据移位描述了 wh - 问句、关系从句、补语的话题化语句和 tough 移位。被移位的成分与插在提取位置的语迹（*T *）共指。在树库中，*T *语迹在两个方面帮助我们获得正确的范畴分析：第一，它们的存在表明为给动词指派正确范畴需要考虑一个补语；第二，需要使用一个与 GPSG 的斜线特征传递（Gazdar et al. ,1985）[①]类似的机制为 wh - 单词和不完全语句获得正确的范畴。下面给出涉及提取引起的长距离依存关系结构的处理，如关系从句、wh - 问句、tough 移位、话题句、随迁、嵌入子句的主语提取和裂开。以

① Gazdar, G., Klein, E., Pullum, G. K., and Sag, I. A. *Generalised Phrase Structure Grammar*. Blackwell, Oxford, 1985.

关系从句为例解释算法如何处理*T *语迹。

◆关系从句

```
(SBAR (WHNP-1 (WDT which))
      (S (NP-SBJ (DT the) (NN magazine))
         (VP (VBZ has)
             (VP (VBN offered)
                 (NP (NNS advertisers))
                 (NP (-NONE-*T*-1)))))))
```

图 7－77　关系从句的宾州树库树

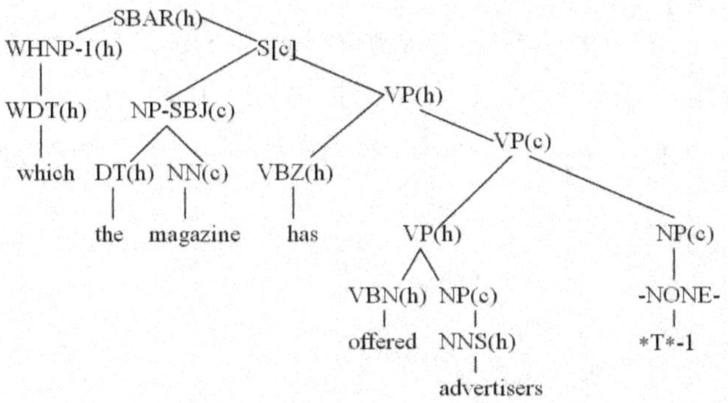

图 7－78　二元化和使用成分类型标注的关系从句的树库树

在下面有一个*T *零元素的 NP 节点是补语语迹。补语语迹的范畴(此处是 NP)在上面描述的递归范畴指派之前由它的标记决定。然后这个范畴沿着语迹母节点上端的路径弥散到下一个子句投影中。根据语迹节点在局部树中的位置,这个范畴被标记为向前(fw)或向后(bw)的论元:

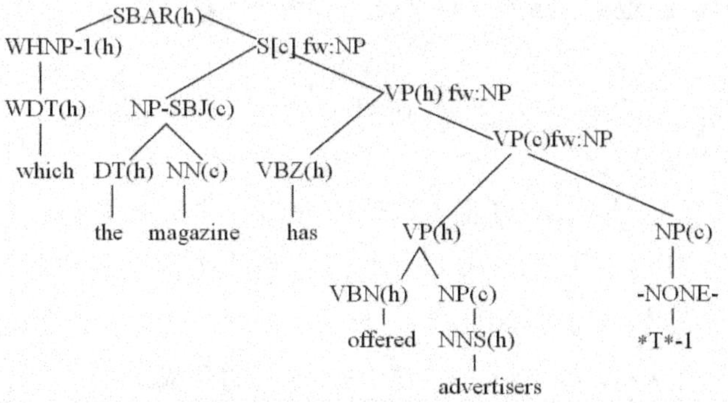

图 7－79　补语语迹弥散的关系从句树库树

S 节点是一个补语,得到范畴 S[dcl]。然而,因为 S 节点还有一个向前的语迹 NP,并且这个语迹没有进一步弥散到它的母节点,所以那个中心语子节点(WHNP)具有不饱和的子范畴 S[dcl]/NP。假定母节点 SBAR 的范畴是 NP\NP,所以 WHNP 具有范畴(NP\NP)/(S[dcl]/NP):

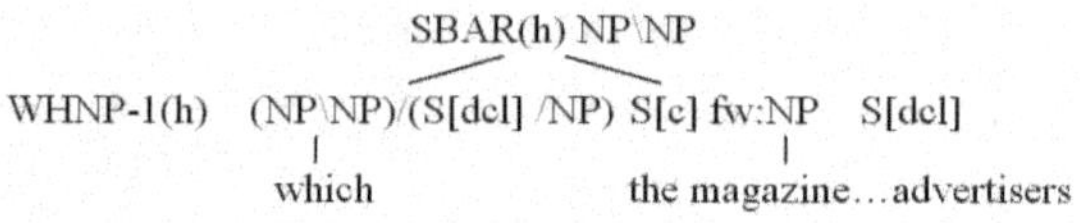

图 7-80　给树库树进行范畴指派的分解步骤一

下一步给 S 节点的子节点指派范畴。NP-SBJ 是一个范畴为 NP 的向后的补语,但是因为 S-节点有一个向前的语迹,所有 NP-SBJ 的范畴类型提升为 S/(S\NP)。向前的语迹也被贴到母节点 S 的范畴上,生成 S[dcl]/NP:

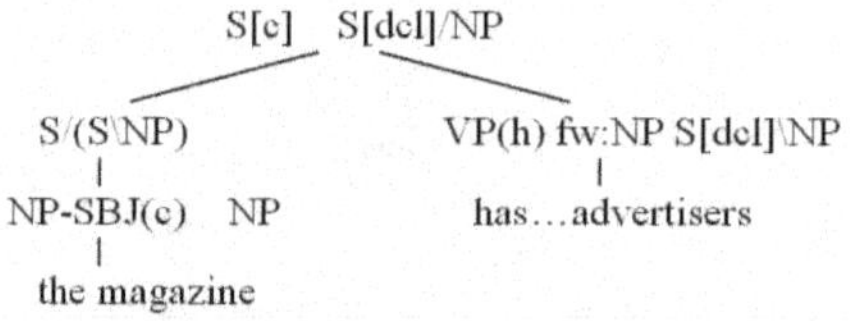

图 7-81　给树库树进行范畴指派的分解步骤二

然后给 VP 节点的子节点指派范畴。VP 子节点有一个范畴为 S[pt]\NP 的补语。因为向前的语迹被带到母节点 VP 上去,所以中心语子节点 VBZ 要有一个子范畴 S[pt]\NP,并因此得到范畴(S[dcl]\NP)/(S[pt]\NP)。向前的语迹也被贴到母节点 VP 的范畴上去:

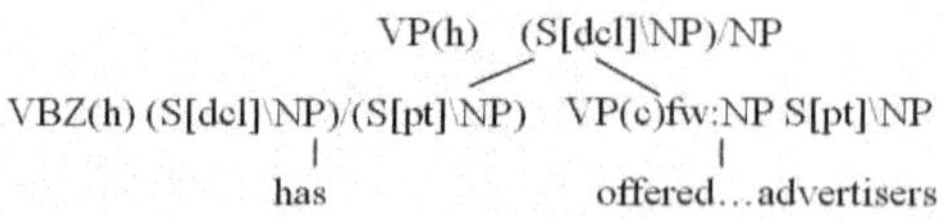

图 7-82　给树库树进行范畴指派的分解步骤三

现在处理 VP 子节点的子节点,NP 语迹是一个向前的论元。VP 子节点得到及物动词范畴(S[pt]\NP)/NP。然而,由于 NP 是一个语迹,这个节点在后处理阶段会从树中删除。现在 VP 母节点的范畴也要变化,从而考虑向前的语迹。

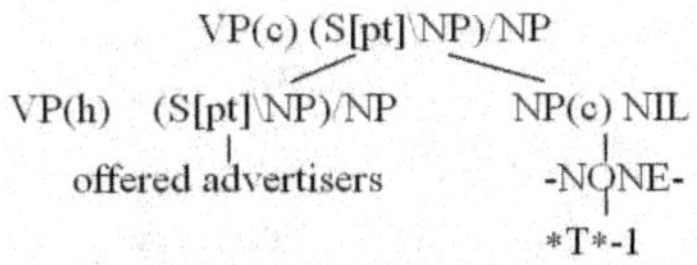

图 7－83　给树库树进行范畴指派的分解步骤四

砍掉语迹和所有的一元投影 X ⇒X 后，关系从句的子树如下：

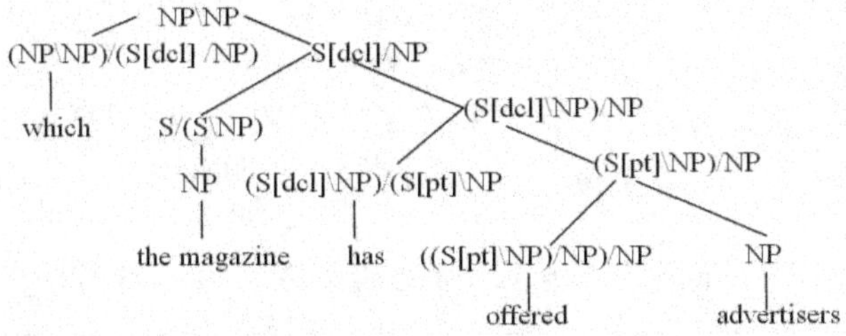

图 7－84　关系从句的 CCG 树库树

缩减关系从句和零关系从句没有关系代词：

```
(NP－PRD　(NP　the second incentive plan))
        (SBAR　(WHNP－1　(－NONE－ 0))
              (S　(NP－SBJ　the magazine))
                 (VP　(VBZ　has)
                     (NP　advertisers)
                     (NP　(－NONE－*T*－1))
                     (PP－TMP　in three years))))
```

图 7－85　缩减关系从句(零关系从句)的宾州树库树

正如前面提到的一样，我们使用一元类型转换规则解释这种现象：

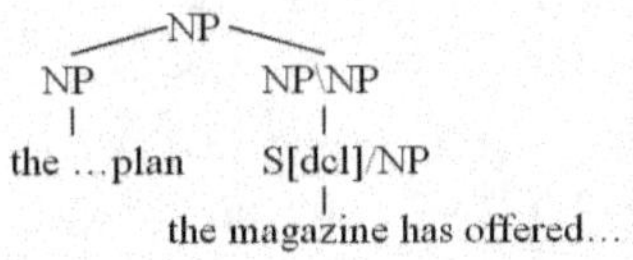

图 7－86　缩减关系从句(零关系从句)的 CCG 树库树

如果在关系从句中有一个并列关系结构使得两个*T *语迹存在，这个算法也起作用：

```
(NP (NP the interest rates))
    (SBAR (WHNP-1 (-NONE- 0)
        (S (NP-SBJ (PRP they))
           (VP (VP (VBP pay)
                   (NP (-NONE- *T*-1))
                   (PP-CLR (IN on)
                           (NP their deposits))))
               (CC and)
               (VP (VB charge)
                   (NP (-NONE- *T*-1))
                   (PP-CLR (IN on)
                           (NP their loans))))
```

图 7-87　带有两个 *T* 语迹的关系从句的宾州树库树

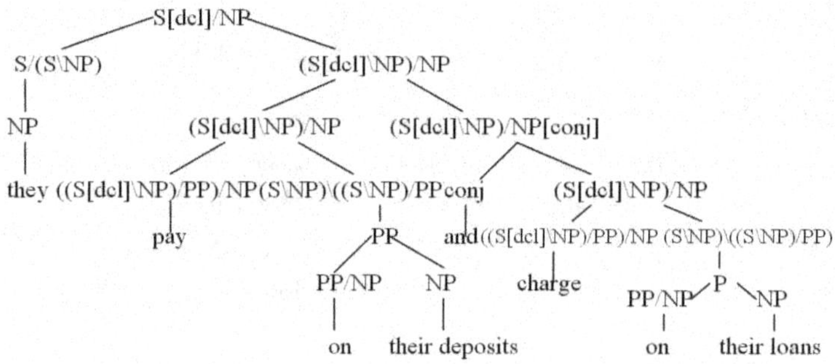

图 7-88　带有两个*T *语迹的关系从句的 CCG 树库树

◆Wh-问句

*T *-语迹也用于 Wh-问句(标记为 SBARQ)的处理中:

```
(TOP (SBARQ (WHNP-1 (WDT Which)
                    (NNS cars)
            (SQ (VBP do)
                (NP-SBJ (NNP Americans))
                (VP (VB favor)
                    (NP (-NONE- *T*-))
                    (ADVP (RBS most))
                    (NP-TMP (DT these)
                            (NNS days))))
            (. ?)))
```

图 7-89a　Wh-问句的宾州树库树

树库把 wh－问句分析成 SBARQ，wh－词项在指示语位置上。树库假定了一个更深的层次，SQ，该层次包括问句的剩余部分。通过把*T*－语迹向上弥散到 SQ－层面，我们得到期望的 CCG 分析。

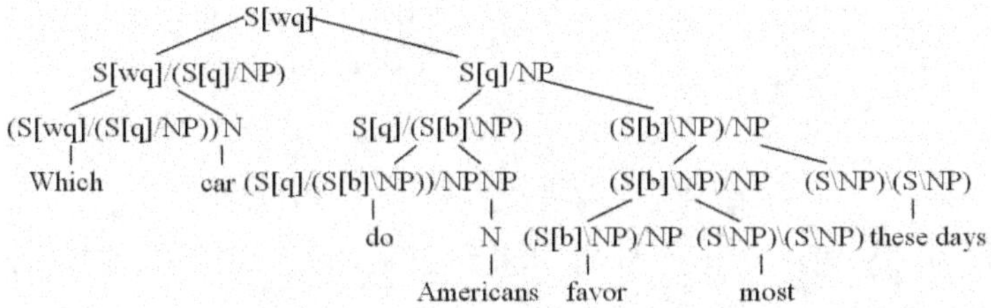

图 7－89b Wh－问句的 CCG 树库树

然而，在如下的主语问句中，可发现下面的两类分析：

```
a. (SBARQ (WHNP-1 (WP Who))
              (SQ (VBZ's)
                   (NP-SBJ (-NONE-*T*-1))
                   (VP (VBG telling)
                        (NP (DT the)
                             (NN truth))))
         (. ?))
b. (SBARQ (WHNP-1 (WP Who))
              (S (NP-SBJ (-NONE-*T*-1))
                  (VP (VBZ's)
                       (VP (VBG telling)
                            (NP (DT the)
                                 (NN truth)))))
              (. ?)
```

图 7－90 主语问句的宾州树库树

CCG 树库假定主语位置有一个语迹的语句与一个动词短语相同。事实上，CCG 分析假定 wh－单词有一个断定性的动词短语子范畴：

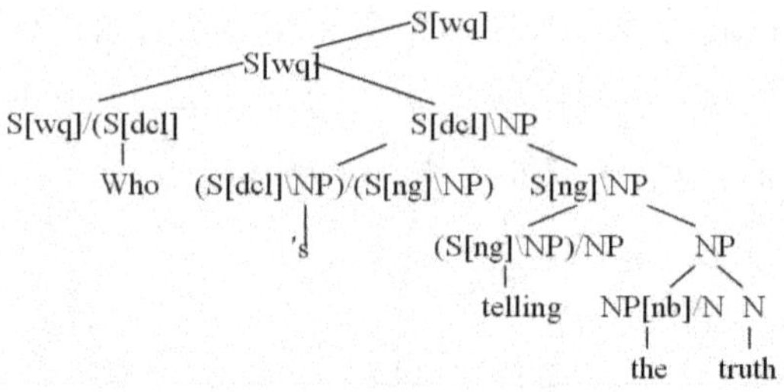

图 7-91　主语问句的 CCG 树库树

然而,为了从第一个树库分析中得到正确的 CCG 推演,SQ 下面倒装的主语语迹必须被剪切,标记 SQ 必须变成 VP:

```
(SBARQ (WHNP-1 (WP Who))
    (VP (VBZ 's)
        (VP (VBG telling)
            (NP (DT the)
                (NN truth))))
    (. ?))
```

图 7-92　图 7-90a 的 CCG 树库树

◆tough 移位

Tough 移位也是使用*T*-语迹进行标注:

```
(S (NP-SBJ (PRP It))
   (VP (VBZ is)
   (ADJP-PRD (JJ difficult)
        (SBAR (WHNP-1 (-NONE- 0))
            (S (NP-SBJ (-NONE-*))
                (VP (TO to)
                    (VP (VB justify)
                        (NP -NONE-*T*-1))))))))
```

图 7-93　tough 移位的宾州树库树

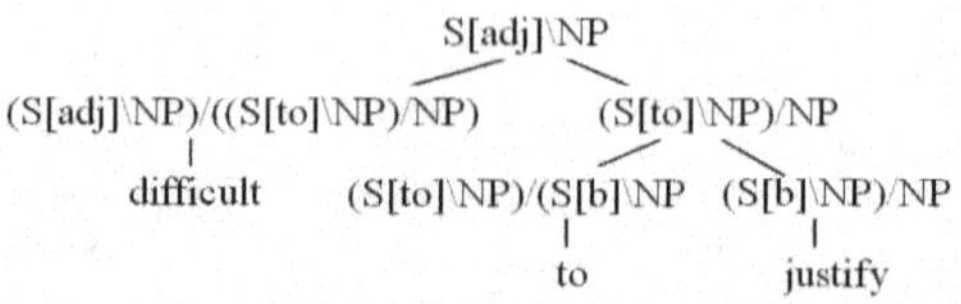

图 7-94　tough 移位的 CCG 树库树

◆话题化

为了解释名词短语话题化、形容词短语话题化和介词短语话题化，假定英语具有下面的非保序类型提升规则模式[①]：

(27) X　⇒　S/(S/X)　　X ∈{NP，　PP，　S[adj]\NP}

宾州树库也是使用*T * - 语迹处理话题化。如果一个成分被话题化，或者提前，它接受标记 - TPC，并且放在语句的顶层。一个共指的*T * - 语迹插在那个成分的典范位置。

```
(TOP  (S  (NP - TPC - 1   An excellent environmental actor))
          (NP - SBJ  (PRP  he))
          (VP  (VBZ  is)
               (VP - PRD  ( - NONE - *T * - 1)))
          (.  .)))
```

图 7 - 95　名词短语话题化的宾州树库树

假定形如 S/(S/X) 的范畴可以通过非保序的类型提升规则推出，并且可以利用分析程序将其指派给语句开头位置范畴为 X 的任意成分。因此，这个范畴不必出现在词库中。话题化名词短语(NP - TPC)接受范畴 NP，但是为了给动词指派正确的范畴，具有标记 - TPC 的 NP 不可视为补语。

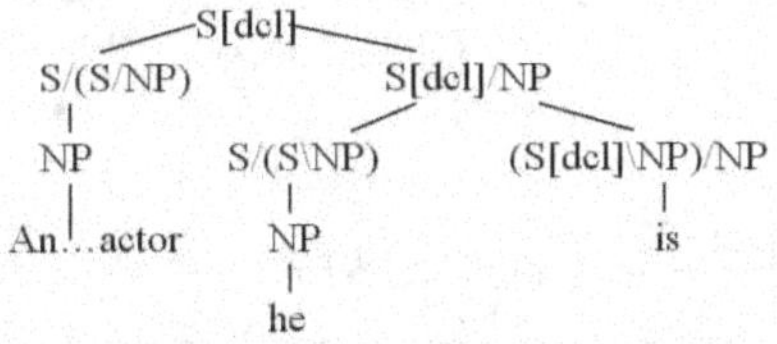

图 7 - 96　名词短语话题化的 CCG 树库树

如果存在一个复现的代词(即，前置是一个左变位实例)，前置的元素和代词之间没有共指关系：

① Mark Steedman. Combinatory grammar and parasitic gaps. *Natural Language and Linguistic Theory*, 1987(5): pp. 403 - 439.

```
(S  (NP-TPC  the shah)
    (:  --)
    (NP-SBJ-1  he)
    (VP  (VBD  kept)
         (S  (NP-SBJ  (-NONE-*T*-1))
             (VP  coming back))))
```

图 7-97　有占位代词的名词短语话题化的宾州树库树

在这些例子中,我们用同样的方式为动词获得相同的词条,因为只需把 NP-TPC 处理成附加成分:

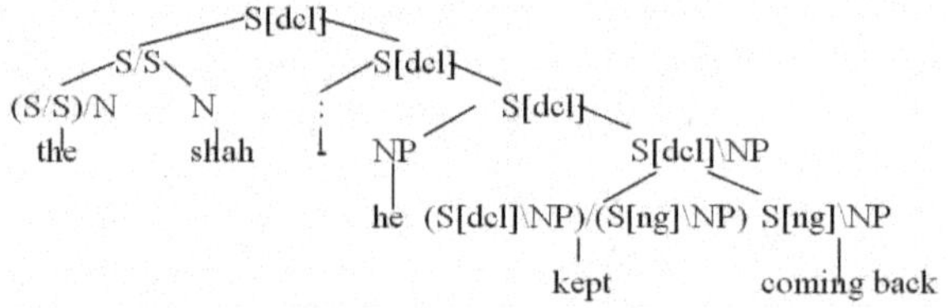

图 7-97　有占位代词的名词短语话题化的 CCG 树库树

♦随迁

在宾州树库树中,介词和关系代词形成了修饰名词中心语的 PP。

```
(NP-SBJ  (NP  the swap)
         (,  ,)
         (SBAR  (WHNP-2  (WHNP  (NNS  details))
                         (WHPP  (IN of)  (WHNP  (WDT which))))
                (S  (NP-SBJ-1  (-NONE-*T*-2))
                    (VP  were disclosed))))
```

图 7-98　随迁结构的宾州树库树

然而,在 CCG 分析中,介词"of"首先与名词短语"detail"组合,所得的结果是关系代词 which 的论元。因此,一个新成分 pipePipeNP 被插入,它由介词和名词短语组成:

```
(NP-SBJ  (NP  the swap)
         (,  ,)
         (SBAR  (WHNP  (pipePipeNP  (WHNP  (NNS  details))
                                    (IN of))
                (WHNP  (WDT  which)))
                  (S  (NP-SBJ-1  (-NONE-*T*-2))
                      (VP  were disclosed))))
```

图 7-99　随迁结构的宾州树库树的修改

介词是名词短语的辅助成分；然而，在范畴指派中，一条特殊的规则保证介词被指派修饰 NP 的介词范畴（NP\NP）/NP，名词短语经过类型提升后与介词进行复合运算。然后这个成分被处理成关系代词的论元。

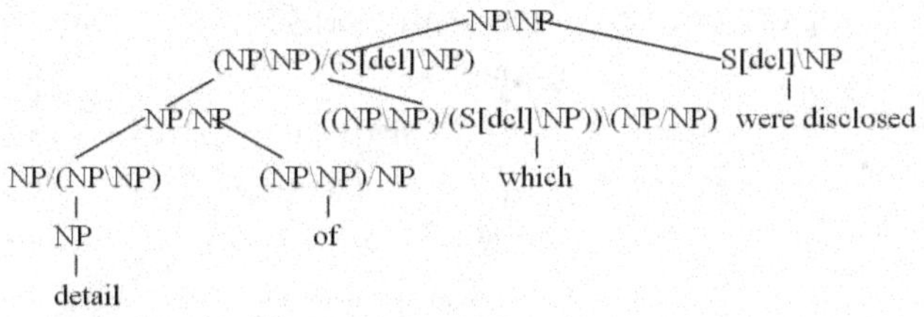

图 7－100　随迁结构的 CCG 树库树

类似的，存在仅仅使用 PP 随迁的情况：

(NP (NP commodoties markets)
(, ,)
(SBAR (WHPP (IN in)
(WHNP (WDT which)))
(S (NP－SBJ traders)
(VP buy and sell both for their own account and for clients))))

图 7－101　PP 随迁结构的宾州树库树

这里，我们让树保持原样，因为它的成分结构已经对应了 CCG 分析。在这种情况下，WHNP 是中心语。介词是论元，并接受修饰 NP 的范畴（NP\NP）/NP：

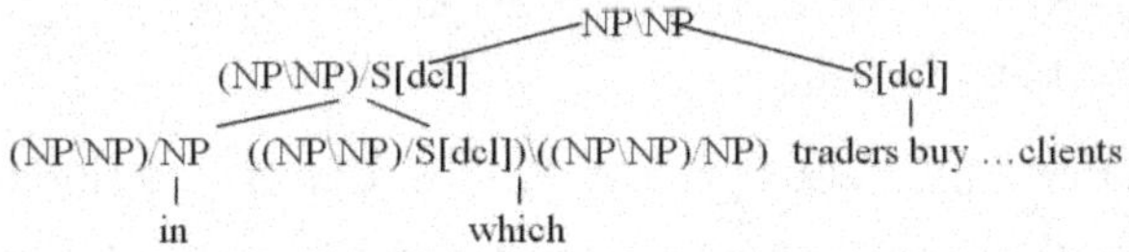

图 7－102　PP 随迁结构的 CCG 树库树

在使用 whose 随迁的情况下，关系代词还取一个名词作论元。在相对应的树库树中，介词和吸收了一个 NP 的关系代词形成了修饰名词中心语的 PP。

```
(NP - PRD  (NP  Ruth  Messinger)
           (,  ,)
           (NP  a Manhattan city councilwoman)
           (,  ,)
           (SBAR  (WHNP - 1  (NP  (DT  some))
                             (WHPP  (IN  of)
                                    (NP  (WHNP  (WP $  whose)
                                                (NNS  programs))
                              (,  ,)
                             (ADJP  such as commercial rent control)
                             (,  ,))))
                  (S  (NP - SBJ  ( - NONE - *T * - 1)
                         (VP  have made their way into Mr. Dinkins' s position papers)
```

图 7 - 103　whose 随迁结构的宾州树库树

在 CCG 分析中,介词“of”首先与名词短语“some”组合,所得的结果是关系代词 whose 的论元。下面是 CCG 推演:

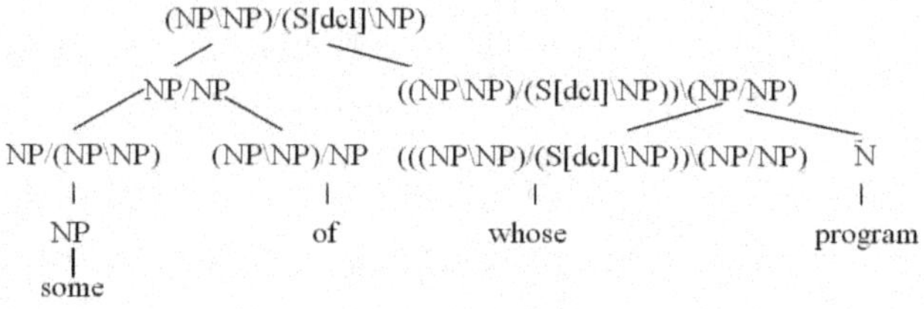

图 7 - 104　whose 随迁结构的 CCG 树库树

◆嵌入语句中的主语提取

Steedman(1996)假定,取一个缺失主语的光杆语句为补语的动词具有范畴((S\NP)/NP)/(S\NP)。仅当主语被提取时才需要这个范畴。这个成分结构没有对应树库分析,因为在树库中,主语语迹在通常的位置。

```
(NP (NP the sort)
    (PP of measures)
    (SBAR (WHNP-1 (IN that)
          (S (NP-SBJ (NNS economists))
             (VP (VBP say)
                 (SBAR (-NONE- 0)
                       (S (NP-SBJ (-NONE- *T*-1))
                          (VP (VBP are)
                              (ADJP-PRD necessary))))))))
```

图 7-105　嵌入句主语提取结构的宾州树库树

然而，为了得到合意的分析，假定动词按照相反的顺序取 VP 和 NP 论元。因此，上面的树变成下面的树：

```
(NP (NP the sort)
    (PP of measures)
    (SBAR (WHNP-1 (IN that)
          (S (NP-SBJ (NNS economists))
             (VP (VBP say)
                 (VP (VBP are)
                     (ADJP-PRD (JJ necessary)))
                 (NP-SBJ (-NONE- *T*-1))))))
```

图 7-106　嵌入句主语提取结构的宾州树库树的修改

然后，这就导出了下面的 CCG 分析：

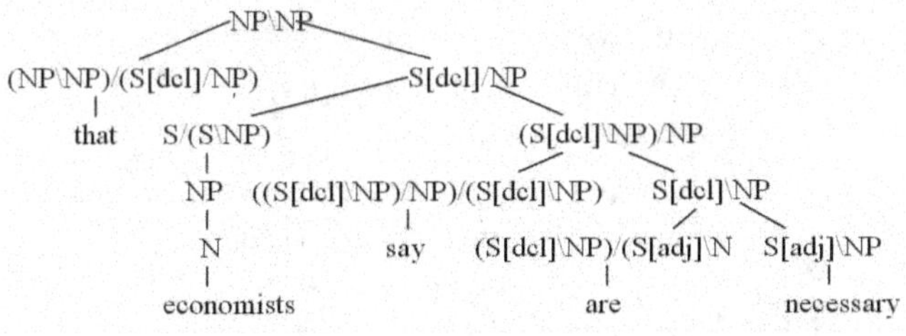

图 7-107　嵌入句主语提取结构的 CCG 树库树

◆裂开

在树库中，裂开标记为 S-CLF：

(TOP (S－CLF (NP－SBJ (PRP It))
(VP (VBZ's)
(NP－PRD the total relationship)
(SBAR (WHNP－2 (WDT that))
(S (NP－SBJ (－NONE－*T*－2))
(VP (VBZ is)
(ADJP－PRD (JJ important))))))
(. .)))

图 7－108　焦点为名词的裂开结构的宾州树库树

尽管没有*EXP*－语迹，S－CLF 下面的所有主语名词短语被指派范畴 NP［expl］。CCG 树库把 SBAR 处理成动词的论元。如果裂开的焦点是 NP，那么 SBAR 的范畴就是名词短语修饰成分的范畴 NP\NP：

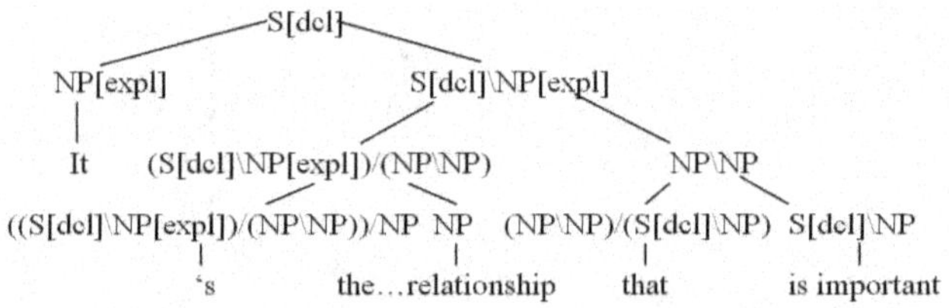

图 7－109　焦点为名词的裂开结构的 CCG 树库树

如果裂开的焦点是副词，那么 SBAR 仅仅是嵌入断定句，例如：

(TOP (S－CLF (NP－SBJ (PRP It))
(VP (VBD was)
(RB not)
(PP－PRD until the early 1970s)
(SBAR (IN that)
(S (NP－SBJ－2 Prof. Whittington and two students)
(VP began to publish…))))
(. .)))

图 7－110　焦点为副词的裂开结构的宾州树库树

下面是相应的 CCG 翻译：

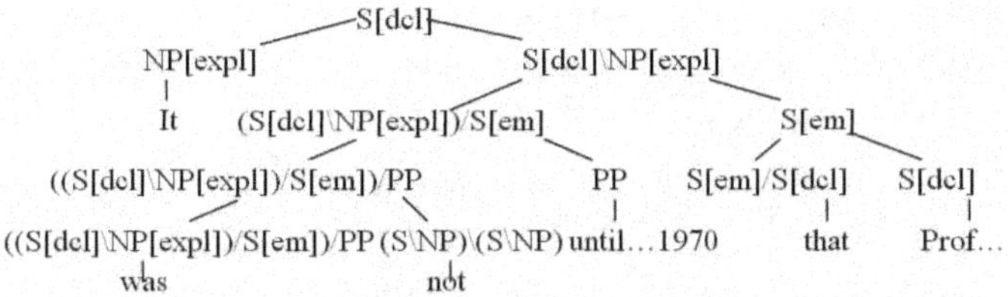

图 7－111　焦点为副词的裂开结构的 CCG 树库树

◆辅助成分提取

T－语迹也可以表示辅助成分(这里使用标记 ADVP－TMP 标示):

```
(TOP  (S  (SBAR－TMP  (WHADVP－1  (WRB  When))
                      (S  (NP－SBJ  the stock market)
                          (VP  (VBD  dropped)
                               (ADVP－TMP  (－NONE－*T*－1))))))
          (S  (NP－SBJ  the Mexico fund)
              (VP  plunged about 18%))
          (.  .)
```

图 7－112　辅助成分提取结构的宾州树库树

辅助成分语迹不表示缺失的补语,翻译程序对此忽略不计:

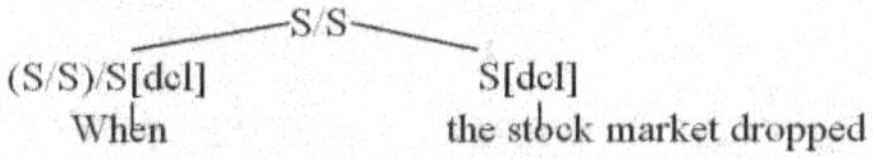

图 7－113　辅助成分提取结构的 CCG 树库树

◆重块头名词短语后移(Heavy NP shift)

在英语中,如果一些名词短语论元太重,则它们可以移到语句的末尾:

a. give an engraving to Chapman

b. give to Chapman an engraving by Rembrand

为了使 give 在第二个例子中取得的范畴与在第一个例子中取得的范畴相同,Steemdan(1996)使用了向后交叉复合规则。

在宾州树库中,重块头 NP 移位是不加标记的:

(S (NP－SBJ The surge))
(VP (VBZ brings)
(PP－CLR to nearly 50)
(NP (NP the number)
(PP (IN of)
(NP country funds
that are or soon will be listed in New York orLandon))))
(. .)))

图 7－114 重块头 NP 移位结构的宾州树库树

由这棵树得到下面的 CCG 翻译，它与 Steedman 的分析不一致：

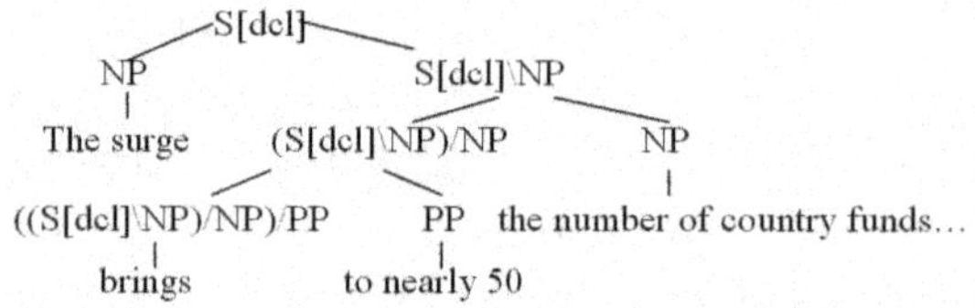

图 7－115 重块头 NP 移位结构的 CCG 树库树

♦寄生缺位

由提取产生的寄生缺位似乎出现在宾州树库中：

Which $paper_i$ did you file t_i without reading t_i?

CCG 使用置换规则分析这个结构。如果这样的结构出现在宾州树库中，且两个语迹处于正确的位置，我们的算法能够获得正确的分析。

(九)通过并列组合产生的长距离依存关系

♦右节点提升

补语右节点提升：

She applied for and won bonus pay.

为了给这样的语句指派正确的词汇范畴，需要知道共享元素的典范位置，即共享成分被解释成两个动词的补语。树库对这个结构的分析使得共享元素与在共享元素的典范位置出现的两个*RNR *－语迹共指：

```
(S  (NP - SBJ  She)
    (VP  (VP  (VBD  applied)
           (PP - CLR  (IN  for)
                   (NP  ( - NONE - *RNR * - 1)))))
           (CC  and)
           (VP  (VBD  won)
                (NP  ( - NONE - *RNR * - 1)))
           (NP - 1  bonus pay)
           (PP - LOC  (IN under)  (NP  the reform law)))
           (.  .)))
```

图 7 - 116　补语右节点提升结构的宾州树库树

需要改变翻译算法,给包含语迹*RNR * - 的语句指派范畴分三步:

第一步,确定节点的成分类型:识别与*RNR * - 语迹共指的所有节点(例如. NP - 1)。这些成分既不是中心语,也不是补语或辅助成分,因此在范畴指派中被忽略。*RNR * - 语迹本身(或它们的最大投影,这里是 NP)像普通成分一样处理,因此它们可能是中心语、补语或辅助成分。

第二步,像以前一样给节点指派范畴。忽略与*RNR * - 语迹共指的节点(例如,上面的 NP - 1),因为它们既不是中心语,也不是补语或辅助成分。*RNR * - 语迹本身接受在这个典范位置的普通成分的范畴。如果一个*RNR * - 语迹是一个补语,它的范畴要弥散到这个并列结构的最上层。这个语迹范畴就像通过提取产生的语迹一样处理。

第三步,如果具有相同标记的*RNR * - 语迹有着不同的范畴,此语句不可处理。否则,拷贝*RNR * - 语迹的范畴,将其指派给被共指的节点。然后,使用通常的从上到下的方式,把范畴指派给被共指节点下面的子树。

在第一步忽略共指的元素 bonus pay 保证了 applied 获得范畴(S\NP) / PP,而不是((S\NP)/NP)/PP;把*RNR * - 语迹看作普通成分保证 for 获得范畴 PP/NP,而不是 PP,也保证了 won 获得范畴(S\NP) /NP,而不是 S\NP。

中心语右节点提升:两个合并的名词短语可能有共同的中心语。

(31)　a U. S . and a Soviet naval vessel

```
(NP  (NP  (DT  a)
          (NNP  U. S. )
          (NX  ( - NONE - *RNR * - 1)))
     (CC  and)
     (NP  (DT  a)
          (JJ  Soviet)
          (NX  ( - NONE - *RNR * - 1)))
     (NX - 1  (JJ  naval)
              (NN  vessel)))
```

图 7 - 117　中心语右节点提升结构的宾州树库树

CCG 树库的算法对这种情况也很管用:首先,确定语迹范畴,并使其在树上向上弥散(这里使用被插入的名词层面表示):

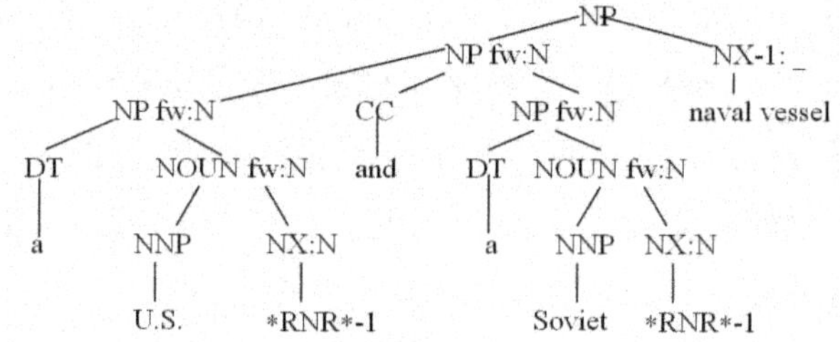

图 7 - 118　把图 7 - 117 转换成 CCG 树库树的分解步骤一

在范畴指派中,忽略 NX - 1,给其他节点指派范畴,形成下面的树:

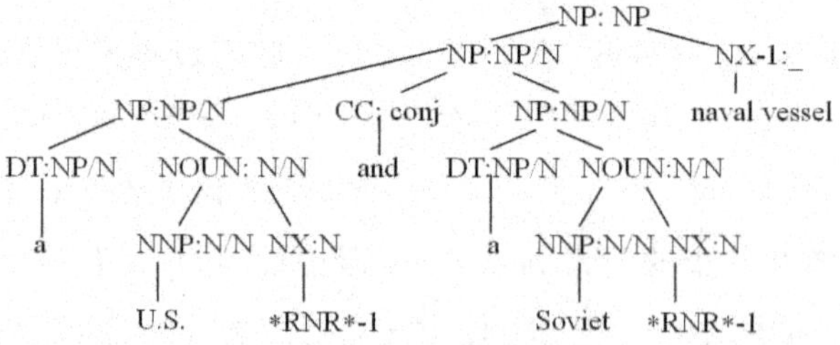

图 7 - 119　把图 7 - 117 转换成 CCG 树库树的分解步骤二

我们把 N 指派给共享成分 NX - 1,并把相应的范畴指派给 NX - 1 的孩子。最后,剪切*RNR *语迹:

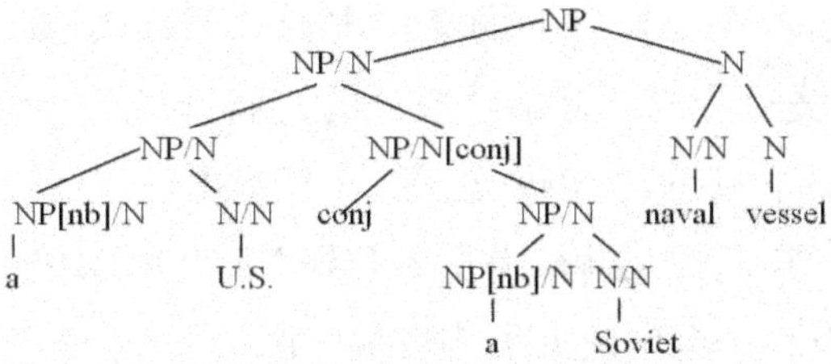

图 7－120　把图 7－117 转换成 CCG 树库树的分解步骤三

辅助成分右节点提升：当共享成分是一个辅助成分时，仅当所修饰的成分连接在一起时我们刚才描述的算法才起作用，尽管在那种情况下，严格地说，使用这个两遍法不是必然的。

```
(NP  (NP  (NP  president)
              (PP  ( -NONE- *RNR*-1)))
       (CC  and)
       (NP  (NP  chief executive officer)
              (PP  ( -NONE- *RNR*-1)))
       (PP-1  of New England Electric))
```

图 7－121　辅助成分右节点提升结构的宾州树库树例示一

然而，共享成分也可以修饰合取支内部的成分。

```
(S  (CC  And)
    (NP-SBJ  they)
    (VP  (VBP  prepare)
         (S  (NP-SBJ  all  their people)
             (VP  (TO  to)
                  (VP  (VP  (VB  increase)
                            (NP  (NP  the speed)
                                 (PP  ( -NONE- *RNR*-1))))
                       (CC  and)
                       (VP  (VB  improve)
                            (NP  (NP  the quality)
                                 (PP  ( -NONE- *RNR*-1))))
                       (PP-1  of their own work)))))
    (.  .)))
```

图 7－122　辅助成分右节点提升结构的宾州树库树例示二

假定 NP 与动词通过复合规则进行组合运算之前先被类型提升为 NP/

(NP\NP)。这个分析需要对我们的算法进行如下修改:如果*RNR *-语迹是一个辅助成分,先确定它所修饰的成分的范畴,确定了所修饰的成分的范畴之后方可确定共享成分的范畴(这里是 NP\NP)。包含*RNR *-语迹的 NP 被标记,以至于它们的范畴被类型提升到 NP/(NP\NP)。共享辅助成分的范畴,NP\NP,作为一个向前的语迹也被弥散到 VP。推演如下:

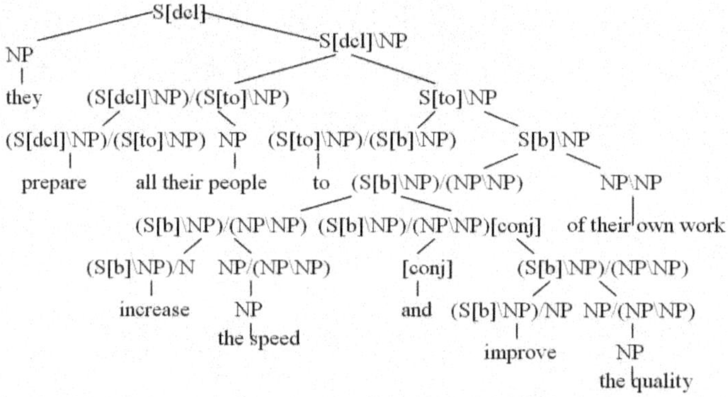

图 7-123　辅助成分右节点提升结构的 CCG 树库树

◆右节点提升寄生缺位

右节点提升可出现在非并列关系结构中,正如提取产生的寄生缺位:

```
(S  (NB-SBJ  Hong Kong's uneasy relationship with China)
    (VP  (MD  will)
         (VP  (VP  (VB  constrain)
                   (NP  (-NONE- *RNR*-1)))
              (PRN  (:  --)
                    (IN  though)
                    (VP  (RB  not)
                         (VB  inhibit)
                         (NP  (-NONE- *RNR*-1)))
                    (:  -))
              (NP-1  long-term economics growth))))
```

图 7-124　右节点提升寄生缺位结构的宾州树库树

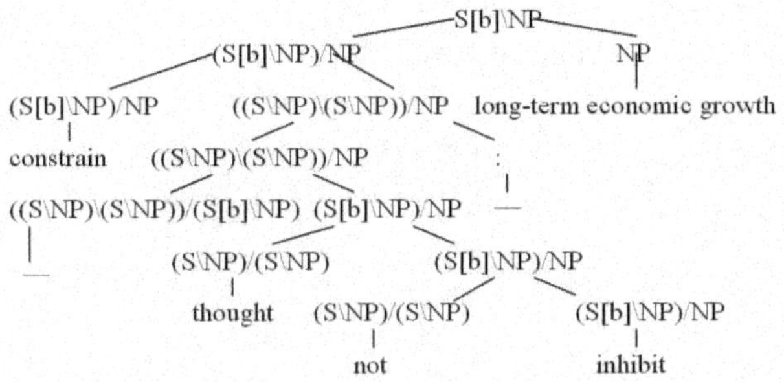

图 7－125　右节点提升寄生缺位结构的 CCG 树库树

♦论元聚点并列组合

若具有相同中心语的两个 VP 连在一起，则第二个动词可以省略：

He spent ＄325,000 in 1989 and ＄340,000 in 1990.

在 CCG 对于此结构的解释中，＄325,000 in 1989 和＄340,000 in 1990 形成了成分（论元聚点），然后它们进行并列组合。通过对论元聚点的成分进行类型提升和复合运算，得到论元聚点。

树库把这些结构编码成 VP 并列组合关系结构，其中第二个 VP 缺少一个动词。第二个合取支的子节点还与第一个合取支中相对应的元素共指，使用“＝”表示这种共指关系。

```
(S  (NP-SBJ He)
      (VP  (VP  (VBspent)
(NP-1   $325,000)
(PP-2   in 1989))
(CC   and)
(VP  (NP=1   $340,000)
(NP=2   in 1990)
(.   .))
```

图 7－126　论元聚点并列组合结构的宾州树库树例示一

如果第二个合取支包含了与第一个合取支不对应的成分，用*NOT*标注的带有相同标签的零元素插在第一个合取支的合适位置。这个零元素与第二个 VP 中相对应的元素共指：

```
(S - ADV  (NP - SBJ  ( - NONE - * - 1))
          (VP  (VP  (VBG  increasing)
                    (PP - DIR - 2  to 2. 5 % )
                    (PP - TMP - 3  in February 1991)
                    (ADV - TMP - 4  ( - NONE - *NOT *)))
               (,  ,)
               (CC  and)
               (VP  (PP - DIR =2  to 3 % )
                    (PP - TMP =3  at six month intervals)
                    (ADVP - TMP =4  thereafter))))
```

图 7 - 127　论元聚点并列组合结构的宾州树库树例示二

既然树库成分结构与 CCG 分析不对应,在翻译该树之前需要对其进行转换。通过创造一个新节点 ARGCL 得到 CCG 成分结构,这个新节点由一个 VP(由第一个合取支中被共指的元素的拷贝组成)、连接词和第二个合取支组合而成(同样使用 VP 作为 S\NP 的缩写):

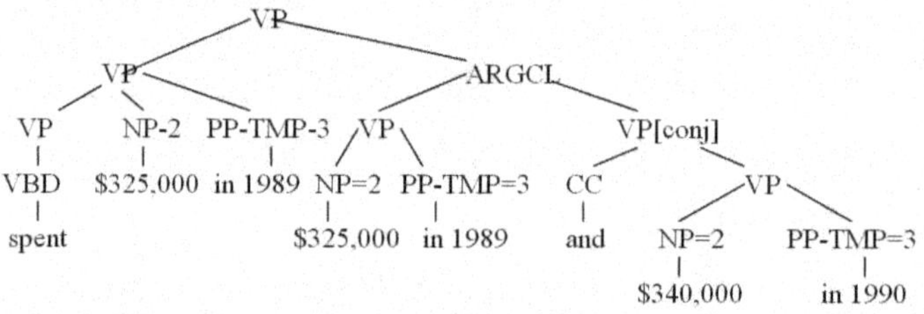

图 7 - 128　把图 7 - 126 转换成 CCG 树库树的分解步骤一

现在范畴指派分两个阶段进行:首先,我们使用标准的方式指派范畴,忽略 ARGCL 树:

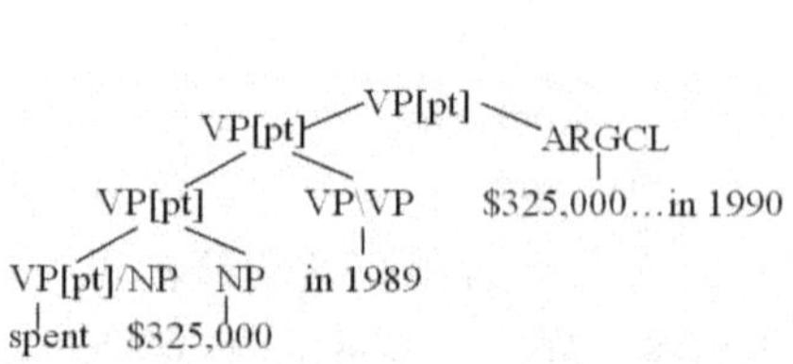

图 7 - 129　把图 7 - 126 转换成 CCG 树库树的分解步骤二

接下来,给与第一棵树中的元素共指的成分指派范畴,使这些成分取其先驱的范畴,并且第一个合取支中除动词之外的所有节点被剪切:

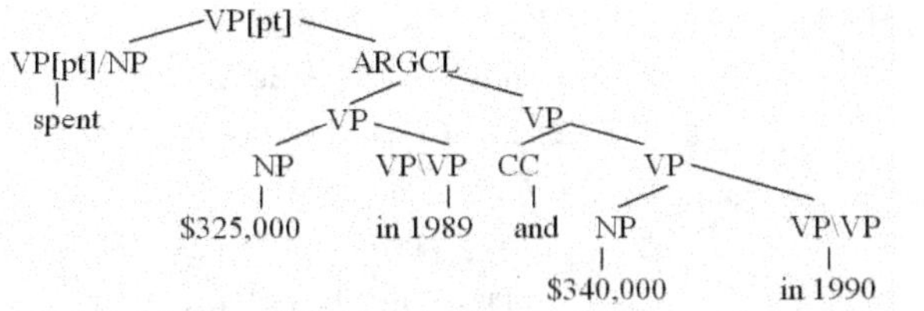

图 7－130　把图 7－126 转换成 CCG 树库树的分解步骤三

然后,对直接宾语进行类型提升。

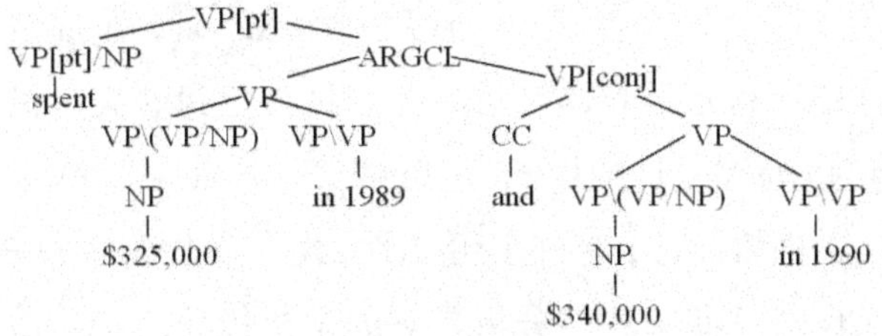

图 7－131　把图 7－126 转换成 CCG 树库树的分解步骤四

然后,范畴指派由底向上继续进行:

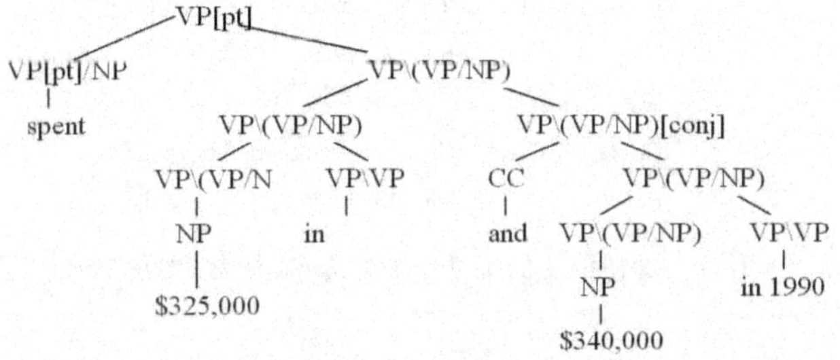

图 7－132　把图 7－126 转换成 CCG 树库树的分解步骤五

用插在第一个合取支中的*NOT *－零元素表示第二个合取支具有而第一个合取支不具有的元素,像普通成分一样处理,稍后被剪切。这个算法并非对树库中使用“=”标注的所有语句适用。特别地,它对下面要讨论的语句缺空不起作用。它也不适用于如下情况,即包含第一个合取支中的先行词的树与第二个合取支的分析不同构:

```
(SBAR - TMP  (WHADVP - 4  (WRB  When))
        (S  (NP - SBJ  the Supreme  Soviet)
            (VP  (VP  (VBD  passed)
                      (NP  (NP  laws)
                           (PP - 2  on workers' rights))
                      (PP - TMP - 3  in May 1987))
                 (CC  and)
                 (VP  (PP = 2  on self - managing cooperatives)
                      (ADVP - TMP = 3  a year later))
                 (ADVP - TMP  ( - NONE - *T * - 4)))))
```

图 7 - 133　论元聚点不同构的并列组合结构的宾州树库树

CCG 完全可以处理这样的情况,这里略。

不幸的是,在树库标记中有许多可变性,我们不想修改算法来处理每一种情况,因为 CCG 对这些结构的分析是它的主要优势之一。对于树库来说,将来可能考虑为缺空提供一个更加一致的注释,如下所示:

```
(VP  (VP  passed  (NP  laws *X * - 1)  *X * - 2)
     (GAP (GAP  (PP - 1  on worker's rights)
                (PP - TM2 - 2  in May)
     (CC  and)
     (GAP  (GAP  (PP - 1  on cooperatives)
                 (ADVP - TMP - 2  a year later)))
```

图 7 - 134　缺空结构的宾州树库树标记的修改设想

♦缺空

树库对语句缺空采用了与论元聚点并列组合类似的注释:

```
(S  (S  (NP - SBJ - 1 Only the assistant manager)
        (VP  (MD  can)
             (VP  (VB  talk)
                  (PP - CLR - 2  (IN  to)
                                 (NP  the manager)))))
    (CC  and)
    (S  (NP - SBJ = 1  the manager)
        (PP - CLR = 2  (TO  to)
                       (NP  the general manager))))
```

图 7 - 135　缺空结构的宾州树库树

使用为英语设定的标准的 CCG 组合规则无法处理这一结构。取而代之的是，Steedman(2000)使用分解规则分析缺空，这是一个没有基于组合逻辑的规则。分解允许一个成分分裂成两个子部分，使用该规则对缺空的分析神似论元聚点并列组合的分析。然而，对于当前的目的来说，这个分析是有问题的。因为这个推演不再是一棵树，并且被分解的成分没有对应表层符号串的实际成分，这个推演很难在树库中表述出来。因此，这些语句现在不能翻译成 CCG。然而，可使用如下特殊并列组合规则：

S　conj　S\X　⇒　S

(十)树库中的其他零元素

除了上面讨论的零元素之外，树库还包含了更多类型的零元素，当从树库中提取词库时，我们忽略了它们。

*ICH *(Insert constituent here)被用来标记修饰成分外置。如果一个修饰成分及其修饰的成分之间有一个中间成分，并且这个中间成分造成了一个连接高度的差异，a *ICH *空元素作为被修饰成分的辅助成分插入：

```
a.  (S  (NP-SBJ  (NP  Areas of the factory)
                       (SBAR  (-NONE- *ICH*-2)))
           (VP  (VBD  were)
                (ADJP-PRD  particularly dusty)
                (SBAR-2  where the crocidolite was used))
                (.  .))
b.  (S  (NP-SBJ  There)
           (VP  (VBZ  's)
                (NP-PRD  (NP  (DT  an)
                              (NN understanding)
                              (SBAR  (-NONE-*ICH*-1)
                (PP  on the part of the US)
                (SBAR-1  that Japan has to expand its function in Asia))))
```

图 7-136　*ICH* 结构的宾州树库树

像省略一样，这是一种不会在句法范畴中反映出来的语义依存情况。注意，与零元素*ICH *共指的成分不是一个补语。因此，我们把与零元素*ICH *共指的所有成分处理成一个辅助成分。

零元素*PPA *(Permanent Predictable Ambiguty)被用来标记真正的介词结构附加歧义:

```
(S  (NP-SBJ  He)
    (ADVP-TMP  already)
    (VP  (VBZ  has)
        (VP  (VBN  finagled)
            (NP  (NP  a $ 2 billion loan)
                (PP  (-NONE-*PPA*-1)))
            (PP-CLR-1  from the Japanese government))
        (.  .)
```

图 7-137　*PPA *结构的宾州树库树

(十一)小结——完全的算法

下面给出完全的翻译算法:

对于每棵树 τ ——

预处理树(τ);

预处理论元聚点(τ);

确定成分类型(τ);

构造二元树(τ);

弥散语迹(τ);

指派范畴(τ);

处理论元聚点(τ);

剪切语迹和一元规则(τ);

验证推导(τ);

得到谓词论元结构(τ);

预处理树:纠正标签错误,针对名词短语、并列关系结构和小句确保成分结构与 CCG 分析相合,并且消除引号。

预处理论元聚点:构造与论元聚点并列关系结构中的一个论元聚点相对应的成分结构。这个论元聚点包含第一个合取支的一个拷贝。这个拷贝中的成分与第一个合取支中原来的成分共指。

确定成分类型:对于每一个节点,确定它的成分类型。我们区别了下面的成分类型:中心语、补语、辅助成分、连接词、与*RNR *-语迹共指的成分、伪语迹、论元聚点。

构造二元树:使树二元化。

弥散语迹:确定处于补语位置的*RNR *-语迹和*T *-语迹的范畴,把语迹弥散到树的合适层面。

指派范畴:从根节点开始把范畴指派给树的节点。起初忽略与*RNR *-语迹共指的节点,然后给它们指派相对应的语迹的范畴。在这一步忽略论元聚点。

处理论元聚点:确定一个论元聚点里面与第一个合取支的元素共指的那些成分的范畴,以通常的从上到下的方式把范畴指派给这些成分内部的节点。使用类型提升和复合规则把范畴指派给论元聚点内部的中间节点。

剪切语迹和一元规则:此时,此树包括某些不属于 CCG 推演的部分的成分,比如语迹,以及在一个论元聚点内部的第一个合取支的拷贝。这些都要被剪切,最后得到的形如 X ⇒X 的一元投影也要被消除。

验证推导:存在一小部分树,这里的算法无法为其生成一个有效的 CCG 推演。此步抛弃这些树。在大多数情况下,这是由于没有使用我们的算法可以处理的方式标注论元聚点并列组合(模块缺空)。

得到谓词论元结构:使用 CCG 树库的共指机制投射非局部依存关系,生成词-词依存关系,该词-词依存关系构成了底层的谓词-论元结构。

五、CCG 树库 语法和词库的统计

(一)翻译算法的覆盖面

CCG 树库包含了整个宾州树库(00-24 节)49208 个语句中的 48934 个语句(99.44%)。对于剩下的 274 个语句,翻译算法不能提供一个 CCG 推演。在这些不可推演的语句中,173 个是由于缺空构造。在 107 个缺空的例子中,第二个合取支由主语 NP 和动词的一个论元组成,Steedman (2000)使用了分解规则进行分析。另外 49 个(非语句)缺空实例可以由翻译算法处理。在 274 个缺失的语句中,使用算法对其中的 117 个进行运算,得到的输

出不是一个有效的 CCG 推演,其中包括 17 个缺空实例。

把句法标注的语料库自动翻译成不同的语法系统背后的一个基本假设是,支持初始标注的分析可以直接映射(或至少没有太多额外的工作)到目标系统中所期望的分析上,即,在初始语料库中用类似的方式处理的所有结构也可在目标系统中用类似的方式进行处理,这样的对应在大多数情况下存在。缺空似乎是一种没有该对应性的结构。

(二)词库

词库在 CCG 中很关键。从 CCG 树库可得到一个可被任意的 CCG 分析程序、包括非统计程序使用的词库。

词条数:从 02 – 21 节提取的词库有 75669 个词条,涉及 44210 个词型(或者 929552 个词例)。在 02 – 21 节中,每个词样预计的范畴是 19. 19。这是因为一些高频率的功能词也有很多范畴(表 7 – 1)。

表 7 – 1　具有词汇范畴最多的 20 个词例

词	词汇范畴	词频
as	130	4237
is	109	6893
to	98	22056
than	90	1600
in	79	15085
– –	67	2001
’s	67	9249
for	66	7912
at	63	4313
was	61	3875
of	59	22782
that	55	7951
– LRB –	52	1140
not	50	1288

续表

词	词汇范畴	词频
are	48	3662
with	47	4214
so	47	620
if	47	808
on	46	5112
from	46	4437

词汇范畴类型的数量和增长：词汇范畴类型有 1287 种，其中 847 种出现了 1 次以上，680 种出现了 2 次以上，556 种出现了 5 次及以上。下表描述了词汇范畴的频率分布。

表 7－2　(02－21 节)词汇范畴的频率分布

范畴频次	类型数目
$100000 \leqslant f < 220000$	2
$10000 \leqslant f < 100000$	13
$1000 \leqslant f < 10000$	49
$100 \leqslant f < 1000$	108
$10 \leqslant f < 100$	253
$5 \leqslant f < 10$	131
$2 \leqslant f < 5$	291
$0 < f \leqslant 1$	440

图 7－138 考查了 02－21 节中词汇范畴的增长。只出现 1 次的新范畴持续出现，但是至少出现 2 次或更多次的范畴数量趋同。在处理了 58% 的训练数据之后，可以看到至少出现 5 次的所有范畴。实际上，在处理了 27% 的数据后，已经可以看到 95% 的至少出现 5 次的范畴。对仅仅出现 1 次的范畴检验表明，许多范畴产生于注释的干扰，不会被分析程序使用。然而，大量的仅仅出现 1 次的范畴在语言学上是重要的，因为它们包括随迁结构和

取填补语为论元的动词,等等。

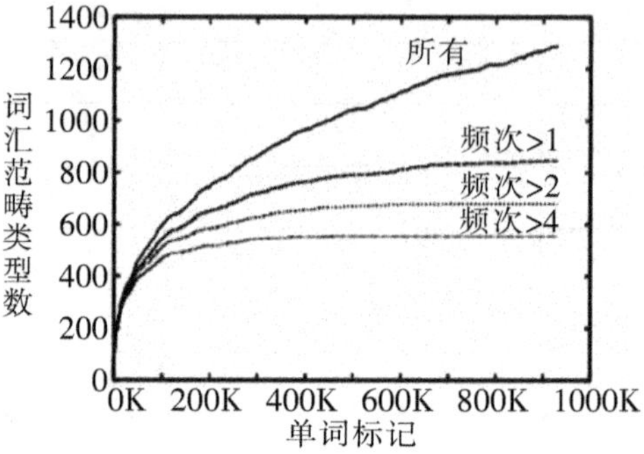

图 7 - 138　词汇范畴类型的增长

词汇覆盖率:由 02 - 21 节产生的词库包含的正确词条涵盖了 00 - 节词例的 94%(45442 个中的 42707 个)。在 00 节出现的 94% 的词例也出现在 02 - 21 节。952 个看不见的词条(占 35.1%)具有范畴 N,791 个看不见的词条(占 29.1%)具有范畴 N/N。

(三)语法

语法的规模和增长　在 02 - 21 节中,语法具有 3262 个具体的规则例示。在这些规则例示中,1146 个仅仅出现 1 次,2027 个的出现少于 5 次。然而,这些低频率的规则不一定归于干扰,因为许多是类型提升、并列组合或标点符号规则的例示。列出了出现的频率最高的规则例示。规则频率的分布在表 7 - 4 给出。图 7 - 139 描述了规则例示的增长。正如词汇范畴的情况,新规则类型持续出现。每个新的词汇范畴至少需要一个新规则,因此这个相互关系几乎不会令人感到惊讶。像词汇范畴一样,至少出现 2 次的规则数量趋同。

表 7 - 3　CCG 树库中出现频率最高的 20 个规则例示(02 - 21 节)

规则	频次
N →N/N N	147622
NP →N	115516
NP →NP[nb]/N N	91536

续表

规则	频次
NP →NP NP\NP	64404
S[dcl]→NP S[dcl]\NP	56909
NP\NP →(NP\NP)/NP NP	43291
TOP →S[dcl]	37386
S[dcl]→S[dcl]	35423
(S\NP)\(S\NP)→((S\NP)\(S\NP))/NP NP	22184
PP →PP/NP NP	16969
S[dcl]\NP →S[dcl]\NP (S\NP)\(S\NP)	16585
S[dcl]\NP →(S[dcl]\NP)/NP NP	15686
NP →NP NP[conj]	15293
S[dcl]→S/S S[dcl]	13847
S[b]\NP →(S[b]\NP)/NP NP	12669
S[to]\NP →(S[to]\NP)/(S[b]\NP)　S[b]\NP	12519
NP →NP ,	10546
S[dcl]\NP →(S[dcl]\NP)/(S[b]\NP)　S[b]\NP	10504
S[dcl]→,S[dcl]	9283
NP[nb]/N →NP　(NP[nb]/N)\NP	8184

表 7－4　CCG 树库中规则频率的分布(02－21 节)

规则频次	规则数目
100000≤f＜220000	2
10000≤f＜100000	16
1000≤f＜10000	75
100≤f＜1000	219
10≤f＜100	604
5≤f＜10	319
2≤f＜5	882
0＜f≤1	1146

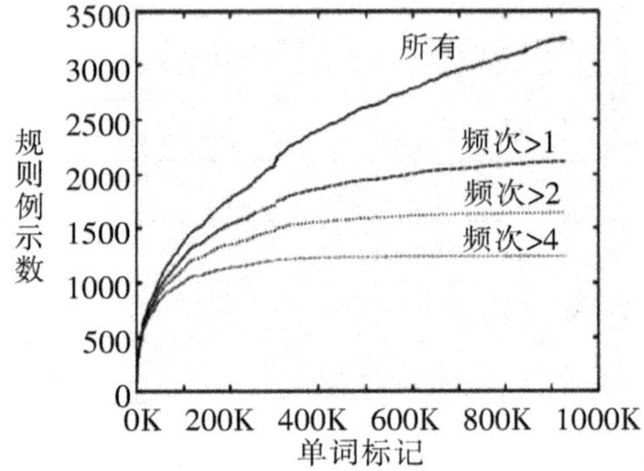

图 7－139　规则例示的增长(02－21 节)

范畴覆盖率:在 00 节的 91984 个规则例示(对应了 844 个不同的规则类型)中,99.9%(51932)出现在 02－21 节。在 52 个缺失的规则例示中(对应了 38 个规则类型,因为一个规则在一个语句中出现 13 次),6 个涉及并列关系结构,3 个涉及标点符号。一个缺失的规则是置换实例。两个缺失规则是与一个动词进行合并的类型提升论元的实例。

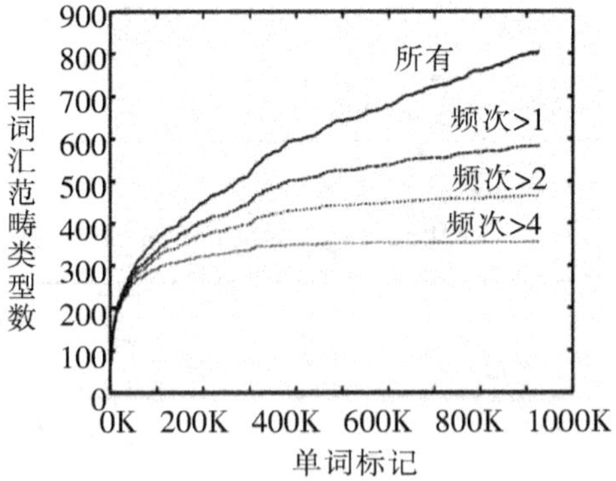

图 7－140 非词汇范畴类型的增长(02－21 节)

第二节　中文 CCG 树库①

自动句法分析(parsing)是自然语言处理的一项基本技术,是迈向语义理解的一道门槛。当前信息处理对于深化本研究分析的需求有增无减,不但要求描绘句内各成分间的句法关系,还需要在一定程度上刻画词和词之间的语义联系。组合范畴语法(CCG)可以为这种需求提供一种显式的表达形式,直接将词汇关系映射到各个句法节点的范畴上,为快速句法分析提供了一种有效的形式化描述。在 2009 年约翰霍普金斯大学举行的夏季研讨班(JHU Summer School 2009)上,研究人员通过采用优化的句法分析算法,使 CCG 句法分析在维基百科语料上达到每秒 100 句以上的分析速度,且抽样显示,其分析精度并无明显损失,说明 CCG 可以用来进行工业规模的句法分析。

实用的句法分析器(parser),特别是以有监督的机器学习方法训练,需要大量的句法树实例作训练语料。日前很难找到合适的 CCG 树库作此用途,对于中文,此等资源尤其短缺。要将 CCG 应用于中文信息处理,当务之急是构建一个中文 CCG 树库。众所周知,从零开始标注一个大规模的句法树库是一项极费人力和资源的工程。考虑到目前已经有一些现成的句法树库,例如宾州英文树库(PTB)、宾州中文树库(CTB)、德文 TIGER 树库、台湾"中央研究院"Sinica 中文树库和清华大学中文树库(TCT)等,把这些资源转化成所需的 CCG 树库,当是一种行之有效的资源建设方案。

CCG 树库的自动转换已有一些工作。前一节已述,Hockenmaier 首先在 PTB 上自动转换生成英文 CCG 树库。该工作使用基本的三步转换流程,同时也针对短语树库设计了很多转换规则,为后来的相关工作提供算法和转换规则的标准。Hockenmaier 在 TIGER 树库上的工作则针对德文的特点,提

① 本节内容来自:宋彦、黄昌宁、揭春雨:《中文 CCG 树库的构建》,《中文信息学报》,2012 年第 3 期。

出了一些非常规的处理方案，包括词序的链接关系、抽取(extraction)类型、并列结构(coordination)等特殊情况，第一次将英语之外的句法资源转换为CCG树库。Tse使用Hock－maier的算法，从CTB转换出中文CCG树库，在预处理时把一些难以转换的中文句型作为特殊结构进行处理，例如，话题句(topicalization)、主语省略(pro－drop)、非动词谓语结构(zero－copula)等。此外，Tse还采用后处理方式来完善输出的CCG句法树，包括整理主、宾语提取结构(subject/object extraction)和更正修饰词的范畴等。

宋彦、黄昌宁等在清华中文树库TCT的基础上，针对中文句法和句型的特点，通过自动转换方式实现了中文CCG树库的构建。由于清华树库没有空语类和同指索引等标记，他们提出一种识别谓词－论元关系的简单方法，识别出句子中每个谓词的词汇范畴及其相关的论元，并将识别结果直接标注到相应的CCG句法树上。他们还给出所构建的CCG树库的统计数据，并使用人工标注的200句测试集验证了树库构建方法的有效性。本节旨在介绍宋彦、黄昌宁等把TCT转换成中文CCG树库的方法。

一、中文CCG树库的构建

(一)转换算法

1. 确定句法成分类型

这是树库转换的第一步，目标是将一棵子树(treelet)中的中心语(head)、补语(complement)和附加语(adjunct)区分出来，便于后续的二叉化和范畴指派工作。TCT句法树中每个短语的中心语已经被显式标示，需要小心加以区分的主要是补足语和附加语。其中，补语一般都是可以充当动词核心论元(core argument)的成分，如NP、SP、S等，通常用原子范畴表示，并进入与之相应的谓语动词的组合范畴。一般来说，除中心语和补语以外其他语法成分都属于附加语。

2. 句法树二叉化

二叉化(binarization)是将多叉树(平坦结构)重组成二叉结构，从而把整棵句法树统一为标准二叉树，以便按照句法成分类型来描述每棵子树中两个子节点之间的关系。二叉化遵循以下原则：中心语左边的节点，一律往右分叉（right - branching）；中心语右边的节点，一律往左分叉（left - branching）。这样，二叉化以后，整个结构的节点间关系并不改变，中心语左边的成分仍在其左，右边的仍在其右。图 7 - 141 给出了一个平坦结构二叉化的示例，其中 h 表示 P 的中心语。

图 7 - 141　二叉化示例

3. 范畴指派

句法树二叉化以后，就可以自上而下对其节点指派范畴。对中心语与补语、中心语与附加语两种不同的语法关系，指派范畴时应分别遵循以下规则（箭头左边表示一棵子树的根节点，右边是它的两个子结点）：

R→ R/C ＋ C　（其中 R/C 是中心语，C 是补足语）

R→ R ＋ R\R　（其中 R 是中心语，R\R 是附加语）

一般来说，补语用其自身的原子范畴来描述，例如 NP、S 等；而附加语则用它所修饰的中心语的范畴来描述，以确保其母节点与中心语的范畴相同。除这两条规则之外，他们还针对并列结构中的连接词、标点符号等使用非组合规则——R → R ＋ p，中心语直接继承根节点的范畴。

（二）动词及其论元的提取

对谓词 - 论元关系的描写是 CCG 区别于传统上下文无关文法的一个显著特性。与 PTB 和 CTB 不同，TCT 树库并未提供句法移位的完整标注，应用转换算法难以单独完成合理的谓词 - 论元关系指派。为此，他们设计了一个轻量级的动词子范畴框架（verb subcategorization frame）抽取算法。为了保证其可靠性，该算法仅对动词进行处理，其基本运作基于以下三个假设：（1）大量句子的表述方式遵从正常的 SVO（主语 - 谓语 - 宾语）架构；（2）非正常移位（因而形成长距离依存关系）的论元主要是受事（patient）论元，它们在正常结构中应该直接跟随在相应的及物动词之后;(3)如果在整个语料库中某个动词没有携带宾语的证据,就把该动词归为不及物动词。通过统计 TCT 中动词后面直接携带的句法成分,判定一个动词是否及物,以及它可以携带何种类型的补语。他们认为短语 np、vp、mp、sp、tp 和句子 S 可以充当动词的补语成分,其他成分则标注为附加语。最终,他们从 TCT 中得到一个动词子范畴框架的数据库,其中包含所有被标注出来的及物动词及其携带的补语,包括该补语出现的频度。通过动词子范畴框架数据库来判断一个动词是否存在补语,以及该补语是否以长距离依存关系出现,弥补了标准转换算法的不足。

(三)中文特殊句型的 CCG 推导

针对特定树库资源的 CCG 转换过程与语言类型和语料标注格式紧密相关,前述的标准转换算法难以覆盖 TCT 的全部句法树。同时,考虑到中文表达的灵活性,很多特殊的句法结构较难得到正确的分析结果。宋彦、黄昌宁列出树库中 10 种典型的句法结构,包括"的"字结构、并列结构、非动词谓语句(如名词谓语句、形容词谓语句和主谓谓语句)、谓词性宾语、兼语句、连动句、被动结构、无主(语)句、存在句以及独立成分等,并针对每种句型设计了专门的转换方案。下面例示"的"字结构的处理方案。

"的"字结构一直以来都是中文处理的一个难题,因为它具有灵活的表示形式,更因为其内部依存关系太过复杂。总的来说,绝大多数"的"字结构都是名词短语,在 TCT 树库中标注为一个平坦的句法结构,符合[X 的]或者[X 的 Y]这样的形式。针对前者,他们将助词"的"视为整个结构的中心语,X 是它的补语;对于后者,我们将[X 的]当作一个定语语块,而 Y 是定语语块所修饰的中心语(即名词短语[X 的 Y]的中心语);助词"的"仍是定语语块的中心语,如果定语语块中的 X 是一个动词短语(VP)或小句(S),就需要进一步判断以下两种情况:

如果 Y 是定语从句 X 中的谓语动词 v 的一个论元(如宾语或主语),就要给动词 v 和 Y 建立相应的谓词 - 论元关系,并指派合适的范畴,如图 7 - 142 所示。为了实现 CCG 的句法树推导,这里需要对 X 中的主语 NP 进行类型提升,以便使它与动词先组合,然后整个 X 部分表示成一个需要寻找宾语的范畴。

否则,定语语块整体作为 Y 的附加语,如图 7 – 143 所示。仍根据前述的动词子范畴框架来判断动词类型及其相应的补语。图 7 – 142 、7 – 143 的下标指示对应的论元,用于区分谓语动词操作的具有相同范畴的不同论元。例如,图 7 – 142 中的论元“问题”具有范畴 NP,同时被标注为 z,并成为谓语动词“关心”的宾语。同时,“代表们”也具有范畴 NP,但它是“关心”的主语,因此用下标 y 标示出来,同时也在“关心”的范畴中用对应的下标字母标示出它操作的主语和宾语论元的位置。下标指示系统在 CCG 的分析中可以直接描述出谓词和论元的依存关系。

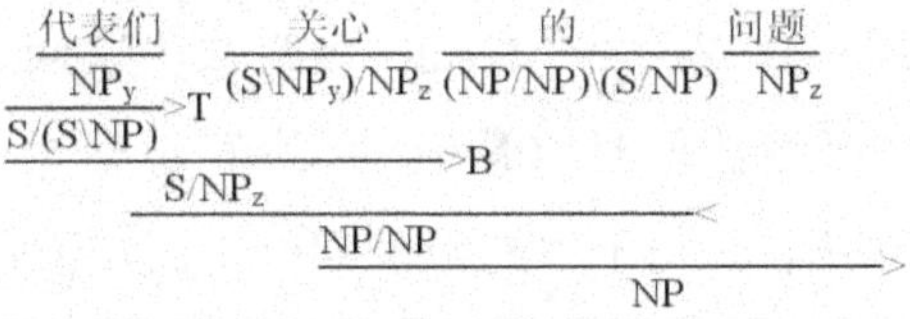

图 7 – 142　“的”字结构 CCG 分析结果一

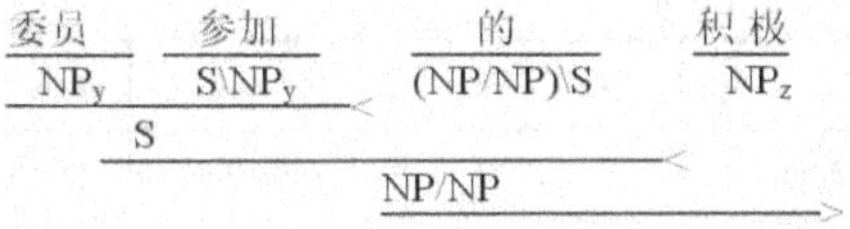

图 7 – 143　“的”字结构 CCG 分析结果二

二、实验结果及评价

(一)CCG 树库的统计结果及验证

宋彦、黄昌宁用以上方法完成了所用 TCT 树库中 32737 个句子的 CCG 转换,句子覆盖率达到 99.9%,余下的 33 句因为特殊标记或者非正常的句型结构而超出了他们给出的算法的处理能力。在构造的 CCG 树库中,有 10 个原子范畴,共得到了 763 个不同的范畴类型,其中 208 个出现超过 10 次,279 个仅仅出现 1 次。他们也统计了这些范畴在树库中的组合规则,有近 1600 条,超过 400 条出现了 10 次以上。这些统计符合一般语法的观点,即有限的重要范畴及组合规则集中且大量地使用。

在词汇方面，一共在 23641 个词上得到了 41733 个词汇范畴，其中一部分词有为数众多的不同范畴，承担不同的句法功能，而一些词仅有一个范畴，在整个语料中扮演固定的句法成分。

（二）基于人工标注的评价

为了检验转换而来的中文 CCG 树库的质量，宋彦、黄昌宁从整个句库中抽取部分句子进行了人工 CCG 标注，然后作为标准与自动转换的结果进行比较，评估自动转换结果。该工作相当于直接比较两个句子的句法分析结果，他们使用已被广泛采用的自动句法分析评测方法，即通过计算两个句子中正确的句法成分及其覆盖的范围是否一致，从而得到定量的评价结果，以惯常的准确率（Precision）、召回率（Recall）以及基于这两个指标的 F 值来体现。为了保证选取的评测数据具有代表性，他们对整个语料库按照长度进行了统计，发现 20 词以下的句子占总数的 90% 以上，于是从中选取 200 句，按长度分两类，各 100 句，作为测试语料。测试结果如表 7－5 所示。

表 7－5 基于人工标注测试语料的评价结果

类别	方法	准确率	召回率	F 值	词汇范畴正确率
第一类 1－10 词	标准转换	0.9427	0.9458	0.9443	0.9201
	＋动词子范畴	0.9607	0.9639	0.9623	0.9418
第二类 11－20 词	标准转换	0.9566	0.9479	0.9523	0.9573
	＋动词子范畴	0.9882	0.9818	0.9850	0.9855

“＋动词子范畴”表示在标准转换的基础上使用动词子范畴框架帮助识别动词及其论元。可以看出，使用了动词子范畴框架以后，转换的质量得到了明显提高，在两类测试集中各个指标上分别提升了约 2% 和 3%，特别在词汇范畴的准确度上也有更明显的提高。这 200 句的分析结果一定程度上反映出，整体的转换质量较为可靠。后经人工检查，发现拥有完全正确的 CCG 句法树的句子超过了 70%，也证实该转换算法的有效性以及得到的 CCG 树库的可靠性。

第八章　结论与展望

第一节　结论

组合范畴语法目前成为计算机对自然语言进行信息处理的理想工具。目前在国际上，组合范畴语法已经被用于生成维基百科数百万词条，展示出可喜的前景。英国爱丁堡大学的 Steedman 等人不但已经完成了从英语宾州树库到 CCG 树库的转换，也在不断进行跨语言的尝试，如土耳其语、德语等印欧语言。比较组合范畴语法的国际前沿，我国的研究差距甚大。就组合范畴语法的研究而言，虽然国际上已经搞得轰轰烈烈，但在国内，这个方向刚刚开始，还是一个既有重大价值又亟待开发的领域。

本研究包括：梳理范畴语法发展脉络，探究组合范畴语法产生和发展的动因；在范畴类型逻辑框架的基础上对多模态组合范畴语法进行模拟，构造出混合范畴类型逻辑系统，讨论元逻辑性质；使用 Steedman① 的组合范畴语法处理汉语 NCC 结构、汉语话题句、汉语 TVP 结构、汉语形容词谓语句和主谓谓语句；在原生态 CCG 上增加动词合并规则∅，处理汉语连动句和复杂动词并列结构；在原生态 CCG 上增加有关照应算子|的规则，构造了组合范畴

① Steedman, Mark. *The Syntactic Process.*, The MIT Press, 2000.

语法 CCG |,处理汉语代词照应现象、汉语空代词及其照应现象、汉语动词省略及其照应现象、汉语形容词谓语句和主谓谓语句;构造了针对汉语的混合范畴类型逻辑系统,并用它们处理汉语 NCC 结构、汉语话题句和重块头 NP 移位结构。

从 CCG 的研究情况来看,计算语言学家目前主要关心如何根据某种自然语言的需要构建相适应的句法规则,确立词条的句法范畴的指派,从而实现更高效、更准确的自动语法分析。这些句法和词汇方面获得的 CCG 成果固然值得认可,但是如果真正要实现机器理解自然语言的目标,语义的探讨应是今后工作的重点,这样才能贯彻 CCG 句法个语义对应的思想。据我目前所掌握的关于 CCG 的大量文献中,仅有少量的论著专门讨论语义问题,尤其在计算机信息处理领域,句法取得进展而语义滞后现象更加突出。[①] 我国中文 CCG 信息处理所存在的语义滞后问题将是今后研究的主要课题。[②] 本书在用 CCG 及其扩展版对英语和汉语语句进行句法推演时,匹配了语义推演,实现了句法和语义的并行推演。因此,关注语义理所当然成为本书的另一个亮点。

第二节　展望

组合范畴语法已经被成功地应用于许多自然语言的分析中,但在汉语中的应用尚处于起步阶段。在进行组合范畴语法分析时,还有很多语言学的问题没有解决,适合于汉语的组合范畴语法研究更少,因此,这是一个既有重大价值又亟待开发的领域。鉴于此,本人未来将会在以下几个方面努力研究:

(1)进一步扩大 CCG 在汉语研究中的应用范围。使用 CCG 及其扩展在

① 李可胜,邹崇理:《基于句法和语义对应的汉语 CCG 分析》,《浙江大学学报》,2012 年第 6 期。

② 李可胜,邹崇理:《基于句法和语义对应的汉语 CCG 分析》,《浙江大学学报》,2012 年第 6 期。

对汉语“的”字结构和“是”字结构分类的基础上对它们分别加以处理，对汉语“被”字句、名词谓语句、谓词性宾语、无主(语)句、存在句以及独立成分等进行处理。

(2)针对特定树库资源的CCG转换过程与语言类型、语料标注格式紧密相关，已有的标准转换算法难以覆盖全部句法树(如：英文CCG树库的句子覆盖率为99.44%，未转换的句子数为274；德文CCG树库在50474句的基础上得到的句子覆盖率仅为92.4%；从宾州中文树库转换的CCG树库在28295句的基础上达到了99.76%的句子覆盖率，黄昌宁教授等完成了清华中文树库中32737个句子的CCG转换，句子覆盖率达到99.9%，余下的33句因为特殊标记或者非正常的句型结构而超出了算法的处理能力范围)，对于未能转换的句子分析其原因，尝试提出解决方案。

(3)与黄昌宁教授的研究团队合作，实现互动，为他们转换的基于CCG的中文树树库匹配语义，完善他们构造的CCG中文树库，为他们对汉语句法现象的分析更精确提供技术保障。

(4)把汉语CCG词库转换成MMCCG(多模态组合范畴语法)词库，在MMCCG中重新处理汉语的各种结构，使其既不损害CCG的合理生成能力，又能限制CCG的过于生成性。

当今，组合范畴语法不断地被用到新的自然语言中，这对于语言逻辑的进一步发展必将起到更大的促进作用。随着组合范畴语法被广泛地应用于汉语分析中，计算机对汉语的处理能力必将大大增强。

参考文献

[1] Ades, A. E. and M. J. Steedman. On the Order of Words. in *Linguistics and Philosophy*, 4, 1982.

[2] Anoe, C. and Wittenburg, K. Zero morphemes in Unification - based Combinatory Categorial Grammar. In *Proceedings of the* 28th *Annual Meeting of the Association for Computational Linguistics*, Pittsburgh, PA. 1990, pp188 - 193.

[3] Bach Emmon. Control in Montague Grammar. In *Linguistic Inquiry*, 10, 1979.

[4] Bach, Emmon, In Defense of Passive, In *Linguistics and Philosophy* 3, 1980.

[5] Bach, Emmon, some generalization of categorical grammars, In Fred Landman and Frank Veltman (eds), *Varieties of Formal Semantics*, Dordrecht: Foris, 1984.

[6] Baldridge, J., *Lexically Specified Derivational Control in Combinatory Categorial Grammar*, Ph. D thesis, University of Edinburgh. 2002.

[7] Baldridge, J. and G. J. Kruijff. Multi - Modal Combinatory Cztegorial Grammar. In *Proc. of* 10*th Annual Meeting of the EACL.* Budapest, 2003.

[8] Bar - Hillel, 1960. *On Categorial and Phrase Structure Grammar*, in

Bar - Hillel(eds), Language and Information: selected essays on their theory and application, MA: Addison - Wesley, 1964.

[9]Bar - Hillel, Y., Gaifman, C., and Shamir, E. On categiorial and phrase structure grammars. In Y. Bar - Hillel, editor, *Language and Information*, 1960, pp. 99 - 115.

[10] Bernardi, R., *Reasonging with Polarity in Categorial Type Logic*, Ph. D thesis, University of Utrecht, 2002.

[11]Bloomfield. *Language.* Henry Holt, New York, 1933.

[12]Bos, J. Towards wide - coverage semantic interpretation. In *Proceedings of Sixth International Workshop on Computational Semantics* IWC - 6, pages42 - 53, Tilburg, The Netherlands, 2005.

[13] Carpenter, B. Categorial grammars, lexical rules, and the English predicative. In R. Levine, editor, *Formal Grammar: Theory and Implementation*, charper 3, Oxford University Press, 1992.

[14]Carpenter, B. The generative power of the Categorial Grammars and Head - driven Phrase Structure Grammar with lexical rules. *Computational Linguistics*, 1991, 17(3).

[15]Chomsky, N. . *Syntactic Structures.* Mouton, 1957.

[16]Chomsky, N., Introduction to the formal analysis of natrual language, in Luce, Bush and Galanter(eds.), *Handbook of mathematical psychology*, Wiley, 1963.

[17]Chomsky, N., On certain formal properties of grammars, *Information and Control* 2, No. 2, 1959.

[18]Chomsky, N., Verbal Behavior, *Language* 35, 1959.

[19]Chonsky, N., *The algebraic theory of context - free language*, North - Holland Pub. Co. 1961.

[20] Collin, M. *Head - Driven Statistical Models for Natural Language*, Ph. D. thesis, Computer and Information Science, University of

Pennsylvania, 1999.

[21]Curry, H. B. and Feys, R. *Combinatory Logic*, volume I. North - Holland, Amsterdam, 1958.

[22]Dixon, R. M. W. Ergativity. *Language* 55, 1979.

[23] Dosen, K. , A brief survey of frames for the Lambek calculus. In *Logik und Grunlagen Mathematik*, Vol. 38, 1992. pp. 179 - 187.

[24]Dowty, David R. Grammatical Relations and Montague Grammar. In *The nature of syntactic presentation*, edited by Pauline Jaconson & Geoffery K. Pullum, D. Reidel Publishing Company: London : England, 1982.

[25]Dowty, David. *Lecture on CG*, In Beijing Language and Culture University, 2003.

[26]Edward L. Keenan, Towards a Universal Definition of subject, In *Subject and topic*, edited by Charles N . Li, Academic Press, Inc, 1976.

[27] Ernst, T. and C. C. Wang. Object Preposing in Mandarin CAhinese. *Journal of East Asian Linguistics* 4, 1995.

[28] Funktion und Begriff, translated as Function and Concept in Geach and Black ' s, *The Philosophical Writiongs of Gottlob Frege*, Basil Blackwell, 1960, pp. 21 - 41.

[29]Gawron, Jean Mark. situation and preposition, *Linguistics and Philosophy* 9(4), 1986.

[30]Gazdar, G. , Klein, E. , Pullum, G. K. , and Sag, I. A. *Generalised Phrase Structure Grammar.* Blackwell, Oxford, 1985.

[31]Gazdar, G. , Unbounded Dependencies and Coordinate Structure. In *Linguistic Inquiry*, Vol. 12, No. 2. 1981.

[32]Gazdar, Gerald. Phrase Structure Grammar, In Pauline Jacobson and Geoffrey K. Pullum (eds.), *On the Nature of Syntactic Representation*, Reidel, 1982.

[33]Geach, P. A program for syntax, in D. Davidson and G. Harman

(*eds*), *Semantics of Natrual Language*, Dordrecht, 1972.

[34] Geach, P. A Program for Syntax. In *Synthese*, Vol. 22, 1970.

[35] Girard, Jean - Yves, Linear Logic. *Theoretical Computer Science*, Vol. 50, 1987.

[36] Hepple, M. *A general framework for hybrid substructural categorial logics*. Ms, IRCS, Upenn. Available as IRCS Report, 1993.

[37] Hepple, M. *Mixing Modes of Linguistic Description in Categorial Grammar*. Proceedings EACL - 7, 1995.

[38] Hepple, M. Hybrid Categorial Logics, In *Bulletin of the IGPL*, Vol. 3, 1995.

[39] Hockenmaier, J., Steedman, M. *CCGbank: User's Manual*.

[40] Hoffman, B., *Computational Analysis of the Syntax and Interpretation of "Free" Word - order in Turkish*. Ph. D thesis, University of Pennsylvania. 1995.

[41] Hpple, M. *The Grammar and Proceedings of Order and Dependency: A Categorial Approach*. Ph. D thesis, University of Edinburgh. 1990.

[42] Huang, C. - T. James. On the Distribution and Reference of Empty Pronouns. In *Linguistic Inquiry*, Vol 15, 1984.

[43] Huang, James, C. - T. Modularity and Chinese A - not - A Questions. in Carol Georgeopoulous and Roberta Ishihara (eds) *Interdisciplinary Approaches to Languages: Essays in Honor of S - Y. Kuroda Kluwer*, Dordrecht. 1991.

[44] Jäger, G. *Anaphora and Type Logical Grammar*. Springer. 2005.

[45] James D. MaCawley, Parentheticals and Discontinuous Constituent Structure, *Linguistic Inquiry*, Vol. 13, 1982.

[46] James D. MaCawley, Some Additional Evidence for Discontinuity, In *Syntax and Semantics* 20: *discontious constituency*, edited by Geoffer J. Huck, Almerindo E. Oieda, academic press, 1987.

[47]James Huang. Complex Predicates in Generalized Control. In J. Higginbotham and R. Larson(eds), *Control Theory*. Dordrecht, Netherlands: Kluwer Academic Press, 1992.

[48] James Huang. *Logic Relation in Chinese and the Theory of Grammar*. Ph. D. diserration, MIT, 1982.

[49]Joshi, A. , Levy, L. , and Takahashi, M. Tree - adjunct grammars. *Journal of Computer Systems Science*, 1975(10).

[50]Kamp, H. and Reyle, U. *From Discourse to Logic*. Kluwer. Dordrecht, 1993.

[51]Kinyon, A. and Prolo, C. Identifying verb arguments and their syntactic function in the Penn Treebank. In *Proceedings of the third International Conference on Language Resources and Evaluation* (LREC), pp. 1982 - 1987, LasPalmas, Spain. 2002.

[52]Klein. Ewan and Sga. Semantic Type and Control. In M. Barlow and D. Flockinger and I. Sag (eds), *Developments in Generalized Phrase Structure Grammar*, Boomington: IULC. 1982.

[53]Lambek, Joachim, The Mathematics of Sentence Structure, In *The American Mathematical Monthly*. Vol. 3, 1958.

[54]Leonard Talmy, Semantic Causative Types, In *Syntax and Semantics* 6: *The Grammar of Causative Constructions*. Edited by Masayoshi Shibatani. Academic Press, Inc. New York, 1976.

[55]Lewis, D. General Semantics, In D. Davidson and G. Harman(eds), *Semantics of Natural Language*, Dordrecht, 1972.

[56] Li, Yen - hui Audrey. Argument Determiner Phrases and Number Phrases. *Linguistic Inquiry* 29, 1998.

[57]Lyons, J. *Theoretical Liguistics*. Cambridge. 1968.

[58]Moortgat, Michael. Generalized quantification and discontinuous typ e constructors. In *Discontinuous Constituency*. De Gruy ter, 1996.

[59] Morrill, Glyn. *Type - logical an aphora.* Rep ort de Recerca LSI - 00 - 77 - R, Department de Lenguatges Sistemes Informàtics, Universitat Politècnica de Cataluny a, 2000.

[60] Marcus, M. P., Santorini, B., Marcinkiewicz, M. Building a large annotated corpus of English: the Penn Treebank. *Computational Linguistic*, 1993 (19).

[61] Mark Steedman, *Surface Structure and Interpretation*, The MIT Press, 1996.

[62] Mark Steedman. Combinators and Grammars. in Richard Oehrle, Emmon Bach and Deirdre Wheeler(eds), *Categorial Grammars and Natural Language Structures.* Dordrecht: Reidel, 1988.

[63] Mark Steedman. Combinatory grammar and parasitic gaps. *Natural Language and Linguistic Theory*, 1987(5).

[64] Mark Steedman. Structure and Intonation. *Language*, 1991.

[65] Masayoshi Shibatani. The Grammar of Causative Construction: A Conspectus. In *Syntax and Semantics* 6: *The Grammar of Causative Construction.* Edited by Masayoshi Shibatani. Academic Press, Inc. NewYork, 1976.

[66] Montague, R., English as a Formal Language, In R. H. Tompson (eds), *Formal Philosophy: Selected Papers of Richard Montague*, Yale University Press, 1979.

[67] Moortgat M. & Oehrle, R. *Logical parameters and linguistic variation. Lecture notes on categorial grammar.* Fifth European Summar School in Logic, Language and Information. Lisbon. 1993.

[68] Moortgat, M., Categorial Type Logic, In J. van Benthem and A. ter Meulen (eds), *Handbook of Logic and Language*, Elsevier Science B. V., 1997.

[69] Moortgat, M., Categorial Type Logic, In J. van Benthem and A. ter Meulen(eds), *Handbook of Logic and Language*, Amesterdam: Elsevier Science

B. V. , 1997.

[70]Moortgat, Michael, Categorial type logics. In *Handbook of Logic and Language*, MIT Press, 1996.

[71]Moot, R. *Proof Nets for Linguistic Analysis*, Ph. D thesis, UiL – OTS, Utrecht University. 2002.

[72]Noam Chomsky. *Syntactic Structures.* Mouton, the Hague, 1957.

[73]Palmer, M. , Gildea, D. , and Kingsbury, P. The Pcoposition Bank: An annotated corpus of semantic roles. *Computational Linguistics*, 2005, 31(1).

[74]Pan, Haihua. *Constraints on Reflexivization in Mandarin Chinese.* Garland Publishing, Inc. 1997.

[75]Partee, B. H. , Montague Grammar, In J. van Benthem and A. ter Meulen (eds), *Handbook of Logic and Language*, Elsevier Science B. V. , 1997.

[76] Pustejovksy, James. The Syntax of Event Structure. *Cognition* 41, 1991.

[77]Richard T. Oehrle. . Bool Properties in the Analysis of Gapping. In *Syntax and Semantics* 20: *discontious constituency*, edited by Geoffer J . Huck, Almerindo E Oieda, academic Press, 1987.

[78]Ross, John Robert. *Constraints on Variables in Syntax.* Ph. D. Thesis, MIT. Pubished as Infinite Syntax!, Ablex, Norton, 1986.

[79]Ross, John Robert. Gapping and the Order of Constituents. In Manfred Bierwisch and Karl Heidolph(eds.),*Progress in Linguistics*, Mouton,1970.

[80]Searle, John R. How Performatives work . *Linguistics and Philosophy* 12, 1989.

[81]Shieber, Stuart. Evidence against the Context – Freeness of Natrual Language. *Linguistics and Philosophy*, Vol. 8,1985.

[82]Shu – ing sheu. *Topics on a Categorical Theory of Chinese Syntax*, Ph. D. Dissertation of Ohipstate University, 1990.

[83] Steedman, M. , and J. Nivre . *The Syntactic Process.* MIT Press,2001.

[84] Steedman, M. . *Combinators and Grammars.* Springer Netherlands, 1988.

[85] Mark, Combinators and grammars. In *Categorial Grammars and Natural Language Structures*, Dordrecht, 1988.

[86] Steedman, Mark, Combinatory grammars and parasitic gaps. In *Natural Language and Linguistic Theory*, Vol. 5,1987.

[87] Steedman, Mark. *The Syntactic Process.* , The MIT Press, 2000.

[88] Steedman. Mark, Gapping as constituent coordination. In *Linguistics and Philosophy*, Vol. 13, 1990.

[89] Sun, Chaofen & Talmy Givon. On the So – Called SOV Word Ordet in Mandarin Chinese: a Quantifiedm Text Study and Its Implications. *Language* 61 (2), 1985.

[90] Szabolsci, Anna. Bound v ariab les in sy ntax (are there any ?). In *Semantics and Contextual Expressions*, Foris,1989.

[91] Szabolsci, Anna. Co mbinatory grammar and p rojection from the lexicon. In *Lexical Matters*, CSLI, 1992.

[92] Thompson. Transitivity and the BA Construction in Mandarin Chinese. In *Journal of Chinese Linguistics* 1999.

[93] van Benthem, Johan, The Semantics of Varity in Categorial Grammar, In W. Buszkowski etc. (eds), *Categorial Grammar.* John Benjamins Publishing Company. 1988.

[94] Vijay – Shanker, K. and Weir, D. The equivalence of four extensions of context – free grammar. *Mathematical Syntems Theory*, 1994(27).

[95] Wells, Roulon S. Immediate Constituents. *Language* 23,1947.

[96] Xia, F. *Extracting Tree Adjoining Grammars from bracketed corpora.* In Proceedings of the 5th Natural Language Processing Pacific Rim Symposium(NL-PRS – 99), 1999.

[97] Zhang, Ning. Object Shift in Mandarin Chinese. In *Journal of Chinese*

Linguistics, 2000.

[98]曹逢甫:《主语在汉语中的功能研究》,谢天蔚译,北京:语文出版社,1995 年版。

[99]曾常红:《现代汉语"被"字与"把"字套用的格式》,《语言研究》,2004 年第 1 期。

[100]陈平:《汉语双向名词与话题句——陈述结构》,《中国语文》,2004 年第 6 期。

[101]程工:《从汉语"自己"一词的历史性演变看新格赖斯主义语用照应理论》,《解放军外语学院学报》,1994 年第 6 期。

[102]程工:《生成语法中的汉语研究:课题与问题》,《当代语言学》(试刊),1998 年第 2 期。

[103]崔西亮:《"把"字句的若干句法语义问题》,《世界汉语教学》,1995 年第 3 期。

[104]邓守信:《汉语使成式的语义》,《功能主义与汉语语法》,戴浩一,薛凤生主编,北京:北京语言学院出版社,1994 年版。

[105]邓思颖:《作格化和汉语被动句》,《中国语文》,2004 年第 4 期。

[106]丁胜彬:《范畴语法在自然语义分析中的应用》,《电脑知识与技术》,2009 年第 9 期。

[107]范晓:《汉语的句子类型》,上海:书海出版社,1998 年版。

[108]方立:《范畴语法》,《外国语言文学》,2003 年第 3 期。

[109]冯胜利:《汉语韵律句法学》,上海:上海教育出版社,2000 年版。

[110]冯志伟:《范畴语法》,《语言文字应用》,2000 年第 3 期。

[111]冯志伟:《计算语言学基础》,北京:商务印书馆,2008 年版。

[112]郭继懋、王红旗:《粘合补语和组合补语表达差异的认知分析》,《世界汉语教学》,2001 年第 2 期。

[113]郭锐:《现代汉语词类研究》,北京大学博士论文,1999 年。

[114]郭锐:《表述功能的转化和"的"字的作用》,《当代语言学》,2000 年第 1 期。

[115]韩蕾:《"人称代词 + 称谓"序列的话题焦点性质》,《汉语学习》,2009 年第 10 期。

[116]胡建华:《约束、述谓与特征核查——最简方案框架内的反身代词化研究》,《外国语》,1998 年第 5 期。

[117]胡明扬:《基本句式和变式》,《汉语学习》,2000 年第 1 期。

[118]黄正德:《汉语正反问句的模组语法》,《中国语文》,1988 年第 3 期。

[119]蒋严、潘海华:《形式语义学引论》,北京:中国社会科学出版社,1998 年版。

[120]金立鑫:《"把 VO 在 L"的语义及语用分析》,《中国语文》,1993 年第 5 期。

[121]金立鑫:《"把"字句的句法、语义、语境特征》,《中国语文》,1997 年第 5 期。

[122]靳光瑾:《现代汉语动词语义计算理论》,北京:北京大学出版社,2001 年版,第 43 页。

[123]黎锦熙:《新著国语文法》,北京:商务印书馆,1924 年版。

[124]李大忠:《"使"字兼语句偏误分析》,《世界汉语教学》,1996 年第 1 期。

[125]李可胜,邹崇理:《基于句法和语义对应的汉语 CCG 分析》,《浙江大学学报》,2012 年第 6 期。

[126]李临定:《现代汉语句型》,北京:商务印书馆,1986 年版。

[127]李临定:《带"得"字的补语句》,《中国语文》,1963 年第 5 期。

[128]李人鉴:《试论"使"字句和"把"字句(续)》,《扬州大学学报》,1991 年第 1 期。

[129]李珊:《现代汉语被字句研究》,北京:北京大学出版社,1994 年版。

[130]李艳惠:《省略与成分缺失》,《语言科学》,2005 年第 3 期。

[131]梁晓波、孙亚:《致使概念的认知观》,《外国语》,2002 年第 4 期。

[141]刘坚、曹广顺、吴福祥:《诱发汉语词汇语法化的若干因素》,《中国语文》,1995 年第 1 期。

[142]刘丽萍:《汉语截省句》,北京语言大学博士论文,2006 年。

[143]刘维群:《论重动句的句法特点》,《南开学报》,1982 年第 2 期。

[144]陆俭明、沈阳:《汉语和汉语研究 15 讲》,北京:北京大学出版社,2003 年版。

[145]陆俭明:《汉语语法语义研究新探索(2000—2010 演讲集)》,北京:商务印书馆,2010 年版。

[146]陆俭明:《现代汉语补语研究资料》序言,北京:北京语言学院出版社,1992 年版。

[147]陆俭明:《现代汉语语法研究教程》,北京:北京大学出版社,2003 年版。

[148]陆俭明:《语法分析》,北京大学中文系研究生课程,2001 年。

[149]陆俭明:《对"NP + 的 + VP"结构的重新认识》,《中国语文》,2003 年第 5 期。

[150]陆俭明:《关于"他所写的文章"的切分》,《语言学通讯》,1989 年第 1—2 期。

[151]陆俭明:《词语句法、语义的多功能性:对构式语法理论的解释》,《外国语》,2004 年第 2 期。

[152]吕叔湘:《汉语句法的灵活性》,《中国语文》,1986 年第 3 期。

[153]马庆株:《动词的直接配价和间接配价》,《现代汉语配价语法研究》第 2 辑,袁毓林、郭锐主编,北京:北京大学出版社,1998 年版。

[154]马真、陆俭明:《形容词作结果补语情况考察》,《汉语学习》,1997 年第 1 期。

[155]满海霞:《汉语照应省略的类型逻辑研究》,中国社会科学院博士论文,2010 年。

[156]梅祖麟:《唐宋处置式的来源》,《中国语文》,1990 年第 3 期。

[157]孟琮:《动词用法词典》,上海:上海辞书出版社,1987 年版。

[158]戚晓杰:《谈兼语的省略及其条件限制》,《世界汉语教学》,1996年第2期。

[159]秦莉娟、周昌乐:《面向范畴语法分析的汉语词库的构造及实现》,《中文信息学报》,2001年第3期。

[160]任学良:《汉语造词法》,北京:中国社会科学出版社,1987年版。

[161]沈家煊:《“有界”和“无界”》,《中国语文》,1995年第5期。

[162]沈家煊:《“在”字句和“给”字句》,《中国语文》,1999年第2期。

[163]沈家煊:《如何处置“处置式”——论把字句的主观性》,《中国语文》,2001年第5期。

[164]沈阳、何元建、顾阳:《生成语法理论与汉语语法研究》,哈尔滨:黑龙江教育出版社,2001年版。

[165]沈阳:《名词短语的多重移位形式及“把”字句的构造过程与语义解释》,《中国语文》,1997年第6期。

[166]施春宏:《动结式的论元结构和配位方式研究》,北京大学博士论文,2003年。

[167]石毓智、李讷:《汉语语法化的历程——形态句法发展的动因和机制》,北京:北京大学出版社,2001年版。

[168]石毓智:《语法的形式和理据》,南昌:江西教育出版社,2001年版。

[169]史有为:《呼唤柔性——汉语语法探异》,海口:海南出版社,1992年版。

[170]司富珍:《多重特征核查及其句法影响》,北京语言文化大学博士论文,2002年。

[171]宋彦、黄昌宁、揭春雨:《中文CCG树库的构建》,《中文信息学报》,2012年第3期。

[172]宋玉柱:《“处置”新解——略谈“把”字句的语法作用》,《天津师范学院学报》,1979年第3期。

[173]宋玉柱:《经历体存在句》,《汉语学习》,1991年第5期。

[174]孙红举:《“范畴语法”及其在汉语中的应用》,《现代语文》,2008年第6期。

[175]王冬梅:《指代词“人家”的句法、语义考察》,《汉语学习》,1997年第4期。

[176]王红旗:《动趋式述补结构配价研究》,《语言研究》,1999年第1期。

[177]王力:《中国语法理论》,《王力文集》第1卷,济南:山东教育出版社,1984年版。

[178]王力:《汉语史稿》,北京:中华书局,1980年版。

[179]卫志强:《人脑与人类自然语言——多方位研究中的神经语言学》,《语言文字应用》,1994年第4期。

[180]卫志强:《现代汉语中的“把”字结构和“被”字结构》,《国外语言学》,1989年第4期。

[181]吴竞存、侯学超:《现代汉语句法分析》,北京:北京大学出版社,1982年版。

[182]伍铁平:《二分法和直接成分说》,《现代英语研究》,1981年第1期。

[183]夏年喜、邹崇理:《论类型逻辑语法的多种表述》,《哲学研究》,2009年第11期。

[184]项开喜:《汉语重动句的功能研究》,《中国语文》,1997年第4期。

[185]邢欣:《现代汉语兼语式》,北京:北京广播学院出版社,2004年版。

[186]熊仲儒:《现代汉语中的致使句式》,北京语言大学博士论文,2003年。

[187]徐烈炯、刘丹青:《话题的结构与功能》,上海:上海教育出版社,1998年版。

[188]徐枢:《宾语和补语》,哈尔滨:黑龙江人民出版社,1985年版。

[189]徐燕青:《“使”字句与“把”字句的异同考察》,《世界汉语教学》,

1999 年第 4 期。

[190]薛凤生:《试论把字句的语义特征》,《语言教学与研究》,1987 年第 1 期。

[191]杨素英:《从情态类型看“把”字句》,《汉语学习》,1998 年第 2、3 期。

[192]叶向阳:《“把”字句的致使性解释》,《世界汉语教学》,2004 年第 2 期。

[193]于江生:《句法范畴的代数结构与演绎系统》,《中文信息学报》,2001 年第 2 期。

[194]袁毓林:《〈话题的结构与功能〉评述》,《当代语言学》,2003 年第 1 期。

[195]袁毓林:《汉语动词的陪价层级和配位方式研究》,袁毓林、郭锐主编《现代汉语配价语法研究》第 2 辑,北京:北京大学出版社,1998 年版。

[196]袁毓林:《汉语话题化的语法地位和语法化程度——基于真实自然口语的共时和历时考量》,《语言学论丛》第 25 辑,北京:商务印书馆,2000 年版。

[197]袁毓林:《话题化及其相关的语法过程》,《中国语文》,1996 年第 4 期。

[198]袁毓林:《走向多层面互动的汉语研究》,《语言科学》,2003 年第 6 期。

[199]詹人凤:《受事主语句(名 - 动式)的识别》,《语法研究和探索(六)》,中国语文杂志社编,北京:语文出版社,1992 年版。

[200]张伯江:《论“把”字句的句式语义》,《语言研究》,2000 年第 1 期。

[201]张伯江:《现代汉语的非论元性句法成分》,《世界汉语教学》,2018 年第 4 期。

[202]张济卿:《有关“把”字句的若干验证与探索》,《语文研究》,2000 年第 1 期。

[203]张璐:《现代汉语“得”字补语句研究》,北京大学博士论文,

2003 年。

[204]张秋成:《类型 - 逻辑语法研究》,北京:中国人民大学出版社,2007 年版。

[205]张旺熹:《“把”字句的位移图示》,《语言教学与研究》,2001 年第 3 期。

[206]张旺熹:《汉语介词的衍生机制》,《汉语学习》,2004 年第 1 期。

[204]朱德熙:《语法讲义》,北京:商务印书馆,1982 年版。

[208]朱德熙:《语法问答》,北京:商务印书馆,1985 年版。

[209]朱德熙:《关于动词形容词“名物化”的问题》,《北京大学学报》,1961 年第 4 期。

[210]邹崇理:《多模态范畴类型逻辑》,《安徽师范大学学报(人文社会科学版)》,2012 年第 6 期。

[211]邹崇理:《从语言到逻辑——范畴类型逻辑序列》,《重庆工学院学报》,2006 年第 4 期。

[212]邹崇理:《多模态范畴逻辑研究》,《哲学研究》,2006 年第 9 期。

[213]邹崇理:《范畴类型逻辑》,北京:中国社会科学出版社,2008 年版。

[214]邹崇理:《逻辑、语言学和蒙太格语法》,北京:社会科学文献出版社,1995 年版。

[215]邹崇理:《自然语言逻辑的多元化发展及对信息科学的影响》,《哲学研究》,2001 年第 1 期。

[216]邹崇理:《自然语言逻辑研究》,北京:北京大学出版社,2000 年版。

[217]邹洪明:《致使义“把”字句的语义分析》,《语言与翻译》,2001 年第 1 期。

[218]赵元任:《北京口语语法》,北京:开明书店,1952 年版。

附录：书中相关人名中外文对照

Ajdukiewicz 爱裘凯维茨
Bach 巴赫
Baldridge 鲍德里奇
Bar - Hillel 巴希勒尔
Bernardi 贝尔纳迪
Bloomfield 布龙菲尔德
Bos 博斯
Carpenter 卡朋特
Chomsky 乔姆斯基
Church 丘奇
Curry 柯里
DeMorgan 德摩根
Dowty 道蒂
Feys 费斯
Frege 弗雷格
Gazdar 加兹达尔
Geach 吉奇
Gentzen 根岑
Hepple 赫普尔
Hoffman 霍夫曼
Howard 霍华德
Husserl 胡塞尔
Jäger 耶格尔
Kamp 坎普
Kinyon 昆尼翁
Kripke 克里普克
Kruijff 克鲁伊夫
Lambek 兰贝克
Le'niewski 列斯尼维斯基
Lewis 刘易斯
Lyons 莱昂斯
Марков 马尔科夫
Montague 蒙太格
Moortgat 摩盖特

Moot 穆特
Morill 莫里尔
Oehrle 奥尔勒
Prolo 普罗洛
Richard 理查德
Russell 罗素
Saussure 索绪尔
Shanker 尚卡尔
Steedman 斯蒂德曼
Thompson 汤普森
van Benthem 范本特姆
Weir 韦尔
Wells 韦尔斯
Wood 伍德